PHILOSOPHISCHE ABHANDLUNGEN

HERAUSGEGEBEN VON ROLF-PETER HORSTMANN, ANDREAS KEMMERLING UND TOBIAS ROSEFELDT

BAND 108

VITTORIO KLOSTERMANN · FRANKFURT AM MAIN

WOLFGANG DETEL

Kognition, Parsen und rationale Erklärung

Elemente einer allgemeinen Hermeneutik

VITTORIO KLOSTERMANN · FRANKFURT AM MAIN

Bibliographische Information der Deutschen Nationalbibliothek
Die Deutsche Nationalbibliothek verzeichnet diese Publikation in der Deutschen Nationalbibliographie; detaillierte bibliographische Daten sind im Internet über *http://dnb.dnb.de* abrufbar.

Gedruckt auf alterungsbeständigem Papier. ISO 9706
Satz: Marion Juhas, Aschaffenburg
Druck: Wilhelm & Adam, Heusenstamm
Bindung: Litges & Dopf, Heppenheim
Printed in Germany
ISSN 0175-6508
ISBN 978-3-465-03859-7

Für Helga

INHALTSVERZEICHNIS

KAPITEL 4: VOM SPRACHLICHEN PARSEN ZUR INTERPRETATION

KAPITEL 5: INTERPRETATIONEN IN DEN WISSENSCHAFTEN

Man sollte alles so kurz wie möglich darstellen – aber nicht kürzer.

(Albert Einstein, hätte er vor der Aufgabe gestanden, den Stoff dieses Buches niederzuschreiben)

EINLEITUNG

Dieses Buch diskutiert einige Fragen und Probleme der allgemeinen Hermeneutik, die im Mittelpunkt der interdisziplinären Forschung zum kognitiven Vermögen des Verstehens und Interpretierens stehen. Diese Forschung, an der neben der Philosophie vor allem die kognitive Psychologie, Linguistik, Primatologie, Neurobiologie und Anthropologie beteiligt sind, wird im allgemeinen Rahmen der neueren Theorie des Geistes durchgeführt. Insofern sind die folgenden Überlegungen dem Programm verpflichtet, die Hermeneutik in Begriffen der gegenwärtigen Theorie des Geistes zu rekonstruieren.[1] Die interdisziplinäre Ausrichtung hermeneutischer Studien hat zu einer fast unübersehbaren Menge an wichtigen Einzeluntersuchungen und Resultaten geführt, die im Rahmen eines einzigen Buches auch nicht annähernd verarbeitet werden können. Die folgende Studie versucht eine Schneise in das Gewirr dieser Untersuchungen zu schlagen. Sie versteht sich unter anderem auch als Dienstleistung, die allen Freunden der interpretativen Wissenschaften auf möglichst verständliche Weise einige der interessantesten Hintergrundtheorien zum Verstehen und Interpretieren nahe bringen möchte. Diese Theorien sind zum Teil so vielfältig und komplex, dass sie nicht für alle wichtigen Aspekte der Hermeneutik herangezogen werden können. Insofern muss eine thematische Auswahl vorgenommen werden. Die vorliegende Untersuchung kann daher keine vollständige systematische Hermeneutik, sondern lediglich Elemente einer allgemeinen Hermeneutik vorlegen. Eine solche Darstellung erfordert nicht selten Vorentscheidungen über ganze Theorien, die aus Platzgründen nicht immer ausreichend begründet werden können. Im besten Fall können die folgenden Überlegungen durch die *Kohärenz* der herangezogenen Theorien Pluspunkte sammeln, ohne dass ausgeschlossen werden kann, dass alternative kohärente Theorienmengen ein mindestens ebenso überzeugendes Bild zeichnen könnten.

Eines der Beispiele für diese Vorgehensweise ist besonders grundlegend

[1] Vgl. Detel 2011, 12, 21 f.

für die Ausrichtung der vorliegenden Studie. Aus einer interdisziplinären Perspektive betrachtet beschäftigen sich die meisten neueren Untersuchungen mit einem speziellen Fall von Verstehen und Interpretieren, nämlich mit dem Gedankenlesen (*mind reading*) oder – wie es neuerdings oft heißt – der sozialen Kognition (*social cognition*). Diese Untersuchungen gehen davon aus, dass diese Form des Verstehens und Interpretierens phylogenetisch, ontogenetisch und explanatorisch primär gegenüber dem Verstehen und Interpretieren von (sprachlichen und nicht-sprachlichen) Äußerungen sowie von sprachlich verfassten Texten ist. Dieser Ansatz wird manchmal *Repräsentationalismus* oder neuerdings auch *Cartesianische Semantik* genannt. Jerry Fodor und Ernest LePore bringen diese Position auf den Punkt:

> Anybody is a Semantic Cartesian who holds that having the concept F is being able to think about F-ness (as such) and, correspondingly, that having an expression that means F is being able to express one's thoughts about F-ness (as such). According to this sort of theory, the appeal to semantic notions (like 'representation of', and 'thinking about') in accounts of linguistic and conceptual content is ineliminable, short of a naturalistic reduction. The order of exposition, according to all versions of Semantic Cartesianism, is: From the semantic to the intentional, not the other way around. (Typically, from the semantic properties of mental representations to the intentional content of propositional attitudes.) We're much inclined to think that the Cartesian has the right end of this stick.[2]

Die Cartesianische Semantik ist nicht unumstritten. Sie wird von einflussreichen Autoren wie zum Beispiel Wittgenstein, Sellars, Davidson und Brandom abgelehnt. Die vorliegende Studie geht jedoch durchgehend von der Cartesianischen Semantik aus. Der entscheidende Grund dafür ist, dass dieser Ausgangspunkt die speziellen Theorien des Parsens (also des schnellen nicht-sprachlichen und sprachlichen Verstehens) und die speziellen Theorien des Interpretierens (also höherer sprachlicher Formen des Verstehens) kohärent zusammenführen kann. Die Cartesianische Semantik ist vereinbar mit führenden Formen des semantischen Externalismus, der im Kern behauptet, dass sich semantisch gehaltvolle Gedanken und Äußerungen erst in der Interaktion geistiger Wesen mit ihrer Umwelt und anderen geistigen Wesen formieren. Auch der semantische Externalismus gehört zu den systematischen Grundlagen des folgenden hermeneutischen Entwurfs.

Die Hermeneutik weist sowohl in ihrer Tradition als auch in ihrer gegenwärtigen Gestalt unterschiedliche Facetten auf. Zwei der wichtigsten hermeneutischen Parameter sind die Unterscheidungen zwischen einer

[2] Vgl. Fodor, LePore 2009, 2.

kognitiven und methodologischen Form der Hermeneutik sowie zwischen einer allgemeinen und speziellen Hermeneutik. Die kognitive Hermeneutik betrachtet das Verstehen und die Interpretation als ein zentrales kognitives Vermögen, das es unter all den anderen kognitiven Vermögen, über die sowohl Tiere als auch Menschen verfügen, speziell auszuzeichnen und in seiner Relevanz auszuloten gilt. Die methodologische Hermeneutik interessiert sich für die Regeln, deren Anwendung zu gut begründeten Interpretationen (typischerweise Textinterpretationen) führen.[3] Eine spezielle Hermeneutik ist eine Bereichshermeneutik, die sich für das Verstehen und Interpretieren ganz bestimmter geistiger Produkte interessiert, zum Beispiel der Literatur, der Musik, der psychischen Störungen, der Mathematik, der religiösen Texte oder der juristischen Gesetzestexte. Die allgemeine Hermeneutik studiert Grundzüge des Verstehens und Interpretierens, die in allen verstehbaren Bereichen auftreten. Sowohl die kognitive als auch die methodologische Hermeneutik können in spezieller oder allgemeiner Form auftreten. Die vorliegende Studie beschränkt sich auf Elemente einer allgemeinen kognitiven Hermeneutik. Der pragmatische Grund dafür ist die theoriestrategische Einschätzung, dass diese Form der Hermeneutik für die anderen drei Varianten grundlegend ist und dass der Rahmen eines einzigen Buches höchstens die Darstellung von Elementen einer allgemeinen kognitiven Hermeneutik toleriert.[4]

Die Hermeneutik hat sich in ihrer langen Tradition zunächst vor allem mit dem Verstehen und der Interpretation von Texten und Äußerungen beschäftigt.[5] Später wurde ihr Gegenstandsbereich auf Handlungen und Gedanken ausgeweitet. Seit Gadamer wird weithin die zutreffende Auffassung vertreten, dass die Hermeneutik sich ganz allgemein mit dem Verstehen und Interpretieren des Geistes (also mentaler Zustände) und seiner geistigen Produkte (also Äußerungen, Texte oder Handlungen) beschäftigt. Diese historische Entwicklung habe ich in meiner ersten her-

[3] Das Programm einer kognitiven Hermeneutik, wie es von Peter Tepe entworfen und ausgearbeitet wurde, ist dieser Unterscheidung zufolge eher eine methodologisch orientierte Hermeneutik. Der Ausdruck *kognitiv* steht bei Tepe für eine explanatorisch und erfahrungswissenschaftlich ausgerichtete methodologische Hermeneutik. Die traditionelle Hermeneutik war zumindest bis Schleiermacher primär methodologisch ausgerichtet und ist bis heute ein wichtiger Bestandteil der geisteswissenschaftlichen Methodologie.

[4] In einer gesonderten Studie möchte ich exemplarisch zeigen, inwiefern auch Bereichshermeneutiken von einer geist-theoretischen Perspektive profitieren können, vgl. Detel In Vorbereitung.

[5] Im Folgenden wird der Ausdruck *Verstehen* für einfache Formen der sozialen Kognition verwendet, der Ausdruck *Interpretation* dagegen für komplexe, höhere Formen der sozialen Kognition. Vgl. dazu genauer unten, Abschnitt 1.3, VE, PA, PAS, IN.

meneutischen Studie *Geist und Verstehen* nachzuzeichnen versucht.[6] Das primäre Ziel dieser Studie war es allerdings nachzuweisen, dass sich aus dem Blickwinkel der Theorie des Geistes viele historische Ansätze der Hermeneutik angemessener verstehen lassen, als dies bisher geschehen ist. Die Grundzüge einer systematisch angelegten Hermeneutik wurden dagegen nur in groben Zügen charakterisiert.[7] Die vorliegende Untersuchung soll dieses Defizit bereinigen und Elemente eines systematischen Entwurfs der allgemeinen Hermeneutik vorstellen.

Welche Elemente und Themen der allgemeinen Hermeneutik sind es, die in dieser Studie herausgegriffen und behandelt werden? Eine Übersicht über zentrale Argumente und Thesen der folgenden Überlegungen sowie über die generelle Forschungslage versucht diese Frage so kurz wie möglich zu beantworten.

Zu Kapitel 1

Kognitive Fähigkeiten sind zu einem erheblichen Ausmaß durch die Gegenstandsbereiche gekennzeichnet, über denen sie operieren. Die Hermeneutik beschäftigt sich mit dem Verstehen und der Interpretation, die

> eine besondere Form sozialer Kognition <darstellen>…, nämlich … die Fähigkeit einzelner Organismen, ihre Artgenossen als ihnen ähnliche Wesen zu verstehen, die ein intentionales und geistiges Leben haben wie sie selbst … Diese Auffassung anderer als intentionale Wesen, die einem selbst ähnlich sind, ist entscheidend für das kulturelle Leben des Menschen.[8]

Der Gegenstand der sozialen Kognition ist also der Geist und seine geistigen Produkte. Die Hermeneutik als allgemeine Theorie der sozialen Kognition muss demnach von einer angemessenen Charakterisierung des Geistes und seiner geistigen Produkte ausgehen. Doch seit geraumer Zeit gibt es drei verschiedene geist-theoretische Paradigmen, die nach Auffassung ihrer führenden Proponenten miteinander konkurrieren: die klassische Philosophie des Geistes, die kognitivistische Theorie des Geistes und die Theorie der verkörperlichten Kognition (im Folgenden als TEC

[6] Detel 2011.

[7] Vgl. Detel 2011, Einleitung Abschnitt 2 sowie Kapitel 8, in dem allerdings der davidsonianische Interpretationismus als exemplarische Form eines modernen hermeneutischen Ansatzes dargestellt wird. Aus Sicht der gegenwärtigen Theorie des Geistes wäre es jedoch einseitig, den Interpretationismus als führende Version einer modernen Theorie des Verstehens und Interpretierens anzusehen.

[8] Tomasello 2002, 15.

(*theory of embodied cognition*) abgekürzt). Insbesondere die TEC – die neueste der drei Theorien – wird oft als Ausdruck eines grundlegenden Paradigmawechsels präsentiert, nicht zuletzt weil viele ihrer Proponenten die TEC als Beleg für die Aufhebung der Differenz zwischen Geist und Körper betrachten.

Im *ersten Kapitel* der vorliegenden Studie soll demgegenüber nachgewiesen werden, dass sich diese drei Theorien keineswegs ausschließen, sondern konsistent miteinander verbunden und daher für die Lösung unterschiedlicher hermeneutischer Probleme herangezogen werden können. Insbesondere operiert die TEC sowohl auf der phänomenologischen als auch auf der körperlichen Ebene und setzt daher die Differenz zwischen Geist und Körper voraus (Abschnitte 1.1–1.3).

Die Wahrnehmungstheorie wurde bislang nicht als Hintergrundtheorie der allgemeinen Hermeneutik betrachtet. Einflussreiche Theoretiker wie Robert Brandom, John McDowell und Donald Davidson gehen von einer scharfen Trennung zwischen dem Reich der Natur (als Bereich bloß naturgesetzlich und kausal verbundener Prozesse) und dem Raum der Gründe (als Bereich rational und normativ organisierter geistiger Operationen) aus und schlagen die Wahrnehmungen dem Reich der Natur, das Verstehen und Interpretieren dem Raum der Gründe zu. Sie halten es für einen Mythos des Gegebenen, Wahrnehmungen als Gründe für geistige Einstellungen oder Äußerungen anzusehen, wie es die klassischen Empiristen vorgeschlagen hatten. Wahrnehmungen können dazu beitragen, geistige Einstellungen und Äußerungen kausal hervorzurufen, sie können sie jedoch nicht wahr oder falsch machen.

Der letzte Teil des ersten Kapitels hat das Ziel, diese Auffassung nachhaltig zu kritisieren. Wahrnehmungen sind mentale, evolutionär bestens getestete mentale Zustände und Prozesse. Sie gehören einem erweiterten Raum der Gründe an und bilden einen zentralen Bezugspunkt hermeneutischer Operationen. Sie sind nicht-sprachliche Gründe, die zugleich die einzigen mentalen Zustände sind, die online mit der externen Welt verbunden sind. Auf dieser Grundlage kann eine Schwierigkeit entschärft werden, die von John McDowell das tiefste Problem der modernen Philosophie genannt worden ist – das Problem, wie wir konsistent zusammendenken können, dass der Raum der Gründe nicht mit dem Reich der Natur zusammenfällt und dass unsere mentale Ausrichtung auf die Welt zugleich stets vor dem Tribunal der Erfahrung stehen muss (Abschnitt 1.4).

Zu Kapitel 2

In der klassischen allgemeinen Hermeneutik wurde das Verstehen teils simulationstheoretisch und teils theorie-theoretisch beschrieben. Das simulative Verstehen besteht im Kern darin, die mentalen Zustände anderer Wesen im eigenen Geist zu imitieren, zu erleben und auf ihre Konsequenzen hin zu prüfen sowie all dies wieder auf das andere Wesen zurückzuprojizieren. Das theorie-theoretische Verstehen besteht demgegenüber im Kern darin, eine kleine Theorie über den mentalen Haushalt anderer geistiger Wesen zu konstruieren (ToM), die auch die Verknüpfung zwischen den einzelnen mentalen Zuständen und ihre allgemeinen Regularitäten berücksichtigt. In den letzten drei Jahrzehnten haben Philosophie, Psychologie und Neurobiologie verstärkt das nicht-sprachliche, schnelle, automatische Verstehen (das sogenannte mentale Parsen) untersucht. Diese Untersuchungen wurden in einem neuen theoretischen Rahmen vorgenommen, der einen erheblichen Einfluss auf hermeneutische Konzepte entfaltet hat. Er wurde maßgeblich durch die Entdeckung und Analyse der Spiegelneuronen, die Theorie der verkörperlichten Kognition (TEC) und die simulationstheoretische Wende der allgemeinen Hermeneutik bestimmt. Diese drei Theorien wurden als Komponenten einer einheitlichen Theorie des Gedankenlesens betrachtet. Proponenten dieser neuen hermeneutischen Bewegung hielten es für erwiesen, dass das Verstehen als nicht-sprachliches Parsen auf der Aktivität der Spiegelneuronen beruht, eine Form der verkörperlichten Kognition ist und stets in Gestalt einer Simulation der geistigen Zustände anderer im Geist der Interpretin vor sich geht. Darüber hinaus wurde behauptet, dass dieses verkörperlichte nicht-sprachliche Parsen auch höhere Formen der Kognition und insbesondere des Gedankenlesens fundiert und zur Erklärung höherer Kognition herangezogen werden kann. Insbesondere wurden auch höhere Kognitionen simulationstheoretisch beschrieben – begleitet von heftiger Kritik an der theorie-theoretisch orientierten Hermeneutik. Dieser Ansatz erwies sich auch als anthropologisch relevant. Denn es konnte experimentell gezeigt werden, dass erwachsene Primaten im Bereich des nicht-sprachlichen Parsens von Emotionen und Handlungszielen dieselben kognitiven Leistungen erbringen wie kleine Menschenkinder vor dem Spracherwerb (also bis zu einem Alter von ca. zwei Jahren). Das Verstehen konnte daher nicht mehr ohne weiteres als diejenige kognitive Fähigkeit angesehen werden, die den Menschen von den Tieren unterscheidet und zur Erklärung der beiden größten humanspezifischen Leistungen, der Sprache und der kumulativen Kultur, herangezogen werden kann.

Diesem Thema widmet sich das *zweite Kapitel*. Es stellt die Entwicklung der komplizierten und detaillierten Forschungslage bis in die neueste Zeit dar. In vielen Fragen gibt es kontroverse Diskussionen. So ist zum Beispiel im Falle einiger kognitiver Leistungen höherer Tiere umstritten, ob es sich wirklich bereits um ein mentales Parsen oder lediglich um assoziativ gelerntes Verhalten („natürliches Verstehen“) handelt (Abschnitt 2.1). Doch insgesamt zeichnen sich interessante Resultate ab. Einige der einflussreichsten Autoren haben überzeugende empirische Befunde und theoretische Argumente dafür vorgelegt, dass sich höhere Formen der sozialen Kognition, insbesondere komplexe Formen der Empathie und der Interpretation, nicht in den Rahmen der TEC eingliedern lassen (Abschnitt 2.2). Genauer betrachtet involviert auch der simulationstheoretische Ansatz erhebliche Schwierigkeiten, und zwar sowohl in seiner Erklärung des Parsens als auch in seiner Erklärung der Interpretation (Abschnitt 2.3). In den letzten Jahren häufen sich zudem neurophysiologische Studien, die nachweisen, dass höhere Formen der sozialen Kognition mit Gehirnaktivitäten außerhalb des Bereichs der Spiegelneuronen korreliert sind. Dies gilt insbesondere für komplexe Interpretationen, die eine theorie-theoretische Struktur aufweisen (Abschnitt 2.4). Das allgemeine Resultat dieser Forschungen und Argumente ist, dass die explanatorische Reichweite der TEC und der Simulationstheorie auf das nicht-sprachliche mentale Parsen begrenzt ist. Die allgemeine kognitive Hermeneutik muss daher als eine hybride Zwei-Stufen-Theorie entwickelt werden, die sorgfältig zwischen dem nicht-sprachlichen mentalen Parsen und komplexeren Formen der Interpretation unterscheidet und anerkennt, dass komplexe Formen der Interpretation weder spiegelneuronal gestützt sind noch stets verkörperlichte Kognitionen darstellen noch simulationstheoretisch eingeholt werden können, sondern eher theorie-theoretisch zu analysieren sind. Die faszinierende Entwicklung menschlicher Kleinkinder im Alter zwischen neun Monaten und vier Jahren lässt sich als Übergang zwischen diesen beiden Stufen des Gedankenlesens analysieren. Humanspezifisch und relevant für die Erklärung von Sprache und kumulativer Kultur ist nicht das Gedankenlesen allgemein, sondern allein die höhere Form des *mind reading* – das komplexe Interpretieren und rationale Erklären menschlicher Gedanken, Äußerungen und Texte. Das ist die zentrale anthropologische Konsequenz der skizzierten Untersuchungen (Abschnitt 2.5).

Zu Kapitel 3

Wenn die allgemeine Hermeneutik eine Zwei-Stufen-Theorie sein soll, die einerseits das schnelle automatische Verstehen und andererseits die komplexen Interpretationen behandeln muss, so fragt sich, wie sich der Übergang zwischen diesen beiden Stufen nicht nur ontogenetisch, sondern auch theoretisch beschreiben lässt. Wie sich herausstellt, lässt sich das sprachliche Parsen als Zwischenstufe betrachten, innerhalb derer sich der Übergang vom nicht-sprachlichen Parsen zur komplexen Interpretation vollzieht. Das sprachliche Parsen ist daher der Topos des *dritten Kapitels.*

Die humanspezifischen natürlichen Sprachen und das Denken in sprachlichen Kategorien verwenden nicht nur semantisch gehaltvolle Ausdrücke, sondern weisen auch eine Syntax auf. Schimpansen sind zumindest nach jahrelangem Training dazu in der Lage, einfache Teile menschlicher Sprachen zu verstehen, Zwei-Wort-Sätze ohne syntaktische Struktur zu formieren und auf dieser Grundlage mit Menschen zu kommunizieren. Sie erreichen damit das sprachliche Niveau zweijähriger Menschenkinder. Wie die Linguisten nicht müde werden zu betonen, sind die humanspezifischen Sprachen aber vor allem durch eine rekursive Syntax ausgezeichnet. Kein Tier kann eine rekursive Syntax lernen, während kleine Menschenkinder zwischen dem zweiten und vierten Lebensjahr auf faszinierende Weise lernen, syntaktisch organisierte Sprachen zu meistern und grammatische Kompetenz zu erwerben – parallel zur Entfaltung höherer Formen des Gedankenlesens. Aus hermeneutischer Sicht involviert die Beschreibung der syntaktischen (d. h. grammatischen) Kompetenz jedoch ein Problem. Denn das sprachliche Parsen schließt das Erfassen der sprachlichen Syntax ein (Linguisten und Psychologen unterscheiden zu Recht syntaktisches und semantisches Parsen). Im generativen Paradigma der modernen Linguistik wird behauptet, dass das Erfassen der sprachlichen Syntax die Grundlage *allen* Verstehens ist *und* nichts mit dem Erfassen semantischer Gehalte zu tun hat. Diese linguistische Prioritätsthese scheint mit der in der vorliegenden Studie vertretenen Auffassung, dass der Zugriff auf semantisch gehaltvolle Entitäten die grundlegende Form des Verstehens und Interpretierens ist, unvereinbar zu sein.

Eine genaue Analyse der sprachlichen Syntax macht jedoch deutlich, dass die Linguistik die meisten syntaktischen Kategorien unter Rückgriff auf semantische Verhältnisse definiert. Außerdem setzt das syntaktische Parsen und seine Kooperation mit dem semantischen Parsen aufseiten der Interpreten an vielen Stellen semantisches Wissen voraus. Diesem Befund trägt auch die Linguistik selbst mit ihrem Postulat eines mentalen Lexikons als Komponente einer Minimalgrammatik Rechnung. Daher ist die linguistische Prioritätsthese falsch. Die Semantik besitzt im Rahmen der allgemeinen Hermeneutik einen explanatorischen Vorrang vor der Syntax (Abschnitt 3.1).

Im Gegensatz zur Linguistik untersucht die kognitive Psychologie nicht nur das syntaktische, sondern auch das semantische Parsen und die Kooperation zwischen diesen beiden Formen des sprachlichen Parsens. Denn meist arbeiten syntaktischer und semantischer Parser im sprachlichen Parsen zusammen. Dabei lassen sich zentrale linguistische Kategorien wie etwa die Phrase als kognitiv implementiert und operativ erweisen. Vor allem aber wird gezeigt, dass syntaktisches und semantisches Parsen Konsistenztests involvieren. So können syntaktisches und semantisches Parsen zum Beispiel in Widerspruch zueinander geraten. In diesem Fall stoppt das sprachliche Parsen, bis der Widerspruch interpretativ beseitigt ist. Dieses Phänomen kann auch im rein semantischen Parsen auftreten, insbesondere dann, wenn implizite Inferenzen (sogenannte Vorwärts- und Rückwärtsinferenzen) erfasst werden müssen. Hermeneutisch interessant daran ist, dass die kognitive Psychologie in ihrer Analyse des Parsens offiziell ein rein empiristisches, naturalistisches Vokabular benutzt, sich aber implizit gezwungen sieht, auch logisches, normatives Vokabular heranzuziehen (Abschnitt 3.2).

Dieses Phänomen zeigt sich auch in den hermeneutisch wichtigen Untersuchungen der kognitiven Psychologie zu den semantischen Strukturen, die das sprachliche Parsen erfasst. Eine dieser Strukturen ist die begriffliche Über- und Unterordnung, die bereits in der klassischen Philosophie und Logik analysiert worden ist. Doch gibt es daneben auch Schemata und Skripte, die zusätzlich zur begrifflichen Über- und Unterordnung Teile, Material, Form, ungefähre Größe und Funktion in die Definitionen und somit die Bedeutungen sprachlicher Ausdrücke aufnehmen und in diesem Sinne eine slot-Struktur aufweisen. Die Semantik der Schemata und Skripte vermag die ältere Prototypen-Theorie auf elegante Weise zu integrieren: Semantische Prototypen sind Schemata oder Skripte, die alle slots erfüllen. Schemata und Skripte werden nach Auffassung der kognitiven Psychologie aus sinnlicher Erfahrung und empirischer Assoziation abstrahiert, dienen der Abkürzung von Information und Kommunikation und erlauben schnelle Prognosen und Inferenzen. Alle genannten semantischen Netzwerke lassen sich experimentell als kognitiv implementiert und operativ erweisen. Das heißt aber auch, dass das erfolgreiche sprachliche Parsen nicht nur empirische, sondern auch logische Verhältnisse erfassen und logische Konsistenz unterstellen muss. Dieser Aspekt des sprachlichen Parsens sollte in der kognitiven Psychologie nicht nur implizit mitgeführt, sondern explizit gemacht und reflektiert werden (Abschnitt 3.3).

In philosophischen Theorien, die weitere wichtige Aspekte des sprachlichen Parsens untersuchen, wird diese Forderung zum Teil schon erfüllt. Dies gilt insbesondere für die Theorie der Sprechakte, der Implikaturen, der Präsuppositionen und des Hintergrundes für erfolgreiches sprachliches Parsen. Alle diese Theorien weisen ähnlich wie die kognitive Psychologie darauf hin, dass im sprachlichen Parsen gewöhnlich mehr erfasst wird, als wörtlich oder buchstäblich gesagt wird. Doch nur die genannten philosophischen Theorien betonen ausdrücklich, dass dieses Mehr vor allem aus logischen, rational organisierten Beziehungen zwischen linguistischen Einheiten besteht (Abschnitte 3.4–3.6).

Der kognitiven Psychologie zufolge entstehen Bedeutungen und semantische Relationen aus algorithmisch organisierten Abstraktionen empirischer assoziativer Erfahrungen. Damit wird zwar zu Recht auf die Beziehung zwischen Semantik und empirischer Erfahrung hingewiesen, doch enthält diese Theorie empfindliche Lücken. So wird nicht reflektiert, dass empirische Assoziationen als Repräsentationen bereits semantische Gehalte aufweisen, die in eine semantische Theorie einbezogen werden müssen, um Zirkularität zu vermeiden. Außerdem sind nicht alle empirischen Assoziationen auch Komponenten semantischer Relationen. Wir brauchen daher ein Kriterium, das unter allen empirischen Assoziationen und Wahrnehmungsfolgen die semantischen Relationen herausgreift. Doch wie können die logischen, rationalen Aspekte des sprachlichen Parsens und Interpretierens mit seinem Bezug auf die Erfahrung und die externe Welt theoretisch vermittelt werden? Wie hängt die Rationalität und Normativität des Verstehens und Interpretierens mit der geistigen Orientierung auf die Welt genauer zusammen? Dieses hermeneutische Problem ist ebenso schwierig wie grundlegend und bildet das Thema des vierten Kapitels.

Zu Kapitel 4

Dass Bedeutungen normativ sind, dass semantische Verknüpfungen rational und folglich normativ sind, und dass Interpretationen mit rationalen und folglich normativen Forderungen korreliert sind, wird von einer eindrucksvollen Reihe einflussreicher Autoren behauptet, von Herder und Kant bis hin zu Kripke, Brandom und Davidson. Die Vertreter dieses semantischen Normativismus haben ursprünglich vor allem darauf hingewiesen, dass semantisch gehaltvolle Äußerungen und Texte Erfüllungsbedingungen oder Korrektheitsbedingungen aufweisen und demnach korrekt oder inkorrekt verwendet werden können. Und Korrektheitsbedingungen scheinen eine normative Dimension aufzuweisen. Außerdem wurde geltend gemacht, dass Äußerungen und Texte aufgrund ihrer Bedeutungen in semantische Netzwerke eingebettet sind, die ihrerseits normative und rationale Begründungsstrukturen stiften. Die führenden semantischen Normativisten haben daher behauptet, dass Normativität für Bedeutungen und semantische Gehalte *konstitutiv* (also essentiell) ist: Äußerungen und Texte, die überwiegend keine normativen und rationalen Aspekte aufweisen, haben keine semantische Gehalte bzw. keine Bedeutungen und sind daher gar keine Äußerungen oder Texte.

Doch Konstitutivität und Essentialität waren in der Philosophie schon immer prekäre Kategorien. Sie haben ihren systematischen Sitz in der Anwendung auf autopoietische Systeme mit Normalbedingungen (namentlich lebende Individuen und Artefakte), denn derartige Systeme würden nicht existieren, würden sie nicht ihre Normalbedingungen und deren notwendige Bedingungen aufrechterhalten. Normalbedingungen und deren notwendige Bedingungen sind demnach in einem harmlosen Sinne konstitutiv oder essentiell für derartige Systeme. Die semantischen Normativisten haben jedoch nicht gezeigt, wie sich ihre Vorstellung von essentieller semantischer Normativität in dieses systemtheoretische Konzept einbinden lässt. Die Alternative zum essentiellen semantischen Normativismus ist ein instrumenteller semantischer Normativismus, dessen Kernthese ist, dass semantische Relationen aufgrund ihrer Konsequenzen für Evaluierungen normativ sind. Diese Evaluierungen liegen jedoch ausserhalb der semantischen Sphäre (Abschnitt 4.1).

Der semantische Normativismus ist von Robert Brandom und Donald Davidson in Gestalt avancierter philosophischer Theorien ausgearbeitet worden, die auch für die Hermeneutik ambitionierte Standards setzen. Beide Autoren konzipieren das Verstehen als komplexe Interpretation, die in Gestalt rationaler Erklärungen auftritt. Vor allem aber führen sie die Theorie des Verstehens mit einer raffinierten Semantik und einer Theorie der Rationalität und Normativität zusammen.

Brandoms inferentielle Semantik ist pragmatistisch orientiert und hält unsere inferentielle (also an Folgerungen orientierte) Praktik des Gebens und Einforderns von Gründen für den Kern semantischer Verhältnisse, rationaler Beziehungen und normativer Einstellungen. Mit Behauptungen in Äußerungen und Texten sind wir berechtigt, auch all das zu behaupten, was aus unseren Äußerungen und Texten folgt, aber wir sind auch verpflichtet, auf Nachfrage unsere Behauptungen inferentiell zu begründen (Brandom nennt diese Inferenzen *material*). Diese linguistischen Pflichten und Berechtigungen konstituieren semantische Verhältnisse auf normative Weise und stellen den Kern unserer Rationalität dar. Das Verstehen und Interpretieren besteht daher auf der grundlegendsten Ebene darin, die normativen und zugleich rationalen Begründungspflichten und Folgerungsrechte von Äußerungen und Texten zu erfassen. Das bedeutet allerdings, dass Brandom jede Form des Verstehens als Erfassen von Gründen und damit als rationale Erklärung (komplexe Interpretation) betrachtet. Eine Differenz zwischen Parsen und Interpretation ist in diesem theoretischen Rahmen nicht artikulierbar. Das ist zweifellos ein Defizit. Doch bleibt es ein Verdienst der inferentiellen Semantik, eine semantische Theorie als Grundlage der Theorie der Interpretation auf detaillierte und raffinierte Weise ausgearbeitet zu haben. Allerdings bleibt uns Brandom eine Erklärung semantischer Rationalität und Normativität schuldig. Er belässt es bei einer Konstatierung und der Bemerkung, dass sich normatives Vokabular nicht auf nicht-normatives Vokabular reduzieren lässt. Außerdem bleibt die Verbindung semantischer Rationalität und Normativität zu empirischer Erfahrung unklar. Ein Indiz dafür ist die fehlende Definition materialer Inferenzen. Man hat Brandom nicht ganz zu Unrecht vorgeworfen, einer idealistischen Position nahe zu kommen (Abschnitt 4.2).

Davidsons Interpretationismus betont vor allem die rationalen Bedingungen erfolgreichen Verstehens. Er hält es für ein empirisches Faktum, dass wir einander meist erfolgreich verstehen, und möchte die Bedingungen erfolgreichen Verstehens und damit auch die Struktur semantischer Relationen erkunden, und zwar dadurch, dass er den Aufbau einer Interpretationstheorie für eine ganze Sprache untersucht. Das bedeutet, dass auch Davidson das Verstehen stets als inferentielle, komplexe Interpretation fasst. Doch bemüht er sich intensiver als Brandom um eine Klärung der empirischen Grundlagen der Interpretation. Diese Grundlagen bestehen in sogenannten Wahrheitstheoremen (den T-Theoremen), die konstatieren, dass Interpretin und Interpretand in bestimmten empirischen Szenarios logisch korrelierbare und sprachlich artikulierte Wahrheitsannahmen machen. Wie Davidson zeigt, müssen Interpretinnen und Interpretanden für eine erfolgreiche Kommunikation (also für gegenseitige Interpretation) ihre Wahrheitsannahmen maximieren und rationale Forderungen wie Konsistenz und gute Begründung erfüllen. Nach der vorherrschenden Lesart sind Wahrheitsmaximierung und rationale Forderungen für Verstehen und semantische Relationen insofern konstitutiv, als ohne diese Bedingungen die Interpretationstheorie weder empirisch gesichert noch logisch aufgebaut werden könnte.

Doch lassen sich genau genommen bei Davidson keine überzeugenden Gründe für die Konstitutivität der Normativität und Rationalität von

Geist, semantischen Relationen und Verstehen entdecken. Seine Überlegungen lassen sich auch so lesen, dass er überzeugend zeigt, dass die Erfüllung grundlegender rationaler Forderungen eine notwendige Bedingung erfolgreicher Interpretationen und Kommunikationen ist und dass deren überwiegender Erfolg empirisch feststeht. Das ist eine wichtige hermeneutische Einsicht, doch wird damit nicht erklärt, warum wir rational sind, ja sein müssen. Erfolgreiche Kommunikation ist ein wichtiges Indiz, aber wohl kaum eine zentrale Ursache der Rationalität des menschlichen Geistes (Abschnitt 4.3). Insgesamt bleibt festzuhalten, dass Brandom und Davidson das komplexe Interpretieren für eine zentrale humanspezifische Leistung halten. Und damit scheinen sie angesichts der beschränkten Reichweite von TEC und Simulationstheorie richtig zu liegen.

Die skizzierten Defizite des semantischen Normativismus und Rationalismus sollten in der allgemeinen Hermeneutik so weit wie möglich ausgeräumt werden. Dieser schwierigen Aufgabe stellt sich der Rest des vierten Kapitels. Wie es den Standards von inferentieller Semantik und Interpretationismus entspricht, müssen zunächst Gegenstandsbereich und Form der Interpretation genauer bestimmt werden – also semantische Beziehungen und Vernetzungen in Gestalt materialer Inferenzen sowie die Details rationaler Erklärungen. Da materiale Inferenzen, allgemein formuliert, empirisch wahre Konditionale (Wenn-Dann-Aussagen) sind, geht es im ersten dieser beiden Punkte um nichts weniger als die Beziehung zwischen Wahrheit und Semantik. Unter Rückgriff auf die Theorie der Substanzbegriffe und die Theorie der determinierten und determinierbaren Eigenschaften soll zumindest für den paradigmatischen Fall der Substanzen gezeigt werden, dass diejenigen empirisch wahren Konditionale, in denen empirische, simultan bestehende feste Merkmalsbündel von Substanzen klassifikatorisch konstatiert werden, die Basis der Semantik von Substanzbegriffen bilden (Abschnitt 4.4).

Erklärungen einer Tatsache sind Argumente, die diese Tatsache in ein invariantes nomisches Muster einbetten, das von dem Explanandum zusammen mit bestimmten Randbedingungen instantiiert wird. Die Randbedingungen können Ursachen des Explanandum genannt werden. Auch rationale Erklärungen müssen diesen Bedingungen genügen. Ihr nomisches Muster wird durch eine normische Prämisse beschrieben, die im Kern behauptet, dass Personen, die zutreffende Gründe dafür haben, z. B. eine bestimmte Handlung zu vollziehen, diese Handlung gewöhnlich auch tatsächlich vollziehen. Ob Personen tatsächlich zutreffende Gründe für eine Handlung haben, muss sich unabhängig davon, dass sie die Handlung vollzogen haben, empirisch bestätigen lassen. Das ist nicht immer einfach, doch im Prinzip meist möglich. Rationale Erklärungen sind in mancherlei Hinsicht den rein kausalen Erklärungen in den Naturwissenschaften ähnlich, doch lässt sich zeigen, dass es auch erhebliche Unterschiede gibt (Abschnitt 4.5).

Eine befriedigende Erklärung unserer Rationalität und ihrer Normativität ist ein Unternehmen, das den Rahmen einer allgemeinen Hermeneutik sprengen würde. Doch lässt sich zumindest ein Vorschlag skizzieren, der die generelle Ausrichtung und einige Komponenten dieser Erklärung umreißt. Unsere Rationalität und ihre Normativität scheinen nämlich tief in der Evolution der kognitiven Fähigkeiten höherer Tiere verankert zu sein. Wie die Teleosemantik mit ihrem Verweis auf Pushmi-Pullyu-Repräsentationen und die TEC mit ihrem Verweis auf den Wahrnehmungs- Handlungskreislauf betont haben, ist die grundlegende geistige Ausrichtung höherer Tiere und aller Menschen durch die Trias Repräsentation – Evaluation – Reaktion ausgezeichnet. Diese Trias ist, wie sich herausstellt, die elementarste Form der Zweckrationalität. Es gibt faszinierende Analogien zwischen der Zweckrationalität sensitiver Tiere und evolutionären Mechanismen, die in der Replicator-Dynamik der evolutionären Spieltheorie modelliert werden können. Einige Evolutionstheoretiker sprechen daher von einer evolutionären Zweckrationalität. Auf der Stufe sensitiver Tiere lassen sich unterschiedlich komplexe Stufen der Zweckrationalität unterscheiden, bis hin zu einer humanspezifischen Zweckrationalität, die unter anderem dadurch ausgezeichnet ist, dass sie eine deutliche Differenz von Meinungen und Wünschen sowie Sprachfähigkeit, explizites generelles Wissen und höhere Evaluationsstandards bis hin zu Konzepten des guten Lebens und moralischen Maßstäben involviert. Die Mechanismen der biologischen und kulturellen Evolution selektieren demnach zweckrationales Verhalten auf verschiedenen Stufen. Zweckrationalität ist daher unter Menschen, wie es scheint, notwendigerweise weit verbreitet. Diese Notwendigkeit ist nicht begrifflicher Art, sondern eine Folge der Evolution des Geistes. Darüber hinaus bemühen sich höhere Tiere und Menschen um die Realisierung ihrer Werte. Dafür ist zweckrationales Verhalten erforderlich. Dieses Verhalten lässt sich daher gut begründen, das heißt ist normativ gefordert. Angemessenes zweckrationales Verhalten beruht aber unter anderem auf wahren Meinungen. Aufgrund des Prinzips der instrumentellen Übertragung ist daher auch die Produktion wahrer Meinung (also theoretische Rationalität) normativ gefordert. Auf diese Weise ist, wie es scheint, die Normativität der Zweckrationalität und theoretischen Rationalität plausibel gemacht (Abschnitt 4.6).

Allerdings bestreiten neuere Rationalitätstheorien zum einen, dass Rationalität unter Menschen verbreitet ist (Theorie der kalten Irrationalität), und zum anderen, dass Rationalität den üblichen universellen Optimierungsmodellen der Rationalität entspricht (Theorie der begrenzten Rationalität (*theory of bounded rationality*)). Dabei zeigt die Theorie der begrenzten Rationalität, dass die Befunde der Theorie der kalten Irrationalität so verstanden werden müssen, dass die Optimierungsmodelle der Rationalität selten erfüllt werden, dass aber zugleich begrenzte Rationalität in Gestalt einfacher, archaischer Heuristiken extrem verbreitet ist. Und begrenzte Rationalität erweist sich als Spielart der Zweckrationalität. Begrenzte Rationalität ist kontext-relativ und wird daher auch ökologische Rationalität genannt. Die einfachen Heuristiken sind Varianten ökologischer Rationalität, die in bestimmten sozialen Kontexten erfolgreich sind. Die Theorie der begrenzten Rationalität stimmt demnach mit der Analyse der Zweckrationalität in Abschnitt 4.6 überein, zeichnet aber ein differenzierteres Bild und enthält eine wichtige hermeneutische Botschaft. Eine angemessene Interpretation des menschlichen Denkens und Handelns erfordert den Rückgriff auf jene Heuristik der ökologischen Rationalität, die mit dem spezifischen Kontext des Explanandums korreliert ist (Abschnitt 4.7).

Neuerdings wird von einigen Philosophen ein *normativer Skeptizismus* verteidigt, der bestreitet, dass Rationalität und rationale Forderungen normativ sind (entgegen den Überlegungen in Abschnitt 4.6). Der entscheidende Grund ist, dass Begründungen rational sein und dennoch auf falschen Meinungen beruhen können. Denn in diesem Fall kann die rational begründete mentale Episode oder Handlung oft nicht normativ gefordert werden. Die Debatte um diese Position hat dazu geführt, dass sich der Begriff der Normativität klarer fassen lässt: Normativität erweist sich als die Normativität der konklusiven (also wahren oder korrekten) Gründe. Was konklusiv begründet werden kann, darf auch normativ gefordert werden. Allerdings stützt sich der normative Skeptizismus auf einen naiven Wahrheitsbegriff. Die beste Lesart dieser Position ist, dass normative Rationalität die Forderungen involviert, nach den besten jeweils verfügbaren Gründen zu suchen, ferner die Standards für gute Gründe nach Möglichkeit ständig zu verbessern und Wahrheit als wichtiges Handlungsziel zu behandeln.

Aus dieser Sicht der Dinge folgt, dass normative (d.h. konklusiv begründete) Rationalität auf korrekten Repräsentationen und Evaluationen beruhen muss, die daher als konklusive Gründe für normative Forderungen an unser Denken und Handeln operieren. Die Maßnahmen, die üblicherweise für eine verlässliche Produktion korrekter Repräsentationen und Evaluationen angeführt werden (wie etwa die Herstellung einer Präferenzordnung der Werte, die Ermittlung und Bewertung von Alternativen des Denkens oder Handelns und ihrer Konsequenzen und die

Wahl der besten Alternative), fallen in die Kompetenz der theoretischen Rationalität. Theoretische und praktische Rationalität weisen also ein unterschiedliches Verhältnis zur Normativität der konklusiven Gründe auf. Theoretische Rationalität ist eine Komponente der Anforderungen an jene konklusiven Begründungen, die ein zentrales Merkmal der Normativität darstellen. Praktische Rationalität (also Zweckrationalität) besteht dagegen in der Exekution eines bereits normativ geforderten Handelns.

Diese Überlegungen scheinen allerdings vorauszusetzen, dass wir Wahrheit und daher auch korrekten Wahrheitstransfer als einen generellen Wert betrachten und zu realisieren versuchen. Diese Voraussetzung scheint mit der TBR in Widerspruch zu geraten, wird jedoch durch zwei neuere Ansätze gestützt.

Zum einen hat die neuere ökonomische Feldforschung gezeigt, dass Menschen sich in den letzten Jahrhunderten zum Teil durch ständiges Lernen aus der Umklammerung einfacher Heuristiken befreien und sich auf Optimierungsmodelle der Rationalität zubewegen konnten. Zum anderen zeichnet sich eine entsprechende evolutionstheoretische Erklärung der Suche nach Wahrheit ab. Diese Suche ist dann erklärbar, wenn wir zweckrational sind und über einen Wahrheitsbegriff verfügen, so dass wir Wahrheit als Handlungsziel betrachten können. An dieser Stelle kommen hermeneutische Fähigkeiten ins Spiel: Das Gedankenlesen wurde, wie wir wissen, in der Evolution der kognitiven Apparate positiv selektiert, setzt aber seinerseits die Zuschreibung wahrer und falscher Meinungen und damit die Verfügung über den Wahrheitsbegriff voraus. Damit kann Wahrheit als Handlungsziel fixiert und die Suche nach optimalen Mitteln der Wahrheitsfindung zweckrational erklärt werden. In diesem Rahmen zeichnet sich also ein Zwei-Stufen-Modell archaischer und entwickelter Rationalität ab

Es gibt für uns mithin konklusive Gründe dafür, die Suche nach Wahrheit und die Methoden des Wahrheitstransfers zu optimieren. Wahrheit und Wahrheitstransfer sind demnach normativ. Damit lässt sich die Beziehung zwischen Wahrheit, Werten, Rationalität und Normativität umreißen sowie die rationale und normative Organisation des Geistes und seiner geistigen Produkte (einschließlich der semantischen Beziehungen) genauer beschreiben. Angemessene Interpretationen involvieren daher unter anderem eine Berücksichtigung dieser rationalen und normativen Struktur. Als komplexe Metarepräsentation ist sowohl die Interpretation selbst als auch ihr Gegenstandsbereich durch diese Struktur gekennzeichnet (Abschnitt 4.8).

Zu Kapitel 5

Wenn wir Menschen überwiegend rational sind und einander daher nur dann erfolgreich interpretieren können, wenn wir Gedanken, Äußerungen und Texte überwiegend rational erklären können, dann sollte man erwarten, dass Interpretationen auch in Wissenschaften eingesetzt und zu professionellen Verfahren ausgebaut werden können. Diesem Thema widmet sich das fünfte und letzte Kapitel.

Traditionell sind die Geisteswissenschaften als interpretierende Wissenschaften von Naturwissenschaften als erklärenden Wissenschaften unterschieden worden. Unter interpretierenden Wissenschaften verstand man dabei primär die philologischen Wissenschaften, zum Teil auch die historischen Wissenschaften. Aus heutiger Sicht wirken diese Unterscheidungen simplifiziert. Denn zum einen sind auch Interpretationen Erklärungen (meist kausal-rationaler Art). Und zum anderen gibt es neben den Philologien, den Geschichtswissenschaften und den Naturwissenschaften zum Beispiel noch die Formalwissenschaften, die psychologischen Wissenschaften, die Sprachwissenschaften und die Sozialwissenschaften. Interpretationen spielen in fast allen diesen Wissenschaften eine prominente (wenn zuweilen auch unterschiedliche) Rolle. Wir können die Wissenschaften aus hermeneutischer Sicht also allenfalls danach unterteilen, welche Funktion und Dominanz Interpretationen in ihnen aufweisen. Dabei ist es ebenso trivial wie wichtig darauf hinzuweisen, dass Interpretationen als rationale Erklärungen nicht nur in der Philologie, sondern auch in den Formalwissenschaften, also in der Logik und Mathematik, eine extrem dominante Rolle spielen. Denn logische und mathematische Beweise – das Herzstück der Logik und Mathematik – sind selbst nichts anderes als rationale Erklärungen, die dadurch erfolgreich interpretiert werden müssen, dass ihre Rationalität im Detail nachvollzogen werden kann. Aber auch die Naturwissenschaften beruhen – wie alle anderen Wissenschaften – insofern zu einem erheblichen Teil auf angemessenen Textinterpretationen, als die fachwissenschaftliche Diskussion und Begutachtung ihrerseits stets angemessene fachwissenschaftliche Textinterpretation voraussetzt (Abschnitt 5.1).

In neueren Reflexionen über das Handwerkszeug der Wissenschaft lässt sich allerdings die Tendenz erkennen, die Verwendung des Rationalitätsbegriffs zu marginalisieren oder gar zu eliminieren. Die Gründe für diese Tendenz scheinen von unterschiedlicher Art zu sein. In den philologischen Wissenschaften wird betont, dass vor allem die Interpretationen poetischer Texte durch die hermeneutisch eingeforderten Rationalitätsunterstellungen oft eher behindert als befördert werden. In den Geschichtswissenschaften wird dagegen zum Teil beklagt, dass es nur selten gelingt, rationale Erklärungen historischer Handlungen und Prozesse empirisch hinreichend zu belegen. In solchen Fällen müssen sich historische Erklärungen mit der Darstellung kausaler historischer Regularitäten begnügen. Allerdings wird – interessanterweise – meist eingeräumt, dass rationale Erklärungen, wenn sie denn belegbar sind, eine höhere Erklärungskraft haben.

Der philologische Einwand trifft gewiss nicht für alle Literaturgattungen zu. So unterliegen zum Beispiel Interpretationen von Dramen und Romanen meist den üblichen Angemessenheitsbedingungen einschließlich der rationalen Forderungen, weil das dargestellte Geschehen meist selbst durch gegenseitige Interpretationen, sonstige Äußerungen und Handlungen bestimmt ist. Und irrationale Strukturen sind nicht arational, das heißt ihre Irrationalität kann generell nur auf der Basis verbreiteter Standards von Rationalität identifiziert und dargestellt werden. Zudem kommen rationale Erklärungen in den philologischen Wissenschaften noch auf einer anderen Ebene vor – nämlich dann, wenn es durch Rückgriff auf die Intentionen des Autors und anderer textprägender Instanzen darum geht zu erklären, warum ein Text die Beschaffenheit und Merkmale hat, die er nun einmal hat. Auf dieser Ebene werden Texte als eine Art technischer Produkte betrachtet, deren Teile Funktionen und ein Design aufweisen, die oft auf die Absichten der AutorInnen zurückgehen. In den historischen Wissenschaften schließlich ist die Anwendbarkeit rationaler Erklärungen nur eine Frage der empirischen Belegbarkeit. Die meisten Kommentatoren halten historische Interpretationen im Sinne rationaler Erklärungen für das wissenschaftliche Optimum, und tatsächlich gibt es auch Beispiele historischer Untersuchungen, die sich diesem Optimum entschlossen und erfolgreich nähern (Abschnitt 5.2).

Paradigmatisch für die Diskussion über die Rolle der Rationalität und Interpretation in den Wissenschaften ist das Schicksal rationaler Erklärungen in den Sozialwissenschaften, insbesondere in Gestalt der Theorie der rationalen Wahl (RC-Theorie), die ursprünglich ein fester Bestandteil sozialwissenschaftlicher Methodologie war. Allerdings beschäftigen sich die Sozialwissenschaften in erheblichem Ausmaß mit der Bewältigung einer ebenso schwierigen wie wichtigen Aufgabe, die mit einem Rückgriff auf die RC-Theorie nichts zu tun hat, nämlich mit der empirisch gesicherten Erkenntnis genereller Regularitäten und kausaler Beziehungen im sozialen Raum auf der sogenannten Makro-Ebene. Nach dem Badewannenprinzip sollte zwar das makro-phänomenale Explanans solcher Erklärungen in mikro-phänomenale mentale Zustände individueller Akteure transformiert werden, die dann als Ausgangspunkt rationaler Erklärungen dienen können, deren Explanandum dann wieder auf die Makro-Ebene zu transformieren wäre; aber die empirisch gesicherte Durchführung dieser Prozedur gilt oft als extrem schwierig, ja unmöglich. Dieses Bild hat eine auffallende Ähnlichkeit mit der entsprechenden Auffassung der HistorikerInnen.

Soweit die RC-Theorie in den Sozialwissenschaften dennoch in Anschlag gebracht wird, sind sich alle Beteiligten darüber im Klaren, dass es sich um ein idealisiertes Handlungsmodell handelt, das auf die jeweils untersuchten empirischen Verhältnisse zugeschnitten werden muss. Diese Adjustierungsversuche führten nicht nur zu unterschiedlichen Erklärungsmodellen, sondern auch zu unterschiedlichen Rationalitätsmodellen. Einige Sozialwissenschaftler haben daher den Eindruck gewonnen, dass es lediglich darauf ankommt, diejenigen Regularitäten empirisch zu ermitteln, die das faktische Verhalten und Handeln der Menschen im sozialen Raum bestimmen. Ob man diese Regularitäten noch rational nennt oder nicht, scheint nebensächlich zu sein. Man kann daher aus dieser Sicht den Rationalitätsbegriff aus den Sozialwissenschaften streichen.

Diese Konsequenz schüttet jedoch das Kind mit dem Bade aus. Denn die Theorie der begrenzten Rationalität weist nach, dass verschiedene Rationalitätsbegriffe meist auf unterschiedliche soziale Szenarien zugeschnitten sind und im Rahmen der einzelnen Szenarien auch explanatorisch relevant bleiben. Überdies sind die verschiedenen Rationalitätsbegriffe Unterarten einer allgemeinen Zweckrationalität und theoretischen Rationalität, und es gibt mittlerweile viele Belege und Argumente dafür, dass moderne Menschen durchaus um Optimierung ihres rationalen Denkens und Handelns bemüht sind. In bestimmten Bereichen der Sozialwissenschaften werden die RC-Theorie und das Schema rationaler Erklärungen denn auch nach wie vor auf fruchtbare Weise eingesetzt. Paradigmatisch dafür ist die Behandlung eines der tiefsten Probleme der Politikwissenschaft, nämlich der Frage, wie es unter egoistisch operierenden Akteuren ohne Hilfe eines Herrschaftsstabes zu einer freiwilligen Kooperation kommen kann, in der sich die Beteiligten als gleichberechtigte Partner anerkennen. Dabei wird keinesfalls über die Eliminierung des Rationalitätsbegriffes nachgedacht. Vielmehr stellen die vorgeschlagenen Problemlösungen bestimmte Formen des zweckrationalen Handelns dar, die zu einer Antwort auf die Kernfrage beitragen könnten. Aus hermeneutischer Sicht ist wichtig, dass diese Problemlösungen maßgeblich auf erfolgreicher Exekution jener kognitiven Fähigkeit beruhen, die der Gegenstand der vorliegenden Studie sind: der (rationalen, gelingenden) wechselseitigen Interpretation (Abschnitte 5.3 und 5.4).

Die Geschichtlichkeit der Interpretation ist seit Gadamers *Wahrheit und Methode* ein zentrales Thema der allgemeinen Hermeneutik. Der letzte Abschnitt dieses Buches verteidigt anhand zweier Texte aus Physik und Literatur exemplarisch die These, dass unter Wahrung historischer Sorgfalt die Beschreibung historischer Sachverhalte und Texte in modernen Begriffen (eine der Formen des historischen Verschmelzens der semantischen Horizonte von Interpretin und Interpretandum) im besten Falle auch zu neuen historischen Einsichten führen kann (Abschnitt 5.5).

Hermeneutik und Naturalismus

Entwürfe allgemeiner Hermeneutiken pflegen unter anderem daraufhin befragt zu werden, ob sie einen naturalistischen oder einen anti-naturalistischen Standpunkt einnehmen. In diesem Buch werden nicht nur philosophische Argumente, sondern auch Resultate naturwissenschaftlicher Untersuchungen dazu benutzt, die These zu verteidigen, dass das sprachliche Parsen und die Interpretation durch ihren Bezug auf rationale Forderungen und normative Strukturen eine kognitive und methodologische Sonderstellung gegenüber nomologischen Erklärungen einnehmen, wie sie in Naturwissenschaften üblich sind, obgleich auch Interpretationen als rationale Erklärungen eine kausale Struktur aufweisen. Diese Ausrichtung könnte in Hinsicht auf die Frage des Naturalismus Verwirrung stiften.

Es ist hier nicht der Ort, die vielen verschiedenen Varianten des Naturalismus und Anti-Naturalismus aufzuzählen und zu versuchen, die in diesem Buch vertretene Position in eines dieser Schemata einzuordnen. Doch sei zumindest bemerkt, dass die folgenden hermeneutischen Überlegungen das Naturalismus-Problem zu entschärfen und zugleich einen bestimmten Anti-Naturalismus zu verteidigen trachten. Das allgemeine Bild, das aus den folgenden Überlegungen hervorgeht, entwirft einen sukzessiven Übergang vom Reich der Natur zum logischen Raum der Gründe: Die kognitiven Fähigkeiten des Menschen mit ihrer überwiegend rationalen und normativen Organisation haben sich im Zuge der evolutionären Entwicklung der Tiere in mehreren Stufen entfaltet und im Rahmen menschlicher Kulturen ausdifferenziert. Dies gilt insbesondere auch für die hermeneutischen Fähigkeiten in Gestalt des Gedankenlesens. Zum Teil lässt sich dieser phylogenetische Prozess anhand der menschlichen Ontogenese nachvollziehen und belegen. Zwischen dem Reich der Natur, das in der Sprache der Physik und Chemie angemessen beschrieben werden kann, und dem logischen Raum der Gründe, dessen Beschreibung ein intentionales und logisches Vokabular erfordert, vermittelt das Reich der Tiere und der menschlichen Kleinkinder, deren Geist ebenfalls schon –

wenn auch in unterschiedlichen Entwicklungsstufen – durch Repräsentationalität, evaluative Normativität und Zweckrationalität gekennzeichnet ist. Dieses Bild gilt insbesondere auch für die hermeneutischen Vermögen, die sich um das Gedankenlesen ranken: Zwischen einem natürlichen, behavioristischen Verstehen und komplexen Interpretationen vermittelt das nicht-sprachliche und sprachliche Parsen. Handelt es sich hier noch um Natur oder schon um den rationalen Geist? Diese Frage ist müßig. In jedem Fall brauchen wir bereits für die Beschreibung dieser Zwischenbereiche mehr als ein physikalisches und chemisches Vokabular – nämlich eine funktionale und intentionale Terminologie.

Aus dieser Sicht bekämpft dieses Buch die beiden leitenden Paradigmen der letzten Jahrzehnte zur Darstellung des Verhältnisses zwischen Natur und Geist: den Reduktionismus, der den Geist auf nomologische und funktionale Strukturen zurückführt und der Rationalität und Normativität weder eine ontologische noch eine explanatorische Rolle zubilligt (siehe etwa die Arbeiten von Millikan und Papineau),[9] und den radikalen Dualismus, der von einem scharfen Schnitt zwischen nomologischer Natur und rationalem Geist ausgeht, Wahrnehmungen und Gefühle nicht als geistige, sondern als physiologische Phänomene betrachtet und meist nur dem Menschen einen Geist zubilligt (siehe etwa die Arbeiten von Sellars, Brandom, Davidson und McDowell). Insofern ist die vorliegende Studie auch ein – allerdings thematisch begrenzter – Beitrag zu einer zeitgenössischen Rationalitätstheorie.

Aus dem im Folgenden skizzierten Bild der Beziehung zwischen kognitiven Fähigkeiten und Natur ergibt sich, dass der moderne Mensch – also die Menschheit in den letzten 0.5 % der Menschwerdung – vor allem dadurch gekennzeichnet ist, dass in ihm drei mächtige kognitive Kräfte miteinander ringen: Kräfte, die wir mit einigen Tieren teilen; Kräfte, die in den ersten, archaischen 99,5 % der Menschwerdung selektiert wurden; und Kräfte, die sich in den letzten 5000 Jahren formiert haben und auf Sprachentwicklung, zunehmend raffinierter Technik und gezielter sozialer Kooperation, rasanter Optimierung der Rationalität und zunehmendem Altruismus geprägt sind – zu schnell, als dass die biologische Evolution darauf angemessen reagieren könnte. Diese Kräfte miteinander in Einklang zu bringen, ist daher eines der größten Probleme des modernen Menschen.[10]

[9] In der neuen hermeneutischen Simulationstheorie und der korrelierten TEC spielt das Phänomen der Rationalität zum Beispiel keine Rolle.

[10] Vgl. Tomasello 2009, Pinker 2011.

KAPITEL 1: GEIST UND KOGNITION

Verstehen und Interpretation sind kognitive Vermögen, die sich auf die geistigen Aspekte mentaler Zustände, Äußerungen und Texte richten. Eine allgemeine Theorie des Verstehens und der Interpretation, also eine allgemeine Hermeneutik, sollte daher, wie bereits in der Einleitung bemerkt, im Rahmen der Theorie des Geistes ausbuchstabiert werden. Doch scheint es seit geraumer Zeit auf diesem Gebiet drei verschiedene Paradigmen zu geben: Die kognitivistische Theorie des Geistes, die Theorie der verkörperlichten Kognition (*embodied cognition*) und die Philosophie des Geistes.[11]

Die kognitivistische Theorie des Geistes (*cognitive science*) betrachtet den Geist als die Software des Gehirns. Die geistige Aktivität (Kognition) besteht im algorithmischen Berechnen und Prozessieren (*computation*) distaler und proximaler Stimuli, die in neuronalen Aktivitäten des Gehirns oder einer anderen geeigneten Hardware realisiert sind. Die Theorie der verkörperlichten Kognition (*embodied cognition*) betont, dass auch Teile und Aktivitäten außerhalb des Gehirns einen gewichtigen Einfluss auf geistige Prozesse haben und dass höhere Formen der Kognition in sensumotorischen Fähigkeiten fundiert sind. Und die Philosophie des Geistes (*philosophy of mind*) bestimmt die geistige Aktivität als Teil einer normativ und rational gesteuerten Auseinandersetzung mit komplexen und wandelbaren Umweltbedingungen.

Diese drei Ansätze werden allerdings von den meisten ihrer führenden Vertreter als einander ausschließende Ansätze betrachtet. Eine der Aufgaben dieses Kapitels besteht darin, die drei genannten Ansätze so kurz wie möglich zu erläutern und zu zeigen, dass sie zu einem kohärenten Gesamtbild verbunden werden können. Denn jeder dieser drei Ansätze kann, wie die folgenden Kapitel deutlich machen, zur Erklärung bestimmter Formen des Verstehens (insbesondere des Gedankenlesens) herangezogen werden. Wären diese Ansätze inkohärent, so böte der theoretische Hintergrund der allgemeinen kognitiven Hermeneutik ein inkonsistentes Bild, und das wäre nicht erfreulich.

Die kognitivistische Theorie des Geistes und die Theorie der verkör-

[11] Für die interpretatorische Rekonstruktion wichtiger Stadien der Geschichte der allgemeinen Hermeneutik sind die Grundzüge der modernen Philosophie des Geistes ausreichend, vgl. Detel 2011.

perlichten Kognition haben ferner eine Wahrnehmungstheorie und eine Begründung des minimalen Empirismus ausbuchstabiert, die zur Lösung des grundlegenden hermeneutischen Problems beitragen, wie Verstehen und Interpretation mit Welterfahrung zusammenhängen.[12] Die zweite Aufgabe dieses Kapitels ist es daher, diese Wahrnehmungstheorie zu skizzieren sowie eine Lösung des genannten Problems vorzuschlagen. Diese Wahrnehmungstheorie kann eine Lücke in einigen der avanciertesten Semantiken und Verstehenstheorien schließen (namentlich in Brandoms inferentieller Semantik und in Davidsons Interpretationismus).

1.1 Der kognitionswissenschaftliche Begriff des Geistes

Das kognitionswissenschaftliche Paradigma des Geistes betrachtet den Geist als Zentrum kognitiver Prozesse, die in Begriffen algorithmischer Berechnungen beschrieben werden, wie sie auch in Computerprogrammen vorkommen. Die einzelnen Rechenschritte bilden kausale Ketten, und jeder Rechenschritt ist durch seine funktionale Rolle in einer dieser kausalen Ketten bestimmt. Daher bezeichnet man die algorithmischen Berechnungen im Geist auch als funktionale Mechanismen.[13] Dieses Bild blieb in der Kognitionswissenschaft bis heute leitend.[14] So hat einer der führenden gegenwärtigen Vertreter der *Cognitive Science*, Paul Thagard, noch kürzlich bemerkt:

> Cognitive science is the interdisciplinary study of mind and intelligence, embracing philosophy, psychology, artificial intelligence, neuroscience, linguistics, and anthropology ... The central hypothesis of cognitive science is that thinking can best be understood in terms of representational structures in the mind and computational procedures that operate on those structures ... Most work in cognitive

[12] John McDowell hat dieses Problem auf interessante Weise reformuliert: Wie können wir die repräsentationale Ausrichtung des Geistes auf die Welt verstehen, wenn wir einerseits anerkennen wollen, dass der Geist rational und normativ ist, d. h. im Raum der Gründe operiert, und andererseits am minimalen Empirismus festhalten wollen, demzufolge der Geist durch die Welt beantwortbar sein soll? (McDowell 1994; vgl. unten S. 72–75).

[13] Der kognitivistische Blick auf den Geist wurde durch Überlegungen des Philosophen Hilary Putnam vorbereitet, die das bis dahin führende behavioristische Paradigma des Geistes zu Fall brachten, vgl. Putnam 1993. Putnam zog dafür das Konzept einer probabilistischen Turing-Maschine heran: Ein Organismus hat einen Geist, wenn der Organismus ein Gehirn hat, das eine probabilistische Turing-Maschine realisiert.

[14] Standardeinführungen in die allgemeine Kognitionswissenschaft: Thagard 2005, Pylyshyn 1986. Klassische Durchbruchsarbeiten: Turing 1950, Putnam 1993, Fodor 1987. Kritik am gesamten kognitionswissenschaftlichen Ansatz: Dreyfus 1992, Searle 1992.

science assumes that the mind has mental representations analogous to computer data structures, and computational procedures similar to computational algorithms. Cognitive theorists have proposed that the mind contains such mental representations as logical propositions, rules, concepts, images, and analogies, and that it uses mental procedures such as deduction, search, matching, rotating, and retrieval.[15]

In dieser Bemerkung wird die algorithmische Berechnung im Geist ein wenig genauer gekennzeichnet. Die Symbole, auf die der Geist mit seinen Operationen zugreift, sind genauer mentale Repräsentationen, beispielsweise logisch formalisierte Sätze, und die Transformationsregeln der geistigen Operationen sind Algorithmen, beispielsweise logische Deduktionen. Die Berechnungen, die das Wesen des Geistes ausmachen, laufen also über Einheiten, die ihrerseits repräsentationale Strukturen (Zustände) sind. Doch wodurch sich repräsentationale Zustände genauer auszeichnen, wird in der Kognitionswissenschaft nicht erläutert.

Die klassische Idee kognitiver Prozesse lässt sich vor dem Hintergrund der formalen Logik (des Leitbildes der frühen Kognitionswissenschaft) erläutern. Das Folgern und Deduzieren ist zweifellos eine der wichtigsten Operationen des menschlichen Geistes. Die (formale) Logik als Theorie des Folgerns und Deduzierens wurde spätestens seit Kant als normative Theorie des Denkens aufgefasst. So bemerkt schon Kant in der Jäsche-Logik:

Wir wollen in der Logik nicht wissen: wie der Verstand ist und denkt, und wie er bisher im Denken verfahren ist, sondern: wie er im Denken verfahren *sollte*.[16]

Die moderne formale Logik hat der Idee, dem Denken eine normative Dimension zuzuschreiben, Substanz verliehen, denn sie verstand sich als normative Theorie des Schließens, die bestimmt, welche Schlüsse *korrekt* sind, und sie hat diese Bestimmung auf die *Bedeutung* des logischen Vokabulars zurückgeführt. Betrachten wir etwa einen logisch gültigen Schluss wie den *Modus Ponens*:

(*) Wenn: <p und: wenn p, dann q>, dann: q

[Formalisiert: $(p \land (p \supset q)) \supset q$ (mit: $\land$ = und, $\supset$ = wenn – dann)]

Dieser logische Schluss hat der klassischen Logik zufolge normativen Gehalt, d. h. ist eine rationale Empfehlung oder Vorschrift, die besagt: Wann immer du *p* und *wenn p, dann q* denkst oder behauptest, solltest du vernünftigerweise auch *q* denken oder behaupten. Und logische Schlüsse wie

[15] Thagard 2012, 1.

[16] Kant, *Jäsche-Logik* A6.

der *Modus Ponens* sind gültig allein aufgrund des semantischen Gehalts der logischen Zeichen (im Fall des *Modus Ponens* also aufgrund der Bedeutung von „und" sowie von „wenn – dann").

In der klassischen Kognitionswissenschaft wird dagegen zum Beispiel der *Modus Ponens* als Anweisung an eine Turingmaschine aufgefasst: „Bei p und p ⊃ q auf zwei Feldern (Input) rücke einen Schritt nach rechts und generiere dort q (Output)". Die Transformationsregel (Berechnungsregel) wäre in diesem Fall: „Gehe stets von p und p ⊃ q zu q über."

Die Struktursensitivität des Programms besteht in der Fähigkeit, rein syntaktische Strukturen wie *p, q, p ⊃ q* oder *p ∧ q* zu erfassen. Aber derartige syntaktische Symbole sind 1-1-abgebildet auf semantische Gehalte des Inhalts, *dass p, dass q, dass p ∧ q* und *dass p ⊃ q*. Und die rein syntaktische Transformationsregel ist 1-1-abgebildet auf die semantische Relation zwischen *(p und p ⊃ q)* und *q* (in Gestalt einer logischen Implikation). Das ist die „terrific idea", von der Jerry Fodor einst schwärmte: Indem unser Geist syntaktische Strukturen und Regeln mathematisch auf semantische Verhältnisse abbildet, kann er das semantisch inhaltlich bestimmte Denken einer schnellen algorithmischen Berechnung zugänglich machen.[17] Worin das Besondere semantischer Verhältnisse besteht, muss dieser kognitivistischen Theorie allerdings mit Hilfe der Semantik hinzugefügt werden.

Der Schachzug, logische Operationen zu den Programmen einer Turingmaschine als idealisiertem Modell kognitiver Operationen zu zählen, markiert die *empiristische Wende der Geist-Theorie*, die in der Kognitionswissenschaft vollzogen wird. Denn mit diesem Schachzug werden logische Operationen nicht mehr als normative Vorschriften, sondern als Kennzeichen des tatsächlichen Denkprozesses angesehen. Aus kognitionswissenschaftlicher Sicht müssen daher Hypothesen über kognitive Operationen postuliert werden, die empirisch zu überprüfen sind. Verwenden die meisten Menschen zum Beispiel tatsächlich den *Modus Ponens*? Die Antwort in diesem speziellen Fall ist positiv, aber für viele weitere logisch gültige Schlussformen gilt dies nicht.[18] Die Kognitionswissenschaft hat den steilen Anspruch, ihre Hypothesen dadurch empirisch zu prüfen, dass sie (i) die faktischen Inputs und Outputs eines kognitiven Prozesses empirisch ermittelt und (ii) ein algorithmisches Computer-Programm schreibt, das nachweisbar vom konstatierten Input zum konstatierten Output führt. Damit wird die Hypothese begründet, dass im Geist tatsächlich eine algorithmische Berechnung abläuft, die diesem Computerprogramm entspricht.

[17] Fodor 1987.

[18] Vgl. dazu genauer unten, Abschnitt 4.7.

Die Kognitionswissenschaft hat das Leitbild der logischen Repräsentationen und Operationen zügig erweitert. Wie aus Thagards oben zitierter Bemerkung hervorgeht, werden mittlerweile viele weitere mentale Repräsentationen einbezogen, zum Beispiel Regeln in Gestalt von Wenn-Dann-Folgen, Begriffe in Gestalt von Schemata und Skripten,[19] sowie bildliche Repräsentationen und Wahrnehmungen. Und es werden viele Transformationsregeln algorithmisch reformuliert, die über Logik hinausgehen, zum Beispiel Mustererkennung, strukturelle Gruppierung, Suche und Vergleich, oder mentales Rotieren. Zu den grundlegenden Hintergrundannahmen der Kognitionswissenschaft zählen:

(1) Externe Dinge, Zustände oder Prozesse mit objektiven Merkmalen sowie die von ihnen ausgehenden distalen Reize und mentalen Repräsentationen mit semantischen Gehalten können als gegeben vorausgesetzt werden.

(2) Neuronale Gehirnaktivitäten sind die exklusive reale Basis der kognitiven Berechnungen; die kognitiven Berechnungen sind jedoch wie alle Funktionen multipel realisierbar, d. h. es gibt keine 1-1-Abbildung zwischen Funktionen und ihrer realen Basis.

(3) Daher spielen physiologische Faktoren innerhalb und außerhalb des Gehirns für kognitive Prozesse keine kausale Rolle. Der Geist und seine Operationen können auch an geeigneten Robotern studiert werden (Forschung zur künstlichen Intelligenz).

(4) Das Bewusstsein wird ausgeklammert.

Das bedeutet unter anderem, dass die beiden geistigen Faktoren, die der Philosophie des Geistes zufolge die entscheidenden Merkmale des Geistes sind, Repräsentationalität und semantischer Gehalt, in der Kognitionswissenschaft nicht als wissenschaftliches *Explanandum*, sondern als *Explanans* betrachtet werden.[20] Das ist eine empfindliche geist-theoretische Lücke.

[19] Vgl. dazu unten, Abschnitt 3.3.

[20] Unter Repräsentationen werden in der Kognitionswissenschaft gewöhnlich innere Strukturen des Gehirns verstanden, die für etwas in der Welt stehen. Manchmal wird hinzugefügt, dass innere Repräsentationen Gehirnzustände sind, die im Verlauf der Evolution als kausale Folgen bestimmter externer Zustände und Vorgänge selektiert wurden und aus sensorischen Reizen Informationen gewinnen, die wir brauchen, um unbeschadet durch die Welt zu navigieren, vgl. Johnson-Laird 1996, 42–43. Diese Angaben sind zu vage.

1.2 *Die Theorie der verkörperlichten Kognition* (embodied cognition)

Das kognitionswissenschaftliche Paradigma des Geistes wurde gegen Ende des 20. Jahrhunderts aus verschiedenen Gründen kritisiert. Einer dieser Vorbehalte berief sich auf die Phänomenologie Merleau-Pontys als Vorläufer der Idee einer *verkörperlichten Kognition*.

Merleau-Ponty hat das Problem der Beziehung des Körpers zum Selbst, zur Welt und zu anderen Personen wie kein zweiter Philosoph vor ihm in den Mittelpunkt der Philosophie gestellt. Dabei geht er von einer harschen Kritik traditioneller philosophischer Dualismen aus, insbesondere der Körper-Geist-Unterscheidung und der Subjekt-Objekt-Differenz, die sich auch auf den eigenen Körper als eines Objekts erstreckt. Wenn der eigene Körper nicht mehr als bloßes Objekt betrachtet werden kann, dann wird, wie Merleau-Ponty geltend macht, auch die gesamte Idee einer objektiven externen Welt obsolet. Zur Wiedergewinnung einer angemesseneren Perspektive müssen wir uns Merleau-Ponty zufolge der phänomenologischen Methode einer reinen Beschreibung bedienen, die sowohl auf analytische Reflexion als auch auf wissenschaftsartige Erklärungen verzichtet.

Eine der wichtigsten Thesen der *Phänomenologie der Wahrnehmung* ist, dass wir unsere Körper sind und dass die lebendige Erfahrung unseres Körpers mit einer klaren Trennung zwischen Subjekt und Objekt sowie Körper und Geist unvereinbar ist. Damit ist keine materialistische Position verbunden, sondern die Idee, dass das Mentale nicht von unserer körperlich situierten physischen Natur getrennt werden kann. Die These, dass wir unsere Körper sind, bedeutet genauer, dass jede Person ihr Körper-Subjekt ist und dass wir durch die Bewegung und Aktionen unseres Körper-Subjekts im Raum erst einen kognitiven Zugang zur externen Welt gewinnen. Aktion und Wahrnehmung bilden eine untrennbare Interaktion. Dabei generieren Habituation und Produktion von Schemata jene Stabilität, die ein wildes Fluktuieren von Wahrnehmungen verhindert.

An drei Beispielen lässt sich erkennen, wie die Ideen von Merleau-Ponty in der zweiten Hälfte des 20. Jahrhunderts zur Grundlage einer nachhaltigen Kritik an der Kognitionswissenschaft wurden. So hat etwa Gibson in seiner Theorie des Sehens die übliche kognitionspsychologische Strategie kritisiert, als Kern einer Theorie des Sehens die Erklärung der Generierung einer dreidimensionalen Weltsicht aus zweidimensionalen Inputs auf der Retina anzusehen.[21] Gibson betont, dass die Theorie des

[21] Vgl. Gibson 1979.

Sehens nicht von einer gegebenen statischen Situation der externen Welt ausgehen sollte, sondern von einem Lebewesen, das sich durch ein informationsreiches Terrain bewegt und dabei subjektabhängige von objektiven Strukturen des Terrains unterscheiden muss.

Ein zweiter bedeutender Schritt in dieser Richtung war ein Buch von Varela, Thompson und Rosch mit dem Titel *The Embodied Mind*, das sich zum Ziel setzt, Einsichten der klassischen Phänomenologie (besonders von Merleau-Ponty) in die Kognitionswissenschaften einzubringen.[22] Ihre Kritik am Kognitivismus konzentriert sich auf die enge Verbindung von Repräsentation und algorithmischer Berechnung als bloßer Manipulation von Symbolen sowie vor allem auf den simplifizierten Realismus dieses Ansatzes:

> Thus although everyone agrees that representation is a complex process, it is nonetheless conceived to be one of recovering or reconstructing extrinsic, independent environmental features... The basic idea of a world with pregiven features remains.[23]

Der *Enaktivismus*, den Varela, Thompson und Rosch verteidigen, geht demgegenüber von einem elementaren Kreislauf zwischen Wahrnehmungen und Bewegungen aus. Dieser Kreislauf impliziert, dass die erfahrbare Welt durch reziproke Interaktionen zwischen der Umwelt, der physiologischen Organisation des Lebewesens und dessen Navigation durch die Umwelt bestimmt ist. Mit diesem Bild ist die Idee einer Kognition als Prozessierung externer, unabhängig gegebener Eigenschaften der Umwelt unvereinbar. Die Kognition von Lebewesen ist nicht nur durch ihre neuronale Aktivität bedingt, sondern vor allem durch ihre physiologischen (körperlichen) Eigenschaften und durch die Art und Weise, wie sie sich als Folge ihrer physiologischen Eigenschaften (zum Beispiel der Art von Gliedmaßen oder Augen) durch die Welt bewegen. Diese Einwirkung des Körpers auf die Kognition wird *Enaktivität* (*enactment*) genannt.[24]

Ein drittes Beispiel für die Idee der verkörperlichten Kognition ist die linguistische Theorie der Metaphern von George Lakoff und Mark Johnson.[25] Die zentrale These dieser Theorie ist, dass Metaphern Abbildungen im mathematischen Sinne zwischen einem Quellbereich (den B-Dingen und ihren Eigenschaften) und einem Zielbereich (den A-Dingen

[22] Vgl. Varela, Thompson, Rosch 1991.

[23] Ibid. 136.

[24] Varela, Thompson und Rosch präzisieren und substanziieren das Programm des Enaktivismus durch eine extensive Untersuchung des Status der Farben und des Farbsehens bei Tieren und Menschen.

[25] Vgl. Lakoff, Johnson 1980.

und ihren Eigenschaften) sind. Die B-Ontologie wird in die A-Ontologie mathematisch abgebildet. Die Metapher „Liebe ist eine Reise" (genauer: die Metapher, die mit dem Satz „Liebe ist eine Reise" beschrieben wird) beispielsweise, auf deren Grundlage wir Submetaphern wie „Unsere Beziehung ist in einer Sackgasse" äußern, besteht der linguistischen Metapherntheorie zufolge in der Abbildung

f: <Bereich der Reisen> → <Bereich der Liebenden>, so dass gilt:
f (Reisende) = Liebende,
f (Fahrzeug) = Liebesbeziehung,
f (Reiseziele) = gemeinsame Ziele der Liebenden,
f (Hindernisse für die Reise) = Schwierigkeiten in der Liebesbeziehung

(dabei steht „f" für eine Abbildung oder Funktion im mathematischen Sinne).

Metaphern dieser Art kommen nicht nur in der Dichtung und figurativen Rede, sondern auch in der alltäglichen Kommunikation massiv vor. Viele dieser Metaphern sind in große Metaphernsysteme eingebettet. Insbesondere sind die meisten semantischen, quantitativen, temporalen, logischen und mentalen Begriffe metaphorisch (zum Beispiel die Metaphernsysteme „Lineare Skalen sind Wege", „Vergehende Zeit ist Bewegung", „Kategorien sind Behälter", und „mentale Prozesse sind körperliche Bewegungen" (etwa mit den Subsystemen „Verstehen ist Ergreifen"-Metapher, „Sehen ist Berühren"-Metapher)). Relevant für die Idee der verkörperlichten Kognition sind dabei drei Einsichten:

(1) Metaphern bilden den zentralen Mechanismus, mit dessen Hilfe wir abstrakte Begriffe erfassen und abstraktes Denken praktizieren.
(2) Der metaphorische kognitive Mechanismus operiert ähnlich automatisch, unbewusst und schnell wie unser linguistisches und tiefengrammatisches System.
(3) Das nicht-metaphorische Reden und Denken tritt primär in Begriffen der Bewegungen im Raum und der Erfahrung von Bewegungen im Raum auf.

Die Thesen (1) und (2) zusammengenommen stellen offenbar eine Version der These von der verkörperlichten Kognition dar, und These (3) ist relevant für die Begründung des minimalen Empirismus.

Diese Überlegungen haben zu einer ausgearbeiteten *Theorie der verkörperlichten Kognition* (im Folgenden abgekürzt: TEC) geführt.[26] Die

[26] TEC wird auch oft *enactment theory of cognition* genannt. Zum Überblick vgl. Wilson 2002, Gallagher 2005; Gallagher, Zahavi 2008; Department of Psychology, Stanford University 2007; Schneider 2011, Wilson, Foglia 2011.

TEC geht, wie bereits angedeutet, von der Idee aus, dass nicht Gehirne, sondern lebende Organismen die Träger kognitiver Fähigkeiten sind. Lebende Organismen sind ihrerseits autopoietische Systeme. Solche Systeme sind Mengen von materiellen Teilen, die eine Innen-Außen-Grenze und höhere Komplexität gegenüber ihrer Umwelt aufweisen, mit der Umwelt kausal interagieren, ihr Verhalten unter anderem auch durch innere Zustände bestimmen, einen Normalzustand haben (mit gewissen Toleranzgrenzen, jenseits derer sie zusammenbrechen), einen Ausgleichsmechanismus für Abweichungen vom Normalzustand enthalten und sich unter evolutionären Bedingungen reproduzieren.

Diese Organisationsform lebender Organismen wird manchmal auch basale Autonomie genannt[27] – die Fähigkeit, ihr Überleben und ihre Reproduktion durch einen Energiefluss zu organisieren, der seinerseits eine Kontrolle, Regulation und Modifikation der Interaktion mit der Umwelt sowie der internen Selbstkonstruktionsprozesse involviert. Lebende Organismen sind als verhaltensplastische Systeme stets intim mit der Struktur ihrer Umwelt verschränkt. Das heißt, die Struktur der Umwelt prägt die Struktur der Organismen, aber die Struktur der Organismen prägt ihrerseits auch die möglichen und ausgeschlossenen Interaktionen der Organismen mit der Umwelt. Kurz, lebende Organismen sind-in-der-Welt auf eine intimere Weise als zum Beispiel Wasser in einem Glas ist. Die kognitiven Fähigkeiten, die alle lebenden Organismen aufweisen, sind in dieses In-der-Welt-sein eingebunden.[28]

Die grundlegendste kognitive Fähigkeit ist die Wahrnehmung. Dass die Wahrnehmungsfähigkeit lebender Organismen (insbesondere lebender Tiere) in das In-der-Welt-sein eingebunden ist, macht sich in einer Reihe von Faktoren geltend. Wahrnehmungen eines Tieres (einschließlich des Menschen) sind in der Regel eng mit seiner Bewegung im Raum verbunden. Wahrnehmungen eines (perzeptiven) Objekts werden zum Beispiel stets aus einer bestimmten Perspektive vorgenommen, die durch die Position des Tieres im Raum bestimmt ist. Die volle Erfassung des Objekts kann nur durch eine Bewegung um das Objekt herum oder in der Hand geleistet werden (das deutsche Wort „begreifen" drückt diesen Umstand metaphorisch aus). Allgemeiner befinden sich Tiere und Menschen stets in einem Kreislauf von Wahrnehmungen und Bewegungen (Handlungen), denn sie nehmen Dinge wahr, um sich adaptiv bewegen zu können, und sie bewegen sich, um Dinge angemessen wahrnehmen zu können (*Wahrnehmungs-Bewegungs-Kreislauf* bzw. *Wahrnehmungs-Handlungs-Kreislauf*).

[27] Vgl. z. B. Ruiz-Minazo, Moreno 2004.

[28] Vgl. z. B. Thompson 2007.

Auf der allgemeinsten Ebene geht die TEC von einer grundlegenden Kernthese aus:

T1 These der verkörperlichten Kognition (*embodied cognition*):
(1) Kognitive Prozesse einer Person P hängen auch von Eigenschaften des physischen Körpers von P ab, die nicht das Gehirn von P betreffen.[29]
(1.1) Teile des Körpers haben aufgrund ihrer Anatomie kausalen Einfluss auf die Kognition.
(1.2) Körperliche Bewegungen und Haltungen haben kausalen Einfluss auf die Kognition.[30]
(2) Sensumotorische Fähigkeiten sind oft die Grundlage anderer Arten von Kognition.[31]
(2.1) Mentale Repräsentationen mit semantischen Gehalten, die sich auf den eigenen Körper beziehen, haben einen kausalen Einfluss auf andere (höhere) Kognitionen.
(2.2) Mentale Repräsentationen in körperlichen Formaten (d.h. Repräsentationen, die von Eigenkörpergefühlen begleitet sind) haben einen kausalen Einfluss auf andere (höhere) Kognitionen.[32]

Die TEC hat gegenwärtig allerdings noch keine einheitliche Gestalt angenommen. Zwar werden T1 (1)–(2) allgemein als zentral für TEC anerkannt, doch ist es wichtig, These T1 strikt von zwei anderen Thesen zu unterscheiden, die manchmal auch zur TEC gezählt werden:

T2 These der eingebetteten Kognition (*embedded cognition*):
Kognitive Prozesse einer Person P hängen von der natürlichen, sozialen und kulturellen Umgebung von P ab.[33]

Außerdem wird auch die *Extension des Geistes* als eine Form seines Embodiments bezeichnet – z. B. die Benutzung von Computern, um komplizierte Kalkulationen auszuführen (Benutzung von externen Algorithmen), oder: ein Alzheimer-Patient benutzt einen Laptop, um Informationen zu speichern, die er erhalten, dann aber sofort vergessen hat, die er aber mit-

[29] Z. B. Wilson, Foglia 2011 Einleitung; Gibbs 2005.

[30] Zu 1.1 und 1.2 vgl. Goldman, de Vignemont 2009.

[31] Z. B. Barsalou 2008, zitiert in Wilson, Foglia 2011 (indirekte Zitate werden im Folgenden durch *in* angezeigt).

[32] Goldman, de Vignemont 2009.

[33] Suchman 1987, Hutchins 1995, Smith 1999.

tels des Laptops bei Bedarf wieder aufrufen kann (Benutzung von externen Meinungen).

T3 These der extendierten Kognition (*extended cognition*):
Kognitive Prozesse einer Person P involvieren auch kognitive Instrumente außerhalb des Körpers von P. [34]

Und manchmal werden die Thesen zur verkörperlichten, eingebetteten und extendierten Kognition auch unter einem gemeinsamen Nenner zusammengefasst:

T4 These der situierten Kognition (*situated cognition*):
Die verkörperlichte, eingebettete und extendierte Kognition sind drei Spielarten der situierten Kognition, d. h. einer Abhängigkeit der kognitiven Prozesse einer Person P von der jeweiligen Situation, in der sich P befindet.[35]

Im Folgenden wird es primär um die verkörperlichte Kognition gehen, doch es ist vor allem der in T4 betonte Zusammenhang, der den Thesen T1–T3 eine theoriestrategische Sprengkraft zu verleihen scheint. Denn alle Theorien zur situierten Kognition sind, wie es scheint, mit dem kognitionswissenschaftlichen Paradigma unvereinbar.

These T1 (1) wird unter anderem dadurch plausibel gemacht, dass die Bewegungen eines geistigen Wesens im Raum mittels Wahrnehmungen auch die Realisierung von Absichten ermöglichen und dass die Wahrnehmungen und Absichten dieses Wesens ihrem Gehalt nach beschränkt sind durch die Bewegungsmöglichkeiten im Raum. Die Menge der motorischen (körperlichen) Prozesse und körperlichen Gewohnheiten, die unterhalb der bewussten und repräsentationalen Ebene unsere Repräsentationen und Bewegungen bis hin zum Abschluss einer Handlung formieren, wird manchmal *Körperschema* (*body schema*) genannt.[36] Das Körperschema besteht meist aus komplexen Motorprogrammen, formiert sich automatisch und resultiert oft in einer bestimmten körperlichen Haltung (ein Beispiel ist die komplexe Formierung einer Handhaltung, die im Ergreifen eines Weinglases endet). Die kleinste Änderung einer Bewegung zieht umfassende Veränderungen im gesamten Körperschema nach sich. Das Körper-

[34] Vgl. dazu Clark 2008. Ferner Clark, Chalmers 1998; Chalmers 2004; Menary 2010, in Wilson, Foglia 2011.

[35] Smith 1999; Robbins, Aydede Hrg. 2010; beide in Wilson, Foglia 2011.

[36] Vgl. Gallagher 2005.

schema involviert jedoch keine klare Abgrenzung des eigenen Körpers von seiner Umwelt. Ferner ist das Körperschema zwar insofern abhängig vom Bewusstsein, als es von perzeptiven Inputs abhängig ist. Aber die Prozessierung dieser Inputs erfolgt ohne bewusste Kontrolle (wenn ich z.B. ein Buch aus dem Regal nehmen will, werden meine Körperbewegungen nicht bewusst, sondern durch das Körperschema gesteuert).

In der einschlägigen Literatur werden viele Beispiele für den Einfluss des Körperschemas auf Kognitionen angeführt.

So führt etwa Augenschwäche zu Leseproblemen und Kopfschmerzen. Daher wird der Text als schwierig, ermüdend oder langweilig empfunden. Dabei werden dann körperschematische Prozesse ausgeführt, z.B. das Buch näher an die Augen zu halten oder eine Brille aufzusetzen, um das Lesen zu erleichtern. Daraufhin wird der Text wieder als anregend und gut verständlich betrachtet.

Von seinem semantischen Gehalt her erfasst das Sehen stets eine bestimmte Perspektive auf etwas. Da der Körper das Sehen ausführt und zugleich an einer bestimmten Stelle seiner Umwelt operiert, beeinflusst die Stellung und körperschematische Aktivität des Körpers in seiner Umwelt den Gehalt seiner Wahrnehmungen (dazu gehören auch so triviale Fälle wie Rot-Grün-Blindheit).

Ferner beeinflusst die Körperhaltung die kognitive Aufmerksamkeit: Eine gerade Haltung mit muskulärer Spannung erhöht den Aufmerksamkeitsfokus und damit kognitive Leistungen. Einschränkungen in Haltung und Mobilität (durch Krankheit, Schäden etc.) führen z.B. zu abnehmender Fähigkeit in der Wahrnehmung der Eigenkörpergrenzen (dazu gehört auch die Veränderung der Wahrnehmung durch Einnahme von Drogen), aber auch zur Prägung der Wahrnehmung der Umgebung (ein stationäres Subjekt in dunkler Umgebung nimmt z.B. aufgrund von Veränderungen in der Kopfhaltung eine höhere Position des visuellen Objekts wahr).

Körperliches Training (Fitnesstraining, Tanzen etc.), das eine Veränderung der Körperschemata bewirkt, führt zu einer positiveren affektiven Einstellung gegenüber dem eigenen Körper und zu mehr Selbstbewusstsein. Und je reibungsloser die Körperschemata funktionieren, desto mehr kann die bewusste Aufmerksamkeit weg vom eigenen Körper nach außen gewendet werden. Retardierte Entwicklungen in den Körperschemata bewirken Probleme in der Wahrnehmung (z.B. Auslassen des Krabbelns beeinträchtigt die spätere Raumwahrnehmung).

In diesen Beispielen wird deutlich, dass kognitive Leistungen wie Wahrnehmungen, Formierung des semantischen Gehalts von Repräsentationen, Aufmerksamkeit und Fokus der intentionalen Ausrichtung,

Wahrnehmung der Eigenkörper-Grenzen, affektive Selbstwahrnehmung, Wahrnehmung der Eigenkörper-Bewegungen (*Kinästhesie*) und Raumwahrnehmung von der Funktionalität der Sinnesorgane sowie von der räumlichen Position, Haltung, Mobilität und Fitness des Körpers abhängen. Dabei spielt die Befindlichkeit des extracraniellen Körpers (also des Körpers abgesehen vom Gehirn) eine grundlegende Rolle. Der extracranielle Körper fungiert den skizzierten Beispielen zufolge einerseits als Beschränkung von Wahrnehmungsmöglichkeiten und andererseits als Regulation der reziproken Beziehungen zwischen Wahrnehmung und Handlung (Bewegung).[37] Allerdings können die bisherigen empirischen Studien nicht zeigen, dass die Abhängigkeit kognitiver Prozesse vom extracraniellen Körper, wie sie in der Embodiment-These T1 (1) behauptet wird, über eine kausale Abhängigkeit hinausgeht. Damit wird die Embodiment-These T1 (1) nicht nur ein Stück weit banalisiert („Wenn ich übermüdet bin, kann ich schlechter rechnen – na klar!"), sondern droht auch ihren Status als radikale Alternative zum Kognitivismus zu verlieren.[38] Denn die kognitivistischen Kernthesen sind damit vereinbar, dass die Reibungslosigkeit der kognitiven Prozesse (so wie sie in der Kognitionswissenschaft beschrieben werden) durch allerlei externe kausale Faktoren beeinflusst werden kann.

Die Menge der Repräsentationen (u. a. der Wahrnehmungen, aber auch der Meinungen, Hoffnungen usw.), zu deren semantischem Gehalt Bewegungen gehören (insbesondere auch das kinästhetische Gewahren der Bewegungen unseres eigenen Körpers und seiner Position im Raum) wird manchmal *Körperbild* (*body image*) genannt.[39] Das Körperbild kann auch eine bewusste repräsentationale Kontrolle der Bewegungen des eigenen Körpers involvieren. Das bewusste Repräsentieren der Bewegungen des eigenen Körpers reicht von einem marginalen Gewahren bis zur fokussierten Aufmerksamkeit, enthält jedoch im Gegensatz zum Körperschema immer eine Vorstellung vom Selbst und seiner Differenz zur Umwelt. Das Körperbild ist stets fokussiert auf Teile oder bestimmte allgemeine Merkmale des eigenen Körpers, weist aber keine Konstanz auf, denn es wird nur gelegentlich mobilisiert (zum Beispiel dann, wenn es Probleme oder Störungen in den Körperschemata gibt, oder wenn wir schwierige neue Bewegungen wie Tanzschritte oder Klaviertechniken lernen wollen). Im

[37] Goodale, Humphrey 1998 machen geltend, dass sich auf diesem Gebiet eine gibsonianische und eine kognitivistische Strategie nicht ausschließen, sondern ergänzen. Eine detaillierte psychologische Untersuchung zum Wahrnehmungs-Handlungs-Kreislauf und seinem Beginn in früher Kindheit bietet Bertenthal 2008.

[38] Darauf haben zum Beispiel Wilutzki, Walter und Stephan 2001 hingewiesen.

[39] So Gallagher 2005.

normalen Eintauchen in die Erfahrungen mit der Außenwelt wird die Bewegung des Eigenkörpers dagegen nicht bewusst wahrgenommen. Denn im Normalfall sorgt das Körperschema für eine reibungslose Navigation in der Umwelt aufgrund von Repräsentationen der Umwelt (*nicht* der eigenen Bewegungen). Im Übrigen tritt das Körperbild in drei Formen auf: Wahrnehmung, begriffliche Konzeptualisierung und affektive Evaluation des eigenen Körpers. Die Fundierung höherer kognitiver Fähigkeiten in sensumotorischen Fähigkeiten ist demnach primär ein Vorgang innerhalb des Körperbildes.

Es gibt neurobiologische und phänomenale Evidenz dafür, dass die beiden Formen des Embodiment voneinander unabhängig operieren können, aber auch dafür, dass sie miteinander interagieren können.[40] Das Körperbild ist jedoch meist nicht multipel realisierbar in verschiedenen Körperschemata (entspricht also nicht der kognitivistischen Vorstellung, dass der Geist multipel in der Materie realisierbar ist), sondern ist spezifisch auf genau die im Körperbild enthaltene Bewegungsintention zugeschnitten. Diese Passung ist eine zentrale Vorstellung der TEC.

Vor dem Hintergrund der Unterscheidung und Beziehung zwischen Körperschema und Körperbild können zwei verschiedene Arten der verkörperlichten Kognition konzipiert werden:

(a) Ein kognitiver Zustand oder Vorgang ist *phänomenal verkörperlicht*, wenn er zum Körperbild gehört.

(b) Ein kognitiver Zustand (insbesondere eine Intention) ist *physiologisch verkörperlicht*, wenn die Realisierung der Intention durch ein spezifisch zur Intention passendes Körperschema unterstützt oder allererst ermöglicht wird.[41]

Das phänomenale Embodiment (a) ist offenbar ein Spezialfall von T1 (2) (insbesondere (2.1)), während das physiologische Embodiment (b) ein Spezialfall von T1 (1) (insbesondere (1.2)) ist. Die Unterscheidung zwischen phänomenalem und physiologischem Embodiment stellt klar, was bereits der schnelle Blick auf die beiden Thesen T1 (1) und (2) nahelegt: *Diese beiden Thesen beziehen sich auf zwei ganz verschiedene Arten des kognitiven Embodiment:* These (1) versteht Embodiment als kausale Abhängigkeit kognitiver Prozesse von *extracraniellen* Teilen und Zuständen des Körpers. These (2) versteht Embodiment dagegen als Fundierung bestimmter (u.a. höherer) kognitiver Fähigkeiten in sensumotorischen Fähigkeiten. Die letztere Form des Embodiment ist *intracraniell*, d.h.

[40] Vgl. dazu genauer Gallagher 2005 und 2007.

[41] Vgl. die oben S. 42 genannten Beispiele.

bezieht sich auf mentale, vom Gehirn gestützte Prozesse, die natürlich auch die algorithmischen Prozesse involvieren, auf die sich die Kognitionswissenschaft schon immer konzentriert hat. Es ist dieser Befund, der es schwer macht zu sehen, dass die TEC eine radikale Alternative zur Unterscheidung zwischen Geist und Körper sowie zum Kognitivismus darstellen und einen Paradigma-Wechsel in der Theorie des Geistes eingeleitet haben soll.

Die Thesen der TEC zum phänomenalen Embodiment werden im Rahmen der Theorie einer *Motor-Kognition* (*motor cognition*) genauer ausbuchstabiert.[42] Diese Darstellung geht vom Wahrnehmungs-Handlungs-Kreislauf aus. Die Körper und ihre Bewegungen sind in diesen Kreislauf direkt eingebunden. Die Wahrnehmung einer Situation führt zu einer motorischen Reaktion. Diese motorische Reaktion führt zu weiteren Wahrnehmungen der durch die motorische Reaktion entstandenen neuen Situation, wodurch wiederum eine weitere motorische Reaktion ausgelöst wird, und so weiter. Auf diese Weise involviert der Wahrnehmungs-Handlungs-Kreislauf stets einen mentalen feed-back-Zyklus. Die *Motor-Kognition* ist dann die Menge jener mentalen Prozesse, die am Wahrnehmungs-Handlungs-Kreislauf beteiligt sind, also im wesentlichen die sinnliche Repräsentation, die emotionale Evaluation, das funktionale Auslösen der motorischen Reaktion sowie die mentalen feed-back-Prozesse.[43] Dabei sind die Körper der lebenden Organismen *für* diese Organismen aber nicht einfach Objekte wie die von ihnen wahrgenommenen externen Objekte. Vielmehr ist die Wahrnehmung externer Objekte im Wahrnehmungs-Bewegungs-Kreislauf immer mit impliziter Kinästhesie (dem Gewahren der Eigenkörper-Bewegung) verknüpft. Und viele Tiere können die biologische Bewegung anderer Tiere sicher von Bewegungen nicht-lebender Objekte unterscheiden (Menschen können vom Kindesal-

[42] Ein gutes Beispiel dafür ist Department of Psychology, Stanford University 2007.

[43] Der Wahrnehmungs-Handlungs-Kreislauf besteht primär aus Pushmi-Pullyu-Repräsentationen (vgl. dazu unten, Abschnitt 1.4, S. 68). Dabei ist es von großer Bedeutung, die Begriffe von Handlung und Intention nicht zu stark anzureichern. In Department of Psychology, Stanford University 2007 wird eine Handlung zum Beispiel so bestimmt, dass eine Bewegung eine Handlung ist, wenn sie mit einer Absicht korreliert ist und rational erklärbar ist. Auf diese Weise ist die höhere kognitive Fähigkeit der volkspsychologischen Interpretation bereits in den Handlungsbegriff eingearbeitet, der auch zur Beschreibung des elementaren Wahrnehmungs-Handlungs-Kreislaufs herangezogen wird. Das ist höchst unglücklich, weil es mehr als zweifelhaft ist, ob Pushmi-Pullyu-Repräsentationen volkspsychologische Erklärungen involvieren können. Denn die strikte Trennung zwischen bloßen Meinungen und Wünschen, die für volkspsychologische Erklärungen erforderlich ist, liegt in Pushmi-Pullyu-Repräsentationen gerade noch nicht vor.

ter an sogar auch Bewegungen von Menschen sicher von Bewegungen von Tieren und Robotern unterscheiden).[44]

Ob die bisherigen Befunde und Hypothesen zu T1 (2) belegen, dass *alle* höheren kognitiven Fähigkeiten in der Motor-Kognition verankert sind, ist umstritten. In einigen psychologischen und neurophysiologischen Forschungen wird beispielsweise betont, dass es auch mentale Simulationen ohne Aktivierung der Motor-Kognition gibt. Ein elementares Beispiel ist die mentale Rotation von dreidimensionalen geometrischen Körpern. Aber auch komplexere Formen von Empathie und Gedankenlesen (*mind-reading*) wären hier zu nennen.[45]

Es ist sicher fair zu sagen, dass die skizzierte neurophysiologische und psychologische Forschung zur Motor-Kognition einen erheblichen, ja vielleicht sogar den überwiegenden Teil der Untersuchungen der TEC ausmacht. Diese Forschungen betreffen also *nicht* die These T1 (1), sondern lediglich These T1 (2), d. h. die These, dass höhere kognitive Fähigkeiten oft in sensumotorischen Fähigkeiten fundiert sind. Diese Fundierung ist, wie bereits betont, nicht primär eine körperschematische Angelegenheit, sondern eine *intramentale Relation* und ist daher auf das Gehirn und gerade nicht auf den Körper außerhalb des Gehirns ausgerichtet.

In der Nachfolge von Merleau-Ponty wird nicht selten behauptet, dass die TEC die klassische Unterscheidung zwischen Körper und Geist, also zwischen der physischen und mentalen Ebene aufhebt.[46] Das ist eine Übertreibung. Die klassische Theorie des Geistes hat stets eingeräumt, dass mentale Prozesse in physischen Bedingungen realisiert sein müssen. Die TEC bestreitet lediglich (im Einklang mit externalisierten Semantiken), dass mentale Zustände nur in Gehirnzuständen realisiert sind. Vielmehr sind sie der TEC zufolge in Körperschemata realisiert. Diese Realisierungsthese ließe sich ohne eine Unterscheidung zwischen physischen und mentalen Zuständen nicht halten, ja nicht einmal formulieren. Tatsächlich sieht sich die TEC gezwungen, zwischen einem physiologischen und einem phänomenologischen Embodiment der Kognition zu unterscheiden und ferner sowohl auf neuronale als auch auf phänomenal-psychologische Evidenz zurückzugreifen.

Auch wird oft fälschlicherweise behauptet, dass die TEC das kognitionswissenschaftliche Bild des Geistes ablöst und durch ein neues Pa-

[44] Vgl. dazu und zu den neurophysiologischen Entsprechungen genauer Department of Psychology, Stanford University 2007, Abschnitt 4.

[45] Vgl. dazu genauer unten, Abschnitt 2.2.

[46] Vgl. z. B. Kim, Seifert 2012.

radigma ersetzt.[47] Wie bereits bemerkt, ist die These einer kausalen Abhängigkeit kognitiver Prozesse von extracraniellen Bereichen des Körpers eine konservative Ergänzung des Kognitivismus. Und die These von der Fundierung höherer kognitiver Fähigkeiten durch sensumotorische Fähigkeiten bezieht sich auf intracranielle Bereiche und ist daher ebenfalls mit dem Kognitivismus vereinbar. Ferner ist alles andere als klar, ob die TEC überhaupt höhere kognitive Fähigkeiten wie etwa das logische oder mathematische Folgern integrieren kann. Höhere kognitive Fähigkeiten beruhen aber mit Sicherheit auch auf algorithmischen Berechnungen. Und schließlich, wie auch immer kognitive Prozesse körperlich eingebettet sein mögen, sie beruhen, wie die TEC selbst betont, auf Wahrnehmungen im Online-Status, und diese Wahrnehmungen involvieren stets algorithmische Berechnungen. Diese Berechnungen sind sogar ein Herzstück jener Prozesse, die zu komplexen Wahrnehmungen führen. Daraus folgt, dass das kognitionswissenschaftliche Bild – so weit jedenfalls bis jetzt absehbar ist – ein Herzstück der Theorie der Kognition bleiben muss und allenfalls die Art und den Status der Inputs, die den Berechnungen zugrunde liegen, differenzierter beschreiben sollte – nicht als etwas objektiv Gegebenes, sondern als etwas, das durch verkörperlichte Kognition immer schon selektiert, eingeschränkt und bewertet wird. Diese Korrektur zwingt jedoch nicht zur Abdankung der Kognitionswissenschaft.

Allerdings setzt die TEC ebenso wie die kognitivistische Theorie des Geistes das Auftreten von Repräsentationen voraus, um kognitive Prozesse zu erklären. Auch die TEC verwendet die grundlegenden geistigen Phänomene als Komponenten des Explanans, nicht des Explanandums. Das ist einer der wichtigsten Gründe dafür, dass Kognitionswissenschaft *und* TEC durch eine philosophische Theorie des Geistes ergänzt werden müssen, die Bewusstsein und Repräsentation als *Explananda* betrachtet und erläutert. Andernfalls liegt keine vollständige Theorie des Geistes vor. Auf diese Weise zeichnet sich *eine kohärente Kooperation zwischen TEC, Kognitionswissenschaft und Philosophie* ab.

Doch wie auch immer der Status und die Relevanz der TEC eingeschätzt werden mögen, die TEC hat in jedem Fall einen wichtigen Beitrag zur Fundierung gewisser kognitiver Prozesse im Wahrnehmungs-Bewegungs-Kreislauf, zur Begründung eines minimalen Empirismus und zum mentalen Parsen geleistet.

[47] Vgl. zum Überblick Wilson, Foglia 2011.

1.3 Der philosophische Begriff des Geistes und die Kontur des Verstehens

Auf welche Weise erklärt die philosophische Theorie des Geistes nun jene Elemente des Geistes, die in der kognitionswissenschaftlichen Theorie und in der Theorie des kognitiven Embodiment als *Explanantia* vorausgesetzt werden? Die Antwort auf diese Frage soll in diesem Abschnitt kurz skizziert und später sukzessiv ergänzt werden.

Im Rahmen des traditionellen Substanzdualismus ist der Geist als eine Substanz aufgefasst worden, deren zentrale Aktivität das Denken ist und die sich grundlegend von der Materie als einer weiteren Substanz unterscheidet. Diese Auffassung wird gewöhnlich auf Descartes zurückgeführt. Tatsächlich behauptet Descartes in der *Zweiten Meditation*, dass er seine eigene Existenz als denkendes Ding (*res cogitans*) nicht bezweifeln kann, während er seine Existenz als Körper (*corpus*) sehr wohl bezweifeln kann. In der *Sechsten Meditation* bestimmt Descartes die Essenz des Menschen – also das, was den Menschen ausmacht – als denkendes Ding. Die Essenz der Körper ist demgegenüber die Ausdehnung. Damit ist für Descartes der Substanzdualismus zwischen einer denkenden und einer ausgedehnten Substanz (*res cogitans* und *res extensa*) etabliert. Doch das Denken ist komplex. Der kurze Paragraph 8 der *Zweiten Meditation* lautet:

> Sed quid igitur sum? Res cogitans; quid est hoc? Nempe dubitans, intelligens, affirmans, negans, volens, nolens, imaginans quoque, et sentiens.
> (Aber was bin ich also? Ein denkendes Ding; was ist das? Doch wohl ein zweifelndes, zustimmendes, leugnendes, wollendes, nicht-wollendes, auch imaginierendes und fühlendes Ding.)

Diese Passage umreißt die cartesianische Theorie des Denkens: Der Geist als denkende Substanz hat zwei grundlegende Fähigkeiten, Intellekt und Wille. Der Intellekt enthält den reinen Intellekt (das Behaupten und Begründen), aber auch Imagination und sinnliche Wahrnehmung. Zwar sind die Operationen des reinen Intellekts nicht an den Körper gebunden, wohl aber Imagination, Wahrnehmungen der externen Welt, propriorezeptive Gefühle und Emotionen. Der cartesianische Substanzdualismus schließt weder aus, dass das Denken vielfältige Formen annehmen kann, noch dass mentale Zustände an den Körper gebunden sind.

In der modernen Philosophie des Geistes wird der Geist dagegen eher als eine Menge von geistigen (= mentalen) Zuständen des Gehirns angesehen,[48] zum Beispiel Empfindungen, Stimmungen, Gefühle, Träume,

[48] Die folgende Darstellung beruht auf Detel 2011, Einleitung Abschnitt 2 (vgl. auch

Erinnerungen, Wünsche, Absichten, Interessen, Gedanken, Meinungen, Überzeugungen und Erwartungen. Unsere mentalen Zustände befähigen uns also nicht nur zu denken, sondern z. B. auch zu fühlen oder zu träumen. Der *Geist eines Organismus* wird als die Gesamtheit seiner mentalen Zustände betrachtet. Es gibt überwältigende empirische Evidenz dafür, dass mentale Zustände an das Gehirn eines Organismus gekoppelt sind – ohne funktionierendes Gehirn kein Geist. Die zentralen allgemeinen Kennzeichen mentaler Zustände sind Funktionalität, Repräsentationalität und Bewusstsein.

Die Funktionalität mentaler Zustände ist nicht mathematische, sondern faktische Funktionalität. Der Zustand eines Systems hat die *faktische Funktion* F, falls er in dem System kausal den Zustand (die Fähigkeit, die Aktivität) F hervorruft und F für die Existenz des Systems notwendig oder förderlich ist.[49] Einige faktische Funktionen werden im Rahmen der Evolution ausgebildet. Man nennt faktische Funktionen *echte Funktionen*, wenn sie von evolutionären Mechanismen deshalb selektiert worden sind, weil sie faktische Funktionen sind, d. h. weil sie system-erhaltende kausale Wirkungen haben. Faktische Funktionen von Teilen oder Zuständen von Lebewesen sind daher meist zugleich echte Funktionen. So hat etwa der lange Hals von Giraffen die faktische und insbesondere die echte Funktion, Nahrung an hohen Bäumen erreichen zu können.

Auch die Gehirnzustände von Lebewesen haben echte Funktionen. Zustände der Amygdala haben zum Beispiel die echte Funktion, im Falle einer Begegnung mit einem gefährlichen Tier einen Angstzustand zu produzieren, der seinerseits eine kausale Wirkung hat, die adaptiv ist und unser Leben rettet (zum Beispiel Schockstarre, Gegenangriff oder Flucht). Daher kann man auch dem Angstzustand selber die echte Funktion zusprechen, angesichts einer Gefahr adaptive Reaktionen auszulösen. Das Bestehen einer faktischen Funktion ist nicht an optimale Performanz gebunden. Fehlfunktionalität ist mit dem Bestehen von Funktionalität vereinbar. Wenn einige Giraffen zum Beispiel in eine ökologische Nische hinein geraten, in der nur so hohe Bäume vorkommen, dass die Giraffen ihre Nahrung nicht mehr erreichen können, behalten ihre langen Hälse

ebenda Kapitel 8) und soll die LeserInnen der vorliegenden Studie von einer Lektüre von Detel 2011 unabhängig machen.

[49] In diesem Sinne haben zum Beispiel (i) Thermostaten die faktische Funktion, die Zimmertemperatur zu regeln, oder (ii) Anti-Virusprogramme von Computern die faktische Funktion, Viren zu erkennen und zu eliminieren, oder (iii) hohle Knochen bei Vögeln die faktische Funktion, den Vögeln das Fliegen zu erleichtern, oder (iv) rituelle Gelage in einigen Gesellschaften die faktische Funktion, das Gefühl der Zusammengehörigkeit unter den Stammesmitgliedern zu stärken.

dennoch ihre echte Funktion, Nahrung an hohen Bäumen beschaffen zu können, nur dass in diesem Fall eine Fehlfunktion vorliegt.

Mentale Zustände repräsentieren aber auch etwas in der Welt. Die Meinung zum Beispiel, dass Mozart ein großartiger Komponist ist, repräsentiert, dass Mozart ein großartiger Komponist ist. Die Dass-Klausel dieses Satzes beschreibt, wie man auch sagt, den *semantischen Gehalt* der genannten Meinung. Auf ähnliche Weise repräsentiert ein Angstzustand, dass etwas Gefährliches in der Nähe ist. Es gibt allerdings, wie diese Beispiele bereits andeuten, unterschiedliche Arten von Repräsentationen. In der kognitiven Psychologie werden Wahrnehmungen, interne und externe Repräsentationen unterschieden.[50] Interne Repräsentationen sind mentale Zustände, die entweder sprachlich oder bildlich sind. Externe Repräsentationen sind Äußerungen (z. B. Sätze, Gesten, Lautäußerungen, Körperhaltung) oder Bilder. Wahrnehmungen sind eine grundlegende Klasse interner Repräsentationen, neben Imaginationen und Erinnerungen.

Repräsentationen involvieren im Gegensatz zu physischen Zuständen Korrektheitsbedingungen. Sie können korrekt oder inkorrekt sein, sollten jedoch besser korrekt sein (*veridische Normativität*). Das ist der Kern der These McDowells, dass geistige Episoden durch die Welt beantwortbar sind.[51] Repräsentationen können ferner auf logische Weise miteinander verbunden sein. Wenn beispielsweise die Repräsentation, dass dieses Tier ein Hund ist, korrekt ist, dann ist die Repräsentation, dass dieses Tier ein Säugetier ist, ebenfalls korrekt. Zwar ist es faktisch möglich, Widersprüchliches zu meinen oder zu beabsichtigen, doch sollten wir möglichst nichts Widersprüchliches meinen oder beabsichtigen (*logische Normativität*). Menschliche Repräsentationen bilden semantische Netze, die logisch organisiert sind und weitgehend widerspruchsfrei sein müssen, d. h. weisen, wie oft gesagt wird, einen semantischen Holismus auf.[52]

Die Repräsentationalität von Gedanken bleibt auch dann bestehen, wenn die Gedanken falsch sind, d. h. wenn eine Fehlrepräsentation vorliegt. Wenn wir etwa denken, dass George Bush Kanzler der Bundesrepublik war, dann ist dieser Gedanke glücklicherweise falsch, doch er re-

[50] Vgl. z. B. Eysenck, Keane 2000, bes. Kap. 18.

[51] Vgl. McDowell 1994.

[52] Der Holismus in Hinsicht auf einen bestimmten Gegenstandsbereich ist die These, dass die Teile des Gegenstandsbereiches so miteinander vernetzt sind, dass sie nur unter Verweis auf diese Vernetzung angemessen beschrieben werden können und deshalb einen wesentlichen Bezug auf das Ganze (griech. *holon*) aufweisen. Dies gilt auch für den Bereich menschlicher Repräsentationen. In diesem speziellen Fall spricht man daher von einem semantischen Holismus.

präsentiert dennoch, dass George Bush Kanzler der Bundesrepublik war. Auch Fehlrepräsentationen bleiben repräsentational.[53]

Diese Merkmale von Repräsentationen sind Indizien dafür, dass Repräsentationen zur geistigen Ebene gehören, die normativ und rational organisiert ist. Wir müssen daher im Falle von repräsentationalen Gedanken, Äußerungen und Texten die Referenz (also den Bezug auf Weltstücke) von ihrem semantischen Gehalt (also ihrer Bedeutung oder dem, was sie repräsentieren) unterscheiden.[54] Repräsentationen gehören somit zum *logischen Raum der Gründe*, in dem wir einander interpretieren und das Spiel des Einforderns und Gebens von Gründen spielen, und nicht lediglich zum *Reich der Natur*, das all jene Zustände und Prozesse beherbergt, die keinerlei Korrektheitsbedingungen aufweisen, lediglich durch Naturgesetze organisiert sind und typischerweise von der Physik, Chemie und Biologie beschrieben werden.

Repräsentationen lassen sich auch unter Rückgriff auf echte Funktionen beschreiben: Die Überzeugung beispielsweise, dass mein bester Freund klassische Musik liebt, repräsentiert den Umstand, dass mein bester Freund klassische Musik liebt, genau dann, wenn mein Gehirn die echte Funktion hat, den Gedanken, dass mein bester Freund klassische Musik liebt, gerade dann zu erzeugen, wenn mein bester Freund klassische Musik liebt. Wenn Repräsentationalität in dieser speziellen echten Funktionalität besteht, dann bleibt sie auch dann bestehen, wenn es sich um eine Fehlrepräsentation handelt. Diese Charakterisierung hat erhebliche Konsequenzen. Denn echte Funktionen treten nur aufgrund einer evolutionären Entwicklung im Rahmen von Spezies auf, deren Mitglieder sich unter Konkurrenzbedingungen und Fitness-Standards reproduzieren. Die Repräsentation hat als geistiges Phänomen daher eine irreduzible, evolutionär gestiftete historische Dimension, die auch für die Normativität von Repräsentationen verantwortlich ist. Denn erst unter evolutionären Bedingungen können Repräsentationen Reproduktions-

[53] Oft wird noch ein drittes Merkmal von Repräsentationen angeführt: Sie *erzeugen intensionale Kontexte*. Das heißt: In Dass-Klauseln können Synonyme anders als in normaler, direkter Rede nicht salva veritate ausgetauscht werden.

[54] So beziehen sich zum Beispiel die Vorstellungen „Morgenstern" und „Abendstern" auf dasselbe Weltstück (die Venus), repräsentieren aber etwas Unterschiedliches (den Stern, der am Morgen an einer bestimmten Stelle aufgeht, bzw. den Stern, der am Abend an einer bestimmten Stelle aufgeht). Und lange hat man unter der Vorstellung „Gold" einen dunkelgelb glänzenden, recht schweren und harten Stoff verstanden, ohne zu bemerken, dass man sich mit dieser Vorstellung einerseits auf das Metall Gold, andererseits aber auch auf die ähnlich aussehenden Mineralien Pyrit und Biotit bezog, die man später auch Katzengold bzw. Goldflimmer nannte.

wahrscheinlichkeit und Fitness verändern, je nachdem, ob sie korrekt oder inkorrekt sind.[55]

Repräsentationen des menschlichen Geistes weisen noch zwei weitere grundlegende Merkmale auf, die unter anderem damit zusammenhängen, dass Menschen natürliche Sprachen sprechen können. Diese Merkmale sind: psychologische Modi und syntaktische Strukturen. Der *psychologische Modus* einer Repräsentation kennzeichnet die Beziehung einer Person zu dieser Repräsentation, also zum Beispiel eine Absicht, eine Meinung oder eine Hoffnung dieser Person zu sein.[56] Viele menschliche Repräsentationen sind darüber hinaus *syntaktisch geordnet*. Dieses Merkmal hängt vielleicht am engsten mit der Sprachfähigkeit zusammen, denn natürliche Sprachen weisen eine Syntax auf. Die Syntax ist eine grammatische Ordnung von Repräsentationen, die *rekursiv* aufgebaut ist. Das heißt im Wesentlichen, dass die verschiedenen syntaktischen Strukturen immer wieder iteriert werden können.[57] Diese Syntax ist auch Bestandteil der menschlichen Gedankenwelt. Mit Hilfe einer Syntax können die elementaren Repräsentationen extrem viele komplexe Formen annehmen und außerordentlich ausdrucksstark werden.

Ein weiteres Kennzeichen mentaler Zustände neben faktischer Funktionalität und Repräsentationalität ist das *Bewusstsein*. Viele unserer Wahrnehmungen, Empfindungen (wie ein Juckreiz oder Schmerz), Triebzustände (Körpergefühle wie Hunger oder ein sexuelles Bedürfnis), Emotionen (wie Furcht oder Freude) und Meinungen sind uns bewusst.[58] Doch gibt

[55] In der Psychologie wird die sprachliche oder mentale Repräsentation meist als ein physischer Zustand (neuronale Aktivität im Gehirn, Lautäußerung etc.) beschrieben, der Information vermittelt. Eine Repräsentation hat demgemäß ein Format, etwa sprachliche oder andere Zeichen, und einen Inhalt, vgl. z. B. Department of Psychology, Stanford University 2007, 22. Doch wird der repräsentationale Inhalt nicht weiter erläutert und muss daher durch die genannten drei Kennzeichen genauer dargestellt werden.

[56] Beispielsweise kann Christine sowohl die Absicht als auch die Überzeugung haben, im kommenden Monat ihre Dissertation abzugeben. Dann haben diese beiden Repräsentationen denselben semantischen Gehalt, aber verschiedene psychologische Modi (Absicht, Überzeugung). Im Falle von Äußerungen heißen psychologische Modi auch *Sprechakte*.

[57] Ein einfaches Beispiel ist die oder-Syntax: Wenn p, q, r, s, t Repräsentationen sind, dann zum Beispiel auch p oder q, p oder (q oder r), r oder t, (p oder q) oder (r oder t), (p oder q) oder ((r oder t) oder (p oder t)), ((p oder q) oder (r oder t)) oder (((p oder t) oder (p oder q)) oder (r oder t)).

[58] Wir können zum Beispiel erleben, wie es sich anfühlt, eifersüchtig, neugierig oder ängstlich zu sein. Wer noch nie eifersüchtig war, kann sich vielleicht in einem Buch über Emotionen darüber informieren, was Eifersucht ist, weiß damit aber noch lange nicht, wie es sich anfühlt, eifersüchtig zu sein. Wer noch nie Todesangst hatte, kann sich vielleicht erzählen lassen, was Todesangst ist und wie andere Menschen sich gefühlt haben, als sie Todesangst hatten, weiß damit aber noch lange nicht, wie es sich anfühlt, Todesangst zu

es verschiedene Formen von Bewusstsein. Das *Subjekt-Bewusstsein* ist die Fähigkeit, sinnliche Reize für eine vorteilhafte Verhaltenssteuerung auszunutzen (wenn wir ohnmächtig werden, verlieren wir unser Subjekt-Bewusstsein). Das *Zustandsbewusstsein* weist mehrere Formen auf. Das *phänomenale Bewusstsein* ist die Fähigkeit, zu fühlen oder zu erleben, wie es ist, in einem mentalen Zustand zu sein (wenn der Zahnarzt uns betäubt, verlieren wir unser gewöhnliches Schmerzerlebnis und damit dieses phänomenale Bewusstsein). Das *Monitorbewusstsein* ist die Fähigkeit, Gedanken höherer Ordnung (also Gedanken über eigene mentale Zustände) zu entwickeln, z.B. Zweifel über die Berechtigung eigener Meinungen oder Bestürzung über die eigene Aggressivität. Das *Selbstbewusstsein* ist eine spezielle Version des Monitorbewusstseins, nämlich die Fähigkeit, uns auf unser Ich zu beziehen (etwa der Gedanke, dass man selbst es ist, der oder die etwas empfindet oder denkt). Das *Zugangsbewusstsein* hingegen ist die Fähigkeit, eigene mentale Zustände als Gründe für rationale Argumentationen und rationale Kontrolle von Handlungen heranzuziehen.

Das Zustandsbewusstsein und insbesondere das phänomenale Bewusstsein ist die Grundlage unserer Subjektivität und Innerlichkeit: Nur ich kann meine Schmerzen haben, nur Arnold kann seine Eifersucht haben. Das Zustandsbewusstsein bringt oft eine spezifische normative Komponente mit sich. Gefühle werden zum Beispiel als angenehm oder unangenehm erlebt. In einigen bewussten Zuständen, vor allem in Gefühlszuständen, werden uns unsere Evaluationen zugänglich, so dass wir diese Evaluationen erleben können. Wir können diese Normativität affektiv nennen. *Affektive Normativität* ist etwas anderes als veridische oder logische Normativität. Erst die affektive Normativität geistiger Zustände führt dazu, dass es uns in unserem Leben wirklich um etwas geht.

Die wichtigsten Varianten der modernen Philosophie des Geistes stimmen darin überein, dass Funktionalität, Repräsentationalität und Bewusstsein die grundlegenden Merkmale mentaler Zustände und somit des Geistes sind. Doch darüber hinaus entwerfen sie unterschiedliche Bilder vom Geist. Die vorliegende Studie geht vom *Eigenschaftsdualismus* aus: das Geistige besteht aus geistigen Eigenschaften physischer Entitäten, die spezifisch gegenüber physischen Eigenschaften sind. Diese Variante der modernen Geisttheorie ist weit verbreitet, doch ist sie nicht die einzige Variante auf dem heutigen Markt.[59] Die wichtigste Alternative ist der *Be-*

haben. Farbwahrnehmungen sind oft bewusst: wir wissen, wie es ist, eine rote Tomate zu sehen, aber Farbblinde haben dieses Bewusstsein nicht.

[59] Eine ausgewogene Diskussion von Beschreibungs- und Eigenschaftsdualismus mit einer Argumentation zugunsten des Eigenschaftsdualismus bietet Robinson 2003. Wie van

schreibungsdualismus, demzufolge wir gewisse Entitäten in unterschiedlichen Vokabularen beschreiben können (etwa in einem physikalischen und einem intentionalistischen (also psychologischen) Vokabular), ohne dass diese unterschiedlichen Beschreibungen jedoch auf irgendwelche ontologischen Unterschiede verweisen (diese Position ist zum Beispiel vom frühen Dennett, vom frühen Davidson und von David Papineau – also von gewichtigen Autoren – vertreten worden). Doch lässt der Beschreibungsdualismus die Angemessenheit (oder auch die Unangemessenheit) verschiedenartiger Beschreibungsmöglichkeiten als Mysterium erscheinen. Vor allem aber ist diese Position unvereinbar mit dem Resultat jüngerer Forschungen der kognitiven Psychologie, dass semantische Netzwerke und phänomenales Bewusstsein tatsächlich existieren.[60] Die Hermeneutik kann allerdings mit beiden Positionen leben, denn die systematischen Differenzen zwischen Eigenschafts- und Vokabulardualismus haben keinen wesentlichen Einfluss auf die Untersuchung der Formen und Ursachen von Verstehen und Interpretation.

Auf der Basis dieser Vorstellungen vom Geist lässt sich *die Kontur von Verstehen und Interpretation* umreißen. Das Verstehen ist auf der allgemeinsten und grundlegendsten Ebene ein kognitives Erfassen der geistigen Zustände anderer geistiger Wesen. Die Grundform des Verstehens ist daher das Gedankenlesen (*mindreading*). Repräsentationalität und phänomenales Bewusstsein sind die wichtigsten Merkmale, die für den Geist spezifisch sind. Daher gibt es zwei allgemeine Grundformen des Verstehens: Das Erfassen der Repräsentationalität geistiger Zustände und

Gulick feststellt: „*Property dualism* in its several versions enjoys a greater level of current support" (van Gulick 2014, Abschnitt 8.1). Es geht jedoch nicht um den *fundamentalen Eigenschaftsdualismus*, demzufolge mentale Eigenschaften ontologisch nicht von physikalischen Eigenschaften abhängig sind (vgl. z.B. Chalmers 1996), sondern um den *emergenten Eigenschaftsdualismus,* demzufolge mentale Eigenschaften von sehr komplexen Organisationen physikalischer Strukturen kausal generiert werden, jedoch nicht mit diesen Organisationen identifiziert werden können (vgl. z.B. Hasker 1999; zur Kritik des Eigenschaftsdualismus insbesondere in seiner emergenten Form vgl. z.B. Kim 1998). Einflussreiche Arbeiten zum Eigenschaftsdualismus sind Chalmers 1996, 2004; Jackson 1982, 1986; Levine 1993, 2001; McGinn 2001, Hart 1988, Robinson 2003, Campbell 1984, Strawson 1994.

[60] Vgl. – um nur zwei von vielen Belegen zu nennen – Metzinger Hrg. 2001 sowie die einschlägigen Kapitel aus Anderson 2007. Ich benutze das Werk Anderson 2007 im Folgenden oft als Referenz, wenn es um hermeneutisch interessante kognitiv-psychologische Studien und Befunde geht. Dieses Buch ist nicht nur eines der führenden Lehrbücher der kognitiven Psychologie, sondern wird von seinem Verfasser in seinen vielen Auflagen immer wieder auf den neuesten Stand der Forschung gebracht und fasst die jeweils plausibelsten Positionen in abgewogener Weise zusammen.

das Erfassen der Erlebnisqualität (des phänomenalen Bewusstseins) mentaler Zustände und allgemeiner ihres psychologischen Modus (VE). Ein Verstehen im letzteren Sinne kann sich unter anderem auf Gefühle richten, die typischerweise von phänomenalem Bewusstsein begleitet sind. Wenn man jedoch eine kognitive Gefühlstheorie vertritt, derzufolge auch Gefühle etwas repräsentieren, schließt ein Verstehen von Gefühlen auch das Verstehen im Sinne von VE ein und enthält eine Evaluation dieses repräsentational erfassten Zustandes. Aufgrund dieser Verknüpfung wird unmittelbar eine adaptive motorische Reaktion ausgelöst.

Oft erfolgt das Verstehen im Sinne von VE auf schnelle, nahezu automatische Weise. Dieses Verstehen heißt *Parsen* (PA) und bezieht sich, wenn es auf mentale Zustände gerichtet wird, vor allem auf Emotionen und Handlungsziele. Das Parsen kann auf nicht-sprachlicher und auf sprachlicher Ebene operieren. Die Standardanalyse des sprachlichen Parsens weist auf verschiedene Stufen des sprachlichen Parsens hin[61] (PAS). Dazu gehören das Erfassen der *Satzbedeutung* (in einer Dass-Klausel), die Bereinigung indexikalischer Offenheit (Erfassen *des wörtlich Gesagten*), das Erfassen des *Sprechaktes* der Äußerung, ferner der *kommunikativen Absicht* des Sprechers und des *genauen Informationsgehalts* seiner Äußerung, der Nachvollzug (die mentale Simulation) der Gefühle des Sprechers, von denen seine Äußerung begleitet ist, sowie das Erfassen der Implikaturen und des situativen Hintergrunds der Äußerung.[62]

Ein genaueres, umfassenderes und komplexeres Verstehen einer sprachlichen Repräsentation involviert dagegen das Erfassen des semantischen Gehalts dieser Repräsentationen und des holistischen semantischen Netzes, in das die Repräsentation eingebettet ist. Dieses Verstehen ist eine Art rationaler Rekonstruktion und führt typischerweise zu einer rationalen Erklärung mentaler Zustände und Handlungen, d.h. zu einer Angabe guter Gründe für das Auftreten der mentalen Zustände und Handlungen. Dieses komplexe Verstehen soll im Folgenden *Interpretation* genannt werden.[63] Im Explanans der Interpretationen berufen wir uns auf weitere mentale Zustände einer Person – wie in dem einfachen Fall, dass wir Barbaras Absicht, Platon zu lesen, dadurch erklären, dass sie Examen in Philosophie machen will und meint, dass dafür eine Platonlektüre notwendig ist. Diese Erklärung macht verständlich, warum das Auftreten eines bestimmten mentalen Zustandes, etwa einer Absicht oder Meinung, bei einem Menschen angesichts weiterer seiner mentalen Zustände ver-

[61] Vgl. z.B. Detel 2011, 43 und Fußnote 57 (Verweis auf Literatur).

[62] Vgl. dazu genauer unten, Abschnitte 3.4–3.6.

[63] Vgl. dazu genauer unten, Abschnitt 4.5.

nünftigerweise zu erwarten war. Wenn die Interpretationen hinreichend reich und komplex sind, so können sie eine wissenschaftliche Form annehmen und resultieren in der Konstruktion einer kleinen Theorie über den Geist anderer Wesen (oft *Theorie des Geistes* (*theory of mind*, abgekürzt *ToM*) in diesem spezifischen Sinn genannt) (IN).[64]

Verstehen und Interpretation im Sinne von VE und IN sind selbst Repräsentationen im Geist der Interpretin. Dass Christine versteht oder interpretiert, dass Paul sich wünscht, morgen einmal auszuspannen, heißt auch, dass Christine repräsentiert, dass Paul sich wünscht, morgen einmal auszuspannen. Verstehen und Interpretieren von Repräsentationen sind Repräsentationen von Repräsentationen, also *Metarepräsentationen*.

Die Interpretation als rationale Erklärung ist eine Form, sich in die Gedankenwelt einer anderen Person möglichst umfassend und konsistent hineinzuversetzen – in Gestalt einer mehr oder weniger umfassenden Theorie (ToM).[65]

Das Verstehen des phänomenalen Bewusstseins und psychologischen Modus eines anderen Menschen scheint eine andere Form zu haben als das Erfassen der Repräsentationalität. Wir können zum Beispiel die Todesangst eines anderen Menschen nur dann wirklich verstehen, wenn wir selbst schon einmal Todesangst empfunden haben. Denn dann können wir angesichts der Todesangst eines anderen Menschen in unserem eigenen Geist simulieren, wie es für uns war, Todesangst zu empfinden, und diese Simulation können wir dann auf den anderen Menschen übertragen. Andernfalls haben wir nur eine sehr vage Vorstellung von einer schrecklichen Angst. Das Verstehen des psychologischen Modus eines anderen Menschen ist also eine Form der *Simulation* dieses Modus im Geist der Interpretin und seiner Rückprojektion auf den Geist des Interpretanden. Es richtet sich primär auf die Erlebnisqualität bestimmter mentaler Zustände – also darauf, wie es ist oder wie es sich anfühlt, in einem bestimmten mentalen Zustand zu sein. Dieses simulierende Verstehen wurde traditionell *Empathie* genannt.

Im Alltag können wir allerdings nicht hinter die Schädeldecke anderer Menschen schauen und direkt ihren repräsentationalen oder bewussten Geist betrachten.[66] Das Verstehen der Repräsentationalität des Geistes

[64] Vgl. dazu genauer z. B. Carruthers, Smith 1996; Astington, Harris, Olson Hrg. 1988; Baron-Cohen, Tager-Flusberg, Cohen Hrg. 2000; Gopnik, Wellman, 1994; Nichols, Stich 2003; Detel 2011, Abschnitt 8.2.

[65] Zur Unterscheidung zwischen einer subjektiven rationalen und kausal-rationalen Erklärung vgl. unten, Abschnitt 4.5.

[66] Die Neurobiologen können dagegen tatsächlich hinter die Schädeldecke anderer Menschen sehen (etwa durch Operationen oder mit bildgebenden Verfahren), aber sie kön-

und seines phänomenalen Bewusstseins wird nur dadurch möglich, dass repräsentationale und bewusste mentale Zustände gewöhnlich kausal bestimmte körperliche (physische) Zustände hervorrufen und sich dadurch in diesen Zeichen ausdrücken, zum Beispiel in Körperhaltungen, Gesichtszüge, Gesten, Lauten, sprachlichen Äußerungen oder Schriftzeichen. Wir können sie daher *expressive Zeichen für mentale Zustände* nennen.[67]

Man nennt ein Zeichen Z für Tatsache T ein *natürliches Zeichen* für T, falls T – und nur T – naturgesetzlich (d. h. vermittels Naturgesetzen) Z produziert. Tatsache T heißt dann auch *natürliche Bedeutung* des natürlichen Zeichens Z. So sind zum Beispiel Bärenspuren natürliche Zeichen für die Anwesenheit von Bären, weil Bären und nur Bären kausal Bärenspuren produzieren, und die Anwesenheit von Bären ist die natürliche Bedeutung der Bärenspuren. Insofern bestimmte mentale Zustände und nur diese mentalen Zustände bestimmte expressive Zeichen hervorrufen, sind diese expressiven Zeichen zugleich natürliche Zeichen für die entsprechenden mentalen Zustände, die ihrerseits die natürliche Bedeutung ihrer expressiven Zeichen darstellen.

Die expressiven (natürlichen) Zeichen mentaler Zustände – darunter auch die sprachlichen Zeichen – können im Gegensatz zu den mentalen Zuständen selbst direkt beobachtet werden und erben der cartesianischen Semantik zufolge von den mentalen Zuständen, deren natürliche Zeichen sie sind, Repräsentationalität (semantischen Gehalt) und psychologischen Modus (der im Fall sprachlicher Zeichen meist *Sprechakt* genannt wird).[68] Mehr noch: Die expressiven Zeichen sind das Tor zum Verstehen des Geistes anderer Menschen. Verstehen und Interpretation sind ein Lesen des Geistes anhand seiner expressiven Zeichen, genauer auf der Grundlage des Verstehens oder Interpretierens seiner expressiven Zeichen.

Verstehen und Interpretieren im Sinne von VE, PA, PAS und IN werden in diesem Buch als Grundbegriffe der allgemeinen Hermeneutik betrachtet.[69] Angesichts der Vielfalt unserer Verstehensformen liegt viel-

nen dabei nur das Gehirn und seine neuronalen Aktivitätsmuster analysieren. Semantische Gehalte (also Repräsentationen) und phänomenales Bewusstsein (also Gefühle) bekommen sie dabei nicht zu Gesicht. Aus eigener Kraft und Kompetenz kann die Neurobiologie den Geist und das Verstehen des Geistes nicht untersuchen.

[67] Diese expressiven Zeichen werden in der kognitiven Psychologie auch externe Repräsentationen genannt, vgl. oben S. 50.

[68] Man beachte, dass die natürliche Bedeutung von natürlichen Zeichen eine rein kausale Beziehung ist und nichts mit Repräsentation zu tun hat. Daher folgt daraus, dass mentale Zustände die natürliche Bedeutung expressiver Zeichen sind, keinesfalls, dass expressive Zeichen mentale Zustände repräsentieren.

[69] Im Alltag sprechen wir auch in vielen anderen Fällen vom Verstehen bzw. Interpretie-

leicht die Frage nahe, warum die allgemeine Hermeneutik ausgerechnet diese Verstehensbegriffe zugrunde legen sollte. Die Antwort darauf ist, dass diese Verstehensbegriffe gegenwärtig theoretisch und wissenschaftlich fest verankert sind. Denn diese Konzepte wurden in der klassischen Tradition der Hermeneutik von Platon bis Max Weber entfaltet[70] und sind in der heutigen Philosophie des Geistes, aber auch in der kognitiven Psychologie, der Primatologie und der psychologisch informierten Kulturtheorie leitend geblieben. So untersucht die kognitive Psychologie zum Beispiel ausführlich, wie sich die Fähigkeit zur Metarepräsentation bei menschlichen Kleinkindern vom ersten Lebensjahr an entfaltet und mit dem vierten Lebensjahr abgeschlossen ist (interessanterweise zeitlich genau parallel zur Entwicklung der Sprachfähigkeit).[71] Wenn es in der Primatologie darum geht, über welche Art von Geist die Primaten verfügen, wird in erster Linie untersucht, ob Primaten im vollen Sinne Gedankenleser sind.[72] Und wenn die Kulturtheorie fragt, wie Menschen trotz ihrer großen genetischen Ähnlichkeit mit Primaten eine einzigartige kumulative Kulturtradition entwickeln konnten, so scheint die Antwort zu sein, dass Menschen eine einzigartige Form des Gedankenlesens entwickelt haben.[73]

In der Philosophie des Geistes wird, anders als in der Psychologie und Primatologie, meist auf die Normativität oder Rationalität des Geistes und seiner geistigen Produkte hingewiesen, insbesondere auf veridische, logische und affektive Normativität.[74] Sollte sich die These von der geistigen Normativität und Rationalität aufrecht erhalten lassen,[75] so müssten VE und IN durch die Forderung ergänzt werden, dass Verstehen und Interpretation auch die Formen mentaler Normativität und Rationalität erfassen müssen.

Nach dieser Skizze der drei leitenden Paradigmen in der gegenwärtigen Theorie des Geistes wenden wir uns nun der Wahrnehmung als kognitiver Grundlage des Verstehens zu.

ren. Einen guten Überblick über Verstehensbegriffe in einem weiten Sinn gibt Scholz 1999, 3–9 (vgl. auch Detel 2011, 46–48).

[70] Diese historische These habe ich in Detel 2011 ausführlich zu belegen versucht.

[71] Vgl. z. B. Perner 1991; ferner Wimmer, Perner 1983; Wellman 1990; Wellman, Cross, Watson 2001; Wellman, Liu 2004. Vgl. ferner die Literaturangaben bei Gropnik 2003.

[72] Vgl. z. B. Perler, Wild Hrg. 2005.

[73] Vgl. z. B. Tomasello 2002.

[74] Vgl. oben Kapitel 1, Abschnitt 1.

[75] Vgl. dazu genauer unten, Kapitel 4.

1.4 Umriss einer kognitionswissenschaftlichen Theorie der Wahrnehmung

Die Art und Weise, wie die Kognitionswissenschaft die Wahrnehmungen analysiert, bietet nicht nur ein interessantes außerlogisches Beispiel für die Analyse kognitiver Prozesse, sondern ist darüber hinaus auch für die Hermeneutik relevant. Wahrnehmungen sind die wichtigste Grundlage für unsere Orientierung in der Welt, denn sie operieren, wie neuerdings oft gesagt wird, online, d. h. bringen uns in direkten Kontakt mit der externen Welt. Wahrnehmungen sind ferner in den Wahrnehmungs-Handlungs-Kreislauf eingebunden, der – wie die TEC betont – grundlegend für höhere Kognitionen einschließlich des Gedankenlesens ist. Darüber hinaus können wir nur im gemeinsamen Blick auf wahrgenommene Objekte und Zustände Sprachen lernen sowie sprachliche Äußerungen und Gedanken anderer Menschen erfolgreich interpretieren. Die Theorie des Verstehens muss unter anderem auf die Annahme zurückgreifen, dass geistige Wesen wie wir Menschen die Fähigkeit haben, perzeptive Objekte auf ähnliche Weise in den Blick zu nehmen. Wahrnehmungen gehören daher zu den kognitiven Bedingungen des Verstehens und Interpretierens.

Unter *Wahrnehmungen* verstehen wir gewöhnlich den Gebrauch unserer Sinne für den Erwerb von Informationen über die Welt. Dies geschieht durch *sensorische Diskrimination*, d. h. durch Unterscheidung und Klassifikation von Gegenständen und Ereignissen nach jenen Eigenschaften, die den Sinnen zugänglich sind. Wahrnehmungen können zu Urteilen führen. Aber wir können auch etwas wahrnehmen, ohne zu urteilen, und wir können urteilen, ohne etwas wahrzunehmen. Wahrnehmungen sind also nicht mit spezifischen Urteilen identisch. Das heißt insbesondere auch, dass nicht nur bei Tieren, sondern auch bei sprachfähigen Wesen nicht-sprachliche Wahrnehmungen vorkommen.[76]

Die *philosophischen Theorien der Wahrnehmung* verfolgen gewöhnlich zwei verschiedene Ziele: die Bestimmung von Formen, Umfang und Ursprung der Wahrnehmung, und die Ermittlung der Bedingungen und Zuverlässigkeit von Wahrnehmungen. Die Zuverlässigkeit der Wahrnehmungen wird seit der Antike kontrovers debattiert. Denn die Wahrnehmung scheint eine grundlegende, anstrengungslose und zuverlässige Form der Information über die externe Welt zu sein, aber zugleich sind Wahrnehmungen grundsätzlich perspektivisch, und es gibt Sinnestäuschungen (Illusionen und Halluzinationen), die als Episoden des Scheinens intro-

[76] Im Folgenden werden *Tiere* als Lebewesen ohne Sprachfähigkeit von *Menschen* als sprachfähiger Lebewesen unterschieden.

spektiv von zuverlässigen Wahrnehmungen nicht unterschieden werden können.[77]

Eine der meistdiskutierten Fragen ist, ob nicht-sprachliche Wahrnehmungen rein physiologische Phänomene sind oder bereits einen semantischen Gehalt aufweisen (d. h. Repräsentationen sind) und somit der geistigen Ebene zuzurechnen wären. Tiere sprechen keine syntaktisch strukturierte Sprache, wie wir Menschen sie meistern können. Die genannte Frage hat daher auch Konsequenzen für die Frage, ob Tiere und menschliche Kleinkinder, die keine Sprache sprechen, mentale Zustände und einen Geist haben. In der Philosophie ist oft die Auffassung vertreten worden, dass erst sprachlich formulierte Wahrnehmungen einen semantischen Gehalt haben, also Repräsentationen sind. Nach diesem Bild lassen sich nur sprachlich formulierte Wahrnehmungen, also letztlich Beobachtungs*sätze*, auf ihre Zuverlässigkeit hin befragen. Nicht-sprachliche Wahrnehmungen sind lediglich physiologische Vorgänge, die nicht im logischen Raum der Gründe, sondern im Reich der Natur angesiedelt sind. Die starke Sprachabhängigkeitsthese, die von Herder bis Brandom immer wieder verteidigt wurde (*Herder-Tradition*),[78] behauptet in der Tat, dass wir nur sprachfähigen Wesen einen Geist zuschreiben dürfen. Auch einige moderne Biologen und Psychologen stehen der Herder-Tradition nahe.[79] Eines der bekanntesten Argumente für die starke Sprachabhängigkeitsthese besagt, dass ein Lebewesen nur dann Gedanken hat, wenn diese Gedanken mit anderen Gedanken holistisch vernetzt und interpretierbar sind. Diese beiden Merkmale sind aber nur für sprachlich artikulierbare Gedanken erfüllt. Nur sprachfähige Menschen sind daher *vernünftige* Tiere und haben einen repräsentationalen Geist.[80] Auch der seit Langem von vielen Forschern gehegte Zweifel daran, dass es innere nicht-sprachliche Bilder (also semantisch gehaltvolle Imaginationen) gibt, schien für die starke Sprachabhängigkeitsthese zu sprechen.

Gegenwärtig gilt die starke Sprachabhängigkeitsthese jedoch als unter-

[77] Die vier wichtigsten philosophischen Wahrnehmungstheorien sind die realistische, repräsentationale und disjunktive Wahrnehmungstheorie sowie die Sinnesdatentheorie. Vgl. dazu etwa Brandom 1998, Dancy 1988, McDowell 1994; Noë, Thompson 2002; Wiesing 2002.

[78] Vgl. dazu Knell 2004, 1-20. Knell zeigt, dass Brandom keine hinreichende Begründung für die Sprachabhängigkeitsthese anbietet. Die Herder-Tradition beruft sich auch auf Descartes, der Tiere als bloße Automaten bezeichnet hat (vgl. Malcolm 2005, der eine moderatere Sprachabhängigkeitsthese vertritt als Descartes).

[79] Vgl. z. B. MacPhail 1998, der glaubt, dass die bisher angeführten Belege für ein Bewusstsein bei einigen höheren Tieren und sehr jungen Säuglingen auch durch unbewusstes assoziatives Lernen erklärbar sind.

[80] Vgl. z. B. Davidson 2004.

miniert. Zum einen hat die komplexe und auf hohem Niveau geführte Debatte um innere bildliche Imaginationen und ihre Merkmale (die sogenannte *imagery*-Debatte)[81] in der kognitiven Psychologie zu der Überzeugung geführt, dass es hinreichende empirische Evidenz für die Existenz bildlicher Imaginationen gibt. Dazu gehören mentale Rotationen und innere Bewegungsplanungen („ich gehe die Abfahrt noch einmal innerlich durch"),[82] inneres Scannen von Vorstellungen („wie viele Fenster hat Peters Haus?")[83] und die duale Codierung (beschriebene und bildlich imaginierte Situationen werden besser erinnert als nur beschriebene Situationen).[84] Zum anderen ist schon immer darauf hingewiesen worden, dass Wahrnehmungen teils zuverlässig und teils unzuverlässig (also Sinnestäuschungen) sein können. Wahrnehmungen weisen also Korrektheitsbedingungen auf[85] und erfüllen damit ein zentrales Kriterium mentaler Zustände. Diesem Befund wurde in den letzten Jahrzehnten durch die Entwicklung der Teleosemantik Substanz verliehen, die gezeigt hat, dass und in welchem Sinne nicht-sprachliche Repräsentationen und somit auch nicht-sprachliche Wahrnehmungen semantische Gehalte haben.[86] Wahrnehmungen sind demnach mentale Zustände und nicht lediglich physiologische Phänomene. Auch Tiere, die nicht sprachfähig sind, haben einen Geist. Die starke Sprachabhängigkeitsthese ist falsch.

Es gibt aber auch Proponenten einer *schwachen Sprachabhängigkeitsthese*, die zwar nicht leugnet, dass es nicht-sprachliche Repräsentationen gibt, die jedoch darauf besteht, dass nur sprachliche Repräsentationen eine Erkenntnis von *Objekten* gewährleisten können. Diese Auffassung wurde durch die kantische Transzendentalphilosophie gestützt und hat unter dem Einfluss Kants ebenfalls breite Anerkennung gefunden. Die Annahme einer objektivierenden Kraft der Sprache setzt jedoch voraus, dass das Meistern einer natürlichen Sprache unabhängig von einer nicht-sprachlichen Wahrnehmung externer *Objekte* erklärt werden kann. Doch der Spracherwerb muss im Rahmen der Triangulation darauf zurückgreifen,

[81] Vgl. dazu den exzellenten Artikel Thomas 2013.

[82] Vgl. z.B. Wexler, Kosslyn, Berthoz 1998.

[83] Vgl. z.B. Kosslyn et al. 1978.

[84] Vgl. z.B. Paivio 1986.

[85] Davon gehen heute fast alle kognitiven Psychologen und viele Philosophen aus. Als Beispiele seien genannt: Perner 1991, Dretske 1995, bes. Kap. 1; sowie Anderson 2007, bes. Kap. 2 über nicht-sprachliche Wahrnehmung, wo z.B. auf S. 55 der Terminus *Repräsentation* benutzt wird. Davidson lehnt dagegen die Repräsentationstheorie ab.

[86] Die Teleosemantik ist ursprünglich von der amerikanischen Philosophin und Biologin Ruth Millikan entwickelt worden, vgl. Millikan 1984, 1993. Zu der inzwischen verzweigten Diskussion um die Teleosemantik vgl. z.B. Buller 1998, Detel 2001 mit weiteren Literatur-angaben, neuerdings Wild 2010.

dass Lehrerinnen und Lernende einen geteilten nicht-sprachlichen Bezug auf wahrnehmbare Objekte organisieren können.[87] Wir wären daher in einer besseren hermeneutischen Position, wenn gezeigt werden könnte, dass sich auch die nicht-sprachliche Wahrnehmung in einem gewissen Sinne schon auf Objekte in der Außenwelt beziehen kann.

Philosophische Wahrnehmungstheorien haben in dieser Hinsicht bislang wenig zu bieten. Die kognitionswissenschaftliche Forschung hat sich dagegen mit diesem Problem eingehend beschäftigt und dabei interessante Ergebnisse zu Tage gefördert. Die wichtigsten dieser Ergebnisse sollen im Folgenden so kurz wie möglich zusammengefasst werden.[88] Dabei wird der Schwerpunkt auf der visuellen Wahrnehmung liegen.

Objekte in der externen Welt generieren aufgrund ihrer Eigenschaften unter geeigneten Lichtverhältnissen Photonen mit entsprechenden Frequenzen. Visuelle Wahrnehmung beruht auf der Verarbeitung dieser Photonen, die auf das Auge treffen. Das Licht durchquert Linse und Glaskörper des Auges, fällt auf die Netzhaut, in der sich lichtempfindliche Photorezeptorzellen befinden. Diese Zellen wandeln die Lichtenergie der Photonen durch einen photochemischen Prozess in elektrische Nervenimpulse um. Diese elektrischen Impulse werden im Gehirn über sogenannte Ganglienzellen weiter prozessiert.[89]

Es ist erstaunlich, wie viel Information bereits die Rezeptor- und Ganglienzellen den eintreffenden Photonen entnehmen können. So gibt es zum Beispiel auf der Netzhaut zwei Arten von Photorezeptoren, Stäbchen und Zäpfchen. Die Stäbchen sind für Schwarz-Weiß-Sehen zuständig, brauchen wenig Lichtenergie für eine Reaktion und bieten eine geringe Auflösung. Die Zäpfchen sind für das Farbsehen zuständig, brauchen viel Lichtenergie für eine Reaktion und sind hochauflösend.[90] Die Ganglienzellen enthalten unter anderem Zelltypen, die auf Kanten bzw. Balken von Objekten reagieren (Balkendetektoren und Kantendetektoren). Bereits in

[87] Vgl. dazu genauer unten S. 118.

[88] Dabei sind vor allem die Darstellungen bei Anderson 2007, 47–90 und Solso 2005, 67–128 einschlägig.

[89] Die Rezeptorzellen sind synaptisch mit Bipolarzellen und diese wiederum mit Ganglienzellen verbunden, deren Axone (d. h. Fasern) aus dem Auge austreten und den Sehnerv bilden, der zum Gehirn führt. Jede der etwa 800.000 Ganglienzellen im Sehnerv jedes unserer beiden Augen enkodiert Informationen aus einer kleinen Region der Netzhaut. Im Gehirn sind die Axone der Ganglienzellen dann vor allem mit verschiedenen subkortikalen, aber zum Teil auch mit kortikalen Regionen verbunden.

[90] An einem kleinen Fleck der Netzhaut, der Fovea (gelber Fleck), sind die Zäpfchen in konzentrierter Form vorhanden. Wenn wir ein Objekt visuell fixieren, bewegen wir unsere Augen automatisch so, dass die vom Objekt ausgehenden Photonen auf die Fovea fallen (dadurch können wir auch feine Details des Objektes wahrnehmen).

dieser frühen Phase der Wahrnehmung extrahieren Photo- und Ganglienzellen aus den Frequenzen der eintreffenden Photonen einige grundlegende Merkmale, nämlich Formen, Farben und Bewegungen von Objekten. Diese Stufe der Verarbeitung wird daher meist Merkmalsanalyse genannt.

Die weitere Verarbeitung der visuellen Reize folgt dann zwei verschiedenen Pfaden, dem Was-Pfad und dem Wo-Pfad. Der Was-Pfad führt in den temporalen Kortex, der für das Erkennen von Objekten zuständig ist. Der Wo-Pfad führt in parietale Gehirnregionen, in denen räumliche Vorstellungen produziert und visuelle Wahrnehmungen mit Verhaltensweisen verknüpft werden. Im Rahmen des Wo-Pfades überführt das menschliche Gehirn zum Beispiel in einem algorithmisch aufwendigen Prozess die zweidimensionalen Informationen, die an der Netzhaut bereitgestellt werden, in eine dreidimensionale Form. Dafür werden vor allem Hinweisreize wie Texturgradienten der Oberflächen und Bewegungsparallaxen der Augen verwendet. Die verschiedenen Schritte auf dem Weg zum dreidimensionalen Sehen sind beispielsweise in der klassischen Studie von Marr ausführlich beschrieben worden. [91] Das dreidimensionale Sehen erleichtert eine weitere Leistung, die für eine nicht-sprachliche Objekterkenntnis von großer Bedeutung ist: Das Erkennen der räumlichen Position und Bewegung von Objekten.[92]

Auf dieser Grundlage wird im Rahmen des Was-Pfades durch eine Reihe psychischer Mechanismen ein nicht-sprachliches Erkennen von Objekten zustande gebracht. Einer der grundlegendsten dieser Mechanismen ist die Mustererkennung: Objekte haben selten völlig identische Formen. Für eine nicht-sprachliche Objekterkenntnis ist daher die Fähigkeit erforderlich, an verschiedenen Objekten der gleichen Art grundlegende Muster zu identifizieren und im Gedächtnis zu speichern, zu denen die konkreten einzelnen Formen individueller Objekte leichte Abweichungen, aber doch hinreichende Ähnlichkeit aufweisen. In einer verwirrenden Vielfalt visueller Reize greifen wir prägnante (einfache oder regelmäßige) Muster oder bekannte Gestalten heraus (Prinzip der Prägnanz). Zunächst hat man angenommen, dass vollständige Muster beim ersten Wahrnehmen als Schablonen gespeichert und spätere ähnliche Wahrnehmungen mit diesen Schablonen verglichen werden. In neuerer Zeit mehren sich die

[91] Vgl. Marr 1982.

[92] Die meisten kognitiven Psychologen glauben zurzeit, dass die grundlegenden Dimensionen von Objekten, also Formen, Farben und Raumpositionen, im visuellen System voneinander getrennt bearbeitet werden. Denn es scheint Zellen mit spezifischen Empfindlichkeiten für Formen, Farben und Raumpositionen einschließlich der Bewegung zu geben, vgl. Anderson 2007, Kap. 2.

Indizien dafür, dass die Mustererkennung eher mit der Merkmalsanalyse arbeitet. Grundlegende Merkmale des Buchstaben „A" sind zum Beispiel, dass drei Linien auftreten, eine horizontale und zwei gegeneinander gerichtete vertikale Linien.[93]

Ein weiterer Mechanismus der nicht-sprachlichen Objekterkenntnis ist die Identifizierung von Figuren: In mehrdeutigen visuellen Situationen werden Figuren durch bestimmte Verfahren privilegiert. Zum Beispiel werden Figuren bevorzugt in einer aufrechten Position gesehen – und seltener als hängend (Prinzip der Oben-Unten-Polarität), und Figuren und Hintergrund werden anhand ihrer Konvexität, Orientierung, Größe und Bedeutung getrennt (Prinzip der Figur – Grund – Trennung). Auch werden oft imaginäre Linien automatisch ergänzt, die von ihrer Farbgebung her nicht vorhanden sind.

Auch die Beachtung des Kontextes fördert die nicht-sprachliche Objekterkenntnis. Dabei kann die Mustererkennung mit dem Mechanismus der Linien-Ergänzung kombiniert werden:

DAS OHR
THE CAT

Hier wird der mittlere Buchstabe jeweils zu A oder H ergänzt, je nach der zugrundeliegenden Mustererkennung für Worte und dem wahrgenommenen Wort-Kontext.

Eine zentrale Rolle für die Konstruktion perzeptiver Objekte spielen die Gruppierungsmechanismen:[94]

[93] Die meisten Objekte weisen weitaus komplexere Formen auf als Buchstaben. Dies gilt vor allem für dreidimensionale Objekte, etwa Pferde oder Tassen. Dennoch scheint auch in diesen Fällen von unseren Gehirnen eine Art von Merkmalsanalyse angewendet zu werden. Es gibt Indizien dafür, dass wir einige dreidimensionale Objekte, etwa Pferde, als zusammengesetzt aus unterschiedlich langen und unterschiedlich dicken Zylindern wahrnehmen. Für andere Objekte braucht man weitere geometrische Formen, wie etwa Kegel, Pyramiden, aber auch schematisierte Weingläser, Hörner oder amerikanische Fußbälle, kurz geometrische Elemente, Geonen genannt (eine Abkürzung von „geometrical icons"), vgl. Biedermann 1987.

[94] Derartige Prinzipien wurden in der Gestaltpsychologie zu Beginn des 20. Jahrhunderts als Gestaltprinzipien der Wahrnehmung bezeichnet, vgl. Wertheimer 1912, dazu Anderson 2007, 58–59.

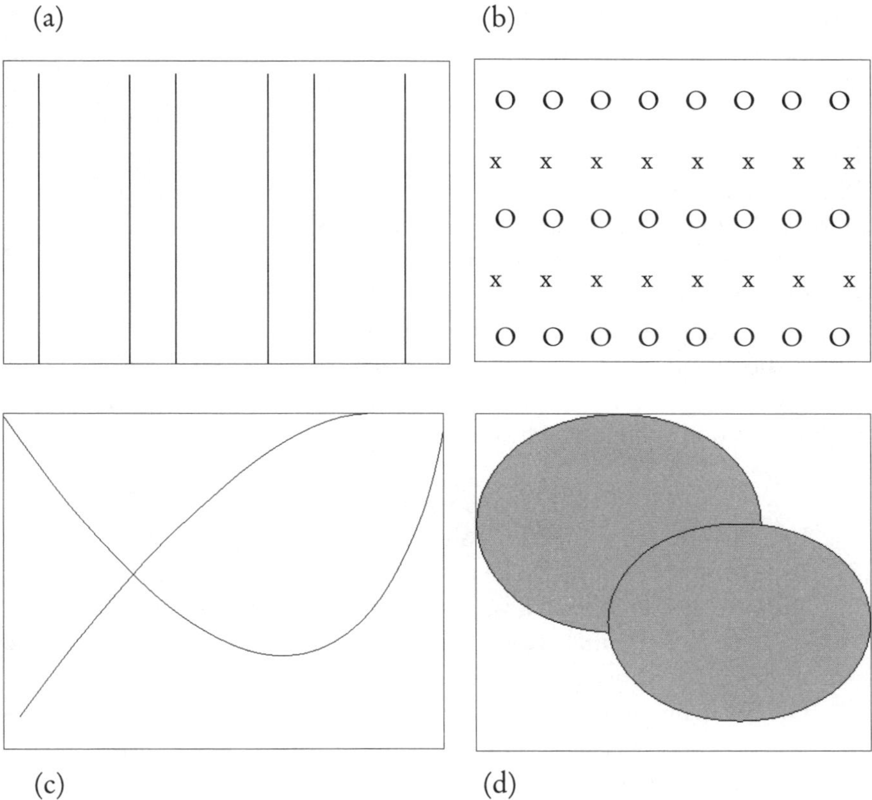

In diesem Schaubild kommen zum Beispiel die Prinzipien der Nähe (a), der Ähnlichkeit (b), der guten Fortsetzung (c) und der Linienergänzung bzw. der Geschlossenheit (einer Tendenz zur Vervollständigung einer Figur) zum Ausdruck.[95]

Die kognitiven Mechanismen der nicht-sprachlichen Objekterkenntnis werden auch auf wichtige Spezialfälle angewendet, beispielsweise auf die

[95] Diese Mechanismen lassen sich auch in zahlreichen komplexeren Fällen beobachten, in denen meist Mustererkennung und Kontextinformation zusammenwirken. Außerdem verfügen Menschen und viele Tiere über unterschiedliche Wahrnehmungskanäle und prozessieren die Wahrnehmungen eines Objektes gewöhnlich zunächst parallel. Aber irgendwann gibt es sogenannte kognitive Flaschenhälse, die die parallele Verarbeitung einschränken und fokussieren – Prozesse der Aufmerksamkeit, die jedoch häufig nicht an Bewusstsein gebunden sind. Die verschiedenen Arten und Leistungen dieser kognitiven Fokussierung sind unter dem Stichwort der Aufmerksamkeit mittlerweile ausgiebig untersucht worden, vgl. zusammenfassend Anderson 2007, Kapitel 2 und 3. Zur neuronalen Grundlage der perzeptiven Objekterkennung vgl. z. B. DiCarlo, Zoccolan, Rust 2012.

Gesichtererkennung, die in der Tierwelt von allergrößter Bedeutung ist, oder auf das Erkennen von Schriftzeichen und von gesprochener Sprache, das für die Interpretation von Sprache und Texten grundlegend ist. Die kognitive Psychologie hat gezeigt, dass Sinnestäuschungen nicht dadurch zustande kommen, dass die Mechanismen der nicht-sprachlichen Objekterkennung außer Kraft gesetzt werden oder fehlerhaft operieren, sondern dadurch, dass sie in ungewöhnlichen Situationen arbeiten, für die sie nicht selektiert worden sind (im Falle einer Fata Morgana zum Beispiel dadurch, dass Lichtstrahlen nicht wie üblich geradlinig verlaufen, sondern durch physische Bedingungen gebrochen werden).

Aus diesen und anderen Daten lässt sich ein (simplifiziertes) Schema für die Generierung nicht-sprachlicher Wahrnehmungen von perzeptiven Merkmalen und Objekten extrahieren:

(1) Die externe Welt besteht aus strukturierten Elementen (Zuständen, Ereignissen und Objekten) mit spezifischen Merkmalen.
(2) Aufgrund ihrer spezifischen Merkmale senden diese Elemente bestimmte distale Stimuli aus, etwa Photonen oder Schallwellen, deren spezifische Merkmale (etwa Wellen-Frequenzen) gewisse Merkmale ihrer Quelle abbilden.
(3) Die Wahrnehmungssysteme von Tieren und Menschen haben Rezeptorzellen entwickelt, die für spezifische Merkmale der distalen Stimuli und deren Kombinationen spezialisiert sind. Diese Zellen wandeln die distalen Stimuli in bioelektrische Energie (also in proximale Stimuli) um.
(4) Die bioelektrische Energie der proximalen Stimuli bildet die Merkmale der distalen Stimuli in Gestalt von Aktivitätspotentialen von Neuronen im Gehirn ab.
(5) Die Merkmale der proximalen Stimuli werden in perzeptive Repräsentationen verwandelt, die den semantischen Gehalt der entsprechenden Wahrnehmungen spezifizieren.
(6) Dabei werden die proximalen Stimuli nicht nur einer Merkmalsanalyse unterzogen, sondern auch nach bestimmten Gruppierungsregeln und anderen Prinzipien zu perzeptiven Objekten zusammengesetzt.
(7) Perzeptive Repräsentationen können fehlschlagen, d.h. Sinnestäuschungen sein. Die Sinnestäuschungen werden von denselben Wahrnehmungsmechanismen erzeugt wie die zuverlässigen Wahrnehmungen.
(8) Nicht-sprachliche Wahrnehmungen unterliegen demnach Korrektheitsbedingungen und haben semantische Gehalte, sind also mentale Zustände.

Das Schema (1)–(8) involviert eine Reihe von bemerkenswerten Aspekten der algorithmischen Prozesse, auf denen die Wahrnehmung beruht. Aus (3)–(6) geht hervor, dass diese Prozesse bei den Mitgliedern derselben Spezies auf identische Weise ablaufen, sich evolutionär herausgebildet haben, dabei optimal getestet worden sind und sich bestens bewährt haben. Sie stellen daher zwar Konstruktionen aus distalen und proximalen Stimuli dar, übertragen jedoch ihrer Funktion nach Merkmale und Objekte der externen Welt in eine perzeptive Form und enthalten daher keine idealistischen Konsequenzen. Ihr Resultat, die Wahrnehmung von Merkmalen und Objekten in der externen Welt, ist daher meist eine zuverlässige perzeptive Hypothese über die Welt.[96] Dennoch ist es nicht ausgeschlossen, dass sich jede einzelne gegebene Wahrnehmung als trügerisch erweisen kann.[97] Diese Befunde machen deutlich, dass unsere Wahrnehmungen ihrem semantischen Gehalt nach einerseits von der empirischen Welt und andererseits von den wahrnehmenden Subjekten abhängen und dass auch die schwache Sprachabhängigkeitsthese falsch ist.

In der psychologischen Darstellung des Schemas (1)–(8) wird gewöhnlich nicht auf die Rätsel aufmerksam gemacht, die mit (1) sowie mit (5)–(6) verbunden sind. In den Stadien (5)–(6) vollzieht der Wahrnehmungsapparat *den Übergang von rein kausalen, natürlichen Prozessen auf die mentale Ebene*. Wie sich dieser Übergang erklären lässt, ist bislang nicht in Sicht. Einige Forscher sehen hier eine empfindliche Erklärungslücke. Vielleicht lässt sich diese Erklärungslücke irgendwann schließen, vielleicht aber auch nicht. Im letzteren Fall bliebe es bei der Feststellung, dass Gehirne bei hinreichender Komplexität stets geistige Episoden erzeugen. Das wäre keineswegs ein wissenschaftliches Drama. Wie schaffen es zum Beispiel materielle Körper, die vierdimensionale Raumzeit in ihrer Umgebung zu krümmen, und wie schafft es die vierdimensionale Raumzeit ihrerseits, andere materielle Körper dazu zu bringen, sich auf geodätischen Bahnen zu bewegen? Diese Fragen kann die Physik bis auf Weiteres nicht beantworten. Sie kann nur empirisch konstatieren, dass es nun einmal so ist. Und viele Physiker meinen, dass sich diese Erklärungslücke niemals schließen lässt, würden das aber nicht als theoretisches Desaster ansehen.

[96] Ein gutes Beispiel ist unsere dreidimensionale euklidische Raumwahrnehmung. Die heutige Physik sagt uns, dass der physikalische Raum nicht euklidisch, sondern gekrümmt ist. Aber diese Krümmung ist sehr flach und daher in der Welt makroskopischer Gegenstände, in der wir Menschen uns bewegen, unerheblich. Insofern ist die euklidische Raumwahrnehmung eine sehr gute und völlig ausreichende Approximation.

[97] Daraus, dass sich jede einzelne gegebene Wahrnehmung als trügerisch erweisen kann, folgt nicht, dass sich alle Wahrnehmungen als trügerisch erweisen können. Demnach sind (4), (5) und (7) konsistent.

Wir sind endliche Wesen, und daher müssen unsere alltäglichen und wissenschaftlichen Warum-Fragen irgendwann an ein Ende kommen.

In Stadium (1) wird die Existenz einer externen Welt postuliert – doch welchen Zugriff können wir denn auf diese externe Welt haben? Diese Welt soll Einflüsse und Stimuli für *sämtliche unserer kognitiven Aktivitäten* bereit halten, angefangen von Wahrnehmungen über sprachliche Beschreibungen bis hin zu wissenschaftlichen Theorien. Die postulierte externe Welt soll *hinter dem Schleier all unseres jeweiligen Wissens* liegen und ist daher für uns *prinzipiell unerforschlich*. Seit Kant diese Welt der Dinge an sich postuliert hat, ist dieses Postulat immer wieder heftig kritisiert worden, doch zu Unrecht. Wir benötigen dieses Postulat als beste Erklärung für eine Vielzahl bekannter Phänomene – unter anderem dafür, dass unsere Vorstellungen und Annahmen über die Welt sowie unsere Eingriffe in die Welt sich oft bewähren, aber auch nicht selten scheitern.

Die nicht-sprachliche Wahrnehmung ist nicht nur eine mentale Repräsentation im sogenannten online-Status, sondern greift auch stets Aspekte von Objekten heraus, die eine *Bedeutsamkeit* aufweisen und auf elementare *Bedürfnisse* zugeschnitten sind. Glatte Flächen sind zum Beispiel Merkmale von Objekten, die diese Objekte dafür geeignet machen, auf ihnen zu sitzen oder auszuruhen. Dafür müssen diese Objekte und gegebenenfalls die Situationen, in denen sich die wahrnehmenden Tiere und ihr intentionales Objekt befinden, *bewertet* werden, und das geschieht meist mit Hilfe von Gefühlen. Und drittens rufen die Online-Repräsentation und emotionale Bewertung einer Situation gewöhnlich unmittelbar eine *motorische Reaktion* hervor, die angesichts der vorliegenden Situation vorteilhaft und adaptiv ist. Daher werden Wahrnehmungen auf dieser elementaren Ebene auch *Pushmi-Pullyu-Repräsentationen* genannt.[98]

Die Hypothese vom *ungetrennten Auftreten* der drei Komponenten lässt sich phänomenlogisch nachweisen, aber auch neurophysiologisch bestätigen: Unter dem Stichwort *emotion recognition* haben zahlreiche neurophysiologische Studien eine direkte neuronale Verknüpfung zwischen visuellen bzw. auditorischen Stimuli, emotionaler Bewertung und motorischer Reaktion nachgewiesen.[99] Die neurophysiologischen Aktivitäten, die das kontur-orientierte Wahrnehmen, die evaluative Bewertung und die motorische Reaktion unterstützen, laufen gleichzeitig oder zumindest fast gleichzeitig ab. Die Wahrnehmung und Bewertung der je-

[98] Vgl. Millikan 1995.

[99] Einen Überblick über neuere empirische Ergebnisse bieten Adolphs 2002 und Bos 2010. Vgl. auch Colombetti 2007 und Pessoa 2008 (Pessoa gibt einen Überblick sowohl über neurophysiologische als auch psychologische Evidenz).

weils neu entstandenen Situation wird unter anderem durch Kinästhesie unterstützt und involviert eine Rückmeldung und Speicherung der Bewertungen, die ihrerseits einschränkende Bedingungen für die Wahl künftiger Bewegungen und Handlungen darstellen.

Die evaluative Komponente perspektivischer Repräsentationen kann eine komplexere Form annehmen, wenn Tiere lernfähig werden und assoziative Erwartungen ausbilden. In der ökologischen Nische aller Tiere ist es oft der Fall, dass Zustände einander verlässlich folgen, im einfachsten Fall Z1 → Z2. Und oft ist es der Zustand Z2, der für die Tiere relevant ist, d.h. positiv oder negativ bewertet wird. Es ist daher von Vorteil, auf Z1 im Lichte der Folge Z2 zu reagieren. Wenn die Umwelt weitgehend stabil bleibt, können evolutionäre Prozesse für eine solche vorteilhafte Reaktion sorgen. Wenn die Umwelt sich dagegen im Rahmen einer Lebensspanne verändert, so müssen die Tiere selbst entdecken, dass Folgen der Form Z1 → Z2 verlässlich vorkommen. Diese Entdeckung erfolgt durch *assoziatives Lernen*, das auf dem Einsatz des Gedächtnisses beruht. Wenn die Folgen (a) Z1 → Z2 (+) bzw. (b) Z1 → Z2 (–) assoziativ gelernt und im Gedächtnis gespeichert sind, dann ist es angesichts der Wahrnehmung von Z1 im Falle einer positiven Evaluation von Z2 (also im Fall (a)) *zweckrational*, auf Z1 zuzugehen, und im Falle einer negativen Evaluation von Z2 (also im Fall (b)) Z1 zu meiden. Damit ist die grundlegende Bestimmung des assoziativen Lernens erfüllt.[100] Eine bestimmte Nahrung hat Krankheit oder Gesundheit zur Folge; an einem bestimmten Ort zu sein, hat die Begegnung mit vielen oder wenigen Feinden zur Folge; ein bestimmter Weg führt zu einem Ort mit viel oder wenig Nahrung. In diesen und millionenfachen weiteren Fällen ist es für Tiere in einer sich wandelnden Umwelt von enormem Vorteil, derartige Zustands- und Ereignisfolgen zu kennen. Diese Kenntnis wird, wie bereits bemerkt, durch assoziatives Lernen erworben, und assoziatives Lernen verändert das Verhalten gegenüber den jeweils ersten dieser Zustände oder Ereignisse.

Spielen wir das Grundmuster dieser Verhaltensänderung an einem dieser Beispiele durch. Ein Tier[101] nimmt einen bestimmten Ort anfangs neutral wahr, d.h. ohne Zusammenhang mit anderen Zuständen. Dann wird das Tier etwa bei Hunger keine Disposition entwickeln, diesen Ort häufiger aufzusuchen als andere Orte. Die Wahrnehmung dieses Ortes ist daher zunächst ein *neutraler Stimulus*. Dann tritt jedoch eine bestimmte Ereignisfolge ein:

[100] Vgl. Pearce 2008, 35.

[101] Wenn hier und im Folgenden von Tieren die Rede ist, dann sind Wirbeltiere gemeint. Für die Wirbellosen ist das Auftreten assoziativen Lernens bisher nicht nachgewiesen.

(1) Die Aufnahme von Nahrung N wird bei Hunger positiv bewertet (d. h. N (+)).[102] Daher

(2) Die Wahrnehmung von N zieht unmittelbar die Aufnahme von N nach sich, d. h. ist ein *unkonditionierter Stimulus* (US) (fest verdrahtete Folge US = [Hunger → Wahrnehmung von N → Aufnahme von N (+)]).

(3) Das Tier nimmt des öfteren einen bestimmten Ort O und dann Nahrung N an O wahr.

(4) Die Folge [Wahrnehmung von O → Wahrnehmung von N] wird gelernt und im Gedächtnis gespeichert (die beiden Wahrnehmungen sind fest assoziiert).[103]

Die Stadien (1)–(4) haben zur Folge:

(5) [Wahrnehmung oder Erinnerung von O → Erwartung von N an O].[104]

(6) [Hunger → Erinnerung von O → Erwartung, dass N an O vorkommt und daher Aufnahme von N an O erfolgen kann → Aufsuchen von O → Aufnahme von N].

[102] In der kognitiven Ethologie scheint von Evaluation nicht die Rede zu sein. Wenn es zum Beispiel um die Natur der Verstärkung geht, so werden vor allem behavioristische Kriterien diskutiert, etwa dass eine Verhaltensfolge ein Verstärker ist, wenn sie das künftige Verhalten ändert (Skinner 1957) oder dass das Verhalten A das Verhalten B verstärkt, wenn A wahrscheinlicher als B ist (dazu Pearce 2008, 102–104). Derartige Vorschläge sind nicht hilfreich, weil sie inhaltlich leer sind. Zum Teil wird aber in der kognitiven Ethologie auch von motivationalen Systemen gesprochen, die zu Lernprozessen und Verhaltensänderungen beitragen (siehe Pearce 2008, 107). Dabei wird jedoch auf einen ungeklärten Energie-Begriff zurückgegriffen. Insgesamt sollten all diese Vorstellungen durch Verweise auf etablierte empirische Theorien von Affekt- und Emotionsprogrammen ersetzt werden, die zeigen, dass Evaluierungen inklusive ihrer memorativen Speicherung und Mobilisierung auf unterschiedlichen Ebenen eine wesentliche Komponente des assoziativen Lernens darstellen. Zum allgemeinen Zusammenhang von Kognition, Evaluation und Verhalten vgl. Shettlewood 2010.

[103] Vgl. dazu genauer Pearce 2008, 46–49 „A memory model for associative learning".

[104] Diese mentalen repräsentationalen Erwartungen können auch komplexer sein. Zum Beispiel können zwei CS's dem US vorhergehen (etwa in der Ton-Licht-Nahrungsaufnahme); dann reagieren Tiere bereits auf den Ton, d. h. erwarten, dass der Ton über das Licht zum Futter führt (*serial conditioning*); oder Tiere lernen eine Assoziation zwischen zwei CS's, d. h. erwarten, dass der erste zum zweiten CS führt, *bevor* der zweite CS mit einem US korreliert wird (*sensory preconditioning*); oder ein CS1 wird zunächst mit einem US gepaart und dann wird der CS1 mit einem weiteren CS2 gepaart, ohne dass der US ins Spiel kommt; dann erwarten die Tiere ebenfalls anlässlich CS2 nicht nur CS1, sondern auch US (*second-order-conditioning*). Diese drei Fälle werden subsumiert unter das *Stimulus-Stimulus-Lernen*, vgl. Pearce 2008, 49–52.

Damit hat sich das Verhalten des Tieres gegenüber O verändert, es wird nämlich, wenn es hungrig ist, O bevorzugt aufsuchen.[105] Die Wahrnehmung oder Erinnerung von O wird dann zu einem konditionierten Stimulus (CS), der aufgrund einer Lerngeschichte das Aufsuchen von O und die Nahrungsaufnahme an O nach sich zieht. Das bedeutet unter anderem, dass auch das Aufsuchen von O positiv evaluiert wird. Die *positive Bewertung* der Nahrungsaufnahme an O *überträgt sich* auf das Aufsuchen von O, also auf das Mittel für die Nahrungsaufnahme.

Das Schema (1)–(6) wird oft ergänzt durch

(7) Je häufiger die Folge (6) eintritt (und damit die Erwartung von N an O bestätigt wird), desto häufiger wird bei Hunger das Aufsuchen von O positiv bewertet und O aufgesucht.

(8) Je häufiger die Folge (6) nicht eintritt (und damit die Erwartung von N an O falsifiziert wird), desto häufiger wird bei Hunger das Aufsuchen von O negativ bewertet und O gemieden.

Mit (7) und (8) wird ein positiver bzw. negativer Verstärkungsprozess beschrieben, der die gelernte Assoziation festigt bzw. lockert. Dafür müssen Mengen von Ereignisfolgen samt der korrelierten Bewertungen im Gedächtnis gespeichert und gegebenenfalls erinnert werden.[106] Auch hier erfolgt eine *Übertragung der Evaluation vom Zweck auf das Mittel*, wie es im zweckrationalen Verhalten generell üblich ist.[107]

Auf der Basis der skizzierten psychologischen Wahrnehmungstheorie kann ein grundlegendes Problem der modernen Geist-Theorie einer Lösung näher gebracht werden, das nach seinem Entdecker *McDowell-*

[105] Zu den neuronalen Veränderungen, die mit Lernprozessen korreliert sind, vgl. z.B. die kurze Übersicht bei Pearce 2008, 43–45 „A neural model of excitatory learning".

[106] Aus der Perspektive der experimentellen Lerntheorie, in der Methoden entwickelt werden, um assoziatives Lernen bei Tieren im Labor künstlich zu erzeugen und auf diese Weise genauer zu studieren, heißt das Herstellen von (6) *Pavlovsches Konditionieren* und das Verstärken im Sinne von (7) und (8) *instrumentelles Konditionieren* (Pearce 2008, 35, 94). Beide Formen des Konditionierens unterliegen einer Korrelationsbedingung, nämlich dass US meist bei Präsenz der CS und nicht etwa oft auch ohne CS auftritt, bzw. dass der Verstärker meist bei Präsenz der instrumentellen Reaktion und nicht etwa oft auch ohne die instrumentelle Reaktion auftritt.

[107] In der grundlegenden Ereignisfolge (6) ist die Erwartung, dass N an O vorkommt und daher Aufnahme von N an O erfolgen kann, gleichwertig mit der Erwartung des US. Der Kern der Folge (6) besteht demnach darin, dass der CS, also eine Wahrnehmung von oder Erinnerung an O, eine Repräsentation in Gestalt einer Erwartung von US aufruft und das Tier bereits aufgrund von CS jenen Akt der Nahrungsaufnahme vollzieht, den es gewöhnlich aufgrund von US vollzieht. In diesem Sinne lässt sich CS als Substitut für US betrachten (Pearce nennt diese Betrachtungsweise den *stimulus-substitute account for the nature of the Pavlovian conditioned response*, vgl. Pearce 2008, 55. Zu Komplikationen mit dieser Theorie vgl. ibid. 56–61).

Problem heißt:[108] Wie können wir die repräsentationale Ausrichtung des Geistes auf die Welt verstehen, wenn wir einerseits anerkennen wollen, dass der Geist normativ ist, d. h. im Raum der Gründe operiert, und andererseits am minimalen Empirismus festhalten wollen? McDowells eigener Lösungsvorschlag geht davon aus, dass Davidsons Rede vom Inhalt (im Gegensatz zum Begriffsschema) und Kants Rede von Anschauungen (im Gegensatz zu Begriffen) nicht auf repräsentationale (d. h. semantisch gehaltvolle) Entitäten verweist, sondern auf einen empirischen Input, der nur im Raum der Natur angesiedelt werden kann und daher keinerlei Rechtfertigungen oder Gründe für Hypothesen bereit stellt. Doch in das menschliche visuelle System sind, wie McDowell geltend macht, immer schon Begriffe eingebaut. Wahrnehmungen sind bei Menschen oft rezeptiv im kantischen Sinne *und zugleich* begrifflich strukturiert, zum Beispiel wenn wir sehen, dass dieser Tisch rund ist.[109] Dieses begriffliche Sehen ist rezeptiv, insofern es unmittelbar und transparent auf die Dinge zugreift; es ist aber auch ausdrückbar in Beobachtungssätzen, und die enthaltene Begrifflichkeit ist – unabhängig von ihrer Verbindung mit der Wahrnehmung – eine Struktur, die im Raum der Gründe verortet ist und uns Menschen zur zweiten Natur geworden ist.

Das begriffliche Wahrnehmen ist daher nach McDowell eine rezeptive Rechtfertigungsbasis, die zum Raum der Gründe gehört und durch den Erwerb sprachlicher Fähigkeiten zu einer zweiten Natur wird. Demnach geht der Raum der Gründe nicht weiter als der Raum des Begrifflichen, doch das Reich der Natur wird um die zweite Natur erweitert. Diese philosophische Therapie soll das Problem zum Verschwinden bringen.

McDowells Postulat einer *second nature* des Menschen, vermöge derer eingeübte begriffliche Fertigkeiten bereits in rezeptive Wahrnehmungsvorgänge eingebaut sind, geht zwar in die richtige Richtung, ist aber zu einfach und zum Teil problematisch. Die Simplifizierung besteht darin, dass McDowell letztlich die alte Idee einer begrifflich und theoretisch geladenen rezeptiven Wahrnehmung reformuliert; diese Idee ist jedoch nicht ausreichend für eine angemessene Problemlösung. Problematisch ist, dass McDowell die Wahrnehmung und Generierung von Wahrnehmungsepisoden aus optischen empirischen Inputs vorschnell als reinen Naturvorgang auffasst und dem Raum der Natur zuschlägt.

[108] Vgl. McDowell 1994, besonders Introduction, XI–XXIV. McDowell hält dieses Problem für das tiefste Problem der modernen Philosophie.

[109] Hunde können zum Beispiel diesen runden Tisch sehen (d. h. ein Objekt, das sprachmächtige Wesen als runden Tisch bezeichnen würden), aber Hunde können nicht sehen, dass dieser Tisch rund ist.

Wenn wir jedoch von der kognitivistischen Wahrnehmungstheorie und insbesondere von der Prozedur (1)–(8) ausgehen, wird schnell deutlich, dass Wahrnehmungen auch auf nicht-sprachlicher Ebene repräsentational und normativ sind. Die Gehirne der meisten Tiere generieren aus einem rein empirischen Input (zum Beispiel aus Photonen mit bestimmten Frequenzen im visuellen System) repräsentationale geistige Zustände mit spezifischer Normativität. Denn nicht-sprachliche Wahrnehmungen involvieren Korrektheitsbedingungen, deren Normativität auf der grundlegendsten Ebene darwinianisch ist, bei höheren Tieren aber auch ontogenetisch operierende Evaluationen bis hin zur affektiven Normativität der Gefühle umfasst. Vor allem aber sind Wahrnehmungen als repräsentationale geistige Episoden phylogenetisch und ontogenetisch getestete und bestens bewährte Hypothesen über die Struktur externer Dinge. Sie gehören daher zu jenen Entitäten, die gerechtfertigt sind.

Damit wird ein erweiterter Rechtfertigungsbegriff sichtbar: X *rechtfertigt Y im erweiterten Sinne*, falls X eine Testprozedur für die Korrektheit von Y ist und positiv ausfällt.

Demgegenüber verwendet McDowell (ähnlich wie Davidson) einen engen Rechtfertigungsbegriff: X *rechtfertigt Y im engen Sinne*, falls X und Y propositional gehaltvolle Gedanken / Sätze sind und X ein guter Grund (eine hinreichende Prämisse) für Y ist.

Nicht-sprachliche Repräsentationen sind demnach weit gerechtfertigt. Wenn Wahrnehmungen zu jenen Entitäten gehören, die gerechtfertigt sind, können sie dann prinzipiell auch ihrerseits in Rechtfertigungsbeziehungen zu anderen Entitäten im Raum der Gründe stehen? Christopher Peacocke nennt dies – völlig zu Recht – eine ewige, fundamentale Frage und ist einer der einflussreichsten Autoren, von denen diese Frage positiv beantwortet wird:

> A thinker is entitled to make the judgement, of a seen object, that it is curved, when he visually experiences it as curved, and when there is no reason for doubting his senses... In some cases, and to a first approximation, what is constitutive of an experience's having a certain representational content is that when the thinker's perceptual apparatus is functioning properly, in a normal environment, experiences with that content are caused by the holding of the condition which is in fact the correctness condition for that content.[110]

[110] Vgl. Peacocke 2004. Wie dieser Aufsatz und weitere Arbeiten von Peacocke zeigen, ist die zitierte Bemerkung erst der allererste Anfang einer komplizierten Verteidigung der These, dass Wahrnehmungen mit dem sprachlichen oder nicht-sprachlichen Gehalt *p* zu dem Urteil oder der Meinung mit dem sprachlichen Gehalt *p* berechtigen. Vgl. dazu auch Peacocke 2004a, Gupta 2006, Ihde 1999; Jacob, Jeannerod 2003; Peacocke 2009 und Peacockes grundlegende frühe Arbeit Peacocke 1983.

Das bedeutet unter anderem: Die nicht-sprachliche Wahrnehmung mit dem semantischen Gehalt *p* (zustande gekommen unter normalen Bedingungen) *rechtfertigt auf nicht-inferentielle Weise* die Meinung mit dem semantischen Gehalt *p*. Es ist demnach falsch, wenn McDowell im Einklang mit Davidson, Sellars und Brandom die nicht-sprachlichen Wahrnehmungen und Gefühle ohne Einschränkung dem Raum der Natur zuschlägt. Vielmehr erfüllen nicht-sprachliche Repräsentationen die grundlegenden Merkmale von Entitäten im Raum der Gründe, wie sie McDowell selbst aufführt.

Demnach können wir auch mit einem erweiterten Begriff des Raums der Gründe operieren:

X und Y sind Bestandteile des *Raums der Gründe im erweiterten Sinne*, falls gilt: X rechtfertigt Y im erweiterten Sinne.

Demgegenüber verwendet McDowell (und zum Beispiel auch Davidson) einen engen Begriff des Raums der Gründe: X und Y sind Bestandteile des *Raums der Gründe im engen Sinne*, falls gilt: X rechtfertigt Y im engen Sinne.

Der Raum der Gründe im engen Sinne ist identisch mit dem Raum der Begriffe. Der Raum der Gründe im erweiterten Sinne ist dagegen größer als der Raum der Begriffe. Die große kognitive Leistung der Wahrnehmungsapparate von höheren Tieren und Menschen ist, dass diese Apparate die Transformation von empirischen Inputs in die grundlegendsten Elemente des Raums der Gründe zustande bringen. Schon bei Tieren lässt sich beobachten, dass sie ihre Wahrnehmungen und Gefühle oft mit Lautäußerungen und (im Falle der Primaten) mit Zeigegesten begleiten. Weder Lautäußerungen noch Zeigegesten sind jedoch gleichsam intrinsisch in Wahrnehmungen eingebunden, sondern haben eine referentielle Funktion. Das heißt: Lautäußerungen und Zeigegesten verweisen auf Objekte, die unabhängig von den Lautäußerungen und Zeigegesten bereits in der Wahrnehmung identifiziert worden sind. Zeigegesten (aus denen sich nach Tomasello die Sprache hauptsächlich entwickelt hat) und Lautäußerungen liegen also auf einer Linie mit den sonstigen physischen Reaktionen auf Wahrnehmungen, nicht mit den Wahrnehmungen selbst. Es ist daher falsch, mit McDowell vom (letztlich alten und bekannten) Modell einer begrifflich und theoretisch geladenen Wahrnehmung auszugehen. Zeigegesten, Lautäußerungen und Sprachen sind vielmehr Zeichen für die bereits vorhandenen Objektwahrnehmungen. Auf diese Weise können das Reich der Natur und der Raum der Gründe so weit zusammengeführt werden, dass McDowells Problem verschwindet.

Eine hermeneutisch relevante Konsequenz aus diesen Überlegungen ist, dass eine verbreitete Art von Begründungen und damit auch von interpretativen rationalen Erklärungen in die Hermeneutik integriert werden kann – nämlich rationale Erklärungen der Art *Paul ist der Meinung, dass es draußen bewölkt ist, denn er hat einen Spaziergang gemacht und am Himmel Wolken gesehen.*

KAPITEL 2: NICHT-SPRACHLICHES PARSEN UND SIMULATION

Das primäre Studienobjekt der traditionellen Hermeneutik sind sprachliche und professionelle Formen der Interpretation. Eine der wichtigsten gegenwärtigen Aufgaben der allgemeinen Hermeneutik ist jedoch die Integration der Theorie des schnellen, automatischen Verstehens (des sogenannten *Parsens*) und die Erörterung des Verhältnisses zwischen Parsen und komplexen Interpretationen. Das Parsen tritt in verschiedenen Formen auf, zum Beispiel in Gestalt eines syntaktischen und semantischen sprachlichen Parsens, das Sie, liebe LeserInnen, hoffentlich jetzt gerade exekutieren, wenn Sie mühelos dieses kurze Vorwort zum zweiten Kapitel lesen und verstehen. Aber es scheint auch elementare Formen eines mentalen Parsens zu geben, an denen sprachliche Fähigkeiten nicht beteiligt sind und deren Beherrschung wir Menschen möglicherweise mit einigen Tieren teilen, beispielsweise wenn wir die Wut im Gesicht eines geistigen Wesens sehen oder einige seiner Handlungsziele anhand seiner Bewegungen direkt erfassen. Dieses nicht-sprachliche Parsen ist der Gegenstand des vorliegenden Kapitels. Die hermeneutische Bedeutung dieser Thematik wird unter anderem daran deutlich, dass die Theorie des nicht-sprachlichen Parsens Konsequenzen hat für die anthropologische Dimension von Verstehen und Interpretation sowie für die hermeneutische Relevanz der TEC (der Theorie der verkörperlichten Kognition), aber auch für die Theorie des simulativen Verstehens.

2.1 Natürliches Verstehen und mentales Parsen

Mentales Parsen ist das schnelle, automatische und nicht-sprachliche Erkennen mentaler Zustände anderer geistiger Wesen anhand von expressiven Zeichen. Insofern fällt das mentale Parsen unter das Verstehenskonzept VE, nicht aber unter den Interpretationsbegriff IN.[111] Das mentale Parsen involviert keinerlei Theoriekonstruktion, Inferenzen oder Deliberationen und ist weit verbreitet. Die wichtigsten – in letzter Zeit umfassend erforschten – Varianten des mentalen Parsens sind das Erfassen von

[111] Vgl. oben, Abschnitt 1.3.

Emotionen anhand der Mimik (und anderer expressiver Zeichen)[112] und das Erfassen von Handlungszielen anhand der Bewegungs- und Blickrichtung.[113] In beiden Fällen handelt es sich meist um ein nicht-sprachliches mentales Parsen, das bereits unter Tieren vorkommt, aber auch in der menschlichen Kommunikation eine große Rolle spielt.

Die Gesichtsausdrücke und das mentale Parsen der sieben Basis-Emotionen Freude, Trauer, Wut, Furcht, Ekel, Verachtung und Überraschung sind unter Menschen universell und transkulturell.[114] Wir sehen in diesen Gesichtsausdrücken unmittelbar die entsprechenden Basis-Emotionen und werden von ihnen direkt bewegt.[115] Dies gilt natürlich auch für viele Emotionen, deren Ausdrücke kulturabhängig sind, wenn man die Probanden auf Mitglieder der entsprechenden Kulturen beschränkt.[116] Die elementarste Form des Erfassens von Emotionen ist die emotionale Ansteckung, die schon bei Primaten und menschlichen Säuglingen vorkommt. Wenn z.B. ein neugeborener Säugling jämmerlich weint, weinen andere Säuglinge, aber auch das ältere Geschwisterchen (zumindest in einem Alter von ein oder zwei Jahren), die das Weinen hören, oft spontan mit. Es scheint dabei allerdings zu einer partiellen oder vollkommenen Identifizierung zu kommen, in der die Beteiligten gleichsam in ein kollektives Erleben und Fühlen eintauchen, ohne zwischen den eigenen Gefühlen und den Gefühlen der anderen zu unterscheiden.[117]

Menschliche Kleinkinder beginnen ferner spätestens im Rahmen der kognitiven Neunmonatsrevolution zu verstehen, dass andere Menschen Ziele haben, aktiv Mittel für die Verfolgung ihrer Ziele wählen,[118] Intentionen bilden, Dinge sehen, ihre Aufmerksamkeit auf bestimmte Dinge richten, und etwas wissen oder nicht wissen. Dabei gehen sie zu triadischer Kommunikation über und bauen gemeinsame Ziele und Intentionen mit anderen Menschen auf.[119]

[112] Zur neuronalen Basis vgl. Tomietto et al. 2007.

[113] Vgl. Sodian, Thoermer 2004.

[114] Dies wurde schon von Darwin 1872 vermutet und ein Jahrhundert später experimentell bestätigt. Vgl. Tomkins, McCarter 1964; Ekman 1972; Ekman, Friesen 1971; Ekman, Sorenson, Friesen 1969; Izard 1971, ten Friesen 1972, vgl. dazu Matsumoto 2001; Elfenbein, Ambady 2002a.

[115] Gallagher 2008 spricht vom direkten Sehen, Hutto 2008 vom *being moved*.

[116] Zur neueren psychologischen und neurophysiologischen Forschung zu diesem Thema vgl. den informativen Artikel Adolphs 2002.

[117] Vgl. dazu den neuesten Überblick zum Forschungsstand von drei der einflussreichsten Autoren auf diesem Gebiet: Hatfield, Rapson, Le 2009.

[118] Vgl. z.B. Sodian, Thoermer 2004 zu den dabei verwendeten Mechanismen.

[119] Tomasello 2002; Call, Tomasello 2008 mit weiteren Literaturangaben.

Doch ist nicht leicht zu entscheiden, welche Fälle im Einzelnen zum nicht-sprachlichen mentalen Parsen gehören. Nehmen wir zum Beispiel an, ein Vogel hört den Warnschrei eines anderen Vogels, der seinerseits einen sich nähernden Raubfeind erblickt hat. Diese Wahrnehmung wird eine Pushmi-Pullyu-Repräsentation sein, die nicht nur die Konturen des herannahenden Vogels registriert, sondern diesen Vogel auch als gefährlich einstuft, d.h. eine Emotion (Angst, Panik) generiert, die den Warnschrei und baldige Flucht hervorruft. Der gewarnte Vogel ergreift aufgrund des Warnschreis seines Artgenossen ebenfalls die Flucht. Aber ist das Hören des Warnschreis ein mentales Parsen? Man könnte auch eine sparsamere Beschreibung erwägen. Dazu muss man lediglich annehmen, dass einige Tiere die Fähigkeit entwickelt haben, die expressiven Zeichen der Affekte oder Emotionen anderer Tiere regulär mit bestimmten motorischen Aktionen so zu korrelieren, dass diese Aktionen nicht nur adaptiv in Bezug auf die expressiven Zeichen sind, sondern gleichermaßen auf die externen Ereignisse, deren natürliche Zeichen sie sind. Diese Ereignisse können die *natürliche Bedeutung* dieser Zeichen genannt werden.[120] Wenn der gewarnte Vogel die Flucht ergreift, dann ist die Flucht gewöhnlich adaptiv relativ auf den Warnschrei, aber gleichermaßen auch auf dessen natürliche Bedeutung (das Nahen des Feindes). Die Flucht angesichts des Warnschreis ist offensichtlich sogar vorteilhafter als die Flucht aufgrund der eigenen Wahrnehmung der Gefahr. Diese sparsame Beschreibung involviert keine mentalen Begriffe. Aufgrund der strukturellen Ähnlichkeit mit dem nicht-sprachlichen Parsen können wir dieses Verhalten *natürliches Verstehen* nennen, das von *natürlichen Interpreten* exekutiert wird. Das natürliche Verstehen ist ein Erfassen natürlicher Bedeutungen von Zeichen und beruht lediglich auf dem Erkennen und assoziativen Lernen von Regularitäten zwischen beobachtbaren mimischen, fazialen, gestischen und auditiven Zeichen und ihren vorteilhaften Verhaltenskonsequenzen.[121]

Die Kommunikation unter Tieren ist in den letzten Jahrzehnten umfassend untersucht worden, insbesondere die lautliche Kommunikation mit Hilfe von Lautäußerungen.[122] Diese Laute werden automatisch und ohne Vorsatz produziert, und die Hörer sind zum Teil sogar genetisch darauf eingerichtet, den Lauten Informationen entnehmen und entsprechend

[120] Zum Begriff des natürlichen Zeichens und der natürlichen Bedeutung vgl. oben, Abschnitt 1.3, S. 57.

[121] In der angelsächsischen Literatur wird das Konzept des natürlichen Verstehens oft das behavioristische Modell des Verstehens genannt, vgl. z.B. Spaulding 2011.

[122] Vgl. dazu etwa Hauser 2001 und die eindrucksvolle Studie von Bekoff 1998. Kritisch dazu Papineau 2005.

reagieren zu können.[123] Viele Laute sind darüber hinaus unwillkürlich mit bestimmten emotionalen Situationen verknüpft, z. B. wenn ein Tier Schmerzen hat oder ein Jungtier von der eigenen Gruppe getrennt wurde. Bei hochentwickelten Tieren ist das natürliche Verstehen genetisch vorgeprägt, muss dann aber ontogenetisch durch Beobachtung und Imitation differenzierter gelernt werden. Eindrucksvolle Beispiele dafür sind die Kommunikationen unter Honigbienen und unter Meerkatzen.[124]

Man kann durch Experimente ausschließen, dass hochentwickelte Tiere auf solche Laute allein nach ihren akustischen Merkmalen reagieren – vielmehr reagieren sie auf deren natürliche Bedeutung. Die unwillkürlichen Reaktionen der Hörer auf diese Laute, die für die angezeigte Situation angemessen sind, können demnach als natürliches Verstehen von Emotionen anderer geistiger Wesen gekennzeichnet werden.[125]

Tomasello spricht im Blick auf diese Form der Kommunikation neuerdings von *Kommunikationsdisplays*, zu denen körperliche Merkmale (z. B. lange Hörner, die Mitbewerber abschrecken), aber vor allem auch expressive natürliche Zeichen (z. B. Körperhaltungen, die Aggressivität ausdrücken) und vor allem akustische Signale (z. B. Warnrufe) gehören, die das Verhalten anderer Tiere beeinflussen.[126] Diese Displays unterliegen keiner willentlichen Kontrolle, werden nicht erlernt, sind eng an lebenswichtige Emotionen gekoppelt, werden als Informationen genutzt und adaptiv verwertet, und beabsichtigen nicht, die Informationen anderen Tieren verfügbar zu machen. Die stimmlichen Signale sind ferner nicht an bestimmte Individuen gerichtet, sondern werden unterschiedslos verbreitet. Vokalisierungen (akustische Signale) in diesem eingeschränkten Sinne sind also stimmliche Kommunikationsdisplays. Die Interpretation der Kommunikationsdisplays beschränkt sich daher nach Tomasello da-

[123] *Alarmrufe* haben zum Beispiel eine dreifache Funktion: sie zeigen an, (i) in welchem emotionalen Zustand der Rufer ist (z. B. Angst), (ii) welches Ereignis in der externen Welt stattfindet (z. B. ein Raubfeind naht) (beides für Artgenossen), und (iii) ggf. dass der Räuber entdeckt ist (für den Feind).

[124] Vgl. dazu auch die Diskussion vieler Beispiele bei Hauser 2001, 223–248. Hauser verweist insbesondere auf Experimente an grünen Meerkatzen, die zeigen, dass einige Tiere definitiv auf die natürlichen Bedeutungen von Zeichen, nicht auf die Lautgestalt der Zeichen reagieren, vgl. auch Wynne 2004, 128 f. Im Übrigen ist Hausers Darstellung trotz ihrer interessanten und berührenden Beispiele typisch für die begriffliche Unsicherheit in der Identifizierung der Form von Metarepräsentationen, die bei bestimmten Tieren vorkommen. So ist zum Beispiel für Hauser die Kategorie der intentionalen Kontrolle und der Vorsätzlichkeit wichtig. Doch „wollen" bestimmte Tiere mit ihren Zeichen etwas mitteilen, sind sie Grice'sche Tiere? Dafür gibt es nach Hauser selbst keine Belege.

[125] Hauser 2001.

[126] Vgl. Tomasello 2009.

rauf, genetisch dazu disponiert zu sein zu wissen, was auf das stimmliche Display folgt (etwa das Nahen eines Raubfeindes). Und das ist, wie Tomasello betont, die unter Tieren verbreitete Form der Kommunikation. Die durch Kommunikationsdisplays gesteuerte Kommunikation unter Tieren lässt sich zwanglos als natürliches Verstehen betrachten, das – im Gegensatz zum mentalen Parsen – nicht notwendigerweise eine phänomenale Differenz zwischen Selbst, Umwelt und anderen geistigen Wesen involviert.[127]

Allerdings geht man heute davon aus, dass viele Tiere auch über ein phänomenales Selbst verfügen. So bestehen zum Beispiel Schimpansen und sogar Rabenvögel den Spiegel-Test. Auch Elefanten und Delphine scheinen über eine Art von Selbstbezug zu verfügen.[128] Das ist die minimale Bedingung für ein mentales Parsen. Doch involviert ein mentales Gewahren einer Differenz zwischen Selbst und Anderen nicht notwendigerweise eine Einsicht in die mentale Ebene von Selbst und Anderen. Das Konzept des natürlichen Verstehens einschließlich einer phänomenalen Differenz zwischen dem Selbst und Anderen sprengt daher noch nicht die behavioristische Lesart dieses Konzepts.

Seit einer vor mehr als 30 Jahren publizierten bahnbrechenden Arbeit von Premack und Woodruff[129] wird die Frage diskutiert, ob zumindest Primaten in kognitiver Hinsicht über natürliches Verstehen hinauskommen und zu Interpretationen im Sinne einer ToM fähig sind.[130] Premack und Woodruff haben seinerzeit den Eindruck gewonnen, dass es überzeugende Evidenz dafür gibt, dass zumindest Schimpansen über eine ToM verfügen. Sie führten einer enkulturierten Schimpansin namens Sarah zum Beispiel Videos vor, die einen Trainer zeigten, der sich vergeblich bemüht, ein Handlungsziel zu erreichen (etwa einen Käfig durch eine verschlossene Tür zu tragen). Anschließend zeigten sie Sarah Paare von Fotos mit möglichen Problemlösungen. Premack und Woodruff konstatierten, dass Sarah die dargestellten Szenen als ein Problem erkannte, die Absicht des Akteurs erfasste und eine Alternative wählte, die mit dieser Absicht ver-

[127] Vgl. zum Beispiel die Darstellung in Seyfarth, Cheney, Marler 1980; Zuberbühler 2000 und 2001; Zuberbühler, Noe, Seyfarth 1997; Hauser 2001.

[128] Vgl. z. B. de Waal et al. 2005; Prior, Pollok, Güntürkün 2000. In Damasio 2010 unterscheidet Damasio verschiedene Stufen des Selbstbezuges. Wie Ned Block in seiner Rezension dieses Buches mit dem Titel „What Was I Thinking?" in The New York Times, Sunday Book Reviews vom 26.11.2010 zustimmend feststellt: „Self-consciousness is a sophisticated and perhaps uniquely human cognitive achievement. Phenomenal consciousness by contrast — what it is like to *experience* — is something we share with many animals."

[129] Premack, Woodruff 1978.

[130] Zum allgemeinen Konzept einer ToM (= theory of mind) vgl. oben S. 56.

einbar war. Daher schrieben sie ihr ein Meinungs-Wunsch-System zu, das nicht nur mit Verhalten verknüpft ist, sondern auch mit einem System von Inferenzen, von dem sie behaupteten, dass es als eine Theorie (ToM) angesehen werden kann, weil die Systemzustände nicht direkt beobachtbar seien und zu Verhaltensprognosen benutzt würden.[131]

Premack und Woodruff haben also das Erfassen von Handlungszielen menschlichen Verhaltens durch Schimpansen untersucht, und sie haben unter einer ToM eine durch Inferenzen gestützte Theorie des Geistes anderer Wesen verstanden. Diese Auffassung stieß sehr bald auf Skepsis. Im Zuge der kritischen Diskussion des Artikels von Premack und Woodruff wurde die *ToM* meist *in einem schwächeren Sinn* verstanden, als es bei Premack und Woodruff der Fall war, nämlich als Fähigkeit zu erkennen, dass andere Tiere bestimmte Intentionen,[132] Ziele,[133] Emotionen oder Wahrnehmungen[134] haben, und auf dieser Grundlage deren Verhalten zu prognostizieren. [135]

Bis in die neunziger Jahre des 20. Jahrhunderts hinein gab es in der Forschung eine zunehmende Tendenz, den Primaten selbst die schwächere ToM abzusprechen.[136] So wurde in einer Studie zum Beispiel gezeigt, dass Schimpansen Menschen anbetteln unabhängig davon, ob sie von diesen Menschen angesehen wurden oder diese Menschen einen Eimer über den Kopf gestülpt hatten.[137] Diese und andere Studien führten Call und Tomasello Ende der neunziger Jahre nach sorgfältiger Analyse aller verfügbaren Daten zu der Schlussfolgerung, dass Schimpansen und andere Primaten zu einem mentalen Parsen nicht fähig sind, weil man die einschlägigen Testergebnisse auch mittels individuell-assoziativer Lernfähigkeit erklären kann.[138] Sie wiesen zum Beispiel darauf hin, dass die Schimpansin Sa-

[131] Premack, Woodruff 1978, 515.

[132] Vgl. Tomasello et al. 2005.

[133] Vgl. Uller 2004.

[134] Vgl. Hare et al. 2000 in Call, Tomasello 2008.

[135] Ein „understanding of the goals, perceptions, knowledge and beliefs that guide actions“, wie Call und Tomasello formulieren, vgl. Call, Tomasello 2008, 187. Zur Reaktion von Schimpansen auf mimische Ausdrücke von Emotionen vgl. z. B. Parr, Waller, Vick 2007.

[136] Der folgende kurze Forschungsüberblick folgt Call, Tomasello 2008 sowie van der Vaart, Hemelrijk 2012 und Feng 2008.

[137] Vgl. Povinelli, Eddy in Call, Tomasello 2008; Povinelli 1994 in Call, Tomasello 2008.

[138] Tomasello, Call 1997. Zu demselben Resultat kommen auch Hauser 2001, 220, und Wynne 2004, 179, 182. Vgl. insgesamt die abgewogene Darstellung bei Wynne 2004, 175–182. Eine ausführliche und detaillierte Attacke auf diese schwächere ToM-Hypothese für Primaten findet sich auch in Heyes 1998.

rah in einem der klassischen Experimente einfach assoziativ gelernt hat, den Zugriff auf Futter mit dem Hinweis des kooperativen Trainers zu verknüpfen. Dafür spricht unter anderem, dass Sarah mehr als 100 Versuche brauchte, um diese Verknüpfung herzustellen. Wäre Sarah fähig gewesen zu wissen, dass der kooperative Trainer das Richtige weiß, so hätte sie nach wenigen Versuchen stets sicher die richtige Wahl treffen können und wäre dem abweisenden Trainer nie mehr gefolgt.[139]

Seither hat sich die Forschungssituation allerdings geändert. Neuere Studien haben beispielsweise die Kontrolle des Sehens (insbesondere das Verfolgen der Blickrichtung) durch Schimpansen genauer untersucht. Schimpansen folgen den Blicken Anderer, wenn diese Anderen hinter Barrieren oder hinter ihren Rücken blicken, sie prüfen, ob der beobachtete Schimpanse (Mensch) etwas Interessantes entdeckt, und wenn das mehrmals nicht der Fall ist, hören sie damit auf, seine Blicke zu verfolgen.[140] Und wenn Schimpansen Gesten benutzen, um sich an andere Schimpansen zu wenden, prüfen sie, ob der Adressat sie anblickt und ihre Gesten registriert. Ist das nicht der Fall, so begeben sie sich direkt vor das Angesicht des Adressaten und wiederholen die Geste. Schimpansen können also erkennen, ob ein Adressat ihre gestischen Botschaften sieht oder nicht.[141] Auch in Situationen, in denen sich Schimpansen kompetitiv um den Zugang zu Futter bemühen, prüfen und berücksichtigen sie, was der Konkurrent sehen und nicht sehen kann. In einigen Fällen versuchen sie sogar zu beeinflussen, was der Andere sehen und nicht sehen (bzw. hören) kann, indem sie dafür sorgen, dass andere Schimpansen ihren Futterzugang weder sehen noch hören können. Und sie fressen das Futter, von dem sie erkennen, dass ein dominanter Schimpanse es aufgrund einer Barriere nicht sehen kann oder nicht gesehen hat, wie es versteckt wurde. Schimpansen registrieren, wissen und berücksichtigen also auch, was andere Schimpansen zuvor gesehen haben oder alsbald sehen könnten.[142] Diese Fähigkeiten lassen sich sämtlich auch bei menschlichen Säuglingen beobachten.[143]

[139] Auch spätere raffiniertere Experimente, z.B. eine Abänderung des Experiments mit Sarah, scheinen zunächst nicht zu einer höheren Akzeptanz der abgeschwächten ToM-Hypothese bei Primaten geführt zu haben, vgl. z.B. Povinelli, Vonk 2004.

[140] Povinelli, Eddy in Call, Tomasello 2008; Okamotu et al. 2004; Tomasello et al. 1998, in Call, Tomasello 2008.

[141] Kaminski et al. 2004; Tomasello et al. 1994; Leavans et al. 2004; Liebal et al. 2004; Povinelli et al. 2003, in Call, Tomasello 2008.

[142] Hare et al. 2006; Melis et al. 2006; Bräuer et al. 2007, in Call, Tomasello 2008.

[143] Butterworth, Jarred 1991 in Call, Tomasello 2008; Povinelli, Eddy 1996 in Call, Tomasello 2008; Moll, Tomasello 2006; Tomasello, Haberl 2003, beide in Call, Tomasello 2008.

Ähnliche Befunde haben sich im Fall des Erfassens von Handlungszielen (vor allem von Menschen) ergeben. So reagieren Schimpansen beispielsweise unterschiedlich darauf, ob ein Mensch ihnen kein Futter gibt, weil er es nicht kann oder weil er es nicht will,[144] und auch darauf, ob ein Mensch etwas absichtlich oder zufällig tut (d.h. aufgrund einer Absicht und nicht aufgrund externer Umstände).[145] Schimpansen erkennen ferner, ob ein Mensch etwas haben will, das nicht in seiner Reichweite liegt (dann helfen sie oder ergreifen es für sich selbst).[146] Wenn ein Mensch zuerst ruhig dasteht und sich dann in eine bestimmte Richtung dreht, so antizipieren Schimpansen das Ziel der folgenden Handlung.[147] Vor allem aber imitieren Schimpansen Handlungen von Menschen, die ihre Ziele nicht erreichen, in ihrer vollständigen Form (also so, dass das nicht beobachtete Handlungsziel tatsächlich erreicht wird). All das trifft auch auf menschliche Säuglinge zu.[148]

Ob diese und ähnliche Experimente mentales Parsen im Sinne von PA oder nur natürliches Verstehen demonstrieren, darüber tobt in der kognitiven Tierforschung ein heftiger Streit.[149] Einige Autoren, die das skizzierte Verhalten als mentales Parsen bezeichnen, scheinen von einem Konzept des mentalen Parsens auszugehen, das schwächer ist als ein Parsen, das metarepräsentational ist (wie in PA formuliert), aber stärker als natürliches Verstehen, insofern es eine elementare Differenz zwischen Selbst und Anderen sowie eine Beachtung expressiver Zeichen für mentale Zustände involviert: Das *eingeschränkte mentale Parsen* ist (a) ein natürliches Verstehen eines Verhaltens X im Verbund mit (b) einer nicht-sprachlichen

[144] Sie betteln zum Beispiel viel intensiver, wenn der Mensch das Futter nicht geben will, als wenn er es nicht geben kann, vgl. Call et al. 2004 in Call, Tomasello 2008. Ähnlich ist es bei kleinen Menschenkindern, vgl. Behne 2006 in Call, Tomasello 2008.

[145] Sie prüfen zum Beispiel eine Box, mit der der Experimentator etwas absichtlich getan hat, nicht aber eine Box, mit der er akzidentell etwas gemacht hat, ähnlich wie kleine Menschenkinder, vgl. Call, Tomasello 1998; Buttelman 2007, beide in Call, Tomasello 2008.

[146] Warneken, Tomasello 2006; Warneken et al. 2007.

[147] Warneken et al. 2007.

[148] Tomasello, Carpenter 2005; Myowa-Yamakoshi, Matsuzawa 2000. Ähnlich bei kleinen Menschkindern: Meltzoff 1995; Carpenter et al. 1998; Gergely et al. 2002, in Call, Tomasello 2008. Vgl. dazu mit ähnlichen Ergebnissen neuerdings auch Gentry et al. 2009; Pika, Mitani 2006; Pollick, de Waal 2007; Call 2008; Bullinger et al. 2011; Liebal, Call 2012; Call, Tomasello 2007; Pika, Liebal, Call 2005; Lyons, Santos 2006; Emery, Clayton 2009; Premack 2007; Seed, Tomasello 2010; Byrne, Bates 2010.

[149] Vgl. Povincelli, Vonk 2004; Penn, Povincelli 2007; Lurz 2009, 2011; Shettlewood 2010; Penn et al. 2008; Carruthers 2008; Bermúdez 2009 als Vertreter dieser behavioristischen Lesart. Siehe auch van der Vaart, Hemelrijk 2012 und das Editorial zu Lurz 2009 für eine reflektierte und komplexe Analyse der verschiedenen methodologischen Probleme, die in dieser Frage zutage treten.

phänomenalen Differenz zwischen dem Selbst und Anderen, wobei (c) die Reaktion von X nicht nur von der mit X verbundenen Bewegung abhängt, sondern auch von subtileren Zeichen für mentale Zustände anderer geistiger Wesen (MIP).

Viele Tiere können der bisherigen Forschung zufolge im eingeschränkten Sinne mental parsen, aber ob sie im uneingeschränkten Sinne von PA mental parsen können, muss in künftigen biologischen und psychologischen Forschungen geklärt werden. Möglicherweise ist also bereits das uneingeschränkte mentale Parsen humanspezifisch.

Bevor wir uns der Ausarbeitung der Theorie des mentalen Parsens durch eine Verknüpfung mit der TEC und der Simulationstheorie zuwenden, soll kurz daran erinnert werden, dass es bereits eine klassische Theorie des (uneingeschränkten) mentalen Parsens und der nicht-sprachlichen Kommunikation unter sprachfähigen Menschen gibt.[150] In Kommunikationen unter erwachsenen Menschen scheint der Anteil der sprachlichen Kommunikation weit geringer zu sein als der Anteil der nicht-sprachlichen Kommunikation. In der Linguistik unterscheidet man sprachliche Kommunikation (Kommunikation in einer Lautsprache durch Verwendung des Sprachsystems), parasprachliche Kommunikation (Kommunikation durch Laute ohne Verwendung des Sprachsystems) und nicht-sprachliche Kommunikation (Kommunikation durch andere Medien als Laute oder Lautsprache).

Die *parasprachliche Kommunikation* berücksichtigt vor allem tonale Dynamik (ansteigend, abfallend, gleichbleibend...), Tempo (schnell, langsam, gemessen, wechselnd...), Intensität (laut, leise, gehaucht), Timbre (nasal, voll, grummelnd, Bauchstimme, Halsstimme...), Tonhöhe (hoch, mittel, tief, wechselnd...) und Pausen (bedeutungsvoll, unorganisiert...). Diese Parameter sind je nach Kontext Zeichen für die soziale Emotion oder den sozialen Status des Sprechers. So steht etwa lautes Sprechen für Erregung oder Dominanz, leises Sprechen für Schüchternheit oder Vertrauenswürdigkeit. Pausen können Verwirrung oder Unentschlossenheit anzeigen, schnelles Reden aufgeregte Stimmung, gemessene Sprache hohe soziale Stellung. Die Parasprache kann aber auch Teile der sprachlichen Rede betonen, überspielen oder ausschmücken.

[150] Vgl. dazu die extensive psychologische Forschung, etwa Knapp, Hall 2006; Hanna 1987; Harrison 1989; Burgoon, Guerrero, Floyd 1996; Remland 2000. In deutschsprachigen Studien wird im Titel meist die unglückliche wörtliche Übersetzung *Nonverbale Kommunikation* verwendet (*nonverbal* bezieht sich im Deutschen gewöhnlich nur auf Verben), vgl. Frey 1999, Fuchs 2003; Schönherr 1997. Generell kann dazu auch Coan, Allen Hrg. 2007 konsultiert werden.

Die *nicht-sprachliche Kommunikation* (auch *Körpersprache* genannt) greift vornehmlich auf Mimik, Gestik, Haltung und Proxemik zurück. Die *Mimik* beruht auf dem Verziehen des ganzen Gesichts oder von Teilen des Gesichts (Augen, Mund, Nase, Stirn). Beispielsweise kann eine steile Stirnfalte in Kombination mit einem zusammengekniffenen Mund bedeuten „das kommt mir ziemlich unglaubwürdig vor". Und Naserümpfen übermittelt in unserer Kultur eine ablehnende Einstellung, also Widerwillen oder gar Abscheu. Die *Gestik* beruht auf der Bewegung von Körperteilen. Beispielsweise kann das Hochziehen der Schultern bedeuten „ich weiß es nicht". Drehen der erhobenen, nach außen gekehrten Hand nach links und rechts bedeutet „ich bezweifle das / das scheint mir nicht sicher". Zu den Gesten gehören unter anderem Nicken (bedeutet in vielen Kulturen Zustimmung), Winken (bedeutet oft den Appell, näher zu kommen) und Zeigen (bedeutet oft den Hinweis auf etwas Interessantes). Die *Proxemik* beruht auf der Einnahme einer bestimmten räumlichen Position zum Kommunikationspartner. Nähe bedeutet zum Beispiel meist Intimität, das Einhalten einer bestimmten räumlichen Distanz soziale Unterwerfung. *Haltung* als Kommunikationsmodus ist die Körperhaltung jenseits der Gestik und Mimik. Eine abgewandte Sitzhaltung oder ein Übereinanderschlagen der Beine kann beispielsweise Überlegenheit oder Desinteresse bedeuten. Ein längeres unvermindertes Anstarren weist auf Zorn, Aggressivität oder auch auf eine defensive Einstellung hin. Und im angelsächsischen Sprachraum wenden die Hörer den Blick vom Sprecher ab, wenn sie wegen eines Verhaltens beschuldigt werden und ein Schuldeingeständnis signalisieren. Sprecher wenden dagegen den Blick vom Hörer ab, wenn sie eine peinliche Frage stellen müssen. In spanisch sprechenden Kulturen gilt dagegen das abwendende Blicken des Hörers auf den Boden als Zeichen von Respekt gegenüber dem Sprecher.

In der psychologischen Forschung wird meist behauptet, dass sprachliche Kommunikation im Gegensatz zu parasprachlicher und nicht-sprachlicher Kommunikation Inhalte und Informationen übermittelt. Parasprachliche und nicht-sprachliche Kommunikationen seien dagegen im Unterschied zu sprachlicher Kommunikation durch emotionale Färbung, Schnelligkeit, Unmittelbarkeit, Universalität und phylogenetischen Primat ausgezeichnet. Tatsächlich weisen viele Experimente nach, dass symbolische Gesten dem informativen semantischen Gehalt der begleitenden Rede nichts hinzufügen und unabhängig von sprachlichen Äußerungen nicht semantisch verstanden werden können. Wohl aber können sie einen Aufschluss über die Sprecherin bieten, zum Beispiel über die inneren kognitiven Prozesse der Sprecherin, die ihrer Rede zugrunde liegen (etwa kognitive Unsicherheit oder Sicherheit). Eine weitere Funktion dieser

Gesten, die sich experimentell abzeichnet, ist die Hilfe bei der Produktion sprachlicher Äußerungen.[151]

Ähnliche Befunde gibt es auch für andere nicht-sprachliche Zeichen. Wenn eine Sprecherin zum Beispiel den Blick abwendet, hat dieses Verhalten zwar keinen informativen semantischen Gehalt, bringt den Interpreten aber zu dem Schluss, dass die Sprecherin Schwierigkeiten hat, die Nachricht zu formulieren. Und wenn an bestimmten Schnittstellen einer flüssigen Äußerung der Blick nicht abgewendet wird, kann der Interpret schließen, dass die Äußerung nicht spontan, sondern sorgfältig überlegt ist.[152] Zu dieser nicht-kommunikativen Funktion von Gesten gehört auch, dass Gesten in vielen Fällen erlauben, auf den emotionalen Zustand der gestikulierenden Wesen zu schließen (wie bereits Darwin notiert hat).[153]

In der Psychologie wird betont, dass nicht-sprachliche Zeichen oft mit sprachlichen Äußerungen korreliert sind und diese Äußerungen dann ergänzen, verstärken, regulieren, aber sie auch ersetzen oder ihnen widersprechen können. Wenn beispielsweise ein Angestellter räumliche Distanz zu seinem Chef hält, so mag diese Positionierung für sich wenig aussagen. Im Zusammenhang mit dem Austausch eines Morgengrußes drückt die räumliche Distanz jedoch gewöhnlich Respekt aus, d.h. weist zusätzlich auf einen emotional-sozialen mentalen Zustand des Angestellten hin. Ähnliches gilt etwa für den Fall, dass ein Sprecher den Interpreten von einem Vorhaben mit sprachlich formulierten Argumenten zu überzeugen versucht und ihm gleichzeitig einen Finger in die Brust bohrt. Wenn dagegen ein Sprecher eine höchst abwegige Geschichte erzählt und die Interpretin sagt „das glaube ich dir nicht", wobei sie zugleich aufstöhnt und die Augen zum Himmel hebt, dann unterstreichen, ja verdoppeln Stöhnen und Augenbewegung die sprachliche Aussage. In diesem Fall könnten, so wird meist angenommen, die nicht-sprachlichen Zeichen auch für sich allein stehen und die Skepsis der Interpretin ausdrücken – allerdings nur, weil sich diese Zeichen im Kontext sprachlicher Konversation und ihrer interpretatorischen Evaluierung als Ausdruck von Vorbehalten gegenüber Wahrheitsansprüchen konventionell eingespielt haben.

Dies gilt auch in Fällen, in denen die nicht-sprachliche Reaktion des Interpreten auf eine sprachliche Aussage seiner sprachlichen Reaktion widerspricht, wie etwa wenn der Zuhörer eines Vortrages gelangweilt drein-

[151] Vgl z.B. Ekman 1976; Ekman, Friesen 1969, 1972; Feyereisen, Van de Wiele, Dubois 1988.

[152] Vgl. Apple et al. 1979.

[153] Siehe Darwin 1872. Vgl. zum Folgenden im Übrigen Fridlund 1991, Kraut 1979; Scherer, Koivumaki, Rosenthal 1972; Zajonc 1985, Buck 1984; Buck et al. 1972, 1980; Coan, Allen Hrg. 2007; Cohn, Kanade 2007; Dimberg, Thunberg, Elmehed 2000; Ekman 1979.

schaut und sich mit allerlei anderen Dingen beschäftigt statt aufmerksam den Ausführungen zu folgen, am Ende aber ausruft „wie interessant!" Auch hier steht die Bedeutung der nicht-sprachlichen Zeichen für sich selbst, ist aber an einen Gesamtkontext einer sprachlichen Kommunikation gebunden – ähnlich wie in all jenen Fällen, in denen eine nicht-sprachliche Reaktion die sprachliche Antwort vollständig ersetzt, zum Beispiel wenn der Chef seiner Angestellten eine unerwünschte Anweisung gibt und sie ihrem Chef, statt ihre Missbilligung sprachlich zu bekunden, für einige Sekunden schweigend und kalt in die Augen starrt und sich dann wortlos der Erledigung der Anweisung zuwendet. In all diesen Fällen kennen die Kommunikationspartner die erwartete sprachliche Reaktion und können daher die stattdessen eingesetzten nicht-sprachlichen Zeichen aus der Perspektive ihrer sprachlichen Erwartungen interpretieren.

Generell handelt es sich hier um Funktionen der nicht-sprachlichen Kommunikation *für* eine erfolgreiche sprachliche Kommunikation, die daher auch funktionalistisch (und nicht semantisch) beschrieben werden müssen. Experimentelle Daten sprechen zum Beispiel dafür, dass einige Handgesten primär nicht eine kommunikative Rolle spielen, sondern die Funktion haben, die sprachliche Kommunikation zu unterstützen, d.h. die Effektivität der Kommunikation zu verstärken. Wie bereits erwähnt, sind viele parasprachliche und nicht-sprachliche Parameter kulturell universell. Doch sind eine Reihe nicht-sprachlicher Zeichen und Reaktionen auch partiell oder überwiegend kulturell geprägt.[154]

In linguistischen und psychologischen Studien wird die nicht-sprachliche Kommunikation also auf unterschiedlichen Ebenen differenziert beschrieben. Im Fokus des Interesses steht dabei die unwillkürliche, unabsichtliche Produktion parasprachlicher und nicht-sprachlicher Zeichen, die keiner mentalen Kontrolle unterliegt. Doch wird in diesen Studien nicht die Frage diskutiert, welche Art von Verstehen in der Übermittlung von parasprachlichen und nicht-sprachlichen Zeichen zum Ausdruck kommt (außer dass das Verstehen eben parasprachlich und nicht-sprachlich ist und sich der genannten Parameter bedient). Aus geist-theoretischer Sicht ist die Antwort naheliegend. Das (gegebenenfalls gegenseitige) Verstehen, das den Kern der parasprachlichen und nicht-sprachlichen Kommunikation bildet, ist eine spezielle und erweiterte Form des mentalen Parsens, das nicht nur basis-emotionale Zustände und Handlungsziele erfasst, sondern auch – und primär – soziale, kulturell geprägte Emotionen Anderer sowie

[154] Dabei handelt es sich um konversationale Handgesten, die nur zusammen mit einer sprachlichen Äußerung auftreten und nur von der Sprecherin manifestiert werden. Vgl. dazu genauer Krauss, Chen, Chawla 1996, die auch viele weitere Beispiele anführen.

deren epistemische Zustände und soziale Relationen. Dieses Parsen kann zwar auch auf das sprachliche Verhalten bezogen sein, bleibt aber weiterhin prinzipiell von sprachlichen Fähigkeiten unabhängig.[155] Das ist die hermeneutische Diagnose zur vieldiskutierten *nonverbal communication.*

2.2 Die hermeneutische Reichweite der Theorie der verkörperlichten Kognition (TEC)

Vor knapp drei Jahrzehnten haben neurophysiologische Forschungen die neuronalen Grundlagen des mentalen Parsens entdeckt. Damit ließ sich die These T1 (2) der TEC, dass sensumotorische Fähigkeiten oft die Grundlage anderer Arten von Kognition sind, spezialisieren zu der hermeneutisch interessanten These, dass sensumotorische Fähigkeiten oft die Grundlage von Formen sozialer Kognition (zum Beispiel des mentalen Parsens) sind. Im Labor des Neurowissenschaftlers Giacomo Rizzolatti wurde eine Klasse von Neuronen im prämotorischen Cortex von Makaken entdeckt, die aktiviert werden, wenn die Makaken eine Handlung ausführen und planen. Überraschend war aber vor allem, dass eine große Teilklasse dieser Neuronen (lokalisiert im Brodmann Gebiet 44) nicht nur feuern, wenn die Makaken eine Handlung ausführen, sondern auch dann, wenn sie beobachten, wie andere Makaken oder der Experimentator diese Handlung ausführen. Ähnliche Verhältnisse sind auch im menschlichen Gehirn entdeckt worden.[156] Man kann das allgemeine Bild, das diese Entdeckungen zeichnen, schematisch folgendermaßen darstellen:

(a) Beobachtung von Handlungen	spiegelt (simuliert)	eigene Handlungen
zugeordnete		zugeordnete
(b) feuernde Neuronen N1	spiegeln (simulieren)	feuernde Neuronen N2
(c) Areal von N1	ist fast identisch mit	Areal von N2
(d) Neuronale Fakten (b) und (c)	erklären	phänomenale Fakten (a)

Aufgrund dieser Entsprechung von Ausführung und Beobachtung – im Sinne einer Spiegelung (besser: Simulation) der Ausführung in der Beobachtung – wurden diese Neuronen *Spiegelneuronen* genannt.[157]

155 Zu Details und empirischer Evidenz vgl. z. B. Sauter et al. 2011.

156 Vgl. Fadiga et al. 1995; Gallese et al. 1996 und generell Vogeley, Newen 2002; Rizzolatti, Craighero 2004; Rizzolatti, Sinigaglia, Anderson 2007; Fogassi, Ferrari 2010. Kritisch Jacob 2008. Überblick bei Pineda Hrg. 2009.

157 Gallese et al. 1996; Rizolatti et al. 1996.

In der Neurophysiologie wird terminologisch festgelegt: Ein mentaler Prozess wird von einem Gehirnareal *neuronal repräsentiert*, wenn die Neuronen in diesem Gehirnareal genau dann feuern, wenn der Prozess auftritt. Zwei mentale Prozesse weisen eine *geteilte neuronale Repräsentation* auf, wenn diese Prozesse von demselben Gehirnareal oder von zwei stark überlappenden Gehirnarealen neuronal repräsentiert werden. Dem skizzierten Schema zufolge weisen eigene Handlungen und die Beobachtungen der Handlungen Anderer also geteilte neuronale Repräsentationen auf. Und diese neuronale Spiegelung oder Simulation erklärt die Spiegelung oder Simulation der eigenen Handlungen in der Beobachtung der Handlungen Anderer.[158]

Weitere Studien haben gezeigt, dass Spiegelneuronen an vielen ähnlichen Prozessen beteiligt sind. So hat man zum Beispiel festgestellt, dass folgende weitere Paare von Prozessen, die bei Menschen auftreten, geteilte Repräsentationen aufweisen:[159]

(1) Die Ausführung einer eigenen Handlung und ihre Wahrnehmung (*Kinästhesie*).
(2) Die Wahrnehmung eigener Handlungen und die Wahrnehmung derselben Handlungen anderer Personen.
(3) Die Wahrnehmung einer Sache und die Imagination dieser Sache.[160]
(4) Die Wahrnehmung einer Handlung und die Imagination dieser Handlung (in diesem Fall spricht man von der *Motor-Imagination* oder *Motor-Simulation* oder *mentalen Simulation von Handlungen*).[161]

Manchmal wird nicht deutlich zwischen bloßen Bewegungen und zielgerichteten Handlungen (also Bewegungen, die mit einer Absicht korreliert sind) unterschieden, aber meist bilden zielgerichtete Handlungen den Fo-

[158] Der Ausdruck *Repräsentation* wird in diesem Kontext offenbar anders verwendet als in der philosophischen und psychologischen Geist-Theorie, d. h. nicht im Sinne eines mentalen Zustandes mit Korrektheitsbedingungen, sondern im Sinne einer Korrelation neuronaler und mentaler Prozesse aufgrund der kausalen Generierung der mentalen durch die korrelierten neuronalen Prozesse. Viele Arbeiten auf diesem Gebiet argumentieren ausschließlich in diesen neurobiologischen Begriffen und meinen allein damit die TEC erläutern zu können, vgl. z. B. Svenssom et al. 2007. Das ist offensichtlich absurd.

[159] Vgl. z. B. Department of Psychology, Stanford University 2007 sowie Kosslyn et al. 1994; Kosslyn, Thompson, Ganis 2009.

[160] Die Imagination von X wird auch *Simulation* der Wahrnehmung von X genannt, weil die Wahrnehmung von X der Imagination von X prinzipiell zugrunde liegt und beide kognitiven Aktivitäten dasselbe X repräsentieren (im geist-theoretischen, nicht im neuronalen Sinne).

[161] Imagination von X und Wahrnehmung von X unterscheiden sich allerdings insofern, als die gewöhnliche motorische Reaktion auf die Wahrnehmung im Falle der Imagination inhibiert wird.

kus der Untersuchung. So wurde zum Beispiel herausgefunden, dass einzelne Handlungen, zweckrationale Handlungsfolgen und reine mentale Handlungspläne durch unterschiedliche neuronale Aktivitäten hervorgerufen werden, allerdings zugleich auch eine gewisse geteilte neuronale Repräsentation aufweisen. Im Blick auf Handlungssequenzen und Handlungsplanung spricht man auch von Motor-Programmen und Motor-Antizipationen: Ein *Motor-Programm* ist eine neuronale Repräsentation, die jenen Bewegungen oder Handlungen zugrunde liegt, die auf der mentalen Ebene zuvor geplant wurden. Eine *Motor-Antizipation* ist eine neuronale Repräsentation, die der Planungsphase dieser Handlungen zugrunde liegt. Die Differenz zwischen Motor-Antizipation und Motor-Programm kann tatsächlich neuronal abgebildet und empirisch nachgewiesen werden. Vor diesem Hintergrund wurde herausgefunden, dass weitere Paare von Prozessen eine geteilte Repräsentation aufweisen:

(5) Die mentale Handlungsplanung einer Person und ihr mentales Parsen der Handlungsplanung anderer Personen.

(6) Die Imagination eigener Handlungen und die Imagination der Handlungen anderer Personen.[162]

Ähnliche Resultate wurden im Blick auf Emotionen gefunden. Zum Beispiel weisen folgende Prozesse geteilte Repräsentationen auf:

(7) Das Auftreten eigener Emotion und die Wahrnehmung der Emotionen anderer Personen.

(8) Das Auftreten einer eigenen Emotion und die Imagination dieser Emotion.

(9) Die Wahrnehmung einer Emotion anderer Personen und die Imagination einer Emotion anderer Personen.[163]

Die Motor-Kognition ist demnach gegründet in neuronalen Systemen zur Kontrolle von Bewegungen. Der Fall (1) verweist offenbar auf den elementaren Wahrnehmungs-Handlungs-Kreislauf. Aber die Wahrnehmung der Handlungen anderer Personen ist gegenüber der Ausführung einer Handlung (vgl. (3)) ein höherer kognitiver Prozess. Dies gilt auch dann, wenn ein Erfassen von Handlungszielen oder Emotionen anderer Personen gegenüber einem Bezug auf die eigene Person ins Spiel kommt (vgl. (5) und (7)). Hier handelt es sich um mentales Parsen.

Auch eine *Imagination* ist gegenüber einer bloßen Wahrnehmung eine

[162] Zur neuronalen Basis (a) der Ausführung verschiedener Bewegungen für die Realisierung von Handlungszielen und (b) der Motor-Antizipation mit ihren beiden Phasen vgl. genauer Department of Psychology, Stanford University 2007.

[163] Vgl. dazu genauer unten, Abschnitt 2.3, S. 102.

höhere (off-line gestellte) Kognition (vgl. (3), (4), (6), (8), (9)).[164] Die Motor-Imagination (also zum Beispiel die Imagination eigener Bewegungen) kann die Ausführung der imaginierten Handlung optimieren. Dieser Effekt wird *Motor Priming* genannt und zeigt, dass Imaginationen oft eng mit sensumotorischen Fähigkeiten verbunden sind.

Imitationen von Handlungen involvieren gewöhnlich ein mentales Parsen. Im Rahmen von Theorien zur Motor-Kognition wird die Imitation nämlich als die Fähigkeit betrachtet, die Intention einer beobachteten Handlung zu verstehen und die Handlung sodann zu reproduzieren.[165] Imitationen beruhen also oft auf einem Wissen darüber, auf welche Weise (d. h. mit welcher Folge von Bewegungen) bestimmte Ziele erreicht werden können. Dieses Mittel-Ziel-Wissen erlangen wir dadurch, dass wir die Handlungen anderer Personen beobachten, also durch mentales Parsen. Neuronale Befunde zeigen unterschiedliche Gehirnaktivitäten in den Fällen einer passiven Beobachtung einer Handlung mit der Intention, sie später wiederzuerkennen, einerseits, und der Beobachtung einer Handlung mit der Intention, sie später zu imitieren, andererseits.[166]

Wendet man also die TEC auf das Feld der Reaktionen auf die mentalen Zustände anderer Wesen an, wie es in den letzten Jahren geschehen ist, so zeigt sich, dass die TEC in der Variante T1 (2) den Umriss einer Theorie der schnellen, automatischen Reaktion auf die mentalen Zustände anderer Personen liefert – einer Theorie des *mentalen Parsens* als eines elementaren Verstehens. Belege für diese Theorie sind unter anderem neuronale

[164] Bei Menschen wurde zum Beispiel elektromagnetisch nachgewiesen, dass die Aktivität der Spiegelneuronen mit der Aktivität von Muskelgruppen korreliert ist, die für die beobachtete Handlung relevant sind, ohne dass jedoch die entsprechende Handlung auch wirklich ausgeführt wird. In diesem Fall wird der Plan zur Ausführung der Handlung inhibiert, also gleichsam *off-line gestellt*. Dieser Befund wird dadurch bestätigt, dass Patienten mit präfrontaler Schädigung die Handlungen, die sie beobachten, kompulsiv imitieren, vgl. Lhermitte et al. 1986.

[165] *Mimikry* ist demgegenüber die direkte Nachahmung von Verhalten, Haltung und Manieriertheiten anderer Personen ohne Bewusstsein oder Absicht. Traditionellen Geist-Theorien zufolge ist die Imitation eine spät entwickelte Fähigkeit. Heute jedoch weiß man, dass es schon bei Neugeborenen Imitation gibt. Mit 6 Monaten können Säuglinge Handlungen an Objekten imitieren. 18-monatige Kleinkinder unterscheiden zwischen Bewegungen einer Maschine und eines Menschen, also zwischen äußerlich ähnlichen physischen und zielgerichteten Bewegungen, und imitieren nur Handlungen mit plausiblen Zielen (z. B. das Zu-Bett-Bringen von Vögeln, aber nicht von Autos).

[166] Im zweiten, aber nicht im ersten Fall sind Gehirnregionen wie SMA und prämotorischer Cortex aktiviert, die auch aktive Handlungen kontrollieren. Das heißt: Die Beobachtung mit einer Imitationsintention hat Top-Down-Effekte auf neuronale Areale, die mit der Produktion von Handlungen korreliert sind. Vgl. z. B. Schultz et al. 2004.

Befunde, die zeigen, dass dem mentalen Parsen sensumotorische Fähigkeiten zugrunde liegen.

Doch in welchem Ausmaß ist die Theorie der verkörperlichten Kognition (TEC) eine Grundlage für die *generelle* Theorie der sozialen Kognition (also der allgemeinen Hermeneutik)? Einige Vertreter der TEC sind der Auffassung,

- dass die TEC für alle oder doch die meisten Formen der sozialen Kognition explanatorisch relevant ist,
- dass alle oder doch die meisten Formen der sozialen Kognition von Aktivitäten der Spiegelneuronen gestützt werden, und
- dass daher die soziale Kognition verkörperlicht ist (*social cognition is embodied*).

So heißt es zum Beispiel in einer Darstellung der Motor-Kognition seitens des psychologischen Instituts der Stanford Universität zur Forschung über Spiegelneuronen und mentale Simulationen auf der Basis geteilter neuronaler Repräsentationen, dass diese Forschung zeige

> how it is that we can come ...to put ourselves in another's place, either by observations or pure imagination, <and>... understand the plans of others, if we must take into account unobservable, private, internal mental states.[167]

Und Viktor Gallese, einer der prominentesten Proponenten der TEC, schreibt zur ES-Theorie (d.h. der Theorie der embodied simulation, mit der er die TEC meint):

> When we witness the intentional behavior of others, ES generates a specific phenomenal state of "intentional attunement." This phenomenal state in turn generates a peculiar quality of identification with other individuals, produced by establishing a dynamic relation of reciprocity between the "I" and the "Thou". By means of ES we do not just "see" an action, an emotion, or a sensation. Side by side with the sensory description of the observed social stimuli, internal representations of the body states associated with these actions, emotions, and sensations are evoked in the observer "as if" he or she were doing a similar action or experiencing a similar emotion or sensation. To see others' behaviour as an "action" or as an experienced emotion or sensation specifically requires such behaviors to be mapped according to an isomorphic format. Such mapping is embodied simulation.[168]

Mit diesem steilen Anspruch der TEC steht Gallese nicht allein da.[169] Er

[167] Department of Psychology, Stanford University 2007, 469.

[168] Gallese 2009, 527.

[169] Zu seinen Mitstreitern in der Verteidigung der enormen hermeneutischen Reichweite der TEC gehören Keysers und Rizolatti (siehe Gallese et al. 2004), Hurley und Chater (siehe Hurley, Chater 2005), Gazzola (siehe Keysers, Gazzola 2009), Oberman und Ramachandran (siehe Oberman, Ramachandran 2009), Gordon 1986 und Goldman in seiner frü-

begründet diesen Anspruch unter anderem mit der anti-behavioristischen Lesart des mentalen Parsens bei Schimpansen im Sinne von MP[170] und mit neuen experimentellen Hinweisen darauf, dass schon sehr kleine Menschenkinder den Falschheitstest bestehen, der meist als Indiz für höheres Gedankenlesen betrachtet wird.[171] Nach Gallese sind also Schimpansen in der sozialen Kognition schlauer und das Gedankenlesen ist weniger raffiniert als bisher angenommen. Doch ist die anti-behavioristische Lesart des mentalen Parsens bei Schimpansen, wie oben angedeutet, in der Forschung umstritten, und dasselbe gilt vom angeblichen Bestehen des Falschheitstests bei sehr kleinen Kindern.[172]

In jüngster Zeit häufen sich die Einwände gegen den skizzierten steilen Erklärungsanspruch der TEC für die soziale Kognition. So hat zum Beispiel Alvin Goldman seine frühere radikale Position revidiert, denn er schränkt neuerdings die explanatorische Reichweite der Motor-Theorie der sozialen Kognition ein: Seiner Auffassung nach sollte zwischen elementarer und hochstufiger mentaler Simulation (die er auch *Empathie* nennt) unterschieden werden, d.h. zwischen einer Spiegelroute zur Empathie (*mirroring route to empathy*: schwache Empathie) und einer rekonstruktiven Route zur Empathie (*reconstructive route to empathy*: starke Empathie).[173] Die Spiegelroute basiert auf Spiegelneuronen und geteilten neuronalen Repräsentationen und weist hohe Verlässlichkeit auf. Die schwache Empathie kann also durch die TEC erklärt werden. Die rekonstruktive Route besteht in einer umfassenden Rekonstruktion des mentalen Zustandes anderer Personen, weist aber weniger Verlässlichkeit auf. Goldman verweist darauf, dass Spiegelroute und rekonstruktive Route durch unterschiedliche neuronale Mechanismen unterstützt werden.[174] Eine TEC-gestützte Theorie des mentalen Parsens kann also nach Goldman höhere Formen der sozialen Kognition wie etwa höhere Formen von Empathie und komplexer Interpretation nicht integrieren.[175]

hen Phase (siehe Goldman 1989) sowie Iacoboni (siehe Iacoboni et al. 2005; Iacoboni 2009, 2009a).

[170] Vgl. den vorherigen Abschnitt 2.1.

[171] Vgl. zu diesem Test unten, Abschnitt 2.5., S. 116.

[172] Vgl. dazu genauer Spaulding 2011 mit weiteren Literaturangaben.

[173] Goldman spricht von *low level* und *high level empathy* (*mind reading*), vgl. Goldman 2006. Vgl. ähnlich auch Goldman, de Vignemont 2009, sowie de Vignemont 2009.

[174] Goldman 2011, vgl. dazu auch den folgenden Abschnitt der vorliegenden Studie.

[175] Das ist unter anderem schon deshalb naheliegend, weil die verkörperlichte Kognition stets im online-Status ist, während die meisten höheren Kognitionen offline operieren, d.h. nicht an einen direkten Kontakt zwischen Beobachter und Gegenstand der Kognition gebunden sind. Vgl. dazu ähnliche Überlegungen bei de Bruin, Kästner 2012.

In einem weiteren Artikel haben Goldman und de Vignemont diese Position präzisiert. Ihre Antwort auf die Frage *Is social cognition embodied?*[176] geht von einer Diskussion des Konzepts von Embodiment aus, denn die Antwort hängt offensichtlich vom verwendeten Begriff des Embodiment ab. Die Autoren führen zunächst das physiologische Embodiment an (vgl. These T1 (1)),[177] nämlich dass anatomische Merkmale, Bewegungen oder Haltungen des Körpers die Kognition kausal beeinflussen. Sie weisen – zu Recht – darauf hin, dass diese Varianten wenig attraktiv sind, weil die konkreten Fälle dieses Embodiment entweder trivial oder kognitiv eng begrenzt sind.[178] Daher gehen sie von einer interessanten und überzeugenden Variante des phänomenalen Embodiment aus: Kognitionen sind verkörperlicht, wenn Repräsentationen in einem körperlichen Format eine kausale Rolle für die Kognitionen spielen (vgl. oben, These T1 (2.2)). Repräsentationen in einem körperlichen Format enthalten nicht nur einen Verweis auf den Eigenkörper in ihrem semantischen Gehalt, sondern weisen ein körperliches Format in dem Sinne auf, in dem zum Beispiel das Sehen ein visuelles Format und das Hören ein auditives Format hat – also ein Format, das die Art und Weise der Repräsentation spezifiziert. Es sind primär propriorezeptive Eigenkörpergefühle wie zum Beispiel Schmerzen oder die auf die Viscera bezogenen Empfindungen im Falle starken Ekels, die Repräsentationen mit körperlichem Format darstellen. Die Frage ist also für Goldman und de Vignemont, ob Eigenkörpergefühle mit allen Formen der sozialen Kognition korreliert sind. Sie machen überzeugend geltend, dass zum Beispiel die rekonstruktive Empathie und das begriffliche Gedankenlesen (etwa im Falle der rekonstruktiven Interpretation mathematischer Beweise oder scharfsinniger mittelalterlicher philosophischer Debatten) meist nicht mit Eigenkörpergefühlen korreliert sind.[179]

Jacob und Jeannerod gehen in ihrer Diskussion der TEC von einer ähnlichen Variante des phänomenalen Embodiment aus, derzufolge eine Kognition verkörperlicht ist, wenn sie mit Repräsentationen korreliert ist, in deren semantischen Gehalten der Eigenkörper und seine Bewegungen vorkommen (vgl. oben, T1 (2.1)). Derartige Repräsentationen umfassen auch Motor-Intentionen und bilden den Kern der Motor-Kognition. Jacob und Jeannerod weisen nach, dass die Motor-Kognition zwar das

[176] Diese Frage ist der Titel ihres Artikels Goldman, de Vignemont 2009.

[177] Vgl. zu dieser These und zur Unterscheidung zwischen physiologischem und phänomenalem Embodiment oben, Abschnitt 1.2, S. 44.

[178] Vgl auch die Beispiele und Hinweise ibid. S. 42 f.

[179] Vgl. zu dieser Zwei-Stufen-Theorie auch de Vignemont 2009.

Erfassen von Motor-Intentionen involviert, nicht aber das Erfassen von vorhergehenden, sozialen und kommunikativen Intentionen. Motor-Intentionen betreffen Ziele ausgeführter, also motorisch gesteuerter Basis-Handlungen. Vorhergehende Intentionen sind Handlungspläne, die der Ausführung vorhergehen. Soziale Intentionen beziehen sich auf eine Veränderung des Verhaltens und der mentalen Zustände anderer Menschen. Und eine kommunikative Intention zielt darauf, einem anderen Menschen Informationen zu übermitteln, u. a. dadurch, dass der Adressat diese kommunikative Intention erfasst. Das Erfassen vorhergehender, sozialer und kommunikativer Intentionen ist als höhere Form der sozialen Kognition einzustufen. Der entscheidende Punkt ist nun, dass Motor-Intentionen und höhere Intentionen durch dieselben Körperbewegungen realisiert werden. Angenommen zum Beispiel, eine Person vollzieht die Basis-Handlung einer Zeigegeste mit der Motor-Intention, ihren rechten Arm mit der rechten Hand und ausgestrecktem Zeigefinger in eine bestimmte räumliche Richtung und Position zu bringen, verbindet mit dieser Geste aber zugleich die kommunikative Intention, einer weiteren anwesenden Person die Information zu vermitteln, das dort ein interessantes Buch (oder auch allgemeiner etwas Interessantes) liegt, dann werden sowohl die Motor-Intention als auch die kommunikative Intention durch dieselbe Körperbewegung realisiert, so dass die beiden verschiedenen Intentionen allein mit Mitteln der Motor-Kognition nicht unterschieden werden können und somit die kommunikative Intention nicht erfasst werden kann. Jacob und Jeannerod weisen außerdem darauf hin, dass die Selbstinterpretation als eine weitere Form einer höheren sozialen Kognition unmöglich durch Motor-Kognitionen erschließbar ist und dass zumindest starke Zweifel daran bestehen, dass das Bestehen des Falschheitstests allein durch Rekurs auf Motor-Kognition erklärbar ist.[180]

In diesen Arbeiten zeichnet sich eine *Zwei-Stufen-Theorie der sozialen Kognition* ab, in der ein schnelles, automatisches (mentales) Parsen auf der ersten Stufe von einer langsam ablaufenden, deliberativen sozialen Kognition auf der zweiten Stufe unterschieden wird. Der Zwei-Stufen-Theorie zufolge wird nur die erste Stufe der sozialen Kognition durch die TEC gestützt und ist eine Form der verkörperlichten (sozialen) Kognition. Wie unter anderem Shannon Spaulding bemerkt hat, schließen sich immer mehr Autoren der Zwei-Stufen-Theorie an, insbesondere im Blick auf neuere Ergebnisse der Entwicklungspsychologie.[181] Allerdings werden da-

[180] Jacob, Jeannerod 2005.

[181] Vgl. Spaulding 2011, aber auch Spaulding 2010, 2012a, 2012b, 2013a und 2013b. In allen diesen Arbeiten entwickelt Spaulding Argumente gegen den steilen explanatorischen

bei im Detail unterschiedliche Varianten vorgeschlagen, die aber alle in dieselbe Richtung weisen. So unterscheiden zum Beispiel Nichols und Stich die beiden Stufen der sozialen Kognition nach dem Kriterium der Metarepräsentation: Während auf der elementaren Stufe 1 (die von ihnen *Desire and Plan System* genannt wird) noch keine meta-repräsentationalen Fähigkeiten mobilisiert werden können, nimmt die soziale Kognition (die entwickelte Stufe 2) die Form einer voll ausgebildeten Metarepräsentation an.[182] Auch Spaulding selbst hat eine Variante der Zwei-Stufen-Theorie entwickelt, die davon ausgeht, dass auf der ersten Stufe nur meinungsartige Wahrnehmungen prozessiert werden, die zusammen mit Zielen das Verhalten bestimmen. Soziale Kognition besteht auf dieser Stufe bestenfalls im Erschließen von meinungsartigen Zuständen und Verhaltenszielen, also – wie man sagen könnte – in einer Motor-Kognition, die eng mit dem Wahrnehmungs-Handlungs-Kreislauf korreliert ist. Bezeichnend ist, wie Spaulding die zweite Stufe beschreibt, auf der echte Meinungen prozessiert werden. Ihre theoretische Beschreibung dieser Stufe

respects the established notion of what reasoning about beliefs proper amounts to, e.g. ascribing domain general propositional attitudes, understanding how distinct mental states interrelate, reasoning about what the target believes and how she will act on those beliefs, the extent to which those beliefs correspond to reality, how beliefs, in conjunction with desires, rationalize behaviour, etc.[183]

Diese Beschreibung entspricht der Explikation von Interpretationen im Sinne von IN.

Die neuesten Forschungen zur Reichweite der TEC konvergieren also mehrheitlich in der These, dass die TEC und damit die Motor-Theorie der sozialen Kognition einschließlich ihres Rückgriffs auf Theorien über Spiegelneuronen nur das mentalen Parsen, nicht aber höhere Formen des Gedankenlesens (zum Beispiel Interpretationen) erklären kann.

Anspruch der TEC in Hinsicht auf soziale Kognition, wie ihn zum Beispiel Gallese und Iacoboni artikulieren.

[182] Nichols, Stich 2003. Frühere Varianten der Zwei-Stufen-Theorie der sozialen Kognition sind Zwei-Stufen-Modelle der Metarepräsentation, vgl. zum Beispiel die Unterscheidung zwischen einer rudimentären und entwickelten Metarepräsentation bei Sperber 2000a oder zwischen einer elementaren und starken Metarepräsentation bei Perner 1991, Kap.1.

[183] Spaulding 2011, 593. Spauldings Vorschlag knüpft, wie sie selbst bemerkt, eng an die Zwei-Stufen-Variante der beiden Psychologen Apperly und Butterfill an, vgl. Apperly, Butterfill 2009. Sie weist überdies auf allgemeiner ausgerichtete Zwei-Stufen-Theorien des menschlichen Denkens hin, in denen die beiden Stufen ähnlich beschrieben werden wie in den spezielleren Zwei-Stufen-Theorien der sozialen Kognition, vgl. z. B. Carruthers 2006 und Stanovich et al. 2008.

2.3 Die hermeneutische Reichweite der Simulationstheorie

Die Integration der TEC und die grundlegende Rolle der Simulationstheoretie werden gegenwärtig, wie bereits bemerkt, als die beiden großen Verschiebungen in der Theorie-Architektur der allgemeinen Hermeneutik betrachtet, insbesondere deshalb, weil sich beide Theorien systematisch miteinander verknüpfen ließen. Die TEC-gestützte Theorie des mentalen Parsens legt es nämlich nahe, das mentale Parsen simulationstheoretisch zu rekonstruieren. Die Aktivität der Spiegelneuronen scheint, wie oben angedeutet, eine Form *neuronaler* Simulation zu sein. Die Beobachtung und Imagination der Emotionen und Handlungen anderer Wesen scheint eine Art *mentaler* Simulation zu sein. Und die Imitation von Handlungen scheint eine *praktisch ausgeführte* Simulation zu sein. Dieser Zusammenhang hat in jüngster Zeit zu einer *simulationstheoretischen Wende der allgemeinen Hermeneutik* beigetragen, in deren Kontext behauptet wird, dass alle Formen des Verstehens und Interpretierens Varianten einer mentalen Simulation sind und dass das Konzept des Gedankenlesens im Sinne einer ToM empirisch leer und daher theoretisch obsolet ist.

Die Vertreter der Simulationstheorie machen nicht zuletzt im Blick auf das mentale Parsen geltend, dass viele Formen des Verstehens sehr schnell und ohne Rückgriff auf Generalisationen zustande kommen – ein Befund, der unvereinbar mit der Annahme zu sein scheint, dass das Geist-Lesen auf der Konstruktion einer Theorie über den Geist anderer Personen beruht. Die Theorie-Theorie verlangt den neuen Simulationstheoretikern zufolge von den Geist-Lesern zu viel Raffinesse und Information, und sie legt mit ihrer inhaltlichen Reichhaltigkeit der algorithmischen Prozessierung des Verstehens zu große Lasten auf. Die Simulationstheorie kommt auf beiden Ebenen mit sparsameren Annahmen aus: Geistleser unterstellen lediglich, dass sie selbst genau solche geistige Wesen sind wie die Interpretanden, und die Algorithmen der Simulation scheinen einfacher zu sein als Algorithmen, die einem theorie-theoretischen Verstehen zugrunde liegen.[184] Zu den Pionieren der simulationstheoretischen Wende zählen Robert Gordon[185] und vor allem Alvin Goldman.[186]

[184] Goldman 2006. Zu einer neuen Diskussion der Theorie-Theorie als Erweiterung der Volkspsychologie vgl. dagegen Ravenscroft 2010. Zur Volkspsychologie vgl. Stich, Ravenscroft 1994; Stich, Nichols 1993.

[185] Vgl. Gordon 2004.

[186] Goldmans Buch *Simulating Minds* (Goldman 2006) ist die bisher beste und umfangreichste Darstellung der neuen Simulationstheorie, die auch schon empirische Forschungen zur Unterstützung der Simulationstheorie heranzieht, wie sie unter anderem aus Studien

Das *simulative Geist-Lesen* wird von ihren führenden Proponenten im Umriss als ein mentaler Prozess beschrieben, der von einer anfänglichen Information über den mentalen Zustand einer anderen Person, die Imagination desselben Zustands im Geist des Gedankenlesers (im Als-Ob-Modus) und das imaginative Durchspielen der Konsequenzen dieses Zustandes zu einer Rückprojektion auf den Geist des Interpretanden führt. Einige Pioniere der neuen Simulationstheorie haben das simulative Geist-Lesen auch (simulative) Empathie genannt und schlagen daher insbesondere vor, auch das Konzept einer nicht-sprachlichen simulativen Empathie als Modell des nicht-sprachlichen mentalen Parsens zu verwenden – einer Art von Empathie, die wir mit den Primaten teilen.[187] Simulative Empathie heißt in diesem Kontext nicht Mitgefühl, sondern bezieht sich auf Formen des Erfassens mentaler Zustände (primär der Handlungsziele und Emotionen) anderer geistiger Wesen. Dabei wird betont, dass die Aktivität der Spiegelneuronen für die Schnelligkeit, Automatik und Unbewusstheit des elementaren Parsens verantwortlich ist.

Allgemein formuliert: Das *simulative Geist-Lesen als nicht-sprachliches mentales* Parsen (SM)

(1) geht auf die Aktivität von Spiegelneuronen zurück,
(2) zielt auf basale mentale Zustände wie Körpergefühle, Emotionen und elementare Handlungsziele,
(3) greift auf perzeptive Inputs (typischerweise expressive Zeichen für basale mentale Zustände) zurück,
(4) ist in einen Beobachtungsmodus eingebunden (online-Status), der höhere kognitive Prozesse wie Imagination oder Interpretation (offline-Status) ausschließt,
(5) ist eine Art von Empathie (ein Sich-Hinein-Versetzen in andere Personen),
(6) involviert eine Simulation, d. h. besteht aus folgenden Schritten:
    (a) Anfängliche Information über den mentalen Zustand Z einer anderen Person.
    (b) Generierung von Z im eigenen Geist in einem Als-Ob-Status (wir tun so, als hätten wir den Zustand selbst).
    (c) Durchspielen der Konsequenzen von Z im eigenen Geist.
    (d) Rückprojektion dieses Resultat auf die betrachtete Person.[188]

von Paul Harris und Goldmans eigener Zusammenarbeit mit Victor Gallese hervorgingen, vgl. z.B. Harris 1989; Gallese, Goldman 1998; Currie, Ravenscroft 2002 in Goldman 2012.

[187] Vgl. z.B. Iacoboni 2011.

[188] Vgl. Goldman 2006 zur *low-level-empathy*.

Die neue Simulationstheorie des Verstehens hat sich ähnlich wie die TEC zunächst nicht auf eine Hermeneutik des mentalen Parsens und des nonverbalen Verstehens beschränkt, sondern den Anspruch erhoben, eine voll entwickelte Theorie der kognitiven Fähigkeit zu sein, sich in den Geist anderer Menschen hineinzuversetzen. So schreibt zum Beispiel Robert Gordon, einer ihrer Hauptvertreter:

> The simulation (or, "mental simulation") theory (ST) is a theory of everyday human psychological competence: that is, of the skills and resources people routinely call on in the anticipation, explanation, and social coordination of behavior. ST holds that we represent the mental states and processes of others by mentally simulating them, or generating similar states and processes in ourselves... Some writers characterize ST as an account of "mindreading," or "mentalizing." These terms are understood to mean the attribution of mental states and processes to others, where this entails the application of mental concepts... However...<there> are examples of nonconceptual simulative representation – that is, simulation that does not require the application of mental concepts.[189]

Demnach bilden sowohl das nicht-sprachliche mentale Parsen als auch das höhere sprachliche Gedankenlesen den Gegenstandsbereich der Simulationstheorie.

Gehen wir jedoch vom Bild der Simulationstheorie aus, wie es oben im Anschluss an Goldmans Überlegungen in SM dargestellt wurde, so trifft dieses Bild wegen der in Punkt (1) genannten Bindung an die TEC nur auf das mentale Parsen zu, weil – zumindest wenn die bisherigen Überlegungen dieses Kapitels korrekt sind – die TEC nur auf das mentale Parsen angewendet werden kann. Damit ist bereits der Anspruch der Simulationstheorie untergraben, auch höhere Formen der sozialen Kognition modellieren zu können. Doch kann die Simulationstheorie den generellen Bezug auf die TEC fallen lassen und eine elementare, TEC-bezogene mentale Simulation von einer kognitiv höheren, TEC-unabhängigen Form der mentalen Simulation unterscheiden, wie es Goldman neuerdings vorgeschlagen hat.

Diese Form eines *simulativen Geist-Lesens als genereller Form der sozialen Kognition* (SM*)

(1) zielt (a) auf basale mentale Zustände wie Körpergefühle, Emotionen und elementare Handlungsziele oder (b) auf höhere soziale Kognitionen,

(2) ist eine Art von Empathie (ein Sich-Hinein-Versetzen in andere Personen), und

(3) involviert in jedem Fall eine Simulation der Form SM (6) (a)–(d).

[189] Gordon 2009, 1. Vgl. auch Gallese et al. 2004.

Ist SM* haltbar, d.h. haben sowohl das mentale Parsen als auch höhere Formen der sozialen Kognition die Form einer mentalen Simulation?

Jede Form der Simulation (Empathie) enthält SM* zufolge eine Als-Ob-Repräsentation und eine mentale Kontrolle (vgl. Punkte SM (6) (b) (Als-Ob-Status) und (c)–(d) (mentale Prozesse, die eine mentale Kontrolle involvieren)). Diese beiden Aspekte werden jedoch durch die TEC nicht gedeckt. Die subpersonalen Aktivitäten der Spiegelneuronen enthalten kein Registrieren von Als-Ob-Repräsentationen, denn diese Aktivitäten sind ja gerade akteur-neutral und involvieren daher keine Differenzierung zwischen den Perspektiven der ersten und dritten Person (eine Differenzierung, die in jeder *pretense* enthalten ist). Und wir haben natürlich auch keinerlei mentale Kontrolle über die Aktivitäten der Spiegelneuronen.[190]

Zudem muss die anfänglich gegebene Information (vgl. (a) unter (6) in SM) unabhängig vom Simulationsprozess sein, denn andernfalls wäre das Bild zirkulär. Wenn wir zum Beispiel nicht erkennen, dass eine andere Person bestimmte Schmerzen (etwa Zahnschmerzen) hat, dann können wir diese Schmerzen auch nicht in unserem Geist simulieren und erfahren, wie es sich für uns anfühlt, diese Schmerzen zu haben. Und dann können wir diese Simulation auch nicht auf die andere Person projizieren. Es liegt nahe zu sagen, dass die anfängliche Information durch mentales Parsen gewonnen wird. Dann gäbe es aber Formen des mentalen Parsens, die nicht an eine Simulation gebunden wären, sondern in Begriffen einer direkten Wahrnehmung beschrieben werden müssten: Wir sehen einfach unmittelbar, dass eine andere Person zum Beispiel Schmerzen hat oder wütend ist.[191]

Möchte man mit Goldman daran festhalten, dass der gesamte simulative Prozess (3) in SM* (bzw. (6) in SM) die typische Form des Gedankenlesens beschreibt, so folgt, dass dieser Prozess wegen (b)–(d) eine Differenzierung zwischen dem Selbst und dem Anderen und wegen (b) sogar eine Art von Selbstzuschreibung mentaler Zustände umfasst. Diese Selbstzuschreibung ist aber keine Form der Simulation.[192] Ferner muss die Differenzierung zwischen dem Selbst und dem Anderen in jeder Theorie des Geist-Lesens als fester Bestandteil des Explanandum dieser Theorie gelten. In SM* fungiert diese Differenz jedoch als Explanans. Daher hat das Bild SM* zur Erklärung dieser Differenz nichts zu sagen. Einige

[190] Gallagher spricht hier vom *problem of pretense and instrumental control*, vgl. Gallagher 2012. Vgl. dazu und zum Folgenden den ausgezeichneten Artikel Newen, Schlicht 2009. Zum Problem der Korrelation von spiegelneuronaler Aktivität und mentaler Simulation vgl. Spaulding 2012a.

[191] So auch Gallagher 2007a.

[192] Vgl. z.B. Carruthers 1996.

Forscher postulieren darum ein zusätzliches kognitives „Wer-System" (*who-system*), das für die Differenz zwischen dem Selbst und dem Anderen verantwortlich ist, das aber zumindest partiell unabhängig von Spiegelneuronen ist.[193] Tatsächlich gibt es Evidenz für eine nicht-sprachliche Unterscheidung zwischen dem Selbst und dem Anderen bei Menschen und höheren Tieren auf der Basis einer nicht-sprachlichen Vertrautheit mit dem eigenen Körper, aber dieses Phänomen kann, wie gesagt, simulationstheoretisch nicht eingeholt werden.[194]

Andere Vertreter der TEC kommen zu demselben Resultat: Die TEC suggeriert eine Beschreibung des mentalen Parsens, die geradezu dadurch ausgezeichnet ist, dass sie zwar auf *neuronale* Simulationen (in Gestalt geteilter neuronaler Repräsentationen), aber nicht auf *mentale* Simulationen oder Imaginationen zurückgreifen muss.[195] Gallagher und Hutto gehören zu den Forschern, die diese Vorbehalte teilen und das mentale Parsen daher in Begriffen einer direkten Wahrnehmung von Emotionen etwa in Gesichtsausdrücken oder von Handlungszielen in Bewegungen beschreiben.[196] Doch ist diese Beschreibung weitgehend inhaltsleer und sollte durch die Bestimmung MP ersetzt werden, die das mentale Parsen dezidiert nicht als mentale Simulation beschreibt. Damit sind durchschlagende Vorbehalte gegenüber einer simulationstheoretischen Deutung des mentalen Parsens deutlich geworden.

Ist SM* aber wenigstens für höhere Kognitionen haltbar? Sehen wir uns dazu ein wenig genauer an, wie Goldman die starke Empathie (d.h.

[193] Vgl. Georgieff, Jannerod 1998 in Newen, Schlicht 2009; de Vignemont, Fourneret 2004.

[194] Vgl. Newen, Vogeley 2003; Newen, Vosgerau 2007.

[195] Die TEC spricht tatsächlich nur von neuronaler Simulation im Sinne neuronaler geteilter Repräsentationen, die jedoch nichts mit mentaler Simulation zu tun haben, vgl. Saxe 2009. Gallagher macht ebenfalls geltend, dass auch die sogenannte implizite d.h. (subpersonale) nicht-sprachliche Simulation, die mit den Mitteln der TEC erklärt werden soll, nicht die Art von Simulation ist, die eine Simulationstheorie à la Goldman fordert, unter anderem weil diese Theorie die Differenz zwischen Selbst und Anderen voraussetzen muss und nicht erklären kann, vgl. Gallagher 2007a, 2012.

[196] Vgl. Gallagher 2008 und Hutto 2008a. Ähnlich argumentieren auch de Bruin, de Haan 2012. Gallagher und Hutto gehen zusätzlich davon aus, dass Emotionen eine bestimmte Art von Pushmi-Pullyu-Wahrnehmungen sind, etwa in der Form (*) *P hat eine angstvolle Wahrnehmung* bzw. *Person P nimmt X wahr und bewertet X als gefährlich* bzw. *P hat Angst, dass das wahrgenommene X gefährlich ist.* Das elementare Parsen von Emotionen hat die Form (**) *Person P nimmt wahr, dass Person P* X wahrnimmt und X als gefährlich bewertet.* Das mentale Parsen von Handlungszielen hat die Form (***) *Person P nimmt wahr, dass Person P* die Handlung H ausführt und mit H ein bestimmtes Ziel verfolgt.* Aber es ist nicht recht klar, wie stark dieses Parsen ist (zum Beispiel ob es eine Metarepräsentation enthält).

die höhere soziale Kognition) im simulationstheoretischen Paradigma reformuliert. Betrachten wir kurz ein einfaches Beispiel. Nach Goldman müssen wir als Ausgangspunkt eine komplexe Situation ins Auge fassen. Franz ist beispielsweise durch das Examen gefallen und fühlt sich daher unglücklich. Um über dieses schreckliche Erlebnis hinwegzukommen, betrinkt er sich noch am selben Abend, neigt an den nächsten Tagen in einer Art Trotzreaktion dazu, das Studium hinzuschmeißen und eine Lehre zu beginnen, entscheidet sich schließlich aber doch dazu, das Examen zu wiederholen und dabei seine bisher eher laschen Vorbereitungen entschieden zu intensivieren. Wenn Barbara diese Situation in Gestalt eines Gedankenlesens rekonstruiert, tut sie nach Goldman im Wesentlichen folgendes:

(1) Sie nimmt zur Kenntnis, dass Franz durchgefallen ist, und beobachtet, dass er darüber unglücklich ist.
(2) Sie stellt sich vor (d. h. imaginiert), dass sie selbst durch das Examen gefallen ist und darüber unglücklich ist.
(3) Dann fragt sie sich, wie sie mit dieser Situation umgehen würde, und stellt fest, dass sie sich erst einmal über dieses Unglück hinwegtrösten würde, dann entmutigt dazu tendieren würde, etwas ganz anderes zu machen, sich aber schließlich daran erinnert, dass sie das Examen schlecht vorbereitet hat und bei besserer Vorbereitung alle Chancen hat, das Examen zu bestehen – so dass sie schließlich den Entschluss fassen würde, das Examen zu wiederholen.
(4) Anschließend projiziert sie ihre in (3) skizzierten imaginären mentalen Zustände und Handlungsentscheidungen auf Franz, wobei sie darauf achten muss, dass diese imaginären Zustände nicht mit ihren eigenen mentalen Zuständen interferieren.

Diese Imagination und Rückprojektion ist nach Goldman eine rekonstruktive Simulation der mentalen Zustände und Handlungsentscheidungen von Franz in Barbaras Geist. Generell geht es für Barbara darum nachzuvollziehen, *warum* Franz die skizzierte Reihe von mentalen Zuständen durchlaufen hat.

Allgemein formuliert sind die Komponenten des *rekonstruktiven simulativen Geist-Lesens* (SMR):

(1) Die Interpretin P* hat anfängliche Informationen über die situierten mentalen Zustände Z von Interpretand P.
(2) P* imaginiert in ihrem eigenen Geist vorgebliche situierte mentale Zustände Z*, die Z höchst ähnlich sind (also Simulationen von Z sind), d. h. tut so, als hätte sie selbst Z entwickelt (*pretense imagination*).[197]

[197] Ich übergehe hier die weitere unglückliche Einschränkung bei Goldman, dass diese

(3) P* füttert die imaginierten Z* in ihren eigenen Entscheidungsmechanismus ein und prüft die Konsequenzen K*.
(4) P* projiziert K* auf P* und schreibt P* damit weitere mentale Zustände zu (*projection*).
(5) Der Prozess (4) involviert eine Separierung (Quarantäne) der mentalen Zustände von P und P*, damit die mentalen Zustände von P* nicht in die Simulationsroutine eingreifen.
(6) Der Prozess (1)–(5) wird nicht durch die Aktivität von Spiegelneuronen gestützt und ist daher nicht TEC-erklärbar.

Keine dieser Komponenten enthält nach Goldman eine Verwendung von psychologischen Regularitäten, die für die Theorie-Theorie des Geist-Lesens typisch sind. These (6) markiert die begrenzte explanatorische Kraft einer TEC-gestützten Theorie der sozialen Kognition.

Auch Schema SMR enthält jedoch eine Reihe von schwerwiegenden Problemen.[198] These (1) greift ähnlich wie SM und SM* auf ein Erfassen geistiger Zustände zu Beginn der mentalen Simulation zurück, ohne dass dieser Prozess seinerseits simulationstheoretisch erklärt würde. SMR ist daher entweder zirkulär oder beruht auf einer unerklärten hermeneutischen Prämisse. Nach These (2) ist ferner die Ähnlichkeit zwischen simulierenden und simulierten mentalen Zuständen eine der Grundlagen für mentale Simulation. Diese Ähnlichkeit ist aber nicht in allen Formen der sozialen Kognition vorhanden. In manchen Fällen scheinen Interpreten auch mentale Zustände anderer Personen erfolgreich zu rekonstruieren, die ihnen gänzlich fremd sind. Andererseits betonen die Thesen (4) und (5) aus SMR, dass die Verwendung des Entscheidungsmechanismus der Interpretin und die anschließende Projektion voraussetzen, dass die Entscheidungsmechanismen von Interpretin und Interpretand generell ähnlich, ja identisch sind. Dann wird dieser Mechanismus aber generelle Transformationsstrukturen enthalten müssen, die von den Inputs zum Output führen. Diese Transformationsstrukturen sind generelle psychologische Regularitäten. Und der generelle Entscheidungsmechanismus dürfte auch allgemeine Rationalitätsstandards enthalten, die – wie Goldman selbst einräumt[199] – zumindest einschränkende Bedingungen (*constraints*) für angemessenes rekonstruktives Geist-Lesen darstellen. Damit

Imagination vorgeblicher mentaler Zustände auf einer Interaktion mit dem Körper und der Umwelt beruht, d. h. eine *enactment imagination* oder *E-Imagination* ist. Zur *pretense* und ToM vgl. Leslie 1987.

[198] Vgl. dazu auch Newen, Schlicht 2009.

[199] Vgl. Goldman, Mason 2008.

würden theorie-theoretische Elemente der ToM in die Simulationstheorie eingeführt. Zudem ist die Annahme der Rückprojektion imaginierter mentaler Zustände nach These (4) nicht damit vereinbar, dass die Interpretin den gesamten Situationsverlauf beobachtet hat. Diese Annahme setzt vielmehr voraus, dass die Interpretin nach der Anfangsbeobachtung (vgl. (1)) den weiteren Verlauf nicht kennt, sondern prognostiziert. Darüber hinaus enthalten die Thesen (2) und (3) die Auffassung, dass jeder Akt einer mentalen Simulation die Selbstzuschreibung mentaler Zustände enthält. Eine solche Selbstzuschreibung lässt sich aber nicht simulationstheoretisch rekonstruieren. Dieser Einwand lässt sich auch dadurch stützen, dass Dritte-Person-Zuschreibung und Erste-Person-Zuschreibung auf unterschiedlichen neuronalen Korrelaten beruhen.[200]

Man könnte versuchen, eine verbesserte Version von SMR zu entwerfen, die zumindest einigen dieser Einwände Rechnung trägt. So könnte man zum Beispiel die Anfangsbeobachtung in (1) als mentales Parsen deuten, das keine mentalen Simulationen involviert. Dann wäre der Zirkularitätsverdacht vom Tisch, doch gäbe es neben der Selbstzuschreibung eine weitere Komponente des insgesamt simulativen rekonstruktiven Geist-Lesens, die ihrerseits nicht simulativ wäre. Man könnte auch die beiden Fälle der Erklärung und der Prognose des weiteren Situationsverlaufs unterscheiden und müsste dann die Rückprojektion auf den Prognosefall beschränken. Doch damit wäre die Theorie der rekonstruktiven mentalen Simulation unvollständig, und zudem blieben die übrigen Vorbehalte bestehen, insbesondere die beiden entscheidenden Probleme in der Bestimmung des simulationstheoretischen Entscheidungsmechanismus. Diese beiden Probleme legen nicht nur die Vermutung nahe, dass die Allgemeinheit der Entscheidungsmechanismen die Grenze zwischen Simulationstheorie und Theorie-Theorie sprengen könnte. Vielmehr geht es auch um die Frage, ob eine Person die mentalen Zustände und Handlungsentscheidungen einer anderen Person in einer bestimmten Situation genau dann angemessen interpretiert (d. h. in ihrer Komplexität erfasst), wenn sie einsieht, dass auch sie selbst in derselben Situation auf dieselbe Weise denken, fühlen oder entscheiden würde. Diese Auffassung stellt offensichtlich eine radikale Subjektivierung und Relativierung der Interpretation dar. Alleiniger Maßstab der angemessenen Interpretation ist der kontingente Entscheidungsmechanismus der Interpretin. Ohne diese Subjektivierung und Relativierung würde die Beschreibung der Interpretation anderer Geister als Simulation im Geiste der jeweiligen Interpretin keinen Sinn machen oder doch zumindest entschieden zu kurz greifen. Doch kontingente

[200] Vgl. Vogeley et al. 2001.

Entscheidungsmechanismen könnten schrullig, abwegig, abstrus oder gar widersprüchlich sein und garantieren daher nicht automatisch angemessene Interpretationen. Die rekonstruktive Interpretation muss daher einen objektiven Maßstab involvieren und darf nicht nur auf kontingenten Entscheidungsmechanismen der Interpretin beruhen.

Die Komponenten des *rekonstruktiven rationalen Geist-Lesens* (SMR*) sind daher:

(1) Die Interpretin P* hat anfängliche Informationen über die situierten mentalen Zustände Z von Interpretand P.
(2) P* hält sich selbst und P für rationale Personen.
(3) P* nimmt aus guten Gründen an, dass alle rationalen Personen, die Z entwickeln, auch Konsequenzen K entwickeln (genereller rationaler Entscheidungsmechanismus).
(4) P* schreibt daher K dem Interpretanden P zu.
(5) Argument (1)–(4) gilt offline auch für P*: Hätte P* Zustand Z (d. h. wenn P* imaginiert, Z zu haben), so würde sie auch K entwickeln und könnte K auf P projizieren.
(6) Die Prozesse (2)–(5) involvieren eine Separierung (Quarantäne) der mentalen Zustände von P und P*, damit die mentalen Zustände von P* nicht in die Rekonstruktionsroutine eingreifen.
(7) Der Prozess (1)–(6) wird nicht durch die Aktivität von Spiegelneuronen gestützt und ist daher nicht TEC-erklärbar.

In SMR* wird deutlich, dass die interpretative Erklärung von (4) ohne Rückgriff auf eine mentale Simulation schon aus den Prämissen (1)–(3) folgt. Die normische Prämisse (3) beschreibt den allgemeinen Entscheidungsmechanismus, auf den P und P* gleichermaßen zurückgreifen müssen. Auf diese Weise wird klar, dass die rekonstruktive Interpretation nicht radikal subjektiv ist. Allerdings ist es möglich, durch logische Spezialisierung von (3) auf P* zusätzlich auch mittels mentaler Simulation und Projektion (wie in (5) skizziert) auf (4) zu kommen. Doch diese simulative Interpretation bleibt logisch von der allgemeinen normischen Prämisse abhängig.

Die Relevanz dieses Punktes lässt sich dadurch illustrieren, dass wir das Beispiel mit Franz und seinen Examensproblemen ein wenig ausbauen. Wie schon erwähnt ist Franz durch das Examen gefallen und ist darüber unglücklich. Barbara möchte Franz und sein Gefühl rekonstruktiv interpretieren und dabei simulationstheoretisch vorgehen. Daher imaginiert sie im *pretense*-Modus, wie es für sie selbst wäre, wenn sie durch das Examen fallen würde, und stellt fest, dass sie ebenfalls unglücklich wäre. Doch Barbara ist eine ungewöhnlich kluge, bislang sehr erfolgreiche Studentin, die beruflich einzig und allein auf den Studienabschluss eines einzigen Faches gesetzt hat und von der ihre Eltern und Freunde eine glänzende akademische Karriere erwarten, während Franz ein mittelmäßig begabter Mensch ist, der neben dem Studium schon in einer Firma arbeitet und ohnehin erwägt, dort seine berufliche Zukunft zu suchen. In diesem Fall wird Franz aufgrund des Durchfallens mäßig unglücklich sein, während es für Barbara eine Katastrophe wäre, die sie möglicherweise in die Nähe eines Suizids brächte. Würde Barbara also imaginieren, dass sie selbst in ihrer eigenen Situation durch das Examen fällt, so würde sie Franzens Ausgangslage nicht angemessen simulieren, und ihr Entscheidungsmechanismus hätte einen deutlich anderen Input als der Entscheidungsmechanismus bei Franz. Barbara würde vielmehr ihre eigene Perspektive massiv in die Interpretation einbringen (einige Autoren sprechen in diesem Fall von einem *self-perspective-taking*). Würde Barbara dagegen so weit wie möglich imaginieren, dass sie nicht nur in Franzens aktueller Situation wäre (d. h. durch das Examen gefallen wäre), sondern auch Franzens intellektuelles Vermögen, biographische Hintergründe und Lebensziele hätte, dann würde sie seine Ausgangslage genauer simulieren, und ihr Entscheidungsmechanismus hätte einen ähnlichen Input wie der Entscheidungsmechanismus bei Franz. Folglich würde Barbara Franzens Gefühlslage in der Folge des Durchfallens zutreffender interpretativ rekonstruieren können. Sie würde in viel größerem Umfang Franzens eigene Perspektive einnehmen (man spricht in diesem Fall auch von einem *other-perspective-taking*).[201]

Je angemessener also das rekonstruktive Interpretieren ist, desto ähnlicher sind die Entscheidungsmechanismen sowie ihre Inputs und Outputs bei Interpretand und Interpretin. Im optimalen Fall liegt weitgehende Übereinstimmung vor. Aber dann verliert die Idee der imaginativen Simulation auf Seiten der Interpretin ihre Relevanz. Die entscheidende simulationstheoretische Idee ist ja, dass die Interpretin die Ausgangslage des Interpretanden in ihrem eigenen Geist simuliert und diese Simulation dann als Input für ihren *eigenen* Entscheidungsmechanismus verwendet. Erst über diesen Umweg soll sie zur interpretativen Rekonstruktion der mentalen Folgen kommen, die beim Interpretanden eintreten. Doch wenn Input und Entscheidungsmechanismus der Interpretin mit Input und Entscheidungsmechanismus des Interpretanden weitgehend übereinstimmen, verliert der simulative Umweg über den eigenen Geist der Interpretin als *Bedingung* einer erfolgreichen rekonstruktiven Interpretation ihren Sinn.

[201] Vgl. z. B. Amy Coplan in Coplan, Goldie 2011, 3–18. Zur neuronalen Basis der Empathie vgl. Gallese 2003.

Zutreffender wäre es zu sagen, dass eine angemessene rekonstruktive Interpretation eine gute imaginative Simulation der mentalen Situation des Interpretanden *involviert*. Die imaginative Simulation seitens der Interpretin ist nicht eine kognitive Bedingung, sondern eine *Folge* angemessener rekonstruktiver Imaginationen.

Nur eine rekonstruktive Interpretation als *self-perspective-taking* setzt eine imaginative Simulation voraus. Die rekonstruktive Interpretation als *other-perspective-taking* resultiert dagegen allererst in einer imaginativen Simulation. Doch im zweiten Fall sind Simulation und Interpretation weitaus genauer und angemessener als im ersten Fall. Insbesondere verliert die Simulation im zweiten Fall ihren *pretense*-Modus und mutiert zu einer *weitgehenden geistigen Identifizierung*. Daher ist die Simulationstheorie mit ihrem Bezug auf eine imaginative Simulation im pretense-Modus für eine Beschreibung der rekonstruktiven Interpretation nur von begrenztem Stellenwert.[202] *Vielmehr liegt es nahe, das rekonstruktive Interpretieren als Etablierung einer ToM zu betrachten.*

Das Nachdenken über simulative Empathie hat zu einer ähnlichen Differenzierung zwischen einer elementaren und höheren Form geführt wie im Fall simulativer Prozesse des Gedankenlesens. Auch in diesem Fall werden die höchsten Formen der Empathie als ausführliche, komplexe Interpretationen in Form einer ToM beschrieben.[203] Mit dieser Differenzierung wird die von Goldman eingeführte Unterscheidung zwischen mentalem Parsen und rekonstruktivem Interpretieren im Kontext der Empathie-Theorie reproduziert. In der jüngsten Forschung wird mit vollem Recht bemängelt, dass diese Theorie den Empathie-Begriff zu weit fasst. Der Vorschlag ist, Empathie vom allgemeinen Geist-Lesen deutlich

[202] Einige Autoren machen daher geltend, dass der Erfolg einer imaginativen Simulation in erheblichem Ausmaß davon abhängt, ob die Interpretin den zu simulierenden Zustand bereits kennt und erlebt hat, dass diese Bedingung aber angesichts der enormen Diversifikation von mentalen Zuständen unter verschiedenen Menschen nur selten erfüllt ist. Sehr oft besteht das rekonstruktive Geist-Lesen in dem Versuch, mentale Zustände anderer Personen zu erfassen, die der Interpret nicht kennt und die ihm vielleicht sogar sehr fremd sind. Eben darum ist in diesen Fällen eine umfassendere Rekonstruktion als *other-perspective-taking* erforderlich. Gallagher 2012 nennt dies das *diversity argument* gegen die Simulationstheorie.

[203] Vgl. dazu den informativen Essay-Band Coplan, Goldie 2011. In der Einleitung unterscheidet Amy Coplan schwache Empathie als *self-perspective taking* von starker Empathie als *other-perspective taking*. Starke Empathie beruht auf einer breiten biographischen und psychologischen Kenntnis der anderen Person, erfordert eine höhere mentale Flexibilität und einen Mechanismus zur Unterdrückung der eigenen Perspektive, und vermittelt ein umfassenderes Wissen der repräsentationalen Gedanken, Gefühle und Handlungen einer anderen Person.

zu unterscheiden: *Affektive Empathie* ist ein Geist-Lesen, in dem wir den erfassten mentalen Zustand einer anderen Person *tatsächlich auch affektiv durchleben*. Mit einer bloßen Simulation ist es nicht getan, sie muss vielmehr von einem phänomenalen Bewusstsein begleitet sein. Wenn ein Interpret zum Beispiel betont, dass er versteht, warum eine andere Person in einer bestimmten Situation wütend ist, weil er, *wäre* er selbst in dieser Situation, ebenfalls wütend wäre, oder weil er, wenn er *imaginiert*, in derselben Situation zu sein, die Erfahrung einer *stellvertretenden* Wut (einer Als-Ob-Wut) macht, so würde man wohl kaum von affektiver Empathie sprechen wollen. *Affektive Empathie* ist also nicht lediglich eine imaginative Simulation im pretense-Modus, sondern involviert eine Identifikation oder hohe Ähnlichkeit des Erlebens bei Interpreten und Interpretanden, die unter anderem dazu führt, dass sich die Interpretin um das geistige Leben des Interpretanden sorgt.[204]

Das Konzept der affektiven Empathie ist hermeneutisch insofern wichtig, als sich damit das Konzept eines *affektiv-empathischen Verstehens* abzeichnet, das die Gefühle zum Gegenstand eines höheren, rekonstruktiven Geist-Lesens (und nicht lediglich des mentalen Parsens) macht. Nicht nur das Verstehen, sondern auch die Interpretation von Gefühlen über emotionale Ansteckung und schwache Empathie hinaus wird zu einer wichtigen Form der Interpretation.[205]

Mentales Parsen und rekonstruktives Geist-Lesen sind demnach deutlich unterschiedliche kognitive Prozesse. Die Erklärungskraft der TEC ist auf mentales Parsen beschränkt, die Erklärungskraft der Simulationstheorie für mentales Parsen und rekonstruktives Interpretieren ist begrenzt. Und das rekonstruktive Geist-Lesen weist eine bemerkenswerte Ähnlichkeit zur Etablierung einer ToM auf. Die beiden neueren Entwicklungen, die zunächst als grundlegende Verschiebungen in der Theorie-Architektur der allgemeinen Hermeneutik gefeiert wurden (die Integration der TEC und die simulationstheoretische Wende), erweisen sich also zum Teil als marginal und problematisch. Damit zeichnet sich, wie bereits betont, eine hybride Theorie des Verstehens und Interpretierens ab, in der allerdings der

[204] Vgl. dazu Jacob 2011; de Vignemont, Jacob 2012. Zustimmung bei Gallagher 2012. Ferner siehe einige Arbeiten von Tania Singer, etwa Singer, Fehr 2005; Singer, Tusche 2013; Klimecki, Singer 2013.

[205] Diese Überlegungen haben neuerdings zu einer interessanten Erweiterung der kognitiven Gefühlstheorie geführt. Proponenten dieser Entwicklung sprechen von einer affektiven Intentionalität, die mit Bewertungen einhergeht, die erlebt werden. Zugleich hängen die affektiv-intentionalen Zustände gewöhnlich in rationalen Clustern zusammen, können also ebenfalls durch ToM-artige Interpretationen erklärt werden. Vgl. dazu Stephan; Walter, Slaby 2009; Stephan 2009, Grenspan 2004.

Übergang vom mentalen Parsen zum rekonstruktiven Geist-Lesen noch nicht geklärt ist.[206] Diese hybride Hermeneutik wird auch durch neueste neurobiologische Studien gestützt, wie der nächste Abschnitt nachweist.

2.4 Neurobiologische Evidenz für die Unterscheidung von mentalem Parsen und Interpretation (ToM).

Die neurobiologische Erforschung des menschlichen Gehirns hat in den letzten Jahren einige Gehirnregionen identifizieren können, die mit dem Repräsentieren des Geistes anderer Personen – also mit dem Verstehen im meta-repräsentationalen Sinne – korreliert sind. Zu diesen Gehirnregionen gehören der mediale präfontale Cortex, der hintere cinguläre Cortex, die Amygdala und die rechte und linke temporo-parietale Übergangsregion.[207] Der mediale präfrontale Cortex, der für seine Korrelation mit sozialer Kognition bekannt ist, reagiert sowohl auf soziales Nachdenken als auch auf Repräsentationen von Zielen und Gefühlen anderer Menschen.[208] Die Aktivität der Amygdala ist – wie schon seit längerem bekannt ist – mit emotionalen Zuständen, insbesondere mit Angstzuständen korreliert.[209]

Einige neurobiologische Studien haben speziell die neuronalen Korrelate des meta-repräsentationalen Denkens (Verstehens) untersucht, allerdings primär im Verhältnis zu Korrelaten von physikalischem Denken über die Natur.[210] Auch unabhängig von dieser thematischen Beschrän-

[206] So auch z. B. Adams 2010, Rupert 2009a, Rupert 2009b, Shapiro 2010, Shapiro 2011; Currie, Ravenscroft 2002; Mitchell 2005; Nichols, Stich 2003; Perner, Kuhberger 2005. Vgl. ferner den kurzen Hinweis in Detel 2011, 340.

[207] Generell ist darauf hinzuweisen, dass die wichtigste Funktion der Neurobiologie in der Erforschung des Geistes bisher darin besteht, gute philosophische und psychologische Unterscheidungen zu untermauern. Die Psychologen Rita Frizlen und Fritz Strack haben kürzlich zu Recht bemerkt, dass die Hirnforschung die psychologischen Erklärungen kognitiver Prozesse bisher weder korrigiert noch verbessert hat und dass daher die Psychologie mehr zum Verständnis des Gehirns beiträgt als die Hirnforschung zur Erklärung psychischer Phänomene, vgl. Strack, Frizlen 2012. Ähnlich urteilt auch der in Berkeley lehrende Psychologe John Kihlstrom, vgl. Kihlstrom 2010, bes. 761 f. Allerdings kann die Neurobiologie manchmal in psychologischen oder philosophischen Kontroversen über die richtige mentale Theorie zugunsten der einen oder anderen Seite Daten in die Waagschale werfen.

[208] Vgl. dazu genauer z. B. Thier 2003, ferner Amodio, Frith 2006; Ciaramidaro et al. 2007; Hynes, Baird, Grafton 2006; Schultz et al. 2004; Walter et al. 2004; Lamm, Batson, Decety 2007.

[209] Vgl. z. B. LeDoux 2003; Adolphs et al. 2005; Anderson, Phelps 2000, 2002; Cahill et al. 1995; Tranel et al. 2006.

[210] Vgl. z. B. Fletcher et al. 1995; Gallagher et al. 2000; Grèzes, Frith, Passingham 2004;

kung wurde in den letzten Jahren intensiv nach neuronalen Korrelaten des metarepräsentationalen Verstehens geforscht. Auf der psychologischen Ebene wurde dabei unter anderem der Falschheitstest[211] verwendet. Nach diesen Untersuchungen ist vor allem der temporo-parietale Übergang (eine Verbindungsstelle zwischen Schläfenlappen und Scheitellappen des menschlichen Gehirns) neuronal aktiv, wenn wir als Gedankenleser das metarepräsentationale Verstehen vollziehen und Theorien des Geistes über andere geistige Wesen aufzustellen versuchen.[212] So hat zum Beispiel Rebecca Saxe, eine der führenden ForscherInnen in diesem Bereich, kürzlich in einer umfassenderen Studie zur sozialen Kognition festgestellt:

Recent data identify distinct components of social cognition associated with five brain regions. In posterior temporal cortex, the extrastriate body area is associated with perceiving the form of other human bodies. A nearby region in the posterior superior temporal sulcus is involved in interpreting the motions of a human body in terms of goals. A distinct region at the temporo-parietal junction supports the uniquely human ability to reason about the contents of mental states. Medial prefrontal cortex is divided into at least two subregions. Ventral medial prefrontal cortex is implicated in emotional empathy, whereas dorsal medial prefrontal cortex is implicated in the uniquely human representation of triadic relations between two minds and an object, supporting shared attention and collaborative goals.[213]

Die – auch nach Saxe humanspezifische – Fähigkeit, „über die Gehalte von mentalen Zuständen zu räsonieren“ (also mentale Zustände verstehend zu rationalisieren) ist demnach vor allem mit neuronalen Aktivitäten im temporo-parietalen Übergang verbunden. Patienten, deren temporoparietaler Übergang geschädigt ist, zeigen deutliche Schwächen in der Metarepräsentation und insbesondere im Gedankenlesen.[214] Und Frauen scheinen im Durchschnitt bessere Gedankenleser zu sein als Männer.[215]

Es gibt sogar neuronale Evidenz für einen signifikanten Zusammenhang zwischen der metarepräsentationalen Zuschreibung von Meinungen und moralischen Urteilen.[216] Andere Untersuchungen haben sich exklusiv mit neuronalen Aktivitäten bei der Verwendung emotionaler Wörter und bei

Hogrefe, Wimmer, Perner 1986; Ruby, Decety 2003; Sommer et al. 2007; Vogeley et al. 2001; Wimmer, Perner 1983.

211 Vgl. zu diesem Test unten, Abschnitt 2.5. Vgl. dazu z. B. Zaitchik 1990; Ruffman, Perner 2005. Zur neueren dualen Deutung dieses Tests vgl. De Bruin, Newen 2011.

212 Vogeley et al. 2001; Saxe, Kanwisher 2003 in Newen, Schlicht 2009; Scholz et al. 2009.

213 Saxe 2006, insbes. 235. Vgl. auch Scholz et al. 2009; Singer, Tusche 2013.

214 Apperly et al. 2004 in Saxe 2009.

215 Krach et al. 2009.

216 Young et al. 2007.

der Zuschreibung von Emotionen beschäftigt.[217] Tatsächlich beruht auch das Verstehen der emotionalen Zustände anderer Personen (ein wichtiger Bestandteil von Empathie) auf spezifizierbaren neuronalen Mechanismen vor allem der Insula und des anterioren cingulären Cortex. Diese neuronalen Bereiche sind auch an der Produktion der emotionalen Zustände selbst beteiligt.[218] Interessanterweise ist darin auch der temporo-parietale Übergang involviert, der mit der Metarepräsentation allgemein korreliert ist. Das ist eine neuronale Evidenz für die kognitive Gefühlstheorie, wie sie auch in der vorliegenden Studie zugrunde gelegt wird.

Neurobiologische Studien, die sich mit den neuronalen Korrelaten der Zuschreibung von Wünschen oder Gefühlen einerseits und der Zuschreibung von Meinungen andererseits beschäftigen, kommen ebenfalls zu dem Resultat, dass sich die philosophische und psychologische Unterscheidung zwischen dem mentalen Parsen und dem rekonstruktiven Interpretieren auch in neurobiologischen Prozessen wiederfindet. Denn es gibt im menschlichen Gehirn zwei lokal getrennte Regionen für das Denken über mentale Zustände anderer Wesen, nämlich ein früher entwickeltes neuronales System für das Denken über Ziele, Wahrnehmungen und Emotionen (entsprechend dem mentalen Parsen), und ein später entwickeltes neuronales System für das Denken über semantische Gehalte (Repräsentationen) (entsprechend dem theorie-theoretischen Gedankenlesen). Diese beiden Regionen sind ihrerseits deutlich getrennt von Gehirnregionen, die mit inhibitorischer Kontrolle und syntaktischem Verstehen korreliert sind.[219]

Drei Gehirnregionen – die rechte und linke temporo-parietale Übergangsregion sowie der hintere cinguläre Cortex – reagieren mit deutlicher neuronaler Aktivität, wenn die Probanden die semantischen Gehalte der Gedanken anderer Menschen repräsentieren (also metarepräsentationales Verstehen exerzierten). Genau diese Regionen sind nicht aktiv, wenn die Probanden über andere mentale Zustände fremder Personen wie Ziele oder Gefühle oder über soziale Informationen zu anderen Menschen nachdenken. Demgegenüber reagiert der – evolutionshistorisch ältere – mediale präfrontale Cortex, der für seine Korrelation mit sozialer Kognition bekannt ist, sowohl auf soziales Nachdenken als auch auf Repräsentationen

[217] Vgl. z. B. Maddock, Garrett, Buonocore 2001, 2003; Saxe, Carey, Kanwisher 2004; Brunet et al. 2000; Ciaramidaro et al. 2007.

[218] Decety, Jackson 2004, 2006; Decety, Sommerville 2003; Jackson, Meltzoff, Decety 2005 in Goldman 2012; Jackson et al. 2006; Ruby, Decety 2004.

[219] Vgl. Saxe, Carey, Kanwisher 2004; Perner et al. 2006; Saxe, Kanwisher 2003; Bird et al. 2004; Samson et al. 2004; Saxe, Wexler 2005; ferner Vogeley et al. 2001; Gerrans 2009, Perner 2006; Perner, Aichhorn 2008.

von Zielen und Gefühlen anderer Menschen. Diese Befunde legen die Hypothese nahe, dass mentales Parsen und theorie-theoretisches Verstehen tatsächlich auf zwei getrennten, evolutionshistorisch verschiedenen neuronalen Mechanismen beruhen. Diese Hypothese entspricht im Übrigen dem psychologischen Befund, dass Kinder, die jünger als vier Jahre alt sind, mentale Begriffe wie *Wunsch, Ziel, Wahrnehmung und Gefühl* (simulativ) verstehen, nicht aber den Begriff Meinung, dass Kinder ferner erst im Alter von vier Jahren den klassischen Falschheitstest bestehen, der ein Indiz für theorie-theoretisches metarepräsentationales Verstehen ist, und dass die Unterscheidung zwischen mentalem Parsen und rekonstruktiver Interpretation bzw. den korrelierten neuronalen Mechanismen bis in das Erwachsenenalter hinein bestehen bleibt.

Insgesamt präsentieren diese neurobiologischen Arbeiten eine beeindruckende neurobiologische Evidenz dafür, die hermeneutische Unterscheidung zwischen mentalem Parsen und rekonstruktiver Interpretation aufrecht zu erhalten und den Ansatz einer hybriden Hermeneutik zu verfolgen, wie dies in der vorliegenden Studie durchweg praktiziert wird.[220]

2.5 Zur Ontogenese und anthropologischen Relevanz der Interpretation

Die hybride Theorie des Verstehens und Interpretierens involviert die Möglichkeit, die anthropologische Grundfrage, was den Menschen von den Tieren unterscheidet, auf einfache und elegante Weise zu beantworten. Die Forschung zu den kognitiven Fähigkeiten der Tiere und zu den kognitiven Differenzen zwischen Menschen und Tieren ist in letzter Zeit intensiv vorangetrieben worden und fördert eine fast unübersehbare Menge immer neuer Resultate und Einsichten zutage, die zum Teil überraschend und erstaunlich sind. Wie oben gezeigt wurde, manifestieren Schimpansen und kleine, noch nicht sprachfähige Menschenkinder im Bereich des natürlichen Verstehens und nicht-sprachlichen mentalen Parsens in erstaunlichem Ausmaß dieselben kognitiven Fähigkeiten. Man kann also nicht generell sagen, dass Menschen sich in kognitiver Hinsicht von den Tieren durch „die Fähigkeit zum Verstehen der Artgenossen als intentionaler und geistbegabter Akteure" unterscheiden.[221] Viele Tiere scheinen vor allem im Bereich des zweckrationalen Lösens komplizierter Probleme über kognitive Kapazitäten zu verfügen, die ihnen noch vor wenigen Jahr-

[220] Vgl. dazu auch Leslie 1988.
[221] So Tomasello in seiner ersten Monographie 2002, 68.

zehnten niemand zugetraut hätten. Worin bestehen also die kognitiven Unterschiede zwischen Menschen und Tieren?

Halten wir zunächst fest, dass Tiere weder sprechen noch eine kumulative Weitergabe kultureller Leistungen organisieren können. Einige Menschenaffen können nach jahrelangem Training mit Hilfe externer Mittel (etwa von Computern) Zwei-Wort-Sätze formulieren und auf dieser Grundlage auch mit Menschen kommunizieren, aber sie sind nicht in der Lage, eine voll syntaktische Sprache zu erlernen. Menschenkinder können ab einem Alter von knapp zwei Jahren unsyntaktische Zwei-Wort-Sätze formulieren, gehen dann aber wenige Monate später zum syntaktischen Sprechen und Verstehen über und verfügen mit ca. vier Jahren über volle syntaktische sprachliche Fähigkeiten. Menschenaffen und einige andere Tiere können ferner in begrenztem Maße erlernte kulturelle Praktiken an ihre Nachfahren weitergeben, aber diese Tradierung resultiert nicht wie bei Menschen in einem Wagenheber-Effekt, der den historischen Verlust einmal erlernter kultureller Praktiken weitgehend verhindert und so zu ihrer Kumulation führt. Für die kumulative Kulturentwicklung sind offensichtlich unter anderem sprachliche Fähigkeiten wichtig, denn die narrativen Techniken früher humaner Kulturen und später die Erfindung der Schrift tragen in hohem Maße zur Aufbewahrung einmal erlernter kultureller Leistungen bei. Das anthropologische Explanandum, das im Rahmen der Forschung zu den kognitiven Differenzen zwischen Mensch und Tier postuliert worden ist, geht also auf etablierte Feststellungen zu humanspezifischen Leistungen zurück. Doch wenn es um den – hermeneutisch so überaus interessanten – Vorschlag geht, dass es im Kern die Fähigkeit des Geist-Lesens ist, auf die eine Erklärung der beiden genannten humanspezifischen Leistungen zurückgreifen sollte, so bleibt die Debatte bis heute verwickelt und kontrovers.

Tomasello hat in seiner jüngsten Monographie eine Zwischenstufe (ja sogar nach eigener Einschätzung das *missing link*) zwischen natürlichem Verstehen und humanspezifischer sprachgestützter Kommunikation postuliert, die über das eingeschränkte mentale Parsen[222] hinauszugehen scheint.[223] Dabei bezeichnet er *Kommunikationssignale* als Signale, die von den Signalgebern flexibel, strategisch und kontrolliert eingesetzt werden, um Verhalten und mentale Zustände anderer Tiere zu steuern. Insofern handelt es sich um *intentionale Signale*, die absichtlich eingesetzt werden. Mittels Kommunikationssignalen ist eine *intentionale Kommunikation* möglich, in der der Signalgeber Kommunikationssignale an den Adres-

[222] Vgl. MP, oben Abschnitt 2.1.

[223] Tomasello 2009.

saten sendet, dieser die Signale erkennt und sich dementsprechend auf bestimmte Weise verhält. Eine *kooperative Kommunikation* schließlich ist eine intentionale Kommunikation, in der die Signalgeber unter anderem das Ziel haben, den Adressaten zu helfen oder eine mentale Einstellung bzw. eine Information mit ihnen zu teilen.

Der grundlegende Befund ist nun, dass bei Menschenaffen eine intentionale Kommunikation nachweisbar ist.[224] Doch wird die intentionale Kommunikation nicht stimmlich, sondern gestisch vollzogen. Denn einige Gesten von Menschenaffen sind intentionale Signale, d.h. werden gelernt sowie absichtsvoll und flexibel gebraucht. Belege dafür sind unter anderem, dass das Repertoire dieser Gesten individuell verschieden ist, dass dieselbe Geste zu verschiedenen Zwecken und verschiedene Gesten zum selben Zweck gebraucht werden, dass die Gesten nur dann gebraucht werden, wenn der Adressat aufmerksam ist und der Signalgeber die Reaktion des Adressaten kontrolliert, und dass, wenn der Adressat nicht angemessen reagiert, Kombinationen von Gesten gebraucht werden.[225]

Menschenaffen benutzen darüber hinaus im Rahmen ihrer intentionalen Kommunikation auch Gesten, die Aufmerksamkeitsfänger sind, also die Aufmerksamkeit anderer Menschenaffen auf den Signalgeber lenken sollen. *Aufmerksamkeitsfänger* werden von Menschenaffen auch mit Intentionssignalen kombiniert: die Intentionssignale enthalten eine soziale Intention, und die Aufmerksamkeitsfänger involvieren eine Art referentieller Intention. Diese zweistufige intentionale Struktur bildet nach Tomasello wahrscheinlich das fehlende Glied zwischen natürlichem Verstehen und der raffinierten Steuerung von Aufmerksamkeit und intentionaler Teilhabe in der humanen Interpretation. Insgesamt scheint die intentionale Kommunikation die höchste Stufe der sozialen Kognition zu sein, die von Menschenaffen erreicht werden kann.

Auf der anderen Seite gibt es zur Zeit weitgehende Übereinstimmung

[224] Vermutlich ist intentionale Kommunikation aber auch auf Primaten oder gar auf Menschenaffen beschränkt.

[225] Eine *typische gestische Kommunikation* bei Primaten läuft so ab: Der Signalgeber prüft die Aufmerksamkeit seines Adressaten. Ist der Adressat nicht aufmerksam, so geht der Signalgeber um den Adressaten herum, um ins visuelle Feld des Adressaten zu gelangen. Dann gestikuliert der Signalgeber mit Intentionssignalen vor dem Adressaten und beobachtet dessen Reaktion. Im Falle einer unbefriedigenden Reaktion des Adressaten wiederholt der Signalgeber die Geste oder benutzt andere Gesten. In der gestischen Kommunikation offenbart sich daher ein Verstehen des Signalgebers davon, wie die Reaktion des Adressaten von intentionalen Fähigkeiten des Adressaten (insbesondere seiner intentionalen Aufmerksamkeit) abhängt. Der Signalgeber erwartet, dass der Adressat versteht, dass das Intentionssignal des Signalgebers eine Aufforderung ist, entsprechende Handlungen zu vollziehen, und dafür muss der Adressat das Signal auch als eine solche Aufforderung verstehen.

darüber, was selbst die kognitiv am weitesten entwickelten Tiere, die Menschenaffen, im Rahmen der sozialen Kognition (also von Verstehen und Interpretation und ihren kognitiven Bedingungen) *nicht* zu leisten vermögen. Dazu gehört vor allem, dass Primaten einschließlich der Menschenaffen den Falschheitstest nicht bestehen.[226] Eine der vielen Versionen dieses Tests ist, dass Kasper vor den Augen der Kinder Geld in einer gelben Schachtel versteckt und dann kurz weggeht. Inzwischen kommt der Räuber und versteckt das Geld in der grünen Schachtel. Kasper kommt zurück, um sein Geld zu holen, und die Kinder werden gefragt, in welcher Schachtel er sein Geld suchen wird. Antworten die Kinder *in der gelben Schachtel*, so haben sie den Test bestanden. Sie sind dann in der Lage, anderen Personen Meinungen zuzuschreiben, die sie selbst für falsch halten. Erst das Bestehen dieses Tests beweist daher eindeutig, dass ein geistiges Wesen die geistige Perspektive eines anderen geistigen Wesens *als dessen eigene Perspektive* erfassen und mit dessen Handlungen verknüpfen kann, d. h. über Grundlagen der ToM verfügt. Und genau in dieser Hinsicht leisten Menschenkinder mehr als Schimpansen, weil sie den Falschheitstest ab einem Alter von 4 Jahren durchweg bestehen.[227]

Darüber hinaus können Menschaffen keine Triangulation aufbauen; sie können zwar beobachten, dass in der eigenen Umgebung ein Anderer (etwas Anderes) einen Zustand verändert hat, und sie können diese Veränderung nachahmen (imitieren). Doch sie lernen dabei nicht die Art und Weise, wie die Veränderung durchgeführt wurde. Wenn zum Beispiel Schimpansen und zweijährige Menschenkinder beobachten, wie ein Gegenstand auf zwei verschiedene Weisen benutzt werden kann, um einen anderen Gegenstand zu erreichen (jeweils *eine* Probandengruppe beobachtet jeweils *eine* Methode), dann versuchen die Schimpansen alles Mögliche (nicht nur die jeweils beobachtete Methode), um den Gegenstand zu erreichen. Da-

[226] Vgl. Call, Tomasello 1999; Hare et al. 2001, beide in Call, Tomasello 2008.

[227] Perner 1991, ferner Clements, Perner 1994; Csibra, Southgate 2006, beide in Call, Tomasello 2008. Der Falschheitstest kann natürlich nicht direkt mit Schimpansen durchgeführt werden, weil dafür sprachliche Erläuterungen und Fragen erforderlich sind. Aber es gibt vergleichbare Tests für Schimpansen mit starker Aussagekraft. Man setzt zum Beispiel Schimpansen zunächst eine gelbe und dann eine blaue Brille auf. Durch die gelbe Brille kann man nichts sehen, durch die blaue Brille kann man normal sehen. Dann werden die beiden Brillen zwei Experimentatoren aufgesetzt, die ein Leckerli in Händen halten. Schimpansen betteln dann diese beiden Experimentatoren mit derselben Wahrscheinlichkeit an, realisieren also nicht, dass sie vom Experimentator mit der gelben Brille nicht gesehen werden können und sie ihn daher vergeblich anbetteln. Menschenkinder betteln dagegen im Alter zwischen drei und vier Jahren nur den Experimentator mit der blauen Brille an. Vgl. auch Call, Tomasello 1999. Nach Povincelli et al. 1994 gibt es bei Schimpansen auch keine Wissenszuschreibung und keine Selbstzuschreibung.

gegen ahmen die Menschenkinder *immer genau* die vorgeführte Methode nach, auch wenn sie weniger effizient ist. Man unterscheidet daher das *Emulationslernen*, das in einer Nachahmung beobachteter Veränderungen besteht, ohne dass die Art und Weise der Veränderung gelernt würde,[228] und das *Imitationslernen*, das in einer Nachahmung beobachteter Veränderungen besteht, die ein Erlernen der Art und Weise der Veränderung einschließt. Das Imitationslernen ist humanspezifisch und kann als ein wichtiger Schritt auf dem Weg zur Entwicklung meta-repräsentationaler Fähigkeiten betrachtet werden. Denn nur durch Imitationslernen können die Lernenden eine hohe erworbene Homogenität des Verhaltens mit den Lehrenden erreichen.[229] Ferner können Menschenkinder über aktives und absichtliches Lehren lernen – ein Phänomen, das bei Schimpansen und anderen nicht-menschlichen Primaten bisher nicht eindeutig nachweisbar ist.[230]

Vor allem aber können Primaten andere Primaten oder Menschen nicht als kooperative Akteure verstehen. Diese Form des Verstehens setzt zwei Elemente voraus: eine kognitive Fähigkeit zur Erzeugung gemeinsamer Aufmerksamkeit und Intentionen, sowie eine soziale Motivation zum Helfen und Teilen von Intentionalität. Die menschliche Kommunikation involviert tatsächlich drei grundlegende Elemente: Das Auffordern (P will, dass P* etwas tut, das für P nützlich und hilfreich ist); das Informieren und Helfen (P will, dass P* von etwas Kenntnis nimmt, weil P annimmt, dass diese Information für P* interessant oder hilfreich ist); und das Teilen von Gefühlen und Einschätzungen (P hat eine bestimmte Einstellung oder Gefühlslage EG und will, dass P* EG mit P teilt).[231] Alle diese kognitiven Kompetenzen (einschließlich der sprachlichen Kompetenz) erwerben Menschenkinder jedoch im Verlaufe ihrer Entwicklung bis zum vierten Lebensjahr.

Wie sieht nun die grundlegende Entwicklung vom mentalen Parsen zur Interpretation aus, die zwischen dem ersten und vierten Lebensjahr klei-

[228] Das Emulationslernen reicht aus, um den Werkzeuggebrauch und das Erlernen des Werkzeuggebrauchs zu erklären.

[229] Belege dafür sind unter anderem: Kleinkinder (i) reproduzieren Handlungen, die ungewöhnliche Mittel zur Erreichung bestimmter Ziele sind, (ii) reproduzieren Handlungen mit Zielerreichung, die als erfolglose Handlungen ohne Zielerreichen vorgeführt worden wären, (iii) reproduzieren häufiger intentionale als kontingente Handlungen, (iv) reproduzieren den Umgang mit Artefakten unter seinem Ziel, und (v) weichen von 24 Monaten ab im *pretense play* absichtlich von realen Handlungskontexten ab.

[230] Akkulturierte Schimpansen sind allerdings nach langem Training zu begrenztem Imitationslernen fähig.

[231] Vgl. dazu zum Beispiel Tomasello 2009.

ner Menschenkinder erfolgt, genauer aus?[232] Die erste Phase ist der Zeitraum im Alter zwischen 9 und 15 Monaten vor dem Spracherwerb,[233] die mittlerweise als *Neunmonatsrevolution* bekannt ist und insbesondere die Verwendung von Zeigegesten involviert. Jüngere Säuglinge agieren dyadisch: sie manipulieren Gegenstände, ohne Artgenossen zu beachten; oder sie interagieren emotional mit Artgenossen, ohne Gegenstände zu beachten. Aber in der Altersperiode zwischen 9 und 15 Monaten entwickeln menschliche Kleinkinder drei zusätzliche kognitive Fähigkeiten: Die Prüfung, das Verfolgen und das Lenken der Aufmerksamkeit anderer Personen. Der Endpunkt dieser Entwicklung ist das triadische Agieren: Die Kinder beachten zugleich die intentionale Ausrichtung von Artgenossen und die betrachteten Gegenstände und bilden so ein referentielles Dreieck zwischen Kind, Erwachsenem und Referenzobjekt. Im Rahmen dieser *Triangulation*[234] richten Kind und Erwachsener ihre Aufmerksamkeit sowohl auf einen dritten Gegenstand als auch wechselseitig auf die Aufmerksamkeit des anderen hinsichtlich des dritten Gegenstandes. Nur in einer solchen Situation kann sprachliche Referenz gelernt werden. In demselben Altersfenster können die Kinder plötzlich Bewegungen von ihrem Ziel her deuten (z. B. ein Ball „jagt" gezielt einen anderen).[235] Menschliche Kleinkinder lernen also in der Neunmonatsrevolution, andere Menschen differentiell und verlässlich als intentionale Akteure wahrzunehmen und empirisch zu klassifizieren – also als Akteure, die ihre Aufmerksamkeit auf bestimmte Gegenstände richten und ihr Verhalten auf bestimmte Ziele zulaufen lassen.[236]

Kinder im Alter zwischen 11 und 14 Monaten verwenden darüber hinaus *Zeigegesten*, um auf Gegenstände zu zeigen, mit denen etwas gemacht werden soll, um auf ungewöhnliche Geräusche und schöne Dinge aufmerksam zu machen, um ein Verhalten zu antizipieren, um auf etwas Verborgenes oder Verstecktes, das gesucht wird, hinzuweisen, und um auf die Ursache einer eigenen Verletzung zu verweisen. Dies sind nicht

[232] Vgl. zum Folgenden vor allem die Studien Tomasello 2002, 2009.

[233] Dabei werden insbesondere verschiedene Formen von Interaktionen zwischen Säuglingen untersucht, die auf geteilter Intentionalität beruhen, vgl. Tomasello et al. 2005; Tomasello, Carpenter 2007.

[234] Dieser Begriff wurde von dem Philosophen Donald Davidson geprägt, der allerdings übersehen hat, dass in diesem Szenario das Erkennen perzeptiver Objekte vorausgesetzt werden muss.

[235] Die Belege für all diese Fähigkeiten sind im wesentlichen Blickverhalten, Aufmerksamkeit und Stutzen sowie enttäuschte Erwartung, dazu natürlich das Zeigen oder Hindeuten auf Gegenstände zugleich mit dem Anschauen der Erwachsenen.

[236] Nach Surian et al. 2007 können einige Kleinkinder bereits mit 13 Monaten anderen Menschen Meinungen zuschreiben.

nur imperative Gesten, die etwas für den Signalgeber Nützliches verlangen, sondern hauptsächlich Gesten, die zu geteilter Aufmerksamkeit auf interessante (und zum Teil abwesende) Dinge führen sollen. So sind Kleinkinder bei deklarativen Zeigegesten erst zufrieden (d.h. wiederholen die Zeigegeste nicht mehr), wenn der Adressat sowohl auf den richtigen (gezeigten) Gegenstand schaut als auch auf das Kleinkind, um positiv emotional zu reagieren. Die Kinder wollen also nicht nur die Referenz, sondern auch die mentale Einstellung (Begeisterung, Neugierde) mit dem Adressaten teilen. Oft wollen Kinder Erwachsenen mit deklarativem Zeigen auch helfen, etwas zu finden. Wenn sie zum Beispiel sehen, dass eine andere Person nach einem Gegenstand sucht und sie selbst wissen, wo sich dieser Gegenstand befindet, zeigen sie auf den Gegenstand, ohne ihn selbst haben zu wollen. Die Zeigegestik menschlicher Kleinkinder weist demnach innerhalb der Neunmonatsrevolution bereits jene drei kooperativen Motive auf, die man auch bei Erwachsenen findet: Teilen von Intentionalität, Helfen und Bitte um Hilfe.[237]

Anders verhält es sich mit *ikonischen Gesten* (Gebärdenspiel). Denn bei Kleinkindern sind ikonische Gesten fast ausschließlich konventionell und werden wie sprachliche konventionelle Symbole erlernt. Die sprachlichen Symbole treten daher in Konkurrenz zu den ikonischen Gesten, nicht aber zu den Zeigegesten, mit denen die Sprache vielmehr kombiniert wird. Wichtig ist allerdings, dass Kleinkinder ikonische Gesten benutzen, um das *pretense play* zu organisieren, weil ikonische Gesten, im Gegensatz zu Zeigegesten, leicht auch auf abwesende Gegenstände oder Sachverhalte verweisen können.

Die weitere Entwicklung der Interpretationsfähigkeit ist unter anderem von Josef Perner in einer der klassischen Studien zu diesem Thema skizziert und mit vielen Experimenten belegt worden.[238] Zweijährige Kinder können sich von der Realität entfernen, indem sie nichtreale hypothetische Situationen repräsentieren. Der Beleg dafür ist das *pretense play* (vorgebliches reales Spielen), in dem die Kinder ausdrücklich vereinbaren, die Rolle bestimmter Personen anzunehmen und konsequent auszuspielen („Du bist der Prinz und ich bin die Prinzessin").[239] Dabei erfassen die Kinder

[237] Zu gemeinsamer Zusammenarbeit von einjährigen Kindern unter gemeinsamen Zielen vgl. Carpenter 2009; Warneken, Chen, Tomasello 2006; Wyman, Tomasello 2007. Zu Aktionen des Helfens und ihren sozialen Bedingungen bei einjährigen Kindern vgl. Over, Carpenter 2009; Warneken, Tomasello 2006, 2007, 2009.

[238] Vgl. Perner 1991. Siehe bereits Wimmer, Perner 1983, ferner Frith, Frith 2003 mit einem Blick auf die entsprechenden neurophysiologischen Daten. Ferner Leslie 1988, Reddy 2008.

[239] Vgl. z.B. Lillard 2002. Meine eigenen Kinder haben die Vereinbarungen des *pretense*

bereits die normative Struktur des pretense play und protestieren gegen die Verletzung der vereinbarten Regeln.[240] In dieser Zeit beginnen sich die Kinder auch für Bilder zu interessieren und bestehen den Spiegeltest, d. h. können ihr eigenes Spiegelbild als Abbild ihrer selbst interpretieren. Mit drei Jahren beginnen die Kinder die Korrespondenz zwischen repräsentierenden und repräsentierten Dingen, z. B. zwischen zwei Spielzeugräumen (*Daddy Snoopy's room und Honey Snoopy's (his daughter's) room*) mit einer Korrespondenz zwischen allen Einrichtungsgegenständen zu erfassen. In dieser Zeit entwickeln die Kinder auch die Fähigkeit sich vorzustellen, dass Repräsentationen je nach Standpunkt und Beobachter alternative Formen annehmen können. So können sie zum Beispiel bei gedrehten Bildern einsehen, dass andere Betrachter die Bilder von ihrem Standpunkt aus visuell anders repräsentieren als das Kind selbst, z. B. wenn eine Schildkröte auf dem Bild je nach Drehung auf dem Rücken liegt oder auf den Füßen steht. Hier geht es nicht nur um die Fähigkeit zu verstehen, dass Betrachter von einem anderen Standpunkt aus etwas anderes sehen, z. B. den Kopf, während die geprüften Kinder nur den Schwanz sehen. Vielmehr muss von den Kindern verstanden werden, dass Betrachter von einem anderen Standpunkt aus dasselbe Ding anders repräsentieren als die Kinder selbst.

Ein zentrales Experiment in diesem Kontext ist der *Erinnerungstest*: Den Kindern wird gesagt, dass sich in einer vorgezeigten Schachtel ein Stück Schokolade befinde. Dann tritt Kasper auf und fragt die Kinder, was in der Schachtel sei, und sie antworten wahrheitsgemäß: Schokolade. Kasper öffnet dann die Schachtel und stellt überraschend fest, dass in der Schachtel nicht Schokolade, sondern ein Spielzeugauto liegt. Dann wird die *Erinnerungsfrage* gestellt: Als Kasper euch fragte, was in der Box sei, was sagtet ihr dazu? Dreijährige Kinder sind im Allgemeinen nicht in der Lage, diese Frage korrekt zu beantworten, während fast alle vierjährigen Kinder die Frage richtig beantworteten. Erst Vierjährige können einigermaßen zuverlässig unterscheiden zwischen dem Ding, das in der Box ist (dem Referenten der Aussage) und dem semantischen Gehalt einer Aussage, der im Verstehen erfasst wird. Wenn ein Kind die Unterscheidung von Referenz und Verstehen treffen kann, ist es auch in der Lage nachzuvollziehen, dass eine Aussage zwar auf eine reale Situation referiert, dass sie sich aber in falscher Weise auf diese Situation beziehen kann. Entsprechend bestehen vierjährige Kinder, wie bereits erwähnt, meist auch den

play interessanterweise stets im irrealen Konjunktiv formuliert „Du wärst jetzt der Prinz, und ich wäre die Prinzessin".

[240] Vgl. Rakoczy 2008; Rakoczy, Warneken, Tomasello 2008; Wyman, Rakoczy, Tomasello 2009.

Falschheitstest. Sie sind – wie Perner formuliert – zu *starken Metarepräsentationen* fähig, die repräsentieren, dass eine Aussage etwas angemessen *oder* unangemessen repräsentiert.[241]

Mit vier Jahren haben Menschenkinder also die kognitive Fähigkeit entwickelt, die Repräsentationen anderer geistiger Wesen *als* spezifische Repräsentationen von Dingen und Situationen zu erfassen, die von ihrer eigenen Weltrepräsentation abweichen. Nicht immer sind vierjährige Kinder bereits zu komplexen rationalen Erklärungen in der Lage. Doch geht die Fähigkeit, sich im skizzierten Sinne in die geistige Perspektive anderer Menschen hineinzuversetzen, eindeutig über mentales Parsen hinaus. Wir können an dieser Stelle von *elementarer Interpretation* sprechen.

Die Fähigkeit zu elementarer Interpretation wird in der Literatur als Verfügen über eine ToM betrachtet. Das heißt, eine ToM in diesem Sinne involviert noch nicht notwendigerweise die Fähigkeit zu komplexen rationalen Erklärungen, aber doch schon das Vermögen, sich die geistige Perspektive anderer Menschen zu Eigen zu machen.[242] Daniel Dennett hat bereits vor vier Jahrzehnten vorgeschlagen, das Bestehen des Falschheitstests als hinreichende Bedingung für eine ToM anzusehen.[243] Anschließende psychologische Studien von Wimmer und Perner haben viel dazu beigetragen, Dennetts Auffassung in einen zunehmenden Konsens unter Entwicklungspsychologen zu transformieren. Die kindliche Entwicklung zu einer ToM zwischen dem ersten und vierten Lebensjahr gilt mittlerweile als konsistent, robust und kontinuierlich.[244] Diese Entwicklung involviert zum Beispiel auf der Grundlage der Neunmonatsrevolution die Einsicht, dass verschiedene Menschen unterschiedliche Wünsche haben, und später auch die Fähigkeit, zwischen scheinbaren und wirklichen Emotionen zu unterscheiden.[245] Im Alter von drei bis fünf Jahren verwenden Kinder mentale Ausdrücke wie *denken* und *wollen*, beginnen Witze zu verstehen[246] und versuchen zu täuschen.[247]

[241] Ähnliche Ergebnisse erhält man, wenn man mit drei- und vierjährigen Kindern Experimente zur *Unterscheidung von Erscheinung und Realität* durchführt, vgl. dazu ebenfalls Perner 1991.

[242] Zum Folgenden vgl. auch den kurzen Überblick in Feng 2008.

[243] Vgl. Dennett 1978.

[244] Eine Metastudie zu mehr als 170 Studien zum Falschheitstest und zur Entfaltung der ToM bei Menschenkindern bestätigt diese Feststellung, vgl. Wellman, Watson 2001 in Goldman 2012. Es scheint sogar Evidenz dafür zu geben, dass 16 Monate alte Kinder ein implizites Verständnis von falschen Meinungen haben, vgl. Onishi and Baillargeon 2005 in Call, Tomasello 2008.

[245] Wellman, Liu 2004.

[246] Vgl. Leekam 1991.

[247] Vgl. Sodian et al. 1991; Apperly 2010.

Im Zuge der Ontogenese der elementaren Interpretation verbindet sich bei menschlichen Kleinkindern die Fähigkeit, die geistige Perspektive anderer Menschen einzunehmen, mit den kooperativen Motiven des Teilens von Intentionalität, des Helfens und des Bittens um Hilfe. Diese Verknüpfung stellt die Entfaltung der elementaren Interpretationsfähigkeit in den Rahmen der Entwicklung einer kooperativen Kommunikation, die einen deutlichen Bezug auf gemeinschaftliche Tätigkeit und altruistische Orientierung aufweist.[248] Unter einer gemeinschaftlichen Tätigkeit ist dabei eine Tätigkeit mehrerer Individuen zu verstehen, bei der die Individuen ein gemeinsames Ziel mit geteilter Aufmerksamkeit entwickeln und für die Erreichung des gemeinsamen Zieles verschiedene zusammenhängende komplementäre Rollen einnehmen. Ein wichtiges Beispiel für eine gemeinschaftliche Tätigkeit unter Menschenkindern ist das soziale Spielen, das kein anderes Ziel hat, als eben das Spiel zu spielen, und das insbesondere auch den Rollentausch involviert. Gerade der Rollentausch beruht auf der Einnahme einer Vogelperspektive, aus der das gemeinsame Ziel mit komplementären Rollen gesehen wird, so dass die Rollenverteilung als veränderbar erkannt wird. Kleine Menschenkinder beginnen bereits mit ca. 14 Monaten, gemeinschaftlich tätig zu werden und dabei kooperative Kommunikation einzusetzen.[249]

Wir haben es hier mit dem Beginn *reziproker Interpretation* zu tun, die den Kern der mentalen und sprachlichen Kommunikation ausmacht. Es lohnt sich, das *Modell kooperativer Kommunikation*, das von Tomasello postuliert wird, zu betrachten, weil dieses Modell in der kognitiven Entwicklung menschlicher Kleinkinder angelegt ist und die *normativen Komponenten der kooperativen Kommunikation* und der involvierten reziproken Interpretation zum Ausdruck bringt. Das Modell enthält mehrere Bestandteile:

(a) *Zeigegesten und Gebärdenspiel* – die beiden Grundformen menschlicher Gesten. Zeigegesten (deiktische Gesten) lenken die Aufmerksamkeit des Adressaten auf Dinge in der unmittelbaren Wahrnehmungsumgebung. Gebärden (ikonische Gesten) lenken die Aufmerksamkeit des Adressaten dagegen auf etwas nicht Präsentes durch Simulierung von Handlungen oder Gegenständen. Jede Geste kann also durch ihre referentielle und soziale Intention charakterisiert werden. Die Interpretation von Gesten (deiktisch oder ikonisch) erfordert daher die Entschlüsselung sowohl der referentiellen als auch der sozialen Intention.

[248] Zum Folgenden vgl. Tomasello 2009.

[249] Vgl. Tomasello 2009, insbesondere das Résumé 194 f.

(b) *Verstehen anderer Menschen als kooperativer Akteure*: Dieses Verstehen setzt zwei Elemente voraus: eine kognitive Fähigkeit zur Erzeugung gemeinsamer Aufmerksamkeit und Intentionen, sowie eine soziale Motivation zum Helfen und Teilen von Intentionalität.

(c) *Gemeinsamer epistemischer Hintergrund*: Nur aufgrund dieses Hintergrundes können einfache Gesten auf komplexe Sachverhalte verweisen. Es ist die menschliche kognitive Fähigkeit, eine gemeinsame Aufmerksamkeit und Intention zu produzieren, die diesen Hintergrund generiert.

(d) *Soziale Motivation menschlicher Kommunikation*: Diese Motivation besteht aus drei grundlegenden Motiven für Kommunikation:
- Auffordern (P will, dass P* etwas tut, das für P nützlich und hilfreich ist);
- Informieren und Helfen (P will, dass P* von etwas Kenntnis nimmt, weil P annimmt, dass diese Information für P* interessant oder hilfreich ist);
- Teilen von Gefühlen und Einschätzungen (P hat eine bestimmte Einstellung oder Gefühlslage EG und will, dass P* EG mit P teilt).

(e) *Kommunikative Absichten mit wechselseitigen Annahmen der Hilfsbereitschaft*, deren Ziel es ist, den Adressaten wissen zu lassen, dass der Signalgeber seine Gesten oder Laute an ihn richtet und ihm Hilfe anbieten will. Dabei müssen beide eine wechselseitige Hilfsbereitschaft unterstellen.

Dieses Modell kennzeichnet den menschlichen Geist und die Interpretation des menschlichen Geistes sowohl auf nicht-sprachlicher als auch auf sprachlicher Ebene.[250]

Das wesentliche hermeneutische Resultat dieser Befunde ist, dass das wechselseitige Interpretieren, das sich im Rahmen der Ontogenese der elementaren Interpretation entfaltet, eine der wichtigsten Grundlagen für gemeinschaftliche Tätigkeit durch kooperative Kommunikation ist und von diesen Grundlagen eine normative Dimension erbt. Denn es scheint eine der wichtigsten sozialen Funktionen reziproker elementarer Interpretation zu sein, wechselseitige Hilfsbereitschaft und gemeinschaftliche Tätigkeit, die für alle Beteiligten vorteilhaft sind, zu fördern.

Zwischen dem ersten und vierten Lebensjahr durchlaufen Menschenkinder allerdings noch eine andere grundlegende kognitive Entwicklung, nämlich die Entwicklung sprachlicher Fähigkeiten. Diese Entwicklung

[250] Zu einem kritischen Kommentar zu Tomasellos Darstellung der psychologischen Infrastruktur kooperativer Kommunikation vgl. Detel 2011a.

setzt einige Monate nach der Neunmonatsrevolution ein und ist in derselben Zeitspanne abgeschlossen wie die Fähigkeit zur elementaren Interpretation. Kleine Menschenkinder können bereits mit 6 Monaten Laute mit Erfahrungen assoziieren. Wenn Spracherwerb allein darin bestünde, konventionelle sprachliche Laute mit Erfahrungen und Dingen zu assoziieren, dann müssten Kinder schon mit 6 Monaten zu sprechen beginnen. Aber das ist nicht der Fall. Kinder lernen eine Sprache erst nach der Neunmonatsrevolution, wenn sie geteilte Intentionalität herstellen und erfassen können. Erst im Szenario der Triangulation kann Sprachfähigkeit erworben werden.

Es ist unstrittig, dass die sprachliche Kommunikation die referentielle Intention und den referentiellen Inhalt sehr viel genauer darstellen kann und daher sehr viel leistungsfähiger ist als nicht-sprachliche (zum Beispiel gestische) Kommunikation. Der Grund wird oft in der Arbitrarität der sprachlichen Konventionen gesehen, die so flexibel ist, dass fast jeder Aspekt der menschlichen Erfahrung dargestellt werden kann.[251] Arbiträre sprachliche Konventionen sind nur dann möglich, wenn die Sprachbenutzer über sehr gute Fähigkeiten des kulturellen Lernens (also des Imitationslernens, aber auch der Imitation durch Rollentausch) verfügen. Damit ist die Kennzeichnung natürlicher Sprachen im Vergleich zu nicht-sprachlicher Artikulation aber bei weitem noch nicht erschöpft. Die meisten modernen Sprachtheorien gehen von einer Reihe weiterer wichtiger Kennzeichen natürlicher Sprachen aus. Demnach bestehen *natürliche Sprachen* aus Lauten oder schriftlichen Symbolen, d. h. aus *sprachlichen Zeichen*, die auf etwas in der Welt referieren, die zugleich aber auch etwas repräsentieren, d. h. einen semantischen Gehalt, eine Bedeutung haben (im Falle von Sätzen heißt ihr semantischer Gehalt auch Proposition oder propositionaler Gehalt). Darüber hinaus sind sprachliche Zeichen durch eine komplexe rekursive Syntax gegliedert und werden gesprochen (geäußert), d. h. in Sprechhandlungen ausgedrückt. *Sprechhandlungen* und damit auch *sprachliche Zeichen, die in Sprechhandlungen ausgedrückt werden*, artikulieren im allgemeinen, was die Sprecherin denkt. Sie wenden sich außerdem an einen Hörer oder Leser, der die sprachlichen Zeichen verstehen soll, und sie dienen der Information des Hörers darüber, was der Sprecher denkt, und darüber, was der Fall ist, wenn der Sprecher die Wahrheit sagt. Sie haben meist einen psychologischen Modus (einen Sprechakt) und sind indikativisch (deskriptiv, Wort-auf-Welt-Ausrichtung) oder imperativisch (präskriptiv, Welt-auf-Wort-Ausrichtung) ausgerichtet.

Es sind diese Kennzeichen, die dazu führen, dass natürliche Sprachen

[251] So u. a. Tomasello 2009.

einer Kommunikation (also der gegenseitigen Interpretation) zwischen Sprecherin und Hörerin (Leserin) dienen, die soziale Kooperation in menschlichen Gemeinschaften erleichtert und eine wichtige Grundlage für eine Lehre von Inhalten und Fertigkeiten ist, die ferner zu einer Kumulation von Wissen führt und damit Kulturen mit kumulativen Wagenhebereffekten (also spezifisch menschliche Kulturen) ermöglicht. Die parallele Entwicklung von elementar-interpretativen und sprachlichen Fähigkeiten zwischen dem ersten und vierten Lebensjahr von Menschenkindern stellt eine der wichtigsten Grundlagen für die kognitive Fähigkeit zur höherstufigen Interpretation in Gestalt komplexer rationaler Erklärungen von mentalen Zuständen, sprachlichen Äußerungen oder Texten und Handlungen dar.

Diese Resultate untermauern auf eindrucksvolle Weise das Konzept einer hybriden Hermeneutik, die zwischen einem nicht-sprachlichen Parsen und einem komplexeren sprachlichen Interpretieren unterscheidet. Das nicht-sprachliche Parsen teilen Menschen mit Primaten, die Interpretation ist dagegen humanspezifisch.

Dieser Befund ist zweifellos anthropologisch relevant. Doch seine eigentliche anthropologische Bedeutung erhält dieser Befund erst dadurch, dass er – wie Michael Tomasello gezeigt hat – nicht nur eine von vielen humanspezifischen Fähigkeiten darstellt, sondern die *explanatorisch grundlegende Differenz zwischen Tieren und Menschen* markiert. Denn es ist diese Differenz, die erklären kann, wie es menschlichen Gemeinschaften gelingen konnte, die größte humanspezifischen Leistung, nämlich kumulative Kulturen, innerhalb eines evolutionär kurzen Zeitraums von ca. 1 Million Jahren bei mehr als 96%iger genetischer Gemeinsamkeit mit Primaten zu entwickeln.[252] Das skizzierte humanspezifische Modell kooperativer Kommunikation kann nach Tomasello darüber hinaus sogar erklären, wie es zur Entstehung sprachlicher Fähigkeiten kommen konnte. Hermeneutische Hypothesen können demnach sowohl die Entstehung natürlicher Sprachen als auch kumulativer Kulturen erklären.

[252] In seiner Monographie 2009 weist Tomasello darüber hinaus nach, dass es unter Hominiden bestimmte Weiterentwicklungen des nicht-sprachlichen Parsens gegeben haben muss, das auch die Entstehung natürlicher Sprachen erklären kann.

KAPITEL 3: SPRACHLICHES PARSEN

Eines der wesentlichen Resultate der Überlegungen im zweiten Kapitel war, dass die allgemeine Hermeneutik in hybrider Form zu entwickeln ist, weil angesichts der neuesten Forschungen deutlich zwischen zwei Stufen des Verstehens unterschieden werden muss, dem nicht-sprachlichen mentalen Parsen und der sprachlichen Interpretation als rationaler Erklärung. Zwischen diesen beiden Extremen liegt jedoch das – auch theoretisch wichtige – *sprachliche Parsen*, also das schnelle Erfassen sprachlicher Äußerungen und der entsprechenden Gedanken, wie es unter Menschen in all ihren sozialen Interaktionen ununterbrochen exekutiert wird.[253] *Die allgemeine Hermeneutik ist daher eine Drei-Stufen-Theorie.* Natürliche Sprachen sind syntaktisch gegliedert, und daher muss das sprachliche Parsen ein Erfassen sowohl der syntaktischen als auch der semantischen Struktur von Äußerungen, Texten oder Gedanken mit *propositionalem* Gehalt involvieren. Es handelt sich um einen enorm komplexen kognitiven Vorgang, der seit langem ein Gegenstand linguistischer, kognitionspsychologischer, aber auch philosophischer Forschung ist. Im Folgenden sollen die wichtigsten hermeneutischen Resultate dieser Forschungen skizziert und analysiert werden.[254]

3.1 Syntaktisches Parsen in der Linguistik

Die Syntax ist in der traditionellen Grammatik die Lehre vom Bau einfacher und komplexer Sätze aus einzelnen Wörtern. Dieser syntaktische Aufbau muss schnell und zuverlässig erfasst werden können, wenn wir Sätze verstehen wollen. Die Ausarbeitung einer umfassenden Syntaxtheorie (*Grammatik*), die ihre Aufmerksamkeit primär auf die syntaktischen Strukturen der Sprache richtet, ist das zentrale Anliegen der Linguistik. Die Hermeneutik kommt daher nicht umhin, grundlegende Resultate der

[253] Das Verstehen gelingt auf dieser Stufe oft fast gleichzeitig mit dem Sprechen und Hören – der zeitliche Abstand beträgt meist nicht mehr als eine halbe Sekunde (bei manchen Menschen sogar nur eine Viertelsekunde).

[254] Vgl. zum Folgenden vor allem Anderson 2007, ferner Johnson-Laird 1988/1996, 69-141, der vor allem die Algorithmen darstellt, die unserer Kognition zugrunde liegen. Aus philosophischer Sicht vgl. zu diesem Thema die erhellenden Ausführungen in Scholz 1999, Teil III.

linguistischen Grammatik zu berücksichtigen. Dies gilt umso mehr, als das seit geraumer Zeit leitende Paradigma der Linguistik, die generative Grammatik, als Sprachtheorie mit einer kognitivistischen Ausrichtung auftritt. Das sprachliche Wissen und Verstehen gilt in der generativen Grammatik primär als syntaktische Kompetenz. Die generative Grammatik versteht sich daher als Beitrag zur Erforschung menschlicher Kognition und somit als Teildisziplin der Kognitionswissenschaft. Die *Syntax* wird wie in der formalen Logik als Menge von rekursiven Regeln für die Zusammenstellung von einzelnen Wörtern zu Phrasen und Sätzen nach dem Kriterium der *syntaktischen Wohlgeformtheit* (auch *Grammatikalität* genannt) verstanden. Im Deutschen ist der Satz „Die Mutter hat den Kindern ein Märchen erzählt" syntaktisch wohlgeformt und grammatisch, der Satz „Den Kindern die Mutter hat ein Märchen erzählt" hingegen ist syntaktisch nicht wohlgeformt und daher ungrammatisch. Die Syntax muss angeben, auf welchen Regeln für Wohlgeformtheit der Unterschied zwischen Grammtikalität und fehlender Grammatikalität in den verschiedenen natürlichen Sprachen besteht. Die Linguistik entwickelt Modelle des syntaktischen Aufbaus natürlicher Sprachen und des syntaktischen Parsens, die anhand der Urteile über die Grammatikalität vorgelegter Sätze durch normale sprachfähige Probanden getestet werden können.

Die generative Grammatik, die auf Noam Chomsky zurückgeht, hat mehrere Phasen durchlaufen, aber für alle Phasen bleiben einige Grundsätze und Fragestellungen grundlegend: Die große Komplexität der natürlichen Sprachen wäre insbesondere für Kinder nicht beherrschbar, wenn sie nicht auf einfachen Prinzipien beruhte. Zentrale Aufgabe der linguistischen Grammatik ist daher das Auffinden jener einfachen Prinzipien und Regeln, nach denen beliebig komplexe sprachliche Gebilde generiert werden können.[255] Ferner bildet grammatisches Wissen ein autonomes kognitives Modul. Und der Vorgang der Generierung, Klassifikation und Interpretation komplexer sprachlicher Gebilde aufgrund einfacher Prinzipien und Regeln ist ein automatisch ablaufender Algorithmus im menschlichen Gehirn, der angeboren und somit transkulturell ist.

In der Linguistik werden Syntax und Semantik gewöhnlich streng getrennt.[256] Die Linguistik versteht sich primär als eine Theorie der Syn-

[255] Vgl. z.B. Pinker 1996, Vater 2002 und Linke, Nussbaumer, Portmann 2003.

[256] Vgl. z.B. Grewendorf, Hamm, Sternefeld 1989: „Gegenstand der Syntax ist die adäquate Beschreibung des Strukturaufbaus von Sätzen (150)... Die Semantik ist dasjenige Teilgebiet der Linguistik, das die Bedeutungen sprachlicher Ausdrücke zum Gegenstand hat" (298).

tax und des syntaktischen Verstehens.[257] Einer der Gründe dafür ist, dass eine rekursive Syntax das entscheidende Merkmal für humanspezifische natürliche Sprachen und die Basis für die Erzeugung sprachlicher Komplexität mit einfachen Mitteln ist. Dementsprechend scheint das Erfassen der sprachlichen Syntax für das sprachliche Parsen grundlegend zu sein,[258] denn der linguistischen Auffassung zufolge setzt das semantische Parsen das syntaktische Parsen voraus (und nicht umgekehrt). Syntax und syntaktisches Parsen haben in der Sprachtheorie explanatorischen Vorrang gegenüber Semantik und semantischem Parsen (*linguistische Prioritätsthese*).

Chomsky und seine Anhänger tendieren daher dazu, die Semantik aus der Linguistik auszulagern:

> [T]he study of meaning and reference and of the use of language should be excluded from the field of linguistics...[G]iven a linguistic theory, the concepts of grammar are constructed (so it seems) on the basis of primitive notions that are not semantic (where the grammar contains the phonology and syntax), but that the linguistic theory itself must be chosen so as to provide the best possible explanation of semantic phenomena, as well as others. [259]

Die Theorie der Syntax und des syntaktischen Parsens muss in die allgemeine Hermeneutik integriert werden. Dadurch ließe sich die lange Periode der Separation zwischen Grammatik und Hermeneutik aufheben.[260] Doch gibt es im Rahmen des bisher entwickelten hermeneutischen Paradigmas für diese Integration prima facie ein gewichtiges Problem. Denn wenn die linguistische Prioritätsthese richtig sein sollte, dann wäre die sprachliche Syntax von der Semantik unabhängig und würde lediglich sprachliche *Strukturen* beschreiben. Das syntaktische Parsen wäre dann ein Erfassen reiner Strukturen und hätte nichts mit einer semantischen Metarepräsentation zu tun, würde also dem grundlegenden Modell des Parsens und der Interpretation, wie es in der vorliegenden Studie im Einklang mit der philosophischen, psychologischen, primatologischen und neurobiologischen Sicht entwickelt worden ist, *nicht* entsprechen. Syntaktisches Parsen wäre eher eine Art von Mustererkennung.[261] Im Fol-

[257] Vater 2002, 97 spricht geradezu von einer „Ausgrenzung semantischer Aspekte aus der Syntax“ in den modernen linguistischen Theorien.

[258] Vgl. z.B. Pinker 1996.

[259] Chomsky 1977, 139. Vgl. auch Chomsky 2005, 126, 246 sowie Bilgrami, Rovane 2005 zu dieser Semantik-Feindlichkeit.

[260] Vgl. zu dieser Trennung Detel 2011, Abschnitt 2.1.

[261] Zu dieser grundlegenden kognitiven Fähigkeit von Menschen und vielen Tieren vgl. oben, Abschnitt 1.4.

genden wird es daher unter anderem darum gehen müssen zu prüfen, ob die linguistische Prioritätsthese haltbar ist.

Diese Fragestellung ist verwickelt und erlaubt keine pauschale Antwort. Die Lautwahrnehmung orientiert sich beispielsweise an der Identifizierung der Phoneme (z.B. im Deutschen der Vokale) und setzt kein semantisches Wissen voraus. Doch werden die Phoneme, für die sich die Phonologie interessiert, als die *bedeutungsrelevanten* Laute einer Sprache definiert, also unter Rückgriff auf semantisches Wissen.[262] Die syntaktische Identifizierung einzelner ganzer Wörter beruht ebenfalls auf semantischem Wissen, und dies gilt auch für das syntaktische Erfassen der Morpheme, also der Bestandteile und Struktur der Wörter. Morpheme sind zum Beispiel Wortstamm und Flexiva. Dass „fliegt“ denselben Wortstamm hat wie „flog“ oder „fliegst“, und dass das Flexiv „t“ in „fliegt“ auf Tempus, Numerus und Person verweist, lässt sich nicht ohne semantisches Wissen erkennen. Die Bedeutung von Wortstamm und Flexiva trägt also zur Bedeutung eines flektierten Verbs erheblich bei. Entsprechend werden die Morpheme in der Morphologie als die kleinsten *bedeutungstragenden* Elemente einzelner syntaktischer Wörter definiert.

Zusammenfassend lässt sich sagen, dass – abgesehen von der rein strukturellen Lautwahrnehmung – das phonologische und morphologische Verstehen nicht nur ein Erfassen der Syntax, sondern auch semantisches Wissen und daher metarepräsentationales Verstehen involviert.

Wie steht es aber mit dem Kern der Syntax und Grammatik, der Lehre vom syntaktischen Aufbau der Sätze aus einzelnen Wörtern? Wie bereits erwähnt, ist die Syntax der formalen Logik das Leitbild der syntaktischen Lehre vom Satz gewesen. Im Rahmen der logischen Syntax kann man von einer Bedeutung der Zeichen des Kalküls vollständig absehen. Das Erfassen der Korrektheit syntaktischer Beweise beruht daher tatsächlich im Wesentlichen auf dem Erfassen reiner Strukturen. Und dieser Vorgang ist unabhängig von der Kenntnis der Bedeutung der verwendeten Zeichen aus dem Alphabet der Syntax. Das Erfassen rein syntaktischer Beweise und Ableitungen ist daher ein gutes Beispiel für ein rein syntaktisches Parsen.[263] Die Frage ist allerdings, ob dies auch für das Parsen der syntaktischen Strukturen natürlicher Sprachen gilt (dem Hauptgegenstand der Linguistik). Von der Antwort auf diese Frage hängt es letztlich ab, ob die linguistische Prioritätsthese haltbar ist.

Die Syntax des einfachen Satzes besteht im Wesentlichen aus der Lehre von den Satzgliedern. Die neuere Satzgliedlehre unterscheidet im ein-

[262] Siehe zu diesem Thema Anderson 2007, 71–88; Dietrich 2002, Abschnitt 5.3.

[263] Vgl. dazu genauer Detel 2011, Abschnitt 6.2.

fachen Satz verbale Teile und Satzglieder. Verbale Teile sind die finiten Verbformen und die übrigen Verbformen (Infinitiv, Partizip II, Verbzusätze). Satzglieder sind jene zusammenhängenden Teile des einfachen Satzes, die als ganze ersetzt oder im Satz ohne Bedeutungsänderung verschoben werden können. Die Satzglieder können daher durch Ersetzungs- und Verschiebeproben aufgefunden werden.[264] Diese Klassifikationskriterien gelten als rein syntaktisch.[265]

Doch auch hier muss die linguistische Analyse semantisches Wissen investieren. So werden Satzglieder durch Rückgriff auf semantische Stabilität definiert, und was Verbformen etwa im Unterschied zu Nomen sind, lässt sich nicht ohne semantisches Wissen über Verben (als Ausdrücke für Prozesse und Handlungen) und Nomen (als Ausdrücke unter anderem für Dinge oder Substanzen) in den Blick nehmen. Zweifellos spielen hier syntaktische Kategorien eine bedeutende Rolle. Doch haben die grammatischen Kategorien auch einen semantischen Gehalt, der im sprachlichen Verstehen zumindest auf rudimentäre Weise erfasst werden muss.

Die Syntax (im Folgenden immer oberhalb von Phonologie und Morphologie) ist der bei weitem komplexeste Teil der Linguistik im generativen Paradigma. Die linguistische Syntax hat allerdings bis heute nicht zu einer einheitlichen Form gefunden. Wir können hier nur exemplarisch eine Fassung skizzieren, die in linguistischen Lehrbüchern oft zugrunde gelegt wird. In dieser Fassung enthält die linguistische Syntax drei zentrale Komponenten, nämlich die X-Balken-Theorie (das Phrasenstrukturprinzip), die Satz-Grundkonstituenz (Syntax des Satzes mit D- und S-Struktur) und das Verschiebeprinzip („move-α").

Die grundlegende Einsicht der Syntaxtheorie ist, dass sich hinter der oberflächlich linearen Anordnung syntaktischer Gebilde eine Struktur verbirgt, die quer zur Oberflächen-Linearität liegt und eine hierarchische Teil-Ganzes-Struktur aufweist. Die syntaktische Analyse komplexer sprachlicher Gebilde wird in der Linguistik daher gewöhnlich graphisch in Baumstrukturen dargestellt. Alle Elemente (Knoten) der Baumstrukturen gelten als *Konstituenten* des entsprechenden komplexen Ausdrucks. Die Baumanalyse heißt deshalb auch *Konstituenten-Analyse*. Diese Art von Analyse erfordert die Bestimmung verschiedener Elemente komple-

[264] Die verschiedenen Satzglieder werden mit Hilfe einer Kreuzklassifikation unterteilt, die einerseits nach Satzgliedern mit oder ohne Kasusbestimmung und andererseits nach Satzgliedern mit oder ohne Einleitungswort erfolgt.

[265] Die übliche Schulgrammatik unterscheidet 5 Satzglieder: Subjekt, Prädikat, Objekt, adverbiale Bestimmung, Attribut. Die Linguistik kritisiert an dieser Einteilung, dass eine übergreifende Definition von Satzgliedern fehlt und die Klassifikationskriterien unterschiedlich sind.

xer sprachlicher Gebilde. Zum Einstieg soll zunächst eine vereinfachte Version dieser Bestimmung betrachtet werden.

Die nächst höhere sprachliche Einheit oberhalb des einzelnen Wortes und unterhalb von ganzen Sätzen ist die *Phrase*. Viele Linguisten sind der Meinung, dass Phrasen den grundlegenden Stoff ausmachen, aus dem die natürlichen Sprachen bestehen. Phrasen haben eine Struktur. Betrachten wir beispielsweise Phrasen wie „das Kaninchen im Stall“ oder „der Gouverneur von Kalifornien“. Diese Phrasen enthalten zwei Nomen, aber eines dieser Nomen ist der *Kopf* der Phrase – der Kern, der die gesamte Phrase kategorial bestimmt und festlegt, wovon die Phrase handelt. Das Kaninchen im Stall ist ein Kaninchen, das durch seinen Aufenthalt im Stall näher bestimmt wird, und nicht ein Stall, der dadurch näher bestimmt wird, dass sich in ihm ein Kaninchen aufhält. Der Gouverneur von Kalifornien ist ein Gouverneur, der Kalifornien regiert, und nicht ein amerikanischer Bundesstaat namens Kalifornien, der von einem Gouverneur regiert wird. Hier handelt es sich um Nominalphrasen, weil ihr Kopf ein Nomen ist. Ähnliches gilt zum Beispiel auch für Verbalphrasen: „Ins Ausland fliehen, bevor man verhaftet wird“ beschreibt eine Art des Fliehens, nicht eine Art des Verhaftet-werdens. „Fliehen“, nicht „verhaftet werden“ ist der Kopf dieser Verbalphrase. In der Präpositionalphrase „in dem Hotel“ ist „in“ der Kopf; in der Adjektivphrase „froh über den Regen“ ist „froh“ der Kopf. Alle Arten von Phrasen haben in natürlichen Sprachen einen Kopf, der die Grammatik der Phrase regiert und bestimmt, wovon die Phrase handelt. Die Linguistik hat ermittelt, dass das syntaktische Parsen blitzschnell erfasst, was der Kopf einer zu verstehenden Phrase ist.

Die wichtigsten Arten von Phrasen sind also (in den Beispielen ist der Kopf unterstrichen) Nominalphrasen (z.B. „das alte Haus“), Verbalphrasen (z.B. „baut ein Haus“), Präpositionalphrasen (z.B. „vor dem Haus“), und Adjektivphrasen (z.B. „ziemlich groß“). Für eine Konstituenten-Analyse von wohlgeformten komplexen sprachlichen Gebilden wird folgende Notation benutzt: N = Nomen, NP = Nominalphrase, A = Adjektiv, AP = Adjektivphrase, V = Verb, VP = Verbalphrase, Det = Determinierer (z.B. Artikel), P = Präposition, PP = Präpositionalphrase, S = Satz, Pfeil: besteht aus; Klammern: optionales Vorkommen, Sternchen: beliebige Anzahl.

Die verschiedenen Arten von Phrasen haben folgende Strukturen:

(a) Nominalphrase: NP → (Det) A* N.

(b) Verbalphrase: VP → V NP.

(c) Satz: S → NP NV.

(d) Präpositionalphrase: PP → P NP.

In der generativen Grammatik sind Phrasen also eine grundlegende syntaktische Kategorie. Bezeichnend ist jedoch, dass auch die Phrase in der Linguistik *semantisch* definiert wird: Phrasen sind die kleinsten Einheiten von Wortfolgen, die in einem Satz geschlossen verschoben werden können, ohne dass der Satz ungrammatisch wird *und ohne* dass sich die Bedeutung des Satzes ändert. Das bedeutet, *dass auch die Identifizierung von Phrasen im syntaktischen Parsen unter anderem auf semantisches Wissen zurückgreifen muss.*

Mit Hilfe der Phrasenstruktur lassen sich einfache *syntaktische* Baumanalysen durchführen, mit deren Hilfe unter anderem semantische Mehrdeutigkeiten aufgedeckt werden können. Betrachten wir zum Beispiel den Satz des Fernsehmoderators in einer Talkshow: „Heute wollen wir über Sex mit Thomas Gottschalk reden". Die Phrase „über Sex mit Thomas Gottschalk reden" können wir mit zwei verschiedenen Bäumen interpretieren. Entweder:

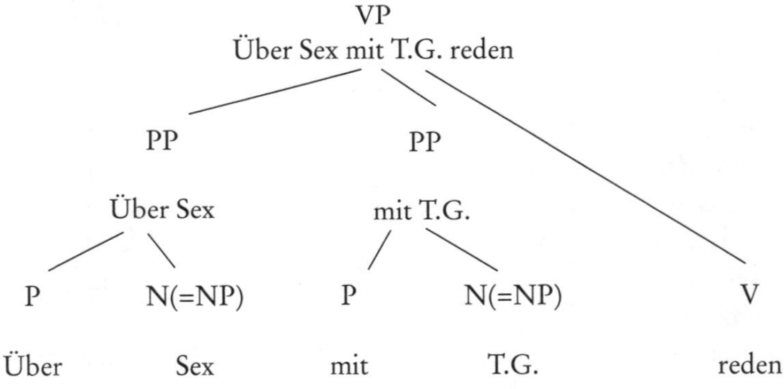

Oder:

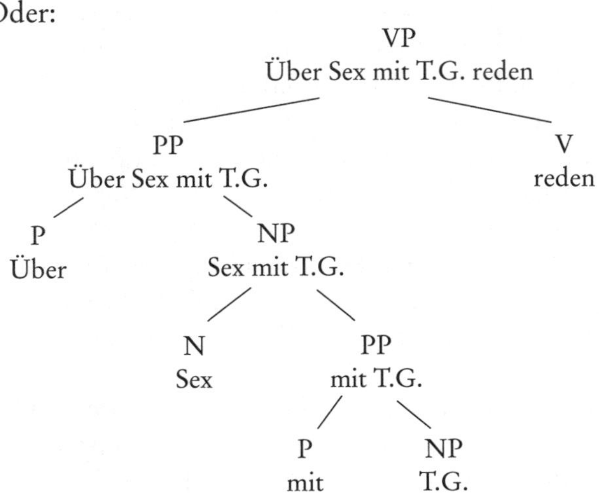

Im Falle semantischer Mehrdeutigkeiten wird das sprachliche Parsen unterbrochen, denn die Antwort auf die Frage, was denn nun mit der Phrase genau gemeint sein mag, *wirft ein komplexes Interpretationsproblem auf.* Dieses Problem liegt zunächst auf der *semantischen* Ebene: Es scheint mehrere Möglichkeiten zu geben, den semantischen Gehalt der Phrasen zu erfassen. Die Lösung dieses Problems erfordert eine *syntaktische* Baumanalyse, die uns hilft, die beiden Interpretationsmöglichkeiten auf *semantischer* Ebene klar voneinander zu unterscheiden. Dafür müssen wir offensichtlich unser semantisches Wissen über die Wörter mobilisieren, die in der Phrase vorkommen. Zudem kann die syntaktische Analyse nicht darüber entscheiden, welche der beiden Alternativen die *richtige* Interpretation ist. Dazu muss kontextuelle Information herangezogen werden. Wenn wir zum Beispiel wissen, dass Gottschalk sich bereit erklärt hat, über Sex zu reden, sich aber zugleich ausbedungen hat, dass seine Privatsphäre nicht tangiert wird, dann wissen wir, dass nicht von Sex mit Gottschalk die Rede ist. Wenn wir dagegen wissen, dass eine Frau interviewt wird, die eine Affäre mit Gottschalk hatte, dann soll wahrscheinlich thematisiert werden, wie es war, Sex mit Gottschalk zu haben. Kurz, *nach Erstellen der syntaktischen Baumanalyse ist es die konsistente, rationale Einbettung der Phrase in weiteres Wissen auf semantischer Ebene, die über die richtige Interpretation entscheidet.* Auf diese Weise ist die syntaktische Baumanalyse untrennbar mit semantischem Wissen verbunden. Es handelt sich *nicht* um ein rein syntaktisches Vorgehen unabhängig von jeder semantischen Interpretation.

Diese einfache Form linguistischer Analysen lässt sich verfeinern, wenn man berücksichtigt, dass Phrasen wichtige Teilstrukturen enthalten. Phrasen weisen nämlich einzelnen oder mehren Dingen bzw. Personen gewisse Rollen zu, und dadurch lässt sich ihre Struktur genauer darstellen. In der Nominalphrase „ein Bild von Max“ ist der Kopf „Bild“ mit dem Argument „Max“ verbunden, in „das letzte Gespräch mit Tom und Klaus“ ist der Kopf „Gespräch“ mit den beiden Argumenten „Tom“ und „Klaus“ verbunden. Die Verbindung allein von Kopf und Argumenten ist gewöhnlich Teil einer ganzen Phrase, wie <Bild; Max> und <Gespräch; Tom, Klaus> in den genannten beiden Beispielen. In der Präpositionalphrase „in dem Hotel“ ist „in“ der Kopf und „Hotel“ das Argument ; in der Adjektivphrase „froh über den Regen“ ist „froh“ der Kopf und „Regen“ das Argument. Die Verbindung von Kopf und Argumenten einer Nominalphrase heißt *N-Balken-Phrase*, einfach weil sie mit N und einem Balken darüber notiert wird (also in der Form $\overline{\mathrm{N}}$); entsprechend heißt die Verbindung von Kopf und Argumenten einer Verbalphrase *V-Balken-Phrase* (notiert $\overline{\mathrm{V}}$), und entsprechendes gilt für Adjektiv-Balken-Phrasen

($\bar{A}$) und Präpositionsbalken-Phrasen ($\bar{P}$). Das ist die Grundlage der Balken-Syntax in der Linguistik.

Phrasen und Sätze enthalten ferner Wörter, die, grammatisch gesehen, die Rolle des Subjekts und, faktisch gesehen, oft die Rolle des Akteurs oder Verursachers spielen (notiert durch „spec" für specifier). Sowohl im Satz „Mick Jagger verwüstete das Hotelzimmer" als auch in der Nominalphrase „Mick Jaggers Verwüstung des Hotelzimmers" ist „Mick Jagger" das Subjekt (der specifier) des Satzes bzw. der Nominalphrase (das Subjekt wird in der Linguistik, anders als in der Logik, nicht zu den Argumenten einer Relation gerechnet). Und schließlich enthalten Phrasen und Sätze noch einen vierten Bestandteil, der die bisher genannten Bestandteile qualifiziert oder modifiziert. In der Nominalphrase „der Bürgermeister von Hamburg" ist „Hamburg" ein Argument des Phrasenkopfes „Bürgermeister", denn ein Bürgermeister wäre kein Bürgermeister, wäre er nicht Bürgermeister einer bestimmten Stadt. In „der Mann aus Hamburg" dagegen ist „aus Hamburg" nicht ein Argument des Phrasenkopfes „Mann", sondern qualifiziert oder modifiziert den Mann nur ein wenig näher. Der Ausdruck „von Hamburg" bezeichnet hier ein akzidentelles Attribut. Die akzidentellen Qualifikationen heißen in der Linguistik *Modifikatoren*.

Wir können damit die beiden *Superregeln der generativen Grammatik* formulieren: Sei X irgendeine Art von Phrase (Satz, Nominal-, Adjektiv-, Präpositional- oder Verbalphrase), dann gilt:

(1) Eine X-Balken-Phrase besteht aus einem Kopf X, gefolgt von einer beliebigen Anzahl von Argumenten. Notation (mit ZP für Argument): $\bar{X} \rightarrow X\ ZP^*$.

(2) Eine X-Phrase besteht aus einem optionalen Subjekt (specifier), gefolgt von einer X-Balken-Phrase, gefolgt von einer beliebigen Anzahl von Modifikatoren. Notation (mit YP für Modifikator): $XP \rightarrow (spec)\ \bar{X}\ YP^*$.

Diese Regeln, die die genauere Struktur einer Phrase beschreiben, scheinen für alle natürlichen Sprachen zu gelten: sie sind der generativen Grammatik zufolge universelle syntaktische Prinzipien für den Aufbau von Phrasen.[266]

Doch legen die allgemeinen Phrasen-Regeln (1) und (2) offensichtlich noch keine spezifische Interpretation gegebener konkreter Phrasen fest. Wir können zum Beispiel sagen: Max speiste, aber nicht: Max speiste Pizza. Dagegen können wir sagen: Max verschlang die Pizza, aber nicht: Max

[266] Selbst wenn es einzelne Sprachen geben sollte, in denen die Superregeln nicht gelten (darauf wird in letzter Zeit zuweilen hingewiesen), so gelten die Superregeln doch zumindest in den allermeisten bekannten Sprachen.

verschlang. „Speisen“ als Phrasenkopf verlangt nur ein Subjekt, nicht ein Argument (dieses Verb ist intransitiv); „verschlingen“ dagegen verlangt als Phrasenkopf ein Argument (dieses Verb ist transitiv). Wir können sagen: Sabine stellte die Harke in den Schuppen, aber weder: Sabine stellte die Harke, noch: Sabine stellte in den Schuppen, noch: Sabine stellte. Wir müssen für syntaktische Analysen also etwa Folgendes bereits wissen:

(a) *speisen*: Verb; bedeutet: in einer vornehmen Umgebung eine gute Mahlzeit einnehmen; Esser: Subjekt;
(b) *verschlingen*: Verb, bedeutet: etwas heißhungrig essen; Esser: Subjekt; Gegessenes: Argument;
(c) *stellen*: Verb; bedeutet: verursachen, dass etwas an einen bestimmten Ort gelangt; Steller: Subjekt, Gestelltes: Argument, Ort: Präpositionalobjekt.[267]

Das bedeutet: Jede konkrete Anwendung der syntaktischen Superregeln im Parsen muss immer schon auf lexikalisches und damit semantisches Wissen zurückgreifen.

Die Linguistik hat weitaus mehr syntaktische Analysen zu bieten als die bisher skizzierten Baumanalysen. Dazu gehört vor allem die Unterscheidung von D-Struktur und S-Struktur, oder in einem älteren Jargon, zwischen Tiefenstruktur und Oberflächenstruktur, mitsamt der Idee, dass die D-Struktur (Tiefenstruktur) von Sätzen mit Hilfe gewisser Verschiebungsprinzipien (Transformationsprinzipien) in die sicht- und hörbare S-Struktur (Oberflächenstruktur) umgewandelt wird. Darum wurde die generative Grammatik auch *Tiefengrammatik* oder *Transformationsgrammatik* genannt. Wir können diese wichtige theoretische Komponente hier nicht erörtern.[268]

Wenn man sich die linguistischen Analysen und die linguistische Theorie des syntaktischen Parsens genauer ansieht, so gewinnt man, wie wir gesehen haben, den Eindruck, dass weder die linguistischen Analysen noch das von ihr beschriebene syntaktische Parsen ohne Rekurs auf semantisches Wissen auskommen. So hat sich zum Beispiel gezeigt, dass die Identifizierung der Phrasen, die Entscheidung über die richtige Interpretation von mehrdeutigen sprachlichen Ausdrücken und die konkrete Anwendung der syntaktischen Superregeln auf semantisches Wissen zurückgreifen müssen. *Syntaktisches Parsen ist nicht unabhängig oder vorrangig*

[267] Es sei nochmals betont, dass wir mit den vorstehenden Hinweisen nur den Anfang der generativen Grammatik umrissen haben. Weitere theoretische Elemente sind zum Beispiel die Rektionstheorie über die Rektion von Verben, die Grenzknotentheorie zu den Möglichkeiten der Wanderung von Konstituenten im Satz oder die Kasustheorie.

[268] Vgl. dazu die informative Übersicht in Grewendorf, Hamm, Sternefeld 1987, Kapitel IV.

gegenüber dem semantischen Parsen. Vielmehr wirken beide Formen des Parsens zusammen.

Das wird auch deutlich, wenn wir uns die Dynamik des syntaktischen Parsens ansehen, so wie die Linguistik sie analysiert. Nehmen wir einen extrem einfachen Fall – den Satz „Der Hund beißt den Briefträger". Wenn wir das erste Wort „der" hören, dann entdeckt der syntaktische Parser, dass es sich um einen Determinierer handelt, und ein Determinierer ist der mentalen Universalgrammatik zufolge Teil einer Nominalphrase, in der auch ein Nomen vorkommt. Diese Aktivität lässt sich abbilden im Diagramm

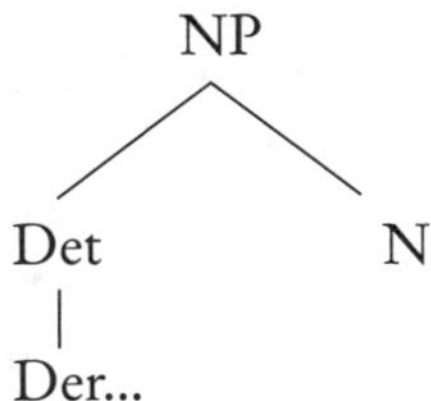

Diese unvollständige Struktur legt der Parser in einem Gedächtnisspeicher ab, mit der Erwartung, dass bald im Satz eine Ergänzung (mindestens ein einziges Nomen) auftaucht, mit der die Nominalphrase vervollständigt werden kann. Nach der grammatischen Satzregel muss eine Nominalphrase aber ihrerseits durch eine Verbalphrase ergänzt werden. Das bisherige Diagramm wird also umgehend erweitert zu

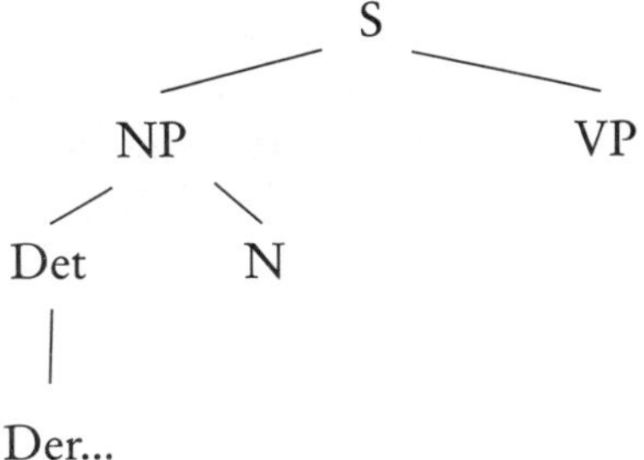

An diesem Punkt hat der Parser zwei unvollständige Zweige des Diagramms in den Speicher gelegt. Das nächste Wort „Hund" wird als Nomen und damit als zulässiger Bestandteil einer Nominalphrase identifiziert und folglich zur Ergänzung der offenen Nominalphrase eingesetzt:

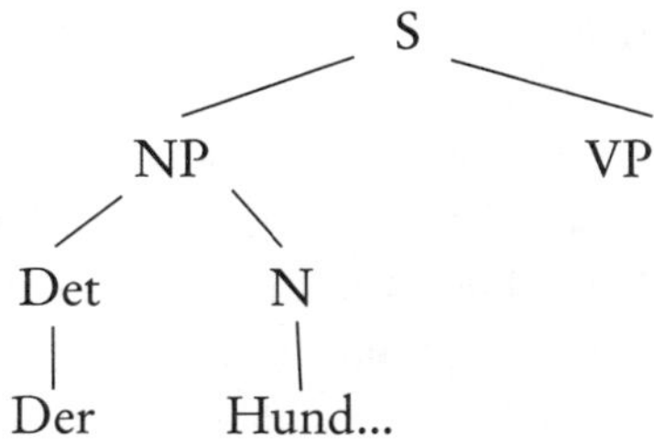

Jetzt kann der Parser in der Nominalphrase „der Hund" das Wort „Hund" als Phrasenkopf identifizieren und durch Überprüfen der Bedeutung von „Hund" und „der" festlegen, dass von einem (zuvor erwähnten oder bezeichneten) Hund die Rede ist. Im Speicher liegt nun nur noch die offene Verbalphrase. Das nächste Wort „beißt" ist ein Verb und folglich grammatisch Teil einer Verbalphrase, deren Vorkommen vom Parser schon vorhergesagt wurde. Das Verb kann also sofort eingesetzt werden, verlangt jedoch nach einer Nominalphrase als Ergänzung (als sein Objekt). Wir landen also bei

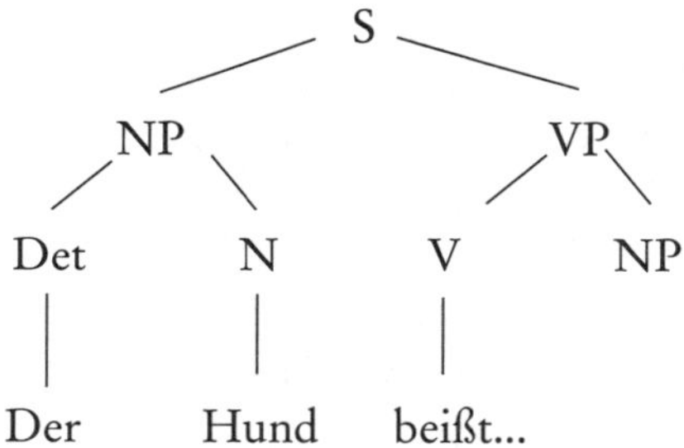

Das nächste Wort „den" wird wieder als Determinierer identifiziert, der seinerseits Teil einer Nominalphrase ist, die mindestens ein weiteres Nomen verlangt. Mit zwei weiteren Schritten (strukturell wie am Anfang) gelangt der Parser schließlich zu dem vollständigen und syntaktisch wohlgeformten Satz

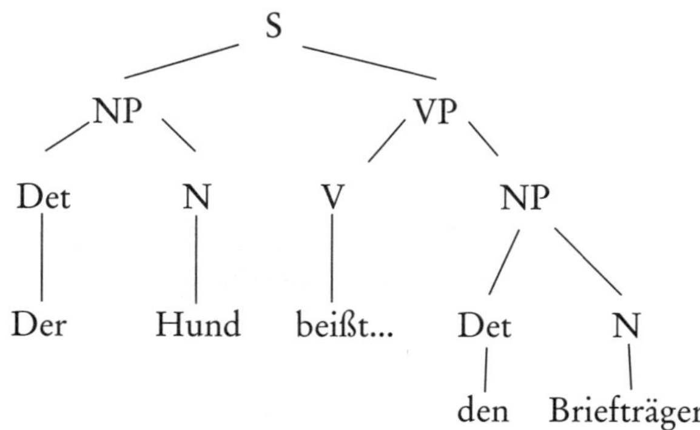

Der generativen Grammatik zufolge erschließt der Parser beim Vervollständigen und Verknüpfen der Zweige des Diagramms mit Hilfe der *semantischen* Definitionen und der Kombinationsregeln die Bedeutung des gesamten Satzes.

Menschen verfügen über ein begrenztes Kurzzeitgedächtnis, und daher kann der syntaktische Parser höchstens vier oder fünf offene Phrasen zugleich speichern. Doch kommt es dabei auch auf die Schachtelung der offenen Phrasen an. Im Aufbau der Baumstrukturen (vgl. das vorhergehende Beispiel) müssen meist nicht viele Zweige offen gelassen und gespeichert werden. Aber bei zwiebelartigen geschachtelten Sätzen, in denen mehrere unvollständige Phrasen zugleich offengehalten werden müssen, bricht unser Verstehen schnell zusammen, zum Beispiel bei den syntaktisch wohlgeformten Sätzen

- „Die Maus, die die Katze, die die Frau, die im Hochhaus wohnte, schlug, jagte, fraß den Käse".
- „Wenn, wenn, wenn es regnet, es schüttet, ich depressiv werde, brauche ich Hilfe."

Interessanterweise scheint es nicht die pure Anzahl der gleichzeitig offenen Phrasen zu sein, die dem Parser Probleme bereitet. Der Satz

- „Wenn, unter der Bedingung, dass es, wie angekündigt, regnet, die Straße nass wird, verunglücken mehr Autos"

ist ähnlich zwiebelartig konstruiert wie der dreimalige Wenn-Satz, aber zweifellos leichter zu verstehen. Das scheint daran zu liegen, dass die verschiedenen offenen Phrasen *semantisch leichter voneinander unterschieden* werden können, im Gegensatz zum dreimaligen Wenn-Satz, in dem die offenen Phrasen alle von der gleichen Art sind (nämlich sämtlich Wenn-Sätze oder im Maus-Beispiel sämtlich Relativ-Sätze mit „die").[269]

Auch die Dynamik des sprachlichen Parsens macht deutlich, dass das sprachliche Parsen zwar die Operation eines syntaktischen Parsers involviert, dass dabei aber das Erfassen der sprachlichen Syntax und das Verstehen der Wort- und Satzbedeutungen im sprachlichen Parsen Hand in Hand arbeiten.

Daher ist die linguistische Prioritätsthese unhaltbar, und das Erfassen

[269] An diesem einfachen Beispiel lässt sich die Testmethode erläutern, die von der generativen Grammatik verwendet wird, um Strukturen des Parsens und damit des Satzverstehens empirisch zu ermitteln. Man kann die unterschiedlichen Zeiten bestimmter grammatischer Strukturen für gelingendes Verstehen testen und dabei oft bestimmte Aspekte der Unterschiedlichkeit erst entdecken. In verfeinerten Verfahren kann man beim Lesen die Augenbewegungen der Testpersonen beobachten und festzustellen suchen, wie sehr und wie oft und wohin sie beim Lesen springen.

der Syntax ist in das bisher aufgebaute Bild einer allgemeinen Hermeneutik integrierbar.

3.2 Kooperation von syntaktischem und semantischem Parsen

Die Verschränkung von syntaktischem und semantischem Parsen, die in der Linguistik implizit unterstellt wird, ist ein expliziter Gegenstand kognitionspsychologischer Forschungen.[270] In einem der einschlägigen Experimente hatten die Probanden zum Beispiel keine Mühe, die beiden unvollständigen Sätze

(a) If you walk near the runway, landing planes are...

(b) If you have been trained as a pilot, landing planes is...

fortzusetzen und dabei die Doppeldeutigkeit der Phrase „landing planes" (Landen von Fluzeugen / landende Flugzeuge) zu dechiffrieren. Neben dem semantischen Wissen ist in diesem Fall der syntaktische Unterschied zwischen „are" in (a) und „is" in (b) entscheidend, um etwa in (a) fortzufahren mit „dangerous for you", in (b) dagegen mit „something you should be able to do". In Fällen wie

(c) If you have been trained as a pilot, landing planes are...

haben die Probanden dagegen große Probleme, weil hier die semantischen und syntaktischen Aspekte *in Widerspruch zueinander* stehen:[271] Die Semantik spricht dafür, „landing planes" im Sinne des Landens von Flugzeugen zu verstehen, die Syntax dagegen im Sinne von landenden Flugzeugen. Drei weitere Beispiele sollen diesen hermeneutisch wichtigen Punkt illustrieren.

Die gehörte Wortfolge „die alten schützen..." ist syntaktisch mehrdeutig, weil der Ausdruck „alten" entweder (a) Adjektiv zum Nomen „schützen" oder (b) Nomen zum Verb „schützen" sein kann. Doch diese syntaktische Mehrdeutigkeit involviert auch eine semantische Mehrdeutigkeit, insofern der gehörte Ausdruck „schützen" (a)* Personen, die eine Feuerwaffe betätigen (können) oder (b)* die Aktivität des Bewahrens vor einem Schaden bedeuten kann. Und die beiden Fortsetzungen (a)** „sind

[270] Vgl. zum Folgenden zum Beispiel Anderson 2007, Kap. 12. Der Ausdruck *semantisches Wissen* wird in der kognitiven Psychologie der Sache nach im Sinne einer externalisierten Semantik verstanden: Semantisches Wissen ist bewährtes empirisches Wissen, das in Bedeutungen von linguistischen Einheiten transformiert worden ist, das aber durchaus durch neue empirische Evidenz korrigiert werden kann. In einem Büro wird zum Beispiel fast immer Schreibarbeit ausgeführt. Darum gehört es zur Bedeutung bzw. zum semantischen Schema des Ausdrucks „Büro", dass dieser Raum einen Schreibtisch enthält.

[271] Anderson 2007, 465 spricht angesichts dieses Beispiels von einem *Konfligieren*.

treffsicher“ und (b)** „die jungen“ sind syntaktisch verschieden (prädikative Phrase / Nominalphrase als Akkusativobjekt), aber natürlich auch semantisch verschieden. Die syntaktische Ambivalenz entspricht der semantischen Ambivalenz. Das bedeutet: Die syntaktische Deutung (a) ist mit der semantischen Deutung (b)* *unvereinbar* (dasselbe gilt für (a)* und (b)). Und die Fortsetzung (a)** ist nur mit (a) und (a)*, nicht aber mit (b) und (b)* *vereinbar*, während die Fortsetzung (b)** mit (b) und (b)*, nicht aber mit (a) und (a)* vereinbar ist. Der Parser registriert die syntaktisch-semantische Ambivalenz zwischen (a) / (a)* und (b) / (b)* und entscheidet aufgrund der Fortsetzung, welche Interpretation richtig ist – und zwar offensichtlich nach einem *Konsistenzkriterium*: Tritt die Fortsetzung (a)** auf, wird die Deutung (a) / (a)* gewählt, tritt dagegen die Fortsetzung (b)** auf, wird die Deutung (b) / (b)* gewählt. Auch in diesem Beispiel stehen syntaktische und semantische Aspekte in *logischen* Beziehungen zueinander. Der Parser registriert diese logischen Beziehungen und beseitigt syntaktisch-semantische Ambivalenzen nach einem logischen Konsistenzkriterium.

Im nächsten Beispiel geht es um das Verstehen der beiden Sätze

(i) The crook arrested by the detective was guilty.

(ii) The cop arrested by the detective was guilty.

Dabei ist „arrested“ syntaktisch mehrdeutig, weil dieser Ausdruck im Englischen aktivisch und passivisch verstanden werden kann. Und obwohl beide Sätze in syntaktischer Hinsicht keinerlei Unterschiede aufweisen, brauchten Probanden für das Parsen von (ii) erheblich länger als für das Parsen von (i), weil Polizisten gewöhnlich andere Leute verhaften, während Betrüger dies so gut wie nie tun. Daher wird in (i) „arrested“ sofort als Passiv verstanden, in (ii) dagegen brauchen Probanden mehr Zeit, um zur Passiv-Interpretation zu kommen. Die Bedeutung von „Polizist“ scheint Satz (ii) auf den ersten Blick *widersprüchlich* zu machen. Dieser *Widerspruch muss im Parsen beseitigt werden.*

Das dritte Beispiel betrifft das Verstehen der beiden Sätze

(a) Die Katze jagt die Maus.

(b) Die Maus jagt die Katze.

Satz (b) ist syntaktisch wohlgeformt, aber zugleich syntaktisch mehrdeutig und wird syntaktisch spontan so geparst, dass „die Maus“ Subjekt und „die Katze“ Akkusativobjekt ist. Aber dieses syntaktische Parsen widerspricht dem semantischen Wissen, dass Katzen zu den Arten von Tieren gehören, die Mäuse jagen, nicht aber von Mäusen gejagt werden. Tatsächlich verstehen bereits Kinder im Alter von drei Jahren Satz (b) nach kurzem Nachdenken als synonym mit Satz (a), nämlich so, dass die Katze die Maus jagt (dass also syntaktisch „die Katze“ Subjekt und „die Maus“

Akkusativobjekt ist). Auf dieser Weise machen die Kinder syntaktisches und semantisches Parsen *konsistent*.

Generell folgen Menschen im sprachlichen Parsen dem Prinzip der unmittelbaren Interpretation. Sie versuchen auf syntaktische *und* semantische Weise, aus jedem einzelnen Wort einer zu verstehenden Phrase oder eines Satzes zunächst so viel Bedeutung wie möglich herauszuholen, warten also nicht bis zum Ende der Phrase oder des Satzes, um die Bedeutung der einzelnen Wörter so weit wie möglich zu klären. Am Ende der einzelnen Phrasen und auch des ganzen Satzes halten sie inne, um eine Interpretation der gesamten Phrase festzulegen und dabei gegebenenfalls die Restprobleme der unmittelbaren Interpretation zu klären. Die zentrale Aufgabe des sprachlichen Parsens besteht also darin, die Bedeutung der einzelnen Wörter eines komplexen Satzes syntaktisch und semantisch so zu kombinieren, dass zunächst die einzelnen Phrasen und schließlich der gesamte Satz eine konsistente syntaktische Struktur *und* Bedeutung erhält. Dies entspricht einem grundlegenden semantischen Prinzip, nämlich dem *Prinzip der Kompositionalität*.[272]

Diese und viele ähnliche kognitionspsychologische Befunde enthalten zwei wichtige hermeneutische Botschaften. Zum einen können syntaktischer und semantischer Parser *logische* Beziehungen zueinander aufweisen. Logische Beziehungen kann es jedoch nur zwischen semantisch gehaltvollen Entitäten geben. Nicht nur das semantische, sondern auch das syntaktische Parsen muss daher eine semantische Ebene aufweisen. Damit werden die Überlegungen des vorhergehenden Abschnittes untermauert. Zum zweiten genügt das faktische sprachliche Parsen auf syntaktischer *und* semantischer Ebene einem *Konsistenzkriterium*. Das sprachliche Parsen stockt und bricht im Extremfall zusammen, wenn es zu einer Inkonsistenz führt, und wird erst als abgeschlossen betrachtet, wenn die resultierende Interpretation konsistent ist.

Fassen wir die hermeneutischen Konsequenzen aus diesen und vielen ähnlichen psychologischen Befunden noch einmal zusammen:

(1) Es gibt kein rein syntaktisches Parsen. Im sprachlichen Parsen sind syntaktisches und semantisches Parsen vielmehr voneinander abhängig.

(2) Nicht nur semantisches, sondern auch syntaktisches Parsen beruht auf semantischem Wissen.

[272] Dieses Vorgehen lässt sich zum Beispiel durch die Untersuchung der Zeitintervalle belegen, in denen einzelne Wörter beim Lesen komplexer Sätze mit den Augen fixiert werden. Gewöhnlich wird beim Lesen jedes einzelne Wort kurz fixiert. Je komplexer oder ungewöhnlicher die Bedeutung des Wortes ist, desto länger wird es fixiert. Dieser Befund wird auch durch Untersuchungen mittels EEG gestützt.

(3) Die Syntax involviert eine semantische Dimension.
(4) Syntaktische und semantische Verhältnisse können in logischen (d. h. semantisch begründeten) Beziehungen zueinander stehen.
(5) Sprachliches Parsen wird durch semantische Widersprüche (insbesondere auch durch semantische Widersprüche zwischen Syntax und Semantik in Phrasen und Sätzen) erschwert, verlangsamt und im Extremfall unmöglich gemacht.
(6) Im sprachlichen Parsen werden logische Widersprüche nach Möglichkeit beseitigt. Dabei kommt ein logisches (d. h. semantisches) Konsistenzkriterium zum Einsatz. Das sprachliche Parsen enthält einen Konsistenztester.

Die kognitive Psychologie untersucht das sprachliche Parsen aber noch unter einem anderen interessanten Gesichtspunkt. Die Prozesse, in denen die grammatische Kompetenz aktiviert wird, scheinen einen algorithmischen Status zu besitzen. Diese These ist jedoch innerhalb der Linguistik lediglich ein theoretisches Postulat, dessen empirische Anwendbarkeit erst noch zu prüfen ist, insbesondere weil es unplausibel zu sein scheint, dass unser gewöhnliches sprachliches Wissen tatsächlich all jene zahlreichen, zum Teil höchst komplexen Regeln und Strukturen aktiviert, die von der Linguistik ermittelt worden sind. Daher bleibt es eine offene Frage, welche dieser Regeln und Strukturen tatsächlich psychologische Realität haben, d. h. im sprachlichen Parsen tatsächlich operativ sind. Diese Frage möchte die kognitive Psychologie unter Rückgriff auf geeignete Experimente beantworten. Im Folgenden wird dieses Vorgehen anhand des Beispiels der psychologischen Realität von Phrasen exemplifiziert.

Die Anlage der einschlägigen Experimente, mit denen die kognitive Psychologie in diesem Kontext meist operiert, ist überaus aufschlussreich.[273] In einem der bekanntesten Experimente wurde den Probanden ein komplexer Satz in zwei verschiedenen schriftlichen Versionen vorgelegt. In Version A markierten die Zeilenunterbrechungen auch die Konstituentenfolge (beispielsweise die Phrasen): „Im Zweiten Weltkrieg / verfolgten die Nationen / sogar skurrile Pläne / wenn sie nur hoffen ließen / dass der Krieg / bald endet.“ In Version B stimmte die Zeilenfolge nicht mit der Konstituentenfolge überein: „Im Zweiten / Weltkrieg verfolgten die / Nationen sogar skurrile / Pläne wenn sie nur hoffen / ließen dass der / Krieg bald endet.“

Die Probanden zeigten weit bessere Verständnisleistungen für Version A als für Version B. Dabei bestehen die Daten für eine Verständnisleistung primär in den messbaren Zeiteinheiten, die für den Übergang der

[273] Vgl. zum Folgenden Anderson 2007, 455–463.

Augenfixierung von Wort zu Wort oder für eine Wortkombination benötigt werden.

In einem anderen Experiment sollten die Probanden immer dann einen Knopf drücken, wenn sie beim Lesen eines Textes zum nächsten Wort übergingen. Es zeigte sich, dass fast alle Probanden erheblich längere Zeit brauchten, um vom Ende einer Phrase zum Anfang einer neuen Phrase überzugehen als innerhalb einer Phrase von Wort zu Wort zu wandern.

Diese und ähnliche Resultate belegen nach Auffassung der kognitiven Psychologen, dass sprachkundige Menschen bei ihrem Bemühen um ein Verstehen von Sätzen und Texten tatsächlich auf die Phrasen und Konstituenten im Sinne der Linguistik zurückgreifen.[274] Doch belegen die experimentellen Befunde *nicht*, dass die Probanden im Verlauf des Parsens zunächst und primär syntaktische Strukturen erfassen. Denn offensichtlich greifen die Probanden in den skizzierten Experimenten auf schon vorhandenes semantisches Wissen und Verstehen zurück, nämlich zumindest auf ihre semantische Kenntnis einzelner Wörter. Die Berücksichtigung der grundlegenden syntaktischen Strukturen (z. B. Phrasen und Konstituenten) hilft dann für ein schnelleres Verstehen der ganzen Phrasen und Konstituenten. Darüber hinaus unterstellen die einschlägigen Daten, also die Zeiteinheiten für den Übergang der Augenfixierung von Wort zu Wort oder für eine Wortkombination, auch ein semantisches Verstehen komplexerer Ausdrücke: erst nach einem konsistenten *semantischen* Verständnis zum Beispiel einer Phrase wandern die Augen der Probanden zu den nächsten Wörtern. Die Experimentatoren in der kognitiven Psychologie verwenden daher nicht nur das syntaktische Erfassen von Phrasen, sondern auch die semantische Verstehensleistung komplexer Ausdrücke unter Wahrung von Konsistenz als *Belegmaterial*, um die psychologische Realität syntaktischen Wissens nachzuweisen.

Linguistik und kognitive Psychologie tragen dem semantischen Hintergrund des sprachlichen Parsens auch theoretisch Rechnung – allerdings weniger durch eine ausgearbeitete Semantik,[275] sondern primär durch das

[274] Ein weiteres interessantes Resultat eines Experimentes besagt, dass Probanden nach abgeschlossenem Verstehen einer Phrase den syntaktisch geprägten Wortlaut der Phrase vergessen und nur noch ihre Bedeutung im Gedächtnis speichern.

[275] Soweit sich die Linguistik überhaupt mit Semantiken beschäftigt, handelt es sich meist nicht um Semantiken im philosophischen Sinne, in denen geklärt werden soll, wie sich sprachliche Bedeutungen oder semantische Gehalte formieren und genauer kennzeichnen lassen, sondern um Versuche, konkrete Wörter anhand einfacher teils semantischer, teils formaler, teils logischer Beziehungen wie Synonymie, Bedeutungsähnlichkeit, Inkompatibilität, Kontrarität, Konversion oder Über- und Unterordnung lexikalisch zu ermitteln und durch notwendige und hinreichende Merkmale zu definieren (*Wortsemantik* oder *Kompo-*

Postulat eines mentalen Lexikons, aus dem wir im Verlauf des sprachlichen Parsens das geeignete semantische Wissen beziehen. Der vorherrschenden Auffassung zufolge ist das mentale Lexikon ein mentaler Speicher, in dem die Bedeutung jedes Wortes einer Sprache abgespeichert und auch abrufbar ist. Im mentalen Lexikon werden aber nicht nur Wörter, sondern unter anderem auch Morpheme, und nicht nur semantische, sondern auch syntaktische und morphologische Aspekte gespeichert.[276] Unter dem Wort „stellen" speichert das mentale Lexikon zum Beispiel der gängigen Vorstellung zufolge unter anderem:

- *Bedeutung*: verursachen, dass etwas an einen bestimmten Ort gelangt;
- *Morpheme*: stell-, -en;
- *Wortart*: Verb;
- *Syntax*: transitiv, ruft einen Steller als Subjekt, ein Gestelltes als Argument und einen Ort als Präpositionalobjekt auf.

Insgesamt enthält das mentale Lexikon also semantische Bestandteile (lexikalische und indexikalische Bedeutungen einzelner Wörter), Sprecherintentionen (Sprechakte), syntaktische Information zu einzelnen Wörtern (Lemmata: Wortklasse, Genus), Anforderungen an syntaktische Umgebungen (z. B. Transitivität), morphologische Gliederung einzelner Wörter (mit einer Liste gebundener und freier Morpheme), flexionsmorphologische Kategorien einzelner Wörter (Lexeme: Kasus, Numerus, Tempus, Modus), und phonologische Eigenschaften einzelner Lautsegmente (lautliche Gliederung, Akzent).[277] Auch das mentale Lexikon ist also eine Mixtur aus syntaktischen und semantischen Informationen.

Das mentale Lexikon ist nach linguistischer und psychologischer Auffassung eine der Komponenten einer *Minimalgrammatik* mit folgendem Aufbau:

(a) Mentales Lexikon.
(b) Syntaktische Regeln für die Kombination von Lexikon-Elementen zu komplexen wohlgeformten Ausdrücken.
(c) Regeln für die phonetische Realisierung von einfachen und komplexen Ausdrücken.

nentialsemantik oder *Merkmalssemantik*). Abgesehen von seinem geringen theoretischen Wert ist dieses Definitionsverfahren offenbar von sehr begrenzter Reichweite. Darum wird auch eine *Prototypensemantik* erwogen (dazu genauer der folgende Abschnitt). Vgl. zur linguistischen Semantik genauer Grewendorf, Hamm, Sternefeld 1989, Kap. 6, 298–373; ferner Levin, Pinker 1993.

[276] Vgl. zum Folgenden genauer Grewendorf, Hamm, Sternefeld, 1989, 274–297.

[277] Einigen Theoretikern zufolge werden auch Wortfelder, also Bedeutungskomplexe, im mentalen Lexikon gespeichert, vgl. z. B. Miller, Johnson-Laird 1976, 574 ff.

(d) Regeln der semantischen Interpretation komplexer wohlgeformter Ausdrücke.

Auf den ersten Blick erinnert dieses Schema – wenn man von den phonetischen Regeln absieht – an den Aufbau einer künstlichen Sprache, wie er aus der formalen Logik bekannt ist. Aber dieser Eindruck täuscht, denn in der Lexikon-Komponente (a) gibt es einen entscheidenden Unterschied: In künstlichen formalen Sprachen würde das Lexikon nur aus dem syntaktischen Alphabet bestehen, also keine Semantik enthalten. Und das hat zur Folge, dass Komponente (b) in der Logik eine Syntax sowohl zur Bildung von Wörtern als auch zur Bildung von Wortkomplexen bis hin zu Sätzen und komplexen Sätzen enthielte. Wenn dagegen die Linguistik von sprachlicher Kompetenz spricht, so ist damit primär das Beherrschen jener Regeln gemeint, die in Morphologie, Syntax und Semantik ermittelt und in den grammatischen Komponenten (b)–(d) aufgeführt werden. Als kognitive Voraussetzung für diese Kompetenz postuliert die Linguistik die Komponente (a), also die Existenz und Benutzung eines mentalen Lexikons.

Prima facie scheint das mentale Lexikon die semantische Ebene des sprachlichen Parsens zu unterstützen, während die mentale Grammatik seine syntaktische Ebene fundiert. Doch genauer betrachtet enthält das mentale Lexikon auch syntaktische Aspekte und die mentale Grammatik auch semantische Aspekte. Auch an diesem Befund zeigt sich, dass der Linguistik und kognitiven Psychologie keine eindeutige Separation von Syntax und Semantik, von syntaktischem und semantischem Parsen gelingt.

3.3 Sprachliches Parsen und psychologische Semantik – Schemata und Skripte

Im Gegensatz zur Linguistik befasst sich die kognitive Psychologie explizit mit dem semantischen Hintergrund des sprachlichen Parsens, und zwar in einer Weise, die für die Hermeneutik aufschlussreich ist. Es sind zwei Arten von empirischen Daten, von denen die kognitionspsychologische Forschung zum sprachlichen Parsen ausgeht: Die messbare Geschwindigkeit von mentalen Assoziationen bei einzelnen Personen im Falle der Äußerung sprachlicher Ausdrücke und die messbare Geschwindigkeit erfolgreicher Übertragung von Informationen und Erwartungen in der Kommunikation zwischen mehreren Personen. Wenn der sprachliche Parser beispielsweise den Ausdruck „Haus“ erfasst, ruft er schnelle mentale Assoziationen von Gebäuden, Fenstern, Dächern usw. hervor, und wenn eine Person einer anderen Person erzählt, dass sie ein Haus bauen will, entwickelt der Hörer Erwartungen wie dass das Haus Fenster und Türen, ein Dach, ein Fundament etc. haben wird und der Hausbau die Mitarbeit von Handwerkern und Architekten erforderlich macht.

Im Blick auf diese Daten postuliert die kognitive Psychologie dann semantische Strukturen, die die empirisch festgestellten Assoziationen zu erklären vermögen. Und insoweit sie diese Erklärungsleistung tatsächlich erbringt, ist für die kognitive Psychologie auch die psychologische Realität der postulierten semantischen Strukturen erwiesen. Welche semantischen Strukturen werden also bislang in dieser Weise postuliert? Zunächst befasst man sich mit der Struktur der sprachlichen Begriffe und des sogenannten konzeptuellen Wissens. Die Bildung von Begriffen wird im ersten Anlauf auf traditionelle Weise dargestellt: Begriffe bilden sich durch Abstraktionen, die von spezifischen Erfahrungen durch Weglassen von Details zu generellen Kategorisierungen führen. Die Begriffe sind mit festen Merkmalsbündeln assoziiert, die es Sprecherinnen und Hörern erlauben, Information in abgekürzter Form mitzuteilen und zu verarbeiten. Dadurch werden Erwartungen koordiniert, Kommunikationen beschleunigt und soziale Organisationen erleichtert. Darin besteht der Vorteil der Verwendung sprachlicher Begriffe und ihres Parsens (Verstehens).[278] Aber welche Strukturen weisen Begriffe intern und untereinander auf?

Eine dieser Strukturen ist ein alter Bekannter: die begriffliche Über- und Unterordnung, in der Psychologie oft *isa-Verbindung* genannt (isa steht für „x is a y“ als Schema für die begriffliche Unterordnung von x unter y bzw. Überordnung von y gegenüber x). Diese Verbindungen werden in der Psychologie auch *semantische Netzwerke* genannt. Ein Beispiel für ein isa-strukturiertes semantisches Netzwerk wäre:

Ebene 1:	Tier → hat Haut, kann sich bewegen, nimmt Nahrung auf, atmet
Ebene 2:	Vogel oder Fisch → Tier
Ebene 3a:	Vogel → hat Flügel, kann fliegen, hat Federn
Ebene 3b:	Fisch → hat Flossen, kann schwimmen, hat Kiemen
Ebene 4a:	Kanarienvogel oder Strauß → Vogel
Ebene 4b:	Hai oder Lachs → Fisch
Ebene 5a:	Kanarienvogel → kann singen, ist gelb
Ebene 5b:	Strauß → hat lange Beine, ist groß, kann nicht fliegen
Ebene 5c:	Hai → kann beißen, ist angriffslustig
Ebene 5d:	Lachs → ist pink, ist essbar, schwimmt zum Laichen stromaufwärts.

278 Vgl. z. B. Anderson 2007, 183. Zum Folgenden insgesamt ibid. 183–203.

Angesichts dieser isa-Verbindung sollte man erwarten, dass deutschsprachige Personen Sätze wie

1a. Kanarienvögel sind gelb; 1b. Lachse sind pink.

2a. Kanarienvögel haben Federn; 2b. Lachse haben Kiemen.

3a. Kanarienvögel haben Haut; 3b. Lachse atmen,

unterschiedlich schnell auf Wahrheit oder Falschheit hin beurteilen, weil sie sich dafür unterschiedlich weit im skizzierten semantischen Netzwerk bewegen müssen. Und genau das lässt sich auch bestätigen. Die Probanden benötigen im Schnitt 1310 Millisekunden für die Sätze 1a und 1b, 1380 Millisekunden für die Sätze 2a und 2b sowie 1470 Millisekunden für die Sätze 3a und 3b.[279]

Allerdings haben die kognitiven Psychologen festgestellt, dass das Konzept der isa-Verbindungen wichtige Arten begrifflicher Assoziationen nicht erklären kann. Denn neben den Ober- und Unterbegriffen für eine Klasse X von Gegenständen, die durch den generellen Begriff „X" beschrieben wird, assoziieren Probanden gewöhnlich einige weitere Arten von Merkmalen mit X und X-Dingen, nämlich (i) ihre typischen Teile, (ii) ihr Material, (iii) ihre Form, (iv) ihre ungefähre Größe und gegebenenfalls (v) ihre Funktion. Dabei werden die typischen Teile oft hierarchisiert, ähnlich wie die Ober- und Unterbegriffe (denn meist weisen die typischen Teile bestimmter Dinge ihrerseits typische Teile auf, z. B. Wände von Häusern enthalten typischer Weise Fenster und Türen). Diese Merkmalsarten von Begriffen und Kategorisierungen heißen auch *slots* und werden im Falle bestimmter Begriffe geeignet ausgefüllt. Außerdem verwenden wir Begriffe mit dieser *slot*-Struktur gewöhnlich so, dass wir sie auch auf Dinge anwenden, die eines der in den *slots* aufgeführten Merkmale nicht erfüllen (Vögel können fliegen, aber ein Strauß ist auch ein Vogel, obgleich er nicht fliegen kann). Die typischen Merkmale in den *slots* werden daher auch als *Default-Werte* (Werte, deren Erfüllung auch unterbleiben kann) bezeichnet. Das Konzept eines Hauses würde zum Beispiel folgende *slots* enthalten:

- Häuser sind eine Art von Gebäuden;
- Wohnhäuser, Bürohäuser und Fabrikgebäude sind wichtige Arten von Häusern;
- Häuser haben Zimmer und Wände, und die Wände haben Fenster und Türen;
- Häuser können aus Holz, Ziegeln, Lehm oder Steinen gebaut sein;

[279] Vgl. dazu auch die bahnbrechende Arbeit Quillian 1968, ferner etwa Johnson-Laird 1996, 373–381. Zum Nachweis der Realität semantischer Netzwerke aus philosophischer Sicht vgl. Strawson 1994, Detel 2009.

- Häuser haben meist eckige (sehr häufig viereckige) Formen;
- Häuser haben üblicherweise eine Grundfläche von mehr als 10 qm und weniger als 1000 qm und weisen bis zu etwa acht Stockwerke auf;
- Häuser dienen der Unterbringung von Menschen, Vorräten und Arbeitsmaterial.

(Gegenstände, die ein oder zwei der letzten sechs Merkmale nicht erfüllen, alle anderen aber erfüllen, lassen sich ebenfalls noch als Häuser ansehen; Gegenstände allerdings, die das erste Merkmal nicht erfüllen, sind keine Häuser).

Konzeptuelle Repräsentationen, die eine *slot*-Struktur mit den skizzierten Merkmalsarten aufweisen und ihre typischen Merkmale als Default-Werte enthalten, heißen in der kognitiven Psychologie *Schemata*.[280] Viele kognitive Psychologen gehen heute davon aus, *dass die wichtigsten generellen Begriffe Schemata sind*.[281] Der zentrale Grund dafür ist, dass viele Experimente Indizien für die psychologische Realität von Schemata liefern. So hat man zum Beispiel Probanden in ein Büro geschickt, mit dem Hinweis, dass sie hier kurz auf einen psychologischen Test warten sollten. Nach ca. 30 Sekunden kam der Versuchsleiter in das Büro und führte die Probanden in einen anderen Raum, um sie dann danach zu befragen, an welche Gegenstände und Teile des Büros sie sich erinnern. Die Hypothese, dass die Probanden dabei das Büro-Schema aktivieren, ließ erwarten, dass sie sich gut an diejenigen Gegenstände und Teile des betreffenden Büros erinnern würden, die dem Büro-Schema entsprachen. Zugleich ließ sich prognostizieren, dass sie sich weit weniger gut an Dinge erinnern würden, die zwar im Büro vorhanden waren, aber nicht unter einen der slots des Büro-Schemas fallen, und dass sie vielleicht auch glauben würden, sich an Dinge im Büro zu erinnern, die unter einen der slots des Büro-Schemas fallen, die aber tatsächlich im betreffenden Büro nicht vorhanden waren. Diese Prognosen wurden in vielen Experimenten exakt bestätigt. Weit mehr als 90 % der Probanden erinnerten sich an die schema-gerechten Merkmale; nur 9 % der Probanden erinnerten sich dagegen an schema-abweichende Merkmale, und 8 % der Probanden glaubten sich an schema-gerechte Merkmale zu erinnern, die tatsächlich nicht im Büro vorhanden waren.

Da die Schemata Default-Werte enthalten, ist außerdem damit zu rechnen, dass bestimmte Gegenstände und Arten von Gegenständen mehr

[280] Vgl. z. B. Thagard 1999, 82–84.

[281] Einflussreiche frühere Arbeiten dazu waren etwa Minsky 1975 und Rumelhart 1980. Diese Autoren behaupteten, dass Denken und Wissen im Wesentlichen auf Schemata beruhen.

oder weniger gut in das Schema passen und demnach unterschiedliche Grade der Zugehörigkeit zum Schema aufweisen können. Insbesondere kann man prognostizieren, dass eine oder einige Arten von Gegenständen als besonders *typische (also prototypische) Schema-Vertreter* angesehen werden. Auch dafür hat man in der kognitiven Psychologie überzeugende Evidenz gefunden. Für das Vogel-Schema scheint etwa das Rotkehlchen ein Prototyp zu sein, das Huhn liegt in der Mitte der Zugehörigkeitsskala, und der Strauß ziemlich am Ende. Fußball ist eine wesentlich typischere Sportart als Gewichtheben, und Mord ist ein wesentlich typischeres Verbrechen als Landstreicherei. Vollständig erfüllte Schemata eines Dinges X werden daher manchmal auch als *Prototypen* von X bezeichnet.[282] Die Schema-Theorie kann demnach die semantische Prototypentheorie auf elegante Weise integrieren.[283]

Die kognitive Psychologie hat festgestellt, dass wir nicht nur über Schemata von Gegenständen, sondern auch über Schemata von Ereignissen verfügen. Die Schemata von Ereignissen werden meist *Skripte* genannt. Das übliche Skript eines Restaurantbesuches besteht z. B. aus den fünf Szenen des Eintreffens, der Bestellung, der Bedienung, des Essens und des Gehens, die ihrerseits wieder aus einigen Elementen bestehen, etwa der Platzsuche beim Eintreffen, dem Lesen der Speisekarte bei der Bestellung, dem Aufdecken des Bestecks bei der Bedienung, der Kombination von Gericht und Getränken beim Essen oder dem Bezahlen vor dem Verlassen des Restaurants. Da die Skripte vielfältiger und gewöhnlich auch kontextabhängiger sind als begriffliche Schemata, sind die Übereinstimmungen der Skripte bei verschiedenen Probanden nicht ganz so hoch – aber immer noch so hoch, dass auch Skripten psychologische Realität

[282] Vgl. z. B. Thagard 1999, 99. Allgemeiner zu Konzepten als Schemata vgl. ibid. 80–100.

[283] Vgl. dazu etwa Kleiber 1993. Die Prototypentheorie wurde erstmals von Eleanor Rosch vorgeschlagen, vgl. Rosch, Mervis 1978; Rosch 1975, 1975a, 1978; Rosch, Lloyd 1978. Die Schematheorie ist unter kognitiven Psychologen zwar sehr verbreitet, aber nicht unumstritten. Die wichtigste Alternative ist gegenwärtig die Exemplartheorie. Ihre Kernthese ist, dass wir nicht zentrale universelle Konzepte speichern, die wir aus einer Anzahl von Wahrnehmungen abstrahieren, sondern dass wir nur einzelne Exemplare unter einer bestimmten Kategorie speichern und dann die mittleren Unterschiede abschätzen. Wenn wir beurteilen wollen, wie typisch ein bestimmtes Objekt für eine Kategorie X ist, dann vergleichen wir dieses Objekt mit den bislang unter X gespeicherten Exemplaren und schätzen den Grad des Unterschiedes ab, vgl. Sperber 1986. Schematheorie und Exemplartheorie kommen in nicht wenigen Fällen zu denselben Voraussagen. Daher ist eine experimentelle Entscheidung zwischen den beiden Theorien bislang schwierig. Manche Forscher sehen Indizien dafür, dass wir manchmal Schemata und manchmal Exemplare speichern.

zugesprochen werden kann. Dies gilt umso mehr, als auch die Skripte nachweislich Effekte auf das Erinnerungsvermögen haben.[284]

Schemata und Skripte haben offenbar eine reichhaltigere Struktur als isa-Verbindungen. Dabei scheinen die Schemata natürlicher Arten eine andere Struktur aufzuweisen als die Schemata von Artefakten. In vielen Experimenten ist zum Beispiel gezeigt worden, dass insbesondere Kinder der Meinung sind, dass alle Elemente einer biologischen Kategorie dieselben Bestandteile haben, aber nicht bestimmte funktional angemessene Handlungen festlegen. So glauben sie zum Beispiel, dass wenn rote Äpfel Pektin enthalten, auch grüne Äpfel Pektin enthalten, sie glauben aber nicht, dass wenn rote Äpfel für Menschen zum Essen da sind, dies auch für grüne Äpfel gelten muss. Andererseits glauben Kinder, dass nicht alle Elemente einer bestimmten Artefakt-Kategorie dieselben Bestandteile haben, wohl aber dass eine bestimmte Artefakt-Kategorie bestimmte funktional angemessene Handlungen festlegt. So glauben sie zum Beispiel nicht, dass wenn eine Tasse aus Keramik besteht, alle Tassen aus Keramik bestehen, wohl aber dass wenn eine Tasse zum Trinken da ist, dies für alle anderen Tassen auch gilt. Neurobiologische Untersuchungen gehirngeschädigter Patienten haben gezeigt, dass das konzeptuelle Wissen von Artefakten tatsächlich durch andere Gehirnregionen unterstützt wird als das konzeptuelle Wissen von biologischen Kategorien.

Ein Sonderfall von (komplexen) Schemata scheinen einige Konditionale der Form „Wenn p, dann q“ zu sein, die in der kognitiven Psychologie meist als *Regeln* bezeichnet werden. Die Regel (a) „Wenn X ein Professor ist, dann hat X viel zu tun“ beispielsweise gilt als vereinbar mit der Regel (b) „Wenn X ein Professor ist, der weder publiziert noch Doktoranden hat noch sich an der Verwaltung oder dem Einwerben von Drittmitteln beteiligt, dann hat X nicht viel zu tun“, obgleich beide Regeln logisch inkonsistent sind. Regel (a) wird aber mental als Standardschema betrachtet, das oft angewendet wird, obgleich es Ausnahmen (wie etwa in Gestalt der Regel (b)) zulässt.[285]

Mit isa-Verbindungen, Schemata und Skripten sind zwar bestimmte Assoziationen empirisch verbunden, aber die einschlägigen psychologischen Studien bezeichnen diese Assoziationen *nicht* als semantische Gehalte oder Bedeutungen sprachlicher Ausdrücke. Die kognitive Psychologie vertritt keine psychologistische Bedeutungstheorie, die unter anderem

[284] Eine frühe einflussreiche Arbeit, die nachzuweisen sucht, dass ein großer Teil unseres sozialen Wissens in Form von Skripten mental realisiert ist, ist Schank, Abelson, 1977. Vgl. auch Reimer 1991.

[285] Vgl. Thagard 1999, 62.

deshalb inakzeptabel ist, weil mentale Assoziationen selbst semantische Gehalte haben und die psychologistische Bedeutungstheorie daher zirkulär und somit wertlos ist. Zwar stellt sich die kognitive Psychologie nicht ausdrücklich der Aufgabe, wie die von ihr postulierten und als real erwiesenen semantischen Netzwerke genauer zu beschreiben sind, doch ist es auffällig und aufschlussreich, wie das Operieren innerhalb oder aufgrund dieser Netzwerke dargestellt wird. So heißt es zum Beispiel bei Anderson zum oben skizzierten Beispiel eines isa-Netzwerkes, dass „daraus, dass Tiere atmen und Vögel Tiere sind, *folgt*, dass Vögel und Kanarienvögel atmen“, dass man ferner „daraus, dass Kanarienvögel Vögel sind und Vögel Federn haben, *erschließen kann*, dass Kanarienvögel Federn haben“, und dass man „daraus, dass ein Kanarienvogel ein Vogel und ein Vogel ein Tier ist und ein Tier eine Haut hat, *herleiten kann*, dass ein Kanarienvogel eine Haut hat“.[286] Und „wenn wir wissen, dass etwas ein Haus ist, dann können wir anhand der Schemadefinition *erschließen*, dass es wahrscheinlich aus Holz oder Stein gemacht ist und dass es Wände, Fenster und Decken besitzt. Doch müssen die *Schlussfolgerungsprozesse* bei Schemata auch mit Ausnahmefällen umgehen können…Wenn wir von einem unterirdischen Haus erfahren, können wir *erschließen*, dass es keine Fenster haben dürfte.“[287] (Hervorhebungen von W. D.). Demnach betrachten kognitive Psychologen die Struktur der Begriffe und der verschiedenen semantischen Netzwerke als *inferentiell geordnet*.

Die leitende Idee hinter dieser Redeweise scheint zu sein, dass wenn wir aufgrund von zuverlässigen Wahrnehmungen gelernt haben, dass Individuen einer Art S stets mit einem Merkmal M ausgestattet sind, so dass sich eine feste Assoziation und Erwartung der Form S(x) → M(x) herausbildet, wir eine Komponente eines semantischen Netzwerkes errichten, die es uns erlaubt, ja gebietet, aus dem Satz oder Gedanken „S(x)“ den Satz oder Gedanken „M(x)“ zu *folgern*. In der Philosophie bezeichnet man derartige Folgerungen oft als *materiale Inferenzen*, die man von logisch gültigen Folgerungen unterscheiden muss.[288] Semantische Netzwerke bestehen also aus vernetzten materialen Inferenzen. Allerdings reflektiert die kognititive Psychologie nicht, dass damit von einer empirischen Sprache in eine *logische* und *normative* Sprache gewechselt wird und dass die einschlägigen psychologischen Studien zeigen, dass sich das Postulat *material-inferentiell* geordneter semantischer Netzwerke *empirisch* begründen lässt.

[286] Anderson 2007, 183–184.
[287] Ibid. 187–188.
[288] Vgl. dazu genauer unten, Abschnitt 4.4.

Der Kontext der Begriffe, isa-Verbindungen, Schemata und Skripte ist nicht der einzige Bereich, in dem psychologische Studien von Inferenzen im sprachlichen Parsen sprechen. So wird zum Beispiel diagnostiziert, dass das sprachliche Parsen *Rückwärtsinferenzen* und *Vorwärtsinferenzen* involviert.[289] Betrachten wir die drei Satzpaare

(i) Der Zahnarzt zog den Zahn schmerzfrei. Der Patient mochte diese neue Methode.

(ii) Der Zahn wurde schmerzfrei gezogen. Der Zahnarzt benutzte die neue Methode.

(iii) Der Zahn wurde schmerzfrei gezogen. Der Patient mochte diese neue Methode.

In (i) werden nur direkte Feststellungen getroffen. In (ii) wird von Probanden aus dem zweiten Satz rückwärts gefolgert, dass der Zahn vom Zahnarzt gezogen wurde. Aus (iii) (wo der Zahnarzt in keinem Satz erwähnt wird) wird von den Probanden vorwärts gefolgert, dass ein Zahnarzt am Werke war. Allerdings brauchen die Probanden in diesem Falle für die Vorwärtsinferenz erheblich mehr Zeit als für die Rückwärtsinferenz. Denn Rückwärtsinferenzen sind meist recht eindeutig, während es oft sehr viele mögliche Vorwärtsinferenzen gibt. Beim Hören oder Lesen von Geschichten zeigt sich in Experimenten eine Präferenz für Vorwärtsinferenzen, die sich auf die Absichten der Akteure in den Geschichten beziehen.

Ein wichtiger Fall von Rückwärtsinferenz ist die Interpretation von einigen Artikeln und Pronomina. Man kann zeigen, dass die meisten Probanden zum Beispiel sehr genau zwischen indefiniten Artikeln wie „ein“ und definitiven Artikeln wie „der“ (die häufig auf etwas Vorangehendes oder Bekanntes verweisen) unterscheiden. In Sätzen wie „Christine bekam einen Hund; der Hund war klein“, in denen der bestimmte Artikel nicht auf etwas Bestimmtes rückverweist, obgleich er seiner syntaktischen Stellung nach rückverweisen sollte, zögern die Probanden mit dem Parsen. Auch die Referenz von Pronomina ist häufig nicht eindeutig. Diese Mehrdeutigkeit wird im sprachlichen Parsen mit unterschiedlichen Mitteln beseitigt. Manchmal reichen grammatische Indizien (etwa Numerus und Genus) aus, manchmal auch syntaktische Kriterien. Zum Beispiel wird im Parsen unterstellt, dass Pronomina meist auf Dinge oder Sachverhalte in derselben grammatischen Rolle, wie sie das Pronomen selbst hat (etwa als Subjekt oder Prädikat), verweisen, und dass Pronomina bevorzugt auf Referenten verweisen, die im Satz am wenigsten weit zurückliegen. Betrachten wir beispielsweise die Sätze

[289] Siehe Anderson 2007, 477–482.

(iv) Franz schubste Emil, und dann trat er ihn.
(v) Franziska aß Brot und Barbara aß Torte, danach trank sie noch Kaffee.

In (iv) beziehen fast alle Probanden das Pronomen „er“ auf Franz und daher „ihn“ auf Emil (gleiche grammatische Rolle), und in (v) wird „sie“ mit „Barbara“ verbunden (näher am Pronomen als „Franziska“).

Oft werden vornehmlich semantische Kriterien (im weiteren Sinne Weltwissen) eingesetzt, um den Bezug von Pronomina zu klären. In den Sätzen

(vi) Die Mutter schrie ihre Tochter an, weil sie Kaffee verschüttet hatte.
(vii) Die Mutter schrie ihre Tochter an, weil sie Kopfschmerzen hatte,

entscheiden die Probanden auf semantischer Basis sofort, dass sich das Pronomen „sie“ in (vi) auf die Tochter und in (vii) auf die Mutter bezieht. Gewöhnlich schreit man andere Leute nicht an, weil man selbst Kaffee verschüttet hat, sondern etwa weil man selbst Kopfschmerzen hat und daher leichter die Fassung verliert. Die kognitionspsychologischen Befunde zum syntaktischen und semantischen Parsen enthalten erhebliche Evidenz für die These, dass bereits das schnelle sprachliche Parsen nur dann erfolgreich ist, wenn rationale Kriterien wie Konsistenz und Inferenz überwiegend erfüllt sind. Diese These wird, wie der nächste Abschnitt zeigt, durch Theorien des sprachlichen Parsens von Sprechakten, Implikaturen und Präsuppositionen zusätzlich untermauert.[290]

[290] So wurde festgestellt, dass Probanden mit mehr oder weniger Erfolg versuchen, längere Texte anhand von sogenannten relationalen Strukturen wie sachliche Aufzählung, zeitliche Reihenfolge, Ursache, Ziel, Erklärung, Beweis, Spezifizierung oder Verallgemeinerung hierarchisch zu ordnen. Allgemein wurde gefunden, dass Probanden zeitliche, logische und kausale Beziehungen zwischen Textteilen herzustellen versuchen. Weniger banal ist, dass offenbar die Gedächtnisleistung für Textinhalte umso besser ist, je genauer man diese Strukturen analysiert, und dass die Fähigkeit, solche Strukturen zu erkennen, vom Kindesalter an erst langsam erlernt werden muss und auch im Erwachsenenalter unterschiedlich ausgeprägt ist. Einem verbreiteten Modell zufolge gelingt die Interpretation längerer Texte umso besser, je mehr von einem syntaktischen und semantischen Parsen der einzelnen Sätze des Textes überlappende Ausdrücke, die in zwei oder mehr Sätzen vorkommen, für eine inhaltliche Verknüpfung mehrerer Sätze genutzt werden. Nicht nur der Erfolg der Interpretation, sondern auch die Gedächtnisleistung ist mit dieser Form der Verknüpfung korreliert, vgl. Anderson 2007, 166–174; 485–487. In anderen kognitionspsychologischen Theorien wird betont, dass ein Diskurs (eine längere sprachliche Einheit) durch logische Konsistenz und semantische Kohärenz ausgezeichnet ist, die von einem erfolgreichen Verstehen des Diskurses auch erfasst werden muss, vgl. z. B. Johnson-Laird 1996, 394–398.

3.4 Das Parsen von Sprechakten und Implikaturen

SprecherInnen meinen gewöhnlich mehr, als sie sagen. Daher muss auch das sprachliche Parsen gewöhnlich mehr erfassen als das wörtlich Gesagte. Angenommen, ein Vater sagt zu seiner Tochter: „Du hast heute noch nicht Cello geübt", unter welchen Bedingungen verstehen Außenstehende und die angesprochene Tochter (die Hörer) diesen Satz sowohl schnell und störungsfrei als auch in angemessener Weise? Einige der wichtigsten dieser Bedingungen lassen sich in folgender Liste zusammenfassen:

(1) Die Hörer müssen den semantischen Gehalt des Satzes in seiner einfachsten Form (die *Satzbedeutung*) erfassen, d.h. sie müssen erfassen, dass der Vater gesagt hat, dass du heute noch nicht Cello geübt hast. Sie verstehen diesen Satz beispielsweise falsch, wenn sie davon ausgehen, dass das Wort „Cello" Blockflöte bedeutet.

(2) Die Hörer müssen darüber hinaus dem Situationskontext und ihrem Hintergrundwissen entnehmen, auf wen sich die indexikalischen Ausdrücke „Du" und „heute" beziehen und wer der Vater ist. Erst damit erfassen sie den semantischen Gehalt des Satzes im vollen Sinne (*das wörtlich Gesagte*) (zum Beispiel wenn sie den Satz so verstehen, dass Sven Maier am 26.8.2008 um 18 Uhr zu seiner jüngsten Tochter Maren gesagt hat, dass sie heute noch nicht Cello geübt hat).

(3) Die Hörer müssen ferner erkennen, dass der Vater mit seinem Satz nicht lediglich feststellt, dass Maren noch nicht Cello geübt hat, sondern dass er auch an sie appelliert, doch am selben Tag noch Cello zu üben, und dass er außerdem seiner Missbilligung darüber Ausdruck verleiht, dass seine Tochter noch nicht Cello geübt hat (dafür ist die Kenntnis weiterer Elemente des Kontextes erforderlich, zum Beispiel dass wegen des bevorstehenden Konzertes ein tägliches Üben erforderlich ist). Kurz, die Hörer müssen dem Situationskontext und ihrem Hintergrundwissen das mit dem Satz Gemeinte (die *Äußerungsbedeutung*) entnehmen – also dass der Vater mit seinem Satz auch meint, dass Maren bitte heute noch Cello üben soll und dass es enttäuschend ist, dass sie an diesem Tag nicht von selbst Cello geübt hat. Tatsächlich müsste Maren den Satz ihres Vaters sogar für unvernünftig und daher für unverständlich halten, wenn er lediglich feststellen wollte, dass sie an jenem Tag noch nicht Cello geübt hat, denn das weiß sie schließlich selbst ganz genau. Die Feststellung allein wäre in dieser Situation witzlos.

(4) Auch müssen die Hörer erkennen, dass der Vater mit seiner Äußerung etwas bewirken will und im günstigsten Fall auch bewirkt – in diesem Fall will der Vater seine Tochter dazu bringen, doch noch

Cello zu üben. Die Hörer würden den Satz nicht angemessen verstehen, wenn sie diese kausale Absicht übersehen würden.

(5) Die Hörer müssen die Referenz der indexikalischen Ausdrücke im Satz einzig und allein dem Kontext und Hintergrundwissen entnehmen können. Sie verstehen den Satz beispielsweise falsch, wenn sie den Ausdruck „Du" auf Maiers ältere Tochter Marion beziehen. Wenn die Referenz der indexikalischen Ausdrücke durch den Kontext nicht eindeutig festgelegt ist, dann kann das Parsen daran scheitern, dass sich der Vater mehrdeutig geäußert hat (zum Beispiel wenn auch seine andere Tochter anwesend wäre, Cello spielte und ebenfalls an jenem Tag noch nicht geübt hätte).

(6) Die Hörer müssen sich darüber im klaren sein, welche Information der Satz genau enthält, etwa dass der Vater unter dem Cello-Üben nicht ein zehnminütiges Herumspielen, sondern ein mindestens halbstündiges konzentriertes Üben am aufgegebenen Orchesterstück versteht, das vor allem auf die schwierigen Passagen fokussiert ist, die seine Tochter bisher noch nicht fehlerfrei spielen konnte. Wenn diese genauere Information dem Kontext oder Hintergrundwissen nicht entnommen werden kann, ist der Vater an einem möglichen Missverstehen schuld, denn seine Äußerung ist nicht informativ und nicht klar genug.

(7) Die Hörer müssen annehmen können, dass der Vater seine Äußerung selbst als wahr und richtig ansieht und dass er gute Gründe für seine Äußerung hat. Wenn Maren an jenem Tag zum Beispiel bereits Cello geübt hat, oder wenn sie am vorherigen Tag doppelt so viel Cello geübt hat, weil sie am Tag darauf wegen einer Klausurvorbereitung keine Zeit für das Celloüben hat, dann geht die Äußerung ihres Vaters ins Leere, und sie könnte mit Recht sagen: „Ich verstehe überhaupt nicht, was Du willst..." – und zwar nicht nur in dem Sinne, dass etwa der Appell des Vaters unberechtigt ist, sondern auch in dem Sinne, dass er in der gegebenen Situation irrelevant ist, weil es um eine gute Klausurvorbereitung geht, die sich der Vater vielleicht sogar auch selbst wünscht.

(8) Die Hörer müssen begreifen, dass der Vater seine Tochter zu einer Selbstrationalisierung anhält („Du solltest Cello üben, weil Du doch morgen im Konzert gut spielen möchtest und wie ich der Meinung bist, dass Du dafür noch heute üben musst").

Von diesen acht Bedingungen des sprachlichen Parsens bringen (1)–(4) die Sprachhandlungen (*Sprechakte*) ins Spiel, die mit einer sprachlichen Äußerung verbunden sind. (1) und (2) legen einen Sprechakt zugrunde, der darin besteht, dass man einen Satz äußert und damit einen propositionalen Gehalt zum Ausdruck bringt. In der klassischen Sprechakttheorie von Austin wurde hier von einem *lokutionären Akt* gesprochen. Die Unterscheidung zwischen (1) und (2) verweist auf die Bereinigung indexikalischer Offenheit. Erst mit dieser Bereinigung kann der semantische Gehalt eines Satzes oder einer Äußerung im vollen Sinne erfasst werden.

Bedingung (3) verweist auf expressive Sprechakte, mit denen der Sprecher seine eigene Stimmung, Haltung oder normative Einschätzung des beschriebenen Sachverhaltes zum Ausdruck bringt (etwa Missbilligung, Enttäuschung oder Freude). Die klassische Sprechakttheorie spricht in diesen Fällen von *illokutionären Akten*. Und Bedingung (4) verweist auf appellative Sprechakte, mit denen der Sprecher den Hörer zu bestimmten Aktivitäten zu veranlassen versucht (etwa Bitten oder Aufforderungen). Diese Sprechakte nannte die klassische Sprechakttheorie *perlokutionäre Akte*.[291] Die generelle Botschaft von (3) und (4) ist, dass wir einen Satz (ob geäußert oder geschrieben) erst dann angemessen parsen, wenn wir nicht nur seinen (indexikalisch bereinigten) semantischen Gehalt, sondern auch den mit ihm verbundenen illokutionären und perlokutionären Sprechakt erfassen – kurz wenn wir nicht nur verstehen, was der Satz repräsentiert, sondern auch wie er gebraucht wird.

Das Zusammenwirken von Bedingungen (2)–(4) mit dem Hintergrundwissen muss *konsistent* erscheinen, andernfalls gelingt das sprachliche Parsen nicht. Unter den skizzierten Hintergrundbedingungen sollte der Vater zum Beispiel nicht *lediglich* feststellen und missbilligen, dass seine Tochter noch nicht Cello geübt hat; und sollte Maren bereits am Vortag hinreichend geübt haben und heute besser die Klausurvorbereitung betreiben, wäre es *unbegründet*, wenn der Vater sie dennoch dazu bewegen wollte, Cello zu üben. Das heißt, die Sprechakte müssen mit dem semantischen Gehalt und dem Kontextwissen *vereinbar* sein. Sprechakte unterliegen Konsistenzbedingungen. Und Bedingung (8) unterstellt die Möglichkeit einer Selbstrationalisierung des Adressaten.

Die Bedingungen (5)–(7) weisen auf Aspekte des sprachlichen Parsens hin, die von ganz anderer Art sind als das Erfassen von Sprechakten. Hier geht es nämlich nicht um sprachliche Handlungen des Sprechers, sondern um *Maximen, die der Sprecher einhalten muss, wenn er angemessen kommunizieren und verstanden werden will*. Die wichtigsten dieser Kommuni-

[291] Freilich lassen sich illokutionäre und perlokutionäre Sprechakte nicht völlig scharf voneinander trennen. Denn mit expressiven illokutionären Sprechakten soll oft auch etwas bewirkt werden. Lob und Tadel etwa sind nicht nur expressiv, sondern häufig implizit auch appellativ. Und viele Formen primär perlokutionärer Sprechakte, etwa Drohungen, haben auch eine implizite expressive Seite. Drohungen gehen zum Beispiel oft mit Ärger oder Wut einher.

kationsmaximen auf Seiten des Sprechers sind die Vermeidung von Mehrdeutigkeit und Unklarheit, die sich nicht durch Bereinigung lexikalischer Offenheit oder Rekurs auf den Kontext aufheben lassen (vgl. (5)–(6)), sowie die Wahrhaftigkeit und Begründbarkeit der geäußerten oder geschriebenen Sätze (vgl. (7)). Wird mindestens eine dieser Maximen vom Sprecher verletzt, so kann der Hörer nicht ermitteln, was der Sprecher wirklich meint.

Diese Dimension der Sprache und des sprachlichen Parsens wird gewöhnlich der Pragmatik zugerechnet.[292] Die pragmatischen Bedingungen des sprachlichen Parsens sind das Erfassen von Sprechakten, Implikaturen, Präsuppositionen und die Mobilisierung des Hintergrundwissens. Sprechakte sind Gegenstände einer Pragmatik im Sinne einer Theorie sprachlichen Handelns, während das Hintergrundwissen eher einer Pragmatik im Sinne einer Kontext-Theorie des Sprechens und Verstehens zugehört. Implikaturen und Präsuppositionen schließlich involvieren implizite *rationale Unterstellungen*, die mit den meisten Äußerungen und Sätzen mitgeführt und von den entsprechenden Theorien explizit gemacht werden. Diese Theorien enthalten auch hermeneutische Lehren und sollen daher im Rest dieses Kapitels kurz diskutiert werden.

Die Theorien der Sprechakte (entwickelt von Austin und Searle) und der Kommunikationsmaximen (vorgeschlagen von Grice) sind sehr detailliert ausgearbeitet worden.[293] Einer der wichtigsten Unterschiede zwischen illokutionären und perlokutionären Sprechakten besteht darin, dass illokutionäre Sprechakte aufgrund einer Sprachkonvention und daher auch explizit performativ vollzogen werden können. Dies gilt für perlokutionäre Sprechakte nicht. So ist

(a) „Dieses Medikament ist schädlich“

ein illokutionärer Sprechakt des Behauptens, der auf der Sprachkonvention des Behauptens beruht und mit

(b) „Ich behaupte, dass dieses Medikament schädlich ist“

auch explizit performativ vollzogen werden kann. Dasselbe gilt etwa für den illokutionären Sprechakt des Versprechens. Dagegen kann man zum Beispiel den perlokutionären Sprechakt des Überzeugens nicht schon dadurch ausführen, dass man lediglich sagt, dass man jemanden von etwas überzeugt. Allein durch die Äußerung

(c) „Hiermit überzeuge ich Sie, Frau Merkel, als Kanzlerin mit der SPD zu koalieren“

haben wir Frau Merkel nicht schon überzeugt.

[292] Zum mehrdeutigen Begriff der Pragmatik vgl. z. B. Grewendorf, Hamm, Sternefeld 1989, 377–378.

[293] Vgl. Austin 1962, Searle 1969, Grice 1989, besonders Kap. 2, Frege 1892.

Zum Verstehen eines Sprechaktes gehört unter anderem auch zu erfassen, unter welchen Bedingungen er geglückt und ausgeführt ist, und in dieser Hinsicht ist die Unterscheidung zwischen illokutionären und perlokutionären Sprechakten hermeneutisch relevant.

Austin hat verschiedene illokutionäre Sprechakte unterschieden, aber – wie Searle kritisch kommentiert hat – ohne einheitliche Unterscheidungskriterien. Searle folgt in seinem eigenen einflussreichen Vorschlag bestimmten Klassifikationskriterien für illokutionäre Sprechakte (= IS). Die wichtigsten dieser Kriterien sind:

(a) Unterschiede im illokutionären Zweck (zum Beispiel den Sprecher auf ein bestimmtes Verhalten festzulegen);
(b) Unterschiede in der Anpassungsrichtung (Wort auf Welt oder Welt auf Wort);
(c) Unterschiede in den ausgedrückten psychologischen Modi (z.B. Wunsch oder Absicht).

Aufgrund dieser Kriterien gelangt Searle zu folgender Unterscheidung von IS:

(1) Assertive IS (z.B. behaupten, feststellen). Zweck: Festlegung des Sprechers auf die Wahrheit einer ausgedrückten Proposition; Ausrichtung: Wort auf Welt; psychologischer Modus: Überzeugung, dass etwas der Fall ist.
(2) Direktive IS (z.B. befehlen, raten, erlauben). Zweck: Versuch des Sprechers, den Hörer dazu zu bringen, etwas zu tun; Ausrichtung: Welt auf Wort; psychologischer Modus: Wunsch.
(3) Kommissive IS (z.B. versprechen, ankündigen, drohen). Zweck: Festlegung des Sprechers auf künftigen Handlungsverlauf; Ausrichtung: Welt auf Wort; psychologischer Modus: Absicht.
(4) Expressive IS (z.B. danken, sich entschuldigen). Zweck: Ausdrücken einer psychischen Einstellung zu einem gegebenen Sachverhalt; Ausrichtung: keine; psychologischer Modus: unterschiedlich.
(5) Deklarative IS (z.B. Krieg erklären, kündigen). Zweck und Ausrichtung: Durch Vollzug des IS Herstellung der Übereinstimmung von Wort und Welt, unter Rekurs auf außersprachliche Institutionen; psychologischer Modus: unterschiedlich.

Die Interpretation von illokutionären Sprechakten umfasst dieser insgesamt überzeugenden Analyse zufolge das Erfassen von Zweck (also Absicht), Ausrichtung und begleitendem psychischen Zustand des Sprechaktes.

Komplizierter wird die Interpretation von Sprechakten, wenn ein Sprechakt einen weiteren, nicht explizit vollzogenen Sprechakt impliziert (diesen impliziten Sprechakt nennt man auch *indirekten Sprechakt*). Mit dem Satz „Ich rate Dir, dies nicht noch einmal zu tun" wird beispielsweise explizit ein direktiver Sprechakt des Ratens vollzogen, aber implizit auch der kommissive Sprechakt des Drohens. Oder mit dem Satz „Dort ist die Tür" wird auf den ersten Blick ein assertiver Sprechakt des Feststellens vollzogen, aber indirekt auch ein direktiver Sprechakt des Aufforderns.

Man sollte jedoch hinzufügen, dass jeder Sprechakt eine Handlung darstellt und folglich mit einer Absicht korreliert ist. Die Sprechakt-Handlung ist genauer eine Äußerung, die mit einer Absicht korreliert ist, so dass die Erfüllung (= Realisierung) der Absicht ein Effekt der Äußerung sein soll. Der Sprechakt gelingt, wenn dieser Effekt erzielt wird, und er misslingt, wenn die Absicht nicht realisiert wird. Die Absicht betrifft meist den Hörer. Dann lassen sich verschiedene Sprechakte auch im Blick auf die korrelierten Absichten unterscheiden: Die Absicht

– assertiver Sprechakte ist: Hörer von etwas überzeugen oder über etwas informieren,
– direktiver Sprechakte ist: Hörer zum Handeln bringen,
– kommissiver Sprechakte ist: Hörer in eine Zukunftserwartung zu Sprecherhandlung versetzen,
– expressiver Sprechakte ist: Hörer zu einer Evaluation eigener Handlungen bringen,
– deklarativer Sprechakte ist: Hörer in eine Zukunftserwartung zu Hörerreaktionen auf eingerichteten Sachverhalt versetzen.

Der genaue semantische Gehalt der Absicht kann der korrelierten Äußerung entnommen werden. Die Äußerung „Gestern hast Du mich zu hart kritisiert!" stellt fest, dass sie mich zu hart kritisiert hat, ist aber auch mit der Absicht verbunden, sie dazu zu bringen, ihre Kritik als zu hart zu bewerten. Und wenn die Äußerung den Effekt hat, dass sie ihre gestrige Kritik tatsächlich als zu hart betrachtet, ist dieser expressive Sprechakt gelungen. Die Äußerung „Wenn Du mich noch einmal beleidigst, verklage ich Dich!" besagt, dass der Sprecher den Hörer bei erneuter Beleidigung verklagen wird, ist aber auch mit der Absicht verbunden, den Hörer dazu zu bringen, nie wieder beleidigend zu sein.

Wenn also eine Sprecherin einen Sprechakt als sprachliche Handlung vollzieht, dann deshalb, weil sie eine bestimmte Absicht hat und meint, der Vollzug des Sprechakts sei notwendig oder förderlich für die Realisierung ihrer Absicht. *Der Vollzug von Sprechakten ist eine zweckrationale Handlung*. Daher müssen die semantischen Gehalte der Äußerungen zu den begleitenden Absichten *rational passen*, ansonsten wird der Sprechakt unverständlich. Mit dem Satz „Gestern habe ich Dich besucht" kann der Sprecher dem Adressaten nichts versprechen; der Satz „Ich verspreche Dir, Dich gestern besucht zu haben" ist daher unverständlich. Dasselbe gilt zum Beispiel (zumindest unter normalen Umständen), wenn jemand zu einem guten Freund sagt: „Ich warne Dich davor, morgen das Examen zu bestehen." Versprechen kann man nur etwas, was in der Zukunft liegt; und warnen kann man nur vor negativen Ereignissen. Darum sind die beiden genannten Sätze semantisch *inkonsistent* und daher unverständlich.

Eine Transformation des indexikalisch bereinigten semantischen Gehalts zur Äußerungsbedeutung heißt *Implikatur*. Die Implikatur eines Satzes ist eine Form der Interpretation des Satzes und verweist auf Aspekte, die mit dem Satz (genauer mit dem semantischen Gehalt des Satzes) einhergehen, ohne aus ihm logisch zu folgen. Die von Paul Grice entwickelte Theorie der Implikaturen versucht die Frage zu beantworten, wie sich verschiedene Implikaturen unterscheiden und erklären lassen. Grice unterscheidet viele Implikaturen, postuliert aber zwei Hauptgruppen: die konventionellen und konversationalen Implikaturen. In Sätzen wie

(a) „Kannst Du mir bitte das Salz reichen?"

(b) „Paul ist ein Deutscher, deshalb ist er humorlos!"

deutet das Wort „bitte" in (a) an, dass Satz (a) eine höfliche Aufforderung ist, die in eine Frage verpackt ist. Es ist die sprachliche Konvention (also der sprachliche Gebrauch), mit der „bitte" gebraucht wird, mit deren Hilfe die Implikatur in (a) vollzogen wird und erklärt werden kann. In Satz (b) ist es die sprachliche Konvention, mit der „deshalb" gebraucht wird, die darauf hinweist, dass mit (b) zusätzlich gemeint ist, dass die Deutschen humorlos sind. *Konventionelle Implikaturen* kommen also durch geeignete sprachliche Konventionen zustande, und es sind diese sprachlichen Konventionen und das, worauf sie implizit verweisen, die wir erfassen müssen, wenn wir die Äußerungsbedeutung von Sätzen wie (a) und (b) verstehen wollen. Sprachliche Konventionen beruhen ihrerseits auf der Semantik der entsprechenden Wörter. Konventionelle Implikaturen folgen also aus der Semantik bestimmter Wörter (typischerweise von Wörtern, die für die Wahrheitsbedingungen der entsprechenden Sätze nicht relevant sind), und wir müssen das entsprechende semantische Wissen investieren, wenn wir konventionelle Implikaturen erfassen wollen.

Doch gibt es viele Implikaturen, die nicht durch sprachliche Konventionen zustande kommen und daher auf andere Weise verstanden werden müssen. Diese *Implikaturen* heißen *konversationell*. Instruktive Beispiele dafür sind logische Tautologien wie

(c) Entweder er ist ein Atheist, oder er ist es nicht.

(d) Politik ist Politik.

Mit (c) könnte gemeint sein, dass die betreffende Person den Atheismus nur halbherzig vertritt und sich besser für eine klare und eindeutige religiöse Haltung entscheiden sollte. Tautologie (d) ist ein Grundsatz des Verlegens wissenschaftlicher Bücher und könnte eine tolerante, aber vielleicht auch resignative und fatalistische Haltung gegenüber wissenschaftlichen Autoren ausdrücken, die unterstellt, dass diese Chaoten meist bis zuletzt und manchmal länger an ihren Texten herumbasteln.[294]

Natürlich gibt es auch viele konversationelle Implikaturen, die keine Tautologien im logischen Sinne sind. Wenn etwa ein Maat, der wegen seiner Trunksucht häufig vom Kapitän kritisiert wird, den zutreffenden Eintrag

(e) „3. Januar: Der Kapitän ist nicht betrunken"

ins Logbuch schmuggelt, dann vertraut der Maat darauf, dass wir, weil nur besondere Ereignisse ins Logbuch eingetragen werden, die Implikatur von (e) erfassen, dass es etwas Besonderes ist, dass der Kapitän nicht betrunken ist. Und folglich sollen wir dem Eintrag (e) per Implikatur entnehmen, dass der Kapitän häufig betrunken ist.

Diese Interpretationen folgen aus den entsprechenden Äußerungen zwar nicht logisch, wohl aber rational, doch geben Semantik und sprachliche Konventionen der verwendeten Ausdrücke allein die Interpretationen von (c)–(e) nicht her. Um die konversationellen Implikaturen zu erklären, verweist Grice auf *Konversationsmaximen*, die für bestimmte Sätze und ihr korrektes Verstehen unterstellt werden müssen. Diese Maximen lassen sich auch als Maximen der Kooperation verstehen.

Angenommen, Person A sagt zu Person B, dass ihr gerade das Benzin ausgegangen ist, und B antwortet: „Gleich um die Ecke ist eine Tankstelle".[295] Damit meint B zusätzlich, dass A sich auf unproblematische und schnelle Weise Benzin verschaffen kann. Dabei muss aber unterstellt werden, dass die Tankstelle nicht geschlossen ist und B dies auch weiß. Denn wüsste B, dass die Tankstelle um die Ecke geschlossen ist, hätte er mit seinem Hinweis etwas gesagt, was für A in seiner aktuellen Situation gar nicht relevant wäre. Person A muss also unterstellen, dass B die Maxime „Sage nur Relevantes" befolgt, wenn A die Äußerungsbedeutung des von B geäußerten Satzes angemessen interpretieren will.

In einer philosophischen Diskussion könnte die Bemerkung fallen: „Einige Personen halten den intentionalen Realismus für unsinnig." Logisch gesehen ist diese Bemerkung vereinbar damit, dass alle Philosophen den intentionalen Realismus für unsinnig halten. Doch die Implikatur dieser Bemerkung ist, dass nicht alle Philosophen den intentionalen Realismus für unsinnig halten. Denn würden alle Philosophen den intentionalen Realismus für unsinnig halten und wüsste der Sprecher, dass dies der Fall ist,

[294] Ich verdanke dieses Beispiel meinem Lektor Martin Warny.

[295] Zu den folgenden instruktiven Beispielen vgl. Grewendorf, Hamm, Sternefeld 1989, 402 ff.

dann hätte er mit seiner Bemerkung keine optimale Information geliefert. Die Implikatur muss also unterstellen, dass die Gesprächsbeiträge so informativ sind, wie es der Zweck des Gespräches verlangt.

Gewöhnlich dürfen wir von Sätzen auf die entsprechenden mentalen Zustände der Sprecher schließen, also ein Lesen des Geistes anhand semantisch gehaltvoller sprachlicher Zeichen vornehmen. Wenn Fritz sagt: „Davidson ist ein brillanter Philosoph", dann ist damit auch impliziert, dass Fritz meint, dass es wahr ist, dass Davidson ein brillanter Philosoph ist, und dass er gute Gründe für diese Meinung hat. Für diese Implikatur müssen wir also unterstellen, dass Fritz der Maxime folgt, nur Gesprächsbeiträge einzubringen, die der Sprecher für wahr und begründet hält. Denn andernfalls könnten wir nicht von Sätzen auf die entsprechenden mentalen Zustände des Sprechers schließen. Daher würden wir Sätze wie „Barbara besitzt Brillantschmuck, aber ich glaube es nicht" für ungereimt halten.

Endlich ist auch klar, dass wir den semantischen Gehalt eines Satzes nicht erschließen können, wenn der Satz unklar oder mehrdeutig ist. Der Sprecher sollte daher der Maxime folgen, klar und eindeutig zu reden.

Diese Beispiele und Überlegungen führen nach Grice zu folgendem Resultat: Die sprachliche Interaktion wird von einem gemeinsamen epistemischen Hintergrund und wechselseitigen kooperativen Kommunikationsmotiven getragen. Die Sprecher beabsichtigen vor allem, ihren Adressaten mit Hilfe stimmlicher Vokalisierungen etwas mitzuteilen. Konversationelle Implikaturen kommen dadurch zustande und lassen sich folglich dadurch erklären, dass die Sprecher einer Reihe von *Konversationsmaximen* folgen und der Hörer diese Befolgung unterstellt (vgl. auch oben, (5)–(7)).

Im Einzelnen verweist Grice unter anderem auf vier grundlegende Konversationsmaximen, die sich als Maximen der Kooperation verstehen lassen:

(M1) Mache Deinen Gesprächsbeitrag so informativ wie nötig (Maxime der Quantität).

(M2) Sage nichts, wovon Du glaubst, dass es falsch ist, und sage nichts, wofür Du keine hinreichenden Gründe hast (Maxime der Qualität).

(M3) Sage nur Relevantes (Maxime der Relation).

(M4) Vermeide Unklarheit und Mehrdeutigkeit (Maxime der Modalität).

Die Adressaten linguistischer Ansprachen erwarten die Befolgung dieser Maximen, und die Sprecher wissen um diese Erwartung. Dieses Wissen ist metarepräsentational und somit interpretativ.

Oft wird zu Recht betont, dass Grice seine Theorie der Implikaturen primär in einer „sprecher- und produktionsorientierten Perspektive" entwickelt hat.[296] Diese Ausrichtung impliziert auch einen explanatorischen Primat des Mentalen gegenüber den sprachlichen Äußerungen, ganz im Sinne der Cartesianischen Semantik. Nach Grice lassen sich Äußerungen nach folgendem allgemeinen Schema erklären:

Schema A:

(1) Der Sprecher S hat den Gedanken, dass p.
(2) S hat die kommunikative Absicht, einer Interpretin IN zu verstehen zu geben, dass p.
(3) S meint, dass er für die Realisierung seiner kommunikativen Absicht in Anwesenheit von IN
 (a) sagen muss, dass p, und dabei
 (b) die Konversationsmaximen befolgen muss.

Daher

(4) S äußert, dass p, wobei er die Konversationsmaximen befolgt.

Mit (1)–(4) wird offensichtlich eine zweckrationale Sprachhandlung beschrieben.

Doch Grice verfolgt mit der Theorie der Implikaturen auch das allgemeinere Ziel, einen Beitrag zur Theorie erfolgreicher Kommunikationen zu leisten (Kommunikationen involvieren *reziproke Interpretationen*). So schlägt Grice folgendes Argumentationsschema für das Erschließen der Implikatur „q" (also für eine Art von *Interpretation*) eines Satzes (einer Äußerung) „p"vor:

Schema B:

(1) Sprecher S hat gesagt (geschrieben), dass p.
(2) Die Äußerung (das Niederschreiben) (1) ist nach Schema A zu erklären.
(3) Es gibt keinen Grund anzunehmen, dass S die Maximen M1–M4 nicht beachtet.
(4) Wenn S M1–M4 beachtet, denkt er aufgrund seiner Äußerung, dass p, auch, dass q (Implikatur von q aus p aufseiten von S).
(5) S weiß (und er weiß, dass ich weiß, dass er weiß), dass ich die Folgerung (3) erkennen kann.
(6) S tat nichts, um zu verhindern, dass ich die Implikatur (3) nachvollziehe.

Daher

(7) S beabsichtigt, mich dazu zu bringen zu denken, dass q.

Daher

(8) S hat mit seiner Äußerung, dass p, nicht-logisch impliziert, dass q der Fall ist, und damit die Implikatur von q aus p vollzogen.

[296] Vgl. z. B. Scholz 1999, 166.

Der Kern dieser Interpretationsleistung sind (3) und (4), also die Beachtung der kommunikativen Kooperationsprinzipien, aber darüber hinaus enthält diese Interpretation eine Reihe von kurzen *rationalen Erklärungen*, vor allem von (1)–(4) auf (5) und von (5) und (6) auf (7) in Schema B, aber auch das gesamte Schema A als zweckrationale Handlungserklärung. In diesem Sinne setzt der interpretative Vollzug von Implikaturen die *Unterstellung von Zweckrationalität* voraus. Doch lassen sich auch die Forderungen nach Wahrhaftigkeit, Informativität, Relevanz und Eindeutigkeit als *rationale Forderungen* auffassen, die in erfolgreichen sprachlichen Kommunikationen unterstellt werden und sich als erfüllt erweisen lassen müssen.

Einige Implikaturen können wir allerdings abweichend von der Rekonstruktion (1)–(8) gerade dadurch erfassen, dass wir erkennen, dass ein Sprecher eine der Maximen M1–M4 absichtlich verletzt. Betrachten wir folgenden kleinen Dialog:

(a) S1: „Pilcher ist eine großartige Schriftstellerin". S2: „Ja genau, und Franzen ist einer der schlechtesten Schriftsteller des 20. Jahrhunderts".

Die Äußerung von S2 ist ironisch. Das heißt im einfachsten Fall: S2 verletzt auf der Ebene des wörtlich Gesagten absichtlich die Maxime der Wahrhaftigkeit und meint mit seiner Äußerung, dass Franzen ein großartiger Schriftsteller und daher keineswegs einer der schlechtesten Schriftsteller des 20. Jahrhunderts ist. Diese Implikatur kann S1 erschließen – und zusätzlich unter Beachtung der Phrase „Ja, genau" die weitere Implikatur, dass S2 Pilcher für keine großartige Schriftstellerin hält – ja dass S2 das Urteil von S1 über Pilcher für ebenso abwegig hält als wenn man Franzen als einen der schlechtesten Schriftsteller des 20. Jahrhunderts bezeichnet. Die Sprachhandlung von S2, die eine absichtsvolle Verletzung einer der Konversationsmaximen (und der mit ihr verbundenen rationalen Forderung) involviert, ließe sich offensichtlich ihrerseits als Fall von Zweckrationalität rekonstruieren.

Das sprachliche Parsen von Sprechakten und Implikaturen eines Satzes (einer Äußerung) involviert also nicht nur Konsistenz und Zweckrationalität, sondern eine Reihe weiterer Rationalitätsstandards wie Eindeutigkeit, Informativität oder Relevanz.[297] Das sprachliche Parsen von Sprechakten und Implikaturen bewegt sich in noch größerem Ausmaß auf

[297] Die von Dan Sperber und Deirde Wilson entwickelte Relevanztheorie ist eine neuere Variante der Grice'schen Theorie. Ihre zentrale These ist, dass das Verstehen von mentalen Zuständen und Äußerungen durch die Relevanz der entsprechenden Stimuli (Inputs) geleitet wird. Damit wird die dritte der Grice'schen Konversationsmaximen „Sage nur Relevantes" (Maxime der Relation) in den Mittelpunkt gestellt, vgl. Sperber, Wilson 1986; Wilson, Sperber 2004 und die Darstellung bei Pfister 2007, 105–114.

Interpretationen im Sinne rationaler Erklärungen zu als das gewöhnliche sprachliche Parsen. Vor allem die Theorie der Implikaturen macht deutlich, dass die *Erfüllung* der genannten Rationalitätsunterstellungen eine *notwendige* Bedingung für *erfolgreiches* sprachliches Parsen ist. Damit ist nicht ausgeschlossen, dass jeder *Versuch* eines sprachlichen Parsens auch *scheitern* kann. Dieses Scheitern muss auf dem Befund beruhen, dass keine Interpretation gefunden werden kann, die nachweist, dass die üblichen rationalen Forderungen an erfolgreiches sprachliches Parsen erfüllt sind – d.h. auf dem Befund einer Form von Irrationalität. In genau diesem Sinne gelten die rationalen Forderungen (als Rationalitätsunterstellungen) für sprachliches Parsen „bis zum Beweis ihres Gegenteils."[298]

3.5 Präsuppositionen des sprachlichen Parsens

Einige Philosophen und Linguisten sind zu Recht der Auffassung, dass das sprachliche Parsen von Sätzen oft ein Erfassen bestimmter logischer Voraussetzungen dieser Sätze einschließt. Diese spezifischen Voraussetzungen werden *Präsuppositionen* genannt.[299] Das erste und vielleicht prominenteste Beispiel ist die Existenzpräsupposition, die mit Eigennamen und Kennzeichnungen (also mit Nominatoren) einherzugehen scheint. Ein Satz wie

(1) Wolfgang Amadeus Mozart hat die Jupiter-Symphonie komponiert,

scheint vorauszusetzen:

(1)* Es existiert oder existierte eine Person namens Wolfgang Amadeus Mozart, die die Jupiter-Symphonie komponiert hat.

Die Behauptung ist also, dass die Interpretation von (1) das Erfassen von (1)* involviert.

Wenn derartige Existenzpräsuppositionen nicht erfüllt sind, wie in

(2) Die Königin, die Deutschland im Jahre 2000 regierte, ist intelligent,

so scheint der resultierende Satz weder wahr noch falsch zu sein (wie zum Beispiel Frege behauptet hat). Damit wäre aber eines der zentralen Prinzipien der klassischen Logik verletzt, nämlich das Bivalenzprinzip (dieses

[298] Vgl. dazu genauer Scholz 1999, der aufgrund dieser Annullierbarkeitsklausel die hermeneutischen Rationalitätsunterstellungen als *Präsumtionen* kennzeichnet und in erhellender Weise mit anderen Arten solcher Präsumtionen korreliert, etwa im Recht, in Politik und Moral und in vielen Wissenschaften (vgl. besonders 148–159).

[299] Die Grundlagen der Präsuppositionstheorie wurden von Frege und Russell entwickelt, vgl. Frege 1892, Russell 1956.

Prinzip fordert, dass jeder deskriptive Satz entweder wahr oder falsch ist). Der Satz hätte mithin keine Korrektheitsbedingungen und wäre deshalb nicht verstehbar.

Doch ist mit der Verwendung von Nominatoren tatsächlich eine Existenzpräsupposition verbunden, deren Nicht-Erfüllung den Satz jedes Wahrheitswertes beraubt? In einer berühmten Analyse hat Russell gezeigt, dass dies zweifelhaft ist. Dieser Analyse zufolge sollte ein Satz wie (2) übersetzt werden in den Satz

(2)* (a) Es existiert eine und nur eine Person, die Deutschland im Jahre 2000 als Königin regierte; und (b) die in (a) erwähnte Person ist intelligent.

Dieser Analyse zufolge bedeutet ein Satz wie (2) in Wahrheit, was (2)* aussagt. Und in (2)* ist Teilsatz (a) falsch, und somit ist auch (2)* als logische Konjunktion aus den Teilsätzen (a) und (b) im ganzen falsch. Daher ist auch (2) ein Satz, der falsch ist – und nicht etwa weder falsch noch wahr. Und damit ist das Bivalenzprinzip gerettet. Nach Russell ist es die Existenzpräsupposition (a) in (2)*, die mit (2) einhergeht. Und diese Existenzpräsupposition gilt auch für die Negation von (2). Sätze wie (2) haben demnach sehr wohl Korrektheitsbedingungen und sind verstehbar.

Nicht nur Nominatoren scheinen mit Präsuppositionen verbunden zu sein, sondern auch viele andere Arten von Ausdrücken – zum Beispiel bestimmte Arten von Sätzen (im Folgenden verweist der Pfeil → auf eine Präsupposition):

(3) Platon betrieb schon Philosophie, bevor Aristoteles geboren wurde (→ Aristoteles wurde geboren) (Temporalsatz).

(4) Wäre ich schlau, so würde ich studieren (→ ich bin nicht schlau, ich studiere nicht) (Irrealsatz).

(5) Die Ostfriesen, die als besonders dümmlich gelten, sind in Wahrheit sehr intelligent (→ die Ostfriesen gelten als besonders dümmlich) (appositive Relativsätze).

(6) Wer hat die Kirschen gegessen? (→ Die Kirschen sind gegessen worden) (W-Fragesätze).

In diesen vier Sätzen handelt es sich offensichtlich um verschiedene Fälle. Doch folgen die Präsuppositionen stets aus einer bestimmten Semantik beteiligter Ausdrücke. Denn es gelten folgende Inferenzen:

(3)* p vor q → es gibt einen Zeitpunkt t mit: p/t.

(4)* Wäre p der Fall, so auch q → nicht-p und nicht-q.

(5)* Diejenigen P's, die Q's sind, sind auch R's → P's sind auch Q.

(6)* Wer (wo, wann, warum, wozu) p → p.

Diese Inferenzen sind Inferenzen zwischen Satzschemata; sie haben nichts mit den Bedeutungen jener sprachlichen Einheiten zu tun, die für die Variablen eingesetzt werden können. Es handelt sich vielmehr um die Semantik grammatischer Kategorien (also um das, was zum Beispiel eine temporale Beziehung oder ein Irrealis bedeutet), aus der die Präsuppositionen folgen. Kurz, die Präsuppositionen solcher Sätze zu erfassen heißt, die Bedeutungen der beteiligten grammatischen Kategorien und die mit ihnen verknüpften Inferenzen zu erfassen.

Auch Typen von Ausdrücken unterhalb der Satzebene rufen Präsuppositionen auf. So könnte man zum Beispiel im Falle von Kennzeichnungen den Übergang von (2) zu (2)* als Spezialfall einer allgemeinen Inferenz betrachten:

(2)**Dasjenige x, für das gilt F(x), ist ein G → Es gibt genau ein x mit F(x), und für dieses x gilt G(x).

Weitere Beispiele von Präsuppositionen sind:

(7) Christine weiß, dass Davidson verstorben ist (→ Davidson ist verstorben) (Erfolgsverben).

(8) Peter hat im letzten Monat aufgehört zu rauchen (→ Peter hat vor dem letzten Monat geraucht) (Verben der Zustandsänderung).

(9) Peter raucht seit letztem Monat wieder (→ Peter hatte vor dem letzten Monat aufgehört zu rauchen) (temporale Partikel).

(10) Christine wird im nächsten Monat Examen machen (→ Christine hat bisher noch nicht Examen gemacht) (Tempus).

Auch in diesen Fällen ist es die Semantik der entsprechenden grammatischen Kategorien (der Erfolgsverben, der Verben der Zustandsänderungen, der temporalen Artikel oder des Tempus bestimmter Ereignisse), von der die Inferenzen getragen werden.

Präsuppositionen sind vor allem in der Linguistik diskutiert worden. Man hat sich bemüht herauszufinden, was so heterogene Fälle wie (2)–(10) (und die Liste ließe sich leicht verlängern) gemeinsam haben und was die Präsuppositionen von logischen Folgerungen einerseits und pragmatischen Implikaturen andererseits unterscheidet. Dabei ist aufgefallen, dass einige der klassischen Präsuppositionen den sogenannten Negationstest bestehen. Aus der Debatte um die Kennzeichnungen zog zum Beispiel Strawson die Konsequenz, dass zuweilen Voraussetzungen dafür gelten müssen, dass ein Satz wahr *oder* falsch ist, d. h. dass der Satz überhaupt einen Wahrheitswert hat. So setzen zum Beispiel die Sätze

(a) Der König von Bayern hat eine Glatze.

(b) Es ist nicht der Fall, dass der König von Bayern eine Glatze hat,

beide voraus, dass es jemanden gibt, der der König von Bayern ist. Man hat daher vorgeschlagen zu sagen:

(P) Ein Satz q ist eine Präsupposition des Satzes p, falls gilt

(a) p → q;

(b) nicht-p → q.

Die Forderungen (a) und (b) definieren den Negationstest, oder auch die Konstanz (der Voraussetzung) unter Negation. Einige Autoren sind der Meinung, dass (P) auf jeweilige Kontexte spezifiziert werden muss. Doch ob nun Definition (P) kontextuell oder kontextfrei verstanden wird – sie ist wertlos. Denn aus (a) und (b) folgt logisch:

(c) p oder nicht-p → q;

und aus (c) folgt, da „p oder nicht-p" logisch wahr ist, dass auch q logisch wahr ist. Demnach wären alle Präsuppositionen logisch wahre Sätze, und das ist absurd.

Statt der Definition (P) sollten Präsuppositionen besser, wie oben angedeutet, als rationale Folgerungen aus semantischen Gehalten syntaktischer Kategorien bestimmt werden, mit denen sich Satzschemata strukturieren lassen. Dieser Vorschlag entspricht nahtlos dem Befund, dass syntaktische Kategorien natürlicher Sprachen nicht semantikfrei sind und dass daher das sprachliche Parsen das Erfassen der Bedeutungen syntaktischer Kategorien umfassen muss.[300] Das Auftreten von Präsuppositionen bestätigt diese Einschätzung.

Insgesamt verweisen Präsuppositionen auf weitere *rationale, inferentielle Aspekte des sprachlichen Parsens.*

3.6 Der Hintergrund des sprachlichen Parsens

John Searle hat darauf hingewiesen, dass

> intentionale Zustände nur unter der Voraussetzung einer Menge von Hintergrundfähigkeiten funktionieren, die selber nicht aus intentionalen Phänomenen bestehen.[301]

Diese Behauptung nennt Searle die *Hintergrundthese*. Er betont wieder und wieder, dass der Hintergrund, von dem in dieser These die Rede ist, allgemein aus „kausalen Strukturen" besteht, d. h. genauer aus neurophysiologischen Zuständen, die einen kausalen Einfluss auf intentionale Zustände haben.[302] Allerdings ist diese Fassung der Hintergrundthese weitgehend trivial, denn in der Theorie des Geistes geht man heute davon aus,

300 Vgl. oben, Abschnitt 3.1.

301 Searle 1997, 139.

302 Ibid.

dass jeder intentionale Zustand durch einen Gehirnzustand kausal beeinflusst wird. Was Searle genauer meint, wird in anderen Formulierungen der Hintergrundthese deutlicher:

> Jeder intentionale Zustand funktioniert nur, das heißt, er bestimmt seine Erfüllungsbedingungen nur vor einem Komplex von Hintergrundfertigkeiten, Dispositionen und Fähigkeiten, die nicht Teil des intentionalen Gehalts sind.[303]

Mit der Bestimmung der Erfüllungsbedingungen ist gemeint, dass der semantische Gehalt sehr vieler Sätze (und Gedanken) im Sinne ihrer buchstäblichen Bedeutung ohne Berücksichtigung des Hintergrundes „radikal unterbestimmt ist."[304] Die buchstäbliche Bedeutung des Satzes „Christa gab ihm den Schlüssel, und Christian öffnete die verschlossene Tür" ist zum Beispiel so unterbestimmt, dass nicht ausgeschlossen werden kann, dass die Sprecherin zu verstehen geben will, dass Christian mit dem erhaltenen Schlüssel die Tür einschlug. Nur die Berücksichtigung des Hintergrundes einer verbreiteten Praktik des Aufschließens von Türen mittels passender Schlüssel legt die (sehr wahrscheinliche) präzisere Bedeutung des Satzes fest, derzufolge auch Christian die Tür mit Hilfe des Schlüssels aufschloss (Searles eigenes Beispiel). Wir können etwa davon reden, dass der Friseur das Haar schneidet, dass Johannes seinen Rasen schneidet, oder dass Halinka den Kuchen anschneidet. Zweifellos lässt sich dem Wort „schneiden" eine so allgemeine Bedeutung zuweisen, dass diese Bedeutung auf die Verwendung von „schneiden" in allen diesen Sätzen zutrifft. Doch ist die Bedeutung dieser Sätze in Wahrheit spezifischer, nämlich dass der Friseur die Haare mit einer Schere, Johannes den Rasen dagegen mit einem Rasenmäher und Halinka den Kuchen mit einem Messer schneidet. Diese speziellen Bedeutungen erhalten die genannten Sätze nach Searle nur vor dem Hintergrund der zugehörigen Praktiken,[305] und es ist diese spezifische Bedeutung einschließlich ihres Hintergrundes, die wir im sprachlichen Parsen erfassen.

Zusätzlich unterstellen wir jeweils eine bestimmte Praktik, eine spezifische Umgebung und das entsprechende Know-how, etwa den Frisеursalon, die Technik des Friseurs, die auf einer dreijährigen Ausbildung beruht, die Zeitspanne der Prozedur, die Terminabsprache mit dem Friseursalon, oder die unterschiedlichen Forderungen, die mit dem Haare-

[303] Ibid. 141. Auf S. 140 wird eben diese Formulierung als Begründung für die Hintergrundthese (und nicht als Hintergrundthese selbst) bezeichnet.

[304] Ibid. 141.

[305] Ibid. 140.

schneiden verbunden sein können (trocken oder nass, kurz oder lang, Ohren bedeckt oder frei, Stufenschnitt oder Rundschnitt).

Man hat im Anschluss an Searle in einem umfassenderen Sinn vom Verstehensraum gesprochen, der eine große Zahl von theoretischen, praktischen, propositionalen und nicht-propositionalen Elementen umfasst (von Hintergrundtheorien semantischer Art über die Kenntnis praktischer Fertigkeiten, die Vertrautheit mit faktischen Umständen und Situationstypen bis hin zum Erfassen subtiler Gefühlsmomente und Stimmungen), und der im erfolgreichen sprachlichen Parsen mobilisiert werden muss.[306]

Doch was heißt es genau, dass dieser Hintergrund in Bedeutungen und Verstehensleistungen „eingeht"? Wie bereits bemerkt, scheinen Searle und die übrigen Anhänger der Hintergrundthese davon auszugehen, dass Fakten und Prozesse die Bedeutungen und Interpretationen *kausal einschränken und dadurch präzisieren*. Diese Idee ist jedoch mehr als nebulös. Sie lässt sich anhand der zitierten Beispiele (und vieler ähnlicher Beispiele) keinesfalls begründen. Der These, dass die Bedeutung und das Parsen eines Satzes wie „Franz schneidet gerade den Rasen" durch die kausale Wirkung des Faktums, dass Franz den Rasen mäht, eingeschränkt wird, lässt sich kein vernünftiger Sinn entnehmen.

Vielmehr kommt uns, wenn wir einen Satz wie „Christa schneidet den Kuchen" hören, meist in den Sinn, dass wir schon oft *gesehen* haben, wie Leute einen Kuchen schneiden, und wir *erinnern* uns an diese Situationen. Es ist demnach mehr als klar, dass der Hintergrund meist in repräsentational vermittelter Form auf semantische Strukturen und sprachliches Parsen einwirkt. Der Hintergrund geht demnach in Gestalt von Hintergrund-*Annahmen* in das sprachliche Parsen ein. Und das bedeutet, dass das sprachliche Parsen mit den einschlägigen Hintergrundannahmen *vereinbar* sein muss. Der Hintergrund schränkt das sprachliche Parsen nicht auf kausale, sondern auf *logische und rationale Weise* ein.[307] Die Hinter-

[306] Vgl. Demmerling 2002, Kap.V. Demmerling schließt das Konzept des Verstehensraums dabei ausdrücklich an Heideggers und Gadamers Konzept der Vorstruktur der Interpretation sowie an die Idee der Hermeneutik der Faktizität und der Universalisierung der Hermeneutik an.

[307] Um einen anders gelagerten Fall handelt es sich, wenn wir mit den entsprechenden Praktiken selbst vertraut sind. Wir verstehen den Satz „Manfred ist gerade beim Haareschneiden" besser, wenn wir eine Friseurausbildung gemacht haben und mit der professionellen Praktik des Haareschneidens vertraut sind. Aber auch in diesem Fall geht weder die Praktik selbst noch unsere dispositionale Vertrautheit direkt als hermeneutische Einschränkung in die Bedeutung und das Parsen des Satzes über Manfred ein. Vielmehr ist es eine *mentale Simulation der eigenen Erfahrungen* mit einer bestimmten Praxis (also erneut eine intentionale Ebene), die mobilisiert wird und zu einer rationalen Restriktion von Bedeutung und Parsen des gegebenen Satzes führt.

grundthese lässt sich demnach ohne Probleme in das bisher gezeichnete Bild vom sprachlichen Parsen integrieren. Diese These belegt einen weiteren rationalen Aspekt des sprachlichen Parsens.

KAPITEL 4: VOM SPRACHLICHEN PARSEN ZUR INTERPRETATION

Im letzten Kapitel haben wir gesehen, dass die kognitive Psychologie das sprachliche Parsen an Konsistenzkriterien bindet und zum Teil als Erfassen materialer Inferenzen beschreibt, die in begriffliche Strukturen eingebettet sind. Die Theorie des sprachlichen Parsens von Sprechakten und Implikaturen spezifiziert diesen Befund, weist auf Rationalitätsunterstellungen für erfolgreiches Parsen hin und beschreibt Sprechakte und Implikaturen als Spielarten zweckrationalen Handelns. Allerdings wird dabei eher unterstellt als ausdrücklich artikuliert, dass der *Gegenstand* des Parsens, also propositional gehaltvolle Gedanken, Äußerungen und Texte, inferentiell, logisch, normativ und rational organisiert ist und dass *deshalb* ein angemessenes sprachliches Parsen diesen Aspekt erfassen muss. In neueren philosophischen *Semantiken* wird dieser Aspekt des sprachlichen Parsens und, wie sich herausstellt, auch komplexer Interpretationen *ausdrücklich* thematisiert. Diese Überlegungen prägen auch die allgemeine Hermeneutik und sollen daher im vorliegenden Kapitel näher betrachtet werden.

4.1 Bedeutung und Normativität

Wir wollen in der Logik nicht wissen: wie der Verstand ist und denkt, und wie er bisher im Denken verfahren ist, sondern: wie er im Denken verfahren *sollte*.

Diese Bemerkung Kants aus der Jäsche-Logik gehört zu den Grundlagen der einflussreichen Tradition, die dem Denken und Sprechen eine *normative* Dimension zuschreibt.[308] Die formale Logik hat dieser Idee ein Jahrhundert später Form und Substanz gegeben, denn sie verstand sich als normative Theorie des Schließens, die bestimmt, welche Schlüsse *korrekt* sind, und sie hat diese Bestimmung auf die *Bedeutung* des logischen Vokabulars zurückgeführt. Spätestens mit Kripkes Buch über Wittgenstein ist diese Idee wieder im kantischen Sinne auf das Denken und die Bedeutung

[308] Kant, *Jäsche-Logik* A6. Dass „Normativität sonst in der ganzen Natur nicht vorkommt“, behauptet Kant z. B. in der *Kritik der reinen Vernunft* A 547.

insgesamt ausgeweitet worden.[309] „Bedeutung ist normativ“, lautete der verbreitete Slogan.[310]

Es ist gegenwärtig unbestritten, dass mentale Zustände und sprachliche Äußerungen aufgrund ihrer semantischen Gehalte *Erfüllungsbedingungen* aufweisen.[311] Im Falle deskriptiver mentaler Zustände und Äußerungen mit einer Wort-auf-Welt-Ausrichtung heißen diese Erfüllungsbedingungen auch *Korrektheitsbedingungen* oder *Wahrheitsbedingungen*:

> Meaningful expressions have semantic correctness conditions. Of course, there is some controversy as to how these correctness conditions are to be construed, whether the basic notion of semantic correctness is that of truth or warranted assertability, for instance. However, it cannot be questioned that some notion of semantic correctness is required. This, indeed, seems to be part of the very concept of meaning.[312]

Bereits Wittgenstein bemerkt im *Tractatus logico-philosophicus* von 1922:

> Einen Satz verstehen, heißt, wissen, was der Fall ist, wenn er wahr ist. (Man kann ihn also verstehen, ohne zu wissen, ob er wahr ist.) (4.024).

Damit ist die grundlegende Idee der *wahrheitskonditionalen Semantik* formuliert: Die Bedeutung einer Aussage wird durch ihre Wahrheitsbedingungen festgelegt, also durch die Bedingungen, unter denen die Aussage wahr ist, und durch die Bedingungen, unter denen sie falsch ist. Und das Verstehen einer Aussage besteht im Kern in der Kenntnis ihrer Wahrheitsbedingungen. Diese Idee wird von Carnap pointiert formuliert:

> By a semantical system (or interpreted system) we understand a system of rules, formulated in a metalanguage and referring to an object language, of such a kind that the rules determine a truth-condition for every sentence of the object language.[313]

Grundsätze der wahrheitskonditionalen Semantik sind in vielen verschiedenen Varianten ausbuchstabiert worden. So bemerkt zum Beispiel Michael Dummett:

[309] Kripke 1982

[310] Vgl. Boghossian 2003, 206.

[311] Die folgenden Ausführungen beziehen sich durchgehend auf den Fall *sprachlicher Äußerungen und Sätze*, wie dies in der traditionellen Debatte der Fall war. Doch gelten die referierten Überlegungen auch für semantisch gehaltvolle und sprachlich artikulierbare *mentale Zustände*.

[312] Glüer, Wikforss 2010, 2.1.1.

[313] Carnap 1968, 22.

Does the child understand the statement he has heard? This may seem a good testing case for deciding between the conception of meaning as given by truth-conditions and that which takes meaning as given by knowing what counts as a ground for assertion...Both sides are agreed that one knows the meaning of a statement just in case one knows what it is for it to be true. They differ over whether truth is an irreducible notion, or one to be explained in terms of something else.[314]

Eine interessante Form der wahrheitskonditionalen Semantik bezieht sich auf semantische Gehalte von Überzeugungen im Blick auf ihren Weltbezug:

<Person> S glaubt (hat eine Überzeugung), dass *p* <der Fall ist>, genau dann wenn (a) S eine Überzeugung hat, die wahr ist, weil *p*, *oder* (b) S eine Überzeugung hat, die falsch ist, weil *nicht-p*.[315]

Umstritten ist jedoch, ob die semantischen Korrektheitsbedingungen (und, wie im Folgenden stets unterstellt, allgemeiner die semantischen Erfüllungsbedingungen) eine Form von Normativität enthalten. Sehen wir uns kurz die Anfänge dieser bis heute anhaltenden Debatte an, die sich im Anschluss an die Position von „Kripkenstein" (also der Position von Kripke in seinem Wittgenstein-Buch) zunächst auf die Bedeutung sprachlicher Ausdrücke konzentrierte. Wenn ein sprachlicher Ausdruck etwas bedeutet – so wurde argumentiert –, dann heißt das vor allem, dass wir ihn korrekt oder inkorrekt *verwenden* können, wie etwa Boghossian betont hat:

The fact that the expression means something implies, that is, a whole set of *normative* truths about my behavior with that expression: namely, that my use is correct in application to certain objects and not in application to others[316]... If there is to be an interesting thesis of the normativity of meaning, we ought to be able to derive a should or an ought from the mere attribution of meaning to someone and without having to rely on any auxiliary desires that that person may or may not have.[317]

Aber was heißt das genauer? Eine gängige Variante operiert mit einer Ver-

[314] Dummett 1991, 161 f. Die erste Position, die Dummett hier erwähnt, wird zum Beispiel von Carnap vertreten. Die zweite Position spielt auf das berühmte Sinnkriterium des logischen Empirismus an, wie es zum Beispiel in Ayer 1967 formuliert wird.

[315] Willaschek 2003, 223. Diese These ist Teil der normativ-disjunktiven Konzeption des Weltbezuges von Überzeugungen, die von Willaschek ausgearbeitet und vorgeschlagen wird.

[316] Boghossian 1989, 513. Vgl. z. B. auch Gampel 1995, Millar 2004, Whiting 2007.

[317] Boghossian 2003, 206. So auch Gauker 2007.

knüpfung von Prädikationen und Bedeutung. Wenn der Ausdruck „red" rot bedeutet, dann wird „red" wahrheitsgemäß auf alle und nur die roten Dinge angewendet. Wir verwenden daher den Ausdruck „red" gerade dann *korrekt* (so, wie wir ihn verwenden *sollten*), wenn wir ihn wahrheitsgemäß von roten Dingen prädizieren, und wir verwenden ihn *inkorrekt* (so, wie wir ihn *nicht* verwenden *sollten*), wenn wir ihn fälschlich von Dingen prädizieren, die nicht rot sind. Eine andere Variante konzentriert sich auf linguistische Fehler. Wenn eine Person ein Hochhaus zwar korrekt wahrnimmt, es aber als Gartenhaus bezeichnet, gebraucht sie das falsche Wort. Sie hat die linguistische Regel, die das wahrgenommene Hochhaus mit dem Wort „Hochhaus" verknüpft, nicht gelernt, wieder vergessen oder verletzt. Die Möglichkeit oder Vermeidung linguistischer Fehler und damit der Übertretung linguistischer Regeln soll ein Indiz semantischer Normativität sein.[318] Manchmal wird die Unterscheidung zwischen diesen beiden Arten von Korrektheitsbedingungen auch so ausgedrückt: (a) x ist rot, und wir bezeichnen x als grün, um damit unsere Meinung auszudrücken, dass x grün ist; und (b) x ist rot, und wir bezeichnen x als rot, um damit unsere Meinung auszudrücken, dass x grün ist. Man kann dann (a) als empirischen Fehler und (b) als linguistischen Fehler bezeichnen.[319]

Der herkömmliche *semantische Normativismus* behauptet im Kern, dass wir aus semantischen Korrektheitsbedingungen logisch auf Normativität schließen dürfen. Das bedeutet, dass semantische Relationen *ihrer Natur nach* normativ sind. Normativität ist *essentiell* oder *konstitutiv* für Bedeutungen. Eine abgeleitete semantische Normativität wäre aus Sicht des semantischen Normativismus uninteressant, wie Boghossian im oben aufgeführten Zitat geltend macht. So gehen zum Beispiel auch Glüer und Wikforss in ihrem exzellenten Artikel zur semantischen Normativität von vornherein von dieser essentialistischen Variante aus:

[318] Vgl. z. B. Millar 2004, 160–163.

[319] Vgl. Glüer, Wikforss 2010. Semantische Korrektheitsbedingungen werden manchmal anders rekonstruiert, z. B.: Wenn für ein Subjekt S „grün" grün bedeutet, dann wendet S „grün" mit dem Satz (der Äußerung) „x ist grün" korrekt auf x an, wenn S beabsichtigt, mit diesem Satz ihre Meinung auszudrücken, dass x grün ist. Korrektheit ist hier die Angemessenheit des sprachlichen Ausdrucks von Meinungen als Konsequenz der Bedeutung der sprachlichen Ausdrücke (McGinn 1982, 60; Millar 2004, 162–163; Glüer, Wikforss 2010). Dies bedeutet aber gerade, dass in diesem Fall kein linguistischer Fehler gemacht wird (ein linguistischer Fehler wäre es, wenn S beabsichtigte, mit dem Satz „x ist rot" ihre Meinung auszudrücken, dass x grün ist). Wir haben hier also keinen neuen Fall vorliegen, außer dass die mentale Ebene ins Spiel gebracht wird – was eine Komplikation darstellt, weil mentale Zustände meist auch semantischen Gehalt haben.

Normativism in the theory of meaning and content is the view that linguistic meaning and/or intentional content is *essentially normative*... To say that meaning/content is *essentially* normative is making a claim about the *nature* of meaning/content, about what meaning/content is.[320]

Die semantischen Normativisten sind ferner im Anschluss an Wittgenstein, Kripke und Brandom der Auffassung, dass semantische Normativität in Gestalt von *semantischen Normen* auftritt.

Die Idee, dass das Denken in einem normativen Kontext steht, lässt sich nach McDowell auch so beschreiben, dass unser Denken *beantwortbar* sein muss durch die Welt. Dass unser Denken *korrekt oder inkorrekt* sein können muss, heißt insbesondere, dass unser *empirisches* Denken durch die *Erfahrung* beantwortbar sein muss, dass es *vor dem normativen (über Korrektheit richtenden) Tribunal der Erfahrung* muss stehen können. Die Möglichkeit des Tribunals der Erfahrung ist ihrerseits konstitutiver Bestandteil unserer Idee von der Gerichtetheit des empirischen Denkens und Urteilens auf die empirische Welt. Diese Idee bezieht sich *nicht* auf die Frage der Verifikation unseres Denkens, sondern auf unsere Idee von den *semantischen Gehalten* unseres Denkens. Daher sind semantisch gehaltvolle Gedanken konstitutiv normativ.[321]

Der semantische Normativismus kann aber nicht nur an die Erfüllungsbedingungen von Gedanken und Äußerungen anknüpfen, sondern auch an ihre Vernetzung, also ihre *Einbettung in semantische Netzwerke.* Eine der prominentesten Formen dieser Position geht davon aus, dass die Einbettung von Gedanken und Äußerungen in semantische Netzwerke impliziert, dass Gedanken und Äußerungen in *rationale Begründungen* (in den sogenannten *Raum der Gründe*) eingebettet sind. Aus dieser Sicht kann die Normativität semantisch gehaltvoller Gedanken und Äußerungen auf ihren Sitz in rationalen Begründungen zurückgeführt werden.[322] John McDowell bringt diesen Gedanken auf den Punkt:

The space of reasons is the space within which thought moves, and its topography is that of the rational interconnections between conceptual contents; we might equally speak of the space of concepts....whose positions are connected by relations reason can exploit, such as that one of them is a reliable ground for moving by inference to another. Experience must stand in rational relations to judgement if we are to be able to understand the very possibility of empirical

[320] Glüer, Wikforss 2010, 1.1.1.

[321] McDowell 1994. Vgl. dazu auch die Überlegungen zum McDowell-Problem oben, Abschnitt 1.4.

[322] Vgl. auch die Theorie des Parsens, oben Abschnitt 3.3–3.6.

content...Thought can bear on empirical reality only because to be a thinker at all is to be at home in the space of reasons. And being at home in the space of reasons involves...the standing potential for a reflective stance at which the question arises whether one ought to find this or that persuasive.[323]

Diesem Argument zufolge *impliziert* also die geistige Ausrichtung auf die Welt in Gestalt von Korrektheitsbedingungen das Operieren im Raum der Gründe. In diesem Raum sind die semantischen Gehalte jedoch im Sinne des semantischen Holismus[324] durch ihre rationalen, explanatorischen und folglich normativen Relationen untereinander individuiert. Rationalität und Normativität sind daher konstitutiv für semantische Gehalte und daher auch für unsere geistige Ausrichtung auf die Welt.

Der *semantische Anti-Normativismus* bestreitet nicht, dass die Verwendung sprachlicher Ausdrücke im genannten Sinne korrekt oder inkorrekt (fehlerfrei oder fehlerhaft) sein kann. Er bestreitet jedoch, dass *allein* daraus folgt, dass alle SprecherInnen natürlicher Sprachen die sprachlichen Ausdrücke korrekt (fehlerfrei) verwenden *sollten*. Die Kennzeichnung der Verwendung von sprachlichen Ausdrücken als korrekt (fehlerfrei) oder inkorrekt (fehlerhaft) ist den semantischen Anti-Normativisten zufolge lediglich eine normfreie Klassifizierung ohne normative Konsequenzen. Sogenannte semantische Regeln involvieren daher keine normative Kraft. Falls man argumentieren möchte, dass wir doch immerhin die Wahrheit sprechen sollten, so folgen zwar aus dieser Wahrheitsnorm in Verbindung mit den semantischen Korrektheitsbedingungen normative Konsequenzen, aber nicht aus den Korrektheitsbedingungen allein.[325] Die semantischen Anti-Normativisten bestreiten daher den konstitutiven Status der semantischen Normativität und halten semantische Normativität für ein Oberflächenphänomen.[326]

In der Tat ist der (essentielle) semantische Normativismus aus einer Reihe von Gründen problematisch. So droht der Bezug semantischer Normativität auf semantische Normen zirkulär zu werden, wenn man nicht zeigen kann, dass semantische Normen eine essentielle semantische Normativität involvieren. Dieser Nachweis dürfte schwierig sein und

[323] McDowell 1998, 408; McDowell 1994, 125.

[324] Wichtige Vertreter des semantischen Holismus sind Quine 1951 und Davidson 1984. Vgl. zum Beispiel auch Block 1995. Einen Überblick über Theorien des semantischen Holismus sowie eine Kritik an dieser Position liefern Fodor, LePore 1992.

[325] Vgl. z.B. Fodor 1990, Horwich 1995, Glüer 1999, 2000, Wikforss 2001, Dretske 2000, Hattiangadi 2006; dazu Glüer, Wikforss 2010.

[326] So beschreibt auch Schütze 2011, 50 und 60 die moderne Debatte um die semantische Normativität.

wird von den semantischen Normativisten auch nicht geliefert.[327] Darüber hinaus hat Davidson plausibel gemacht, dass es keine semantischen Normen oder Regeln gibt, dass natürliche Sprachen daher nicht aus linguistischen Regeln oder Normen bestehen, und dass somit ein Verstehen sprachlicher Ausdrücke und Äußerungen nicht im Erfassen bestimmter linguistischer Regeln oder Normen besteht.[328] Der Rückgriff auf den semantischen Holismus ist anfechtbar, weil – wie viele Autoren betont haben – der semantische Holismus mit semantischer Stabilität und mit der Möglichkeit allgemeiner psychologischer Gesetze unvereinbar zu sein scheint.[329] Und Autoren, die die Normativität semantischer Relationen auf die Rationalität im Raum der Gründe zurückführen,[330] setzen die Normativität rationaler Beziehungen im Raum der Gründe einfach voraus, und das ist nicht hilfreich, wenn der Ursprung der Normativität semantischer Relationen zu klären ist. Denn die rationalen Beziehungen zwischen mentalen Zuständen im Raum der Gründe scheinen *aufgrund ihrer semantischen Gehalte* rational zu sein.

Vor allem aber ist die Verwendung des Konstitutionsbegriffs im Kontext der Semantik dubios. Die Idee der Konstitution hat ihren nachvollziehbaren Sinn in der Anwendung auf autopoietische Systeme mit Normalbedingungen.[331] Paradigmatische Systeme mit Normalbedingungen sind individuelle Lebewesen und Artefakte. Der Normalzustand eines autopoietischen Systems ist in einem wohlbestimmten Sinne konstitutiv (essentiell) für dieses System, denn eine zu große Abweichung vom Normalzustand bedeutet den Untergang des autopoietischen Systems. Diese Idee von Konstitutivität ist harmlos und empirisch anwendbar. Sie ist jedoch stets an Erhaltungsbedingungen von lebenden oder funktional operierenden Artefakten gebunden.[332] Die semantischen Normativisten haben nicht gezeigt, wie sich ihre Vorstellung von essentieller semantischer Normativität in dieses systemtheoretische Konzept einbinden lässt.

Die Alternative zum essentiellen semantischen Normativismus ist ein

[327] Zu einer nachhaltigen und überzeugenden Kritik des semantischen Normativismus insbesondere in der Zuspitzung auf Thesen über semantische Normen vgl. Reuter 2006, Kap. 9.

[328] Vgl. z. B. Davidson 1986.

[329] Vgl. zum Beispiel Fodor, LePore 1992, Block 1996. Eine moderate, abgeschwächte Version des semantischen Holismus vertritt zum Beispiel Jackman 1999. Dazu auch Callaway 1992. Eine Kritik der Kritik des semantischen Holismus findet sich in Ludwig 1993.

[330] Dazu gehört neben McDowell zum Beispiel Joseph Raz, vgl. zum Beispiel Raz 2005.

[331] Vgl. dazu oben Abschnitt 1.2, S. 39 und genauer z. B. Detel 2007, Bd. 2, 109, Definition 2.93.

[332] Genau so hat es der Begründer des Essentialismus, also Aristoteles, gesehen.

instrumenteller, deflationärer semantischer Normativismus, dessen Kernthese ist, dass semantische Relationen aufgrund ihrer Konsequenzen für Evaluierungen normativ sind – Evaluierungen, die ihrerseits außerhalb der semantischen Sphäre liegen.[333] Pierre Jacob hat diese Kernidee kürzlich durch zwei Thesen charakterisiert:

> [C1] If the French word „chien" refers to dogs or means DOG, then one ought to apply it to dogs and only to dogs provided one wants (or intends) to communicate with French speakers... In other words, on the deflationary account, the normative consequences of meaning are contingent or conditional upon an individual's intentions, desires or goals.
> [C2] If p is true (and sufficiently relevant), then one ought to believe that p provided that one intends to satisfy one's desires...Conditional [C2] is expressed in terms of an individual's higher-order goal, intention or desire to satisfy his or her lower-order goals or desires. It makes the normative consequences of the truth of a relevant belief conditional upon the agent's higher-order desire to achieve practical success.[334]

Aufgrund der bisherigen Überlegungen dürften wir mit dem instrumentellen semantischen Normativismus auf der sicheren Seite stehen. Auf dieser Grundlage gilt es in den folgenden beiden Abschnitten die beiden avanciertesten Varianten des semantischen Normativismus zu untersuchen, nämlich die inferentielle Semantik von Robert Brandom und den Interpretationismus von Donald Davidson. Beide Ansätze führen eine normativistische und rationalistische Semantik mit hermeneutischen Überlegungen zusammen. Diese Hermeneutik scheint sowohl eine Theorie des sprachlichen Parsens als auch eine Theorie komplexer Interpretationen zu enthalten.

4.2 Hermeneutik, Inferenzen und Gründe: Robert Brandom

Robert Brandoms *inferentielle Semantik* (= IS)[335] ist *pragmatistisch* ausgerichtet. Das bedeutet unter anderem, dass das, was sprachlich ausgedrückt wird (also die propositionalen Gehalte), in Begriffen *inferentieller Praktiken der Verwendung dieses Ausdrucks* erklärt wird, und dass das *Verstehen eines sprachlichen Ausdrucks* im *Beherrschen der Verwendungspraktiken* dieses Ausdrucks besteht. Die IS ist demnach eine spezielle Variante

[333] Vgl. z. B. Bilgrami 1992; Horwich 1998.

[334] Jacob 2005.

[335] Vgl. Brandoms grundlegendes Werk Brandom 1994 (dt. 2000), ferner Brandom 2000, Brandom 2010.

der Gebrauchstheorie der Bedeutung, wie sie von Ludwig Wittgenstein ins Spiel gebracht worden ist.

Wenn es um die Analyse propositionaler semantischer Gehalte geht, so muss der IS zufolge aus pragmatistischer Sicht gefragt werden, welche speziellen, implizit normativen Praktiken zur Formierung und Individuierung semantisch gehaltvoller *sprachlicher* Ausdrücke beitragen. An dieser Stelle greift die IS einige traditionelle Motive auf:

- Die explanatorisch grundlegenden Sprechakte sind aus semantischer Sicht die Behauptungen (also *assertorische Sprechakte*), denn das Verstehen assertorischer Sprechakte ist Voraussetzung für das Verstehen der übrigen Sprechakte (Frege).
- Die Bedeutung und Individuierung einer Behauptung hängt von der Position der Behauptung im Raum der Gründe ab; Behauptungen können daher wesentlich als *Gründe* verwendet werden (Sellars, McDowell).
- *Begründungen* sind im Kern *Inferenzen* (also korrekte Folgerungen); die Bedeutung einer Behauptung lässt sich daher als Menge aller Inferenzen fassen, in die die Behauptung eingebettet ist (Carnap).

Diese Intuitionen werden von Brandom in eine grundlegende Diagnose überführt und mit einem Grundbegriff des Verstehens verknüpft:

> Propositional (= assertible) contents are inferentially articulated. Grasping such a content is being able to distinguish in practice what should follow from endorsing it and what such endorsement should follow from.[336]

Zwar greift die begriffliche (= sprachliche) Klassifikation unter anderem auf nicht-sprachliche Klassifikation zurück, die darin besteht, dass Organismen bestimmte Sachen in ähnlicher Weise behandeln, d. h. in ähnlicher Weise regulär, verlässlich und differentiell auf sie reagieren (z. B. Tiere klassifizieren etwas als Futter, indem sie es ohne Zögern essen). Doch die entscheidende zusätzliche Komponente, die hinzutreten muss, damit es sich um *begriffliche Klassifikation* handelt, ist *normativ*: das Meistern von Begriffen vermittels der Praktik des Gebens und Forderns von Gründen, das Meistern der inferentiellen Normen der Klassifikationen.

Wie erläutert Brandom nun im Detail implizite infererentielle Praktiken auf pragmatistische Weise? Vielleicht ist es hilfreich, den Kern dieser Erläuterung anhand eines sehr einfachen Beispiels zu illustrieren. Angenommen, Leon behauptet

(1) Pittsburgh liegt westlich von Philadelphia.

[336] Brandom 1994, 506.

Ferner gilt auch

(2) Philadelphia liegt östlich von Pittsburgh.
(3) Pittsburgh liegt westlich von Harrisbury, und
(4) Harrisbury liegt westlich von Philadelphia.

Zwischen den Behauptungen (1)–(4) bestehen dann folgende Inferenzen:

(a) (1) → (2);
(b) (3), (4) → (1).

Dabei handelt es sich um *materiale Inferenzen*.[337]

In diesem kleinen Szenario ist Leon der IS zufolge aufgrund seiner Behauptung (1) *doxastisch verpflichtet*,[338] auch (2)–(4) zu behaupten und insbesondere gegebenenfalls Behauptung (1) auf Nachfrage mit Verweis auf die materiale Inferenz (b) zu begründen. Zugleich ist Leon aufgrund der materialen Inferenz (a) nicht nur doxastisch verpflichtet, sondern auch *doxastisch berechtigt*, (2) zu behaupten. Und er ist *doxastisch nicht berechtigt*, zu behaupten

(5) Pittsburgh liegt östlich von Philadelphia.

Denn (5) ist *unvereinbar* mit (3).

Die Anerkennung doxastischer Verpflichtungen und Berechtigungen involviert eine *doxastische Verantwortung*, insofern andere Personen die Behauptung übernehmen und für Begründungen benutzen können, dabei aber die Forderung nach Begründung gegebenenfalls an die behauptende Person zurückgeben können. Die Begründung einer assertorischen Verpflichtung erfolgt daher zwar meist durch Verweis auf weitere Behauptungen als Prämissen, kann aber auch durch Rückgabe der Begründungsverpflichtung oder durch Verweis auf Autoritäten geliefert werden. Wir können eine doxastische Verpflichtung oder Berechtigung auch *erben*.

Implizite inferentielle Praktiken zeichnen demnach genau drei grundlegende Typen inferentieller Beziehungen aus, in die eine Behauptung eingebettet sein kann (wobei der Pfeil → eine materiale Inferenz symbolisiert):

(1) Es gibt mindestens eine Behauptung q, so dass gilt: p → q (wir sind verpflichtet und berechtigt, mit p auch q zu behaupten).

[337] Zu materialen Inferenzen vgl. unten, Abschnitt 4.4. Für Brandom haben materiale Inferenzen gegenüber logischen Inferenzen explanatorische Priorität. Denn logische Folgerungen können durch materiale Folgerungen definiert werden, aber nicht umgekehrt: das Vokabular einer Sprache wird irgendwie geteilt in *fixes* und *ersetzbares* (festes und substituierbares) Vokabular; und gegeben gute materiale Folgerungen, so ist eine Folgerung dann formal gültig, wenn keine Substitution von Begriffen gute materiale Folgerungen in schlechte verwandelt (*substitutionelle* Konzeption der Qualität von Folgerungen aufgrund ihrer Form).

[338] *Doxastisch* heißt: in Hinsicht auf Meinungen.

(2) Es gibt mindestens eine Behauptung q, so dass gilt: q → p (wir sind verpflichtet, gegebenenfalls p mittels q zu begründen).
(3) Es gibt mindestens eine Behauptung q, so dass gilt: q → nicht-p (wir sind, wenn wir p behaupten, nicht berechtigt, auch q zu behaupten).

Auf dieser Grundlage artikuliert die IS ihre *zentrale semantische These*:

S-IS Die *Bedeutung* (der *semantische Gehalt*) einer Behauptung p wird festgelegt und individuiert durch die Menge B aller Behauptungen q, derart dass entweder p aus q folgt oder q aus p folgt oder q unvereinbar mit p ist.

Die IS schließt sich dabei jenen Rationalitätstheorien an, die die *Rationalität* auf das Begründen (also auf inferentielle Praktiken) zurückführen:

R-IS *Rationalität* ist die Fähigkeit, das inferentielle Spiel von Anbieten und Prüfen, Produzieren und Konsumieren von Gründen zu spielen. Insofern geht Rationalität über logische Kompetenz und instrumentelle Rationalität hinaus.[339]

Es gibt allerdings eine Klasse von Sätzen, die in das Modell der IS nicht ohne weiteres integrierbar zu sein scheinen, nämlich die *Beobachtungssätze*, von denen Wahrnehmungen im Online-Status beschrieben werden. Denn Beobachtungssätze sind nach Brandom weder interferentiell noch durch Wahrnehmungen begründbar, denn nur sprachliche Sätze können seiner Meinung nach die Rolle begründender Prämissen spielen: Begründung und Inferenz sind Relationen zwischen Sätzen. Beobachtungssätze sind nicht gerechtfertigte Rechtfertiger. Dieses Problem ist für Brandom umso dringlicher, als der *empirische* Gehalt von Begriffen grundlegend für semantische Gehalte allgemein ist, weil die Gehalte unserer assertorischen Behauptungen nicht durch assertorische Praktiken übertragen werden können, ohne dass man berücksichtigt, dass einige Behauptungen eine *empirische Autorität* haben, die von ihrem Status als Beobachtungssätze stammt.[340]

Gewöhnlich werden zur Rechtfertigung von Beobachtungssätzen *Verlässlichkeitstheorien* eingesetzt. Die grundlegende Idee dieser Theorien ist, dass der Beobachtungssatz (und die entsprechende empirische Meinung), dass p der Fall ist, einzig und allein dadurch akzeptierbar ist,

[339] Vgl. zu S-IS unten, FN 344, und zu R-IS z.B. Brandom 1994, 5–6.
[340] Vgl. zu diesem Thema Brandom 1994, Kap. 4, 199–212.

dass das wahrgenommene Faktum p auf eine richtige, zuverlässige Weise kausal die Äußerung des Beobachtungssatzes, dass p der Fall ist, bewirkt. Für Brandom beruht das entscheidende Argument gegen diese Verlässlichkeitstheorie auf der Einsicht, dass auch Beobachtungssätze stets in assertorische Verpflichtungen und Berechtigungen eingebettet sind. Denn diese Sätze enthalten Begriffe mit inferentiellen Rollen und können zum Beispiel zur Prüfung allgemeiner Hypothesen verwendet werden. Naturalistisch beschreibbare verlässliche differentielle Reaktionsdispositionen sind nur eine notwendige, keine hinreichende Bedingung für Beobachtungswissen. Man kann daher eine eingeschränkte Verlässlichkeitstheorie benutzen, um zu sagen, dass die Präsenz von Ereignissen oder Zuständen unter bestimmten Umständen zu verlässlichen Meinungsbildungsmechanismen und damit zu verlässlichen Beobachtungssätzen führt. Doch die Beobachtungssätze selbst und die Behandlung von Menschen als verlässlichen Reportern gehören zum Bereich *inferentieller* Vorgehensweisen.[341] Dadurch bleiben allerdings das Reich der Natur und der Raum der Gründe strikt getrennt, so dass dunkel bleiben muss, wie semantische Relationen und mentale Zustände mit der externen Welt zusammenhängen und durch die Welt beantwortbar sein können.

Insgesamt scheint die IS demnach zu behaupten, dass materiale Inferenzen für begriffliche Gehalte konstitutiv sind, d. h. dass begriffliche Gehalte in materialen Inferenzen bestehen. Diese These enthält jedoch einen Fehler, den John McDowell zu Recht bereits bei Sellars identifiziert hat, auf den sich Brandom so häufig beruft:

> Sellars makes it plausible that proprieties of material inferences are „essential to meaning“ in this sense: it is only in a practice governed by such proprieties that conceptual contents are expressible at all. But Sellars proceeds as if he has made it plausible that the content of concepts expressible in a language consists in its material-inferential proprieties.[342]

Wie sieht nun die *Konzeption von Verstehen und Interpretation* aus, die sich aus der IS ergibt? Im weitesten Sinne ist Verstehen das Erfassen jener inferentiellen Beziehungen und der in sie eingebauten Bewertungen, in die semantisch gehaltvolle Gedanken und Äußerungen eingebettet sind. Und diese hermeneutische Fähigkeit hat für Brandom eine anthropologische Dimension, denn sie ist es, die uns von den Tieren unterscheidet:

[341] Eine ähnliche Position vertritt Sellars in Sellars 1953. Nach Sellars ist diese Position eine Attacke auf den Mythos des Gegebenen, demzufolge Wahrnehmungen durch kausale Vorgänge gegeben und zugleich Gründe für Meinungen sind. Vgl. dazu auch unten, Abschnitt 4.3.

[342] McDowell 1997, bes. 160.

Our attitudes and acts exhibit ... a content that can be grasped or understood, by being caught up in a web of reasons, by being inferentially articulated. Understanding in this favoured sense is a grasp of reasons, mastery of proprieties of theoretical and practical *inference*... To understand or grasp such a meaning is to be able to distinguish correct from incorrect uses,... to treat judging and acting as subject to certain kinds of assessment as to its correctness (truth corresponding to the world) and success (corresponding to the intention)... Picking us out by our capacity for reason and understanding expresses a commitment to take *sapience*, rather than *sentience* as the constellation of characteristics that distinguishes us.[343]

Das Verstehen eines Satzes oder Gedankens in diesem inferentiellen Sinne involviert das Erfassen der Prämissen, Konklusionen und Unvereinbarkeitsrelationen dieses Satzes (Gedankens)[344] und damit auch das Erfassen der Normativität der Rationalität, also des normativen Drucks des besseren Argumentes.[345] Der Hintergrund dieses Konzepts von Verstehen ist der semantische Holismus, demzufolge der semantische Gehalt eines Satzes oder Gedankens erst durch seine Position im gesamten Netz der inferentiellen Beziehungen, in die er eingebettet ist, individuierbar und optimal identifizierbar ist.[346] Das bedeutet jedoch nicht, dass Verstehen nur dann möglich ist, wenn stets das gesamte semantisch-holistische Netz einer Sprache vergegenwärtigt wird. Dieses Ideal ist vielmehr unerreichbar. Für ein erfolgreiches Verstehen genügt das Erfassen einiger inferentieller Beziehungen, wobei das Ausmaß flexibel ist und von den jeweiligen kontextuellen Erfordernissen abhängt. Die semantischen Netze individueller Menschen können sich daher zum Teil voneinander unterscheiden, doch erfolgreiche Kommunikation setzt ein hohes Maß von Übereinstimmung voraus.[347]

[343] Brandom 1994, 5, 13. Die Sensitivität (*sentience*) teilen wir dagegen mit den Tieren, doch beschreibt Brandom an dieser Stelle Sensitivität unzulässigerweise allein im Sinne des biologischen Subjektbewusstseins: „Sentience is what we share with non-verbal animals such as cats – the capacity of being aware in the sense of being awake... an exclusively biological phenomenon".

[344] „To specify the inferential content associated with a sentence, one must ... indicate the role it plays in relation to the contents expressed by other sentences in three different sorts of broadly inferential structure: Committive inferences, permissive inferences, and incompatibilities. Doing so is saying what it follows from, what follows from it, and what it precludes or rules out" (Brandom 1994, 188).

[345] „To understand rationality as states whose contents are articulated according to their role in reasoning, one must understand the force of such „ought's"" (Brandom 1994, 17). An dieser Stelle ist auch von der „force of the better reasons" die Rede.

[346] Vgl. z.B. Brandom 1994, 90.

[347] Vgl. Brandom 1994, 636.

Allerdings kann ein Sprecher die inferentiellen Rollen seiner Sätze verändern, indem er neue Sätze behauptet oder bisherige Behauptungen verwirft. Solche Manöver ändern sein inferentielles Netz und bringen eine Dynamik in dieses Netz. Denn jede assertorische Behauptung involviert Begründungspflichten. Und da das inferentielle Netz eines Sprechers auch Ausdruck seiner linguistischen Verpflichtungen und Berechtigungen, also seines deontischen Status ist, involviert die inferentielle Dynamik auch eine ständige Veränderung dieses deontischen Status. Erfolgreiche Interpreten müssen diese inferentielle Dynamik und Änderung des deontischen Status verfolgen, indem sie diese Veränderungen speichern und, wenn es um ein Verstehen zum Zeitpunkt t geht, die Dynamik bis zu t abrufen und im Verstehen verwenden. Das ist das *deontische Punkte-Sammlungsmodell diskursiver Praktiken (deontic score-keeping model of discursive practices) und des Verstehens*:

> Competent linguistic practitioners keep track of their own and each other's commitments and entitlements. They are (we are) *deontic scorekeepers*. Speech acts, paradigmatically assertions, alter the deontic score; they change what commitments and entitlements it is appropriate to attribute[348].... Deontic scores consist in constellations of commitments and entitlements on the part of the various interlocutors. So understanding and grasping the significance of a speech act requires being able to tell in terms of such scores when it would be appropriate...and how it would transform the score characterizing the stage at which it is performed into the score obtaining at the next stage of the conversation...Being rational – understanding...how in the sense of being able to play the game of giving and asking for reasons – is mastering the evolution of the score.[349]

Da aber die doxastischen Verpflichtungen und Berechtigungen samt der korrelierten materialen Inferenzen gerade die Bedeutung der vorgebrachten Behauptungen festlegen, kommt die IS zu ihrer zentralen hermeneutischen These:

H-IS Das deontische Punktesammlungsmodell der diskursiven Praktiken ist das Grundmodell des Verstehens und Interpretierens sprachlicher Behauptungen. Verstehen und Interpretation müssen daher die normative Struktur semantisch gehaltvoller Gedanken und Sätze erfassen, also die von ihnen involvierten korrekten inferentiellen Beziehungen, rationalen Strukturen und doxastischen Verpflichtungen (Berechtigungen).

[348] Brandom 1994, 142.
[349] Brandom 1994, 183.

Wie in H-IS bereits implizit angedeutet wird, besteht die spezifische hermeneutische Position der inferentiellen Semantik darin, dass das meta-repräsentationale Erfassen propositional gehaltvoller Gedanken, Äußerungen oder Texte stets das *Erfassen der Gründe dieser Gedanken, Äußerungen oder Texte* ist. Jede Art von Verstehen wird als komplexe Interpretation, also als rationale Erklärung aufgefasst. Eine Differenz zwischen Parsen und Interpretation ist in diesem theoretischen Rahmen nicht artikulierbar. Vielmehr scheint das deontische Punktesammlungsmodell der diskursiven Praktiken sowohl für alltägliche Kommunikationen als auch für raffinierte Interpretationen zu gelten. Das ist aus hermeneutischer Sicht sicherlich ein Defizit, zumal dieser Ansatz als Modell des sprachlichen Parsens den SprecherInnen und Interpreten einen zu hohen kognitiven Aufwand zumutet. Doch bleibt es ein Verdienst der inferentiellen Semantik, die implizite Unterstellung der inferentiellen Struktur semantischer Relationen in vielen Theorien des sprachlichen Parsens theoretisch ausgearbeitet zu haben und eines der grundlegenden Modelle des Verstehens, nämlich die Interpretation und rationale Erklärung, so unmissverständlich wie wenige andere hermeneutische Positionen als *Begründungsstruktur* ausgezeichnet zu haben.

Allerdings hat die inferentielle Semantik unter anderem die steile Ambition, die Repräsentationalität und Referenz unserer sprachlichen Ausdrücke und Gedanken durch ihre semantischen Formierungsmechanismen zu erklären.[350] Die inferentielle Semantik ist sicherlich die radikalste und avancierteste theoretische Alternative zur cartesianischen Semantik[351], die der vorliegenden hermeneutischen Studie zugrunde gelegt wird. Wir können und müssen die komplizierten Schritte, die Brandom vollzieht, um diese These zu rechtfertigen, an dieser Stelle im Einzelnen nicht nachvollziehen. Es genügt, exemplarisch und ein wenig vereinfacht zu skizzieren, wie die Erklärung von Wahrheit, Referenz und Gerichtetheit im Rahmen der inferentiellen Semantik aussieht, um die erheblichen Probleme dieser Erklärung identifizieren zu können.

Zunächst ist die oben skizzierte Art und Weise der IS, den Kontakt inferentieller Praktiken zur externen Welt durch eine inferentielle Theorie der Beobachtungssätze herzustellen, nicht hilfreich. Man kann diesen Kontakt nur durch eine theoretische Integration der Wahrnehmungen er-

[350] Die IS bestreitet nicht nur das repräsentationale Paradigma des Geistes und der Sprache, sondern auch die explanatorische Priorität des Geistes gegenüber der Sprache. Brandom geht vielmehr davon aus, dass die Semantiken von Sprache und Geist nur zusammen erläutert werden können. Die Begründung dieser Auffassung ist das Projekt der zweiten Hälfte von Brandom 1994 (Kap. 5–8).

[351] Vgl. zur cartesianischen Semantik oben S. 3.

läutern, und nicht, wie Brandom vorschlägt, lediglich durch den Hinweis, dass Beobachtungssätze als linguistische Einheiten schließlich mit Hilfe von Begriffen formuliert werden, die ihrerseits auf inferentiellen Praktiken beruhen. Mit diesem Manöver bleibt die IS bei der strikten Differenz zwischen der empirischen Welt und dem inferentiellen Reich der Gründe – ein verhängnisvolles Erbe der klassischen analytischen Philosophie. Die IS vermag daher nicht anzugeben, inwiefern semantisch gehaltvolle Äußerungen oder Gedanken *an der Welt selbst* scheitern oder sich bewähren können.[352]

Wie erklärt die IS nun die elementaren semantischen Begriffe von Wahrheit und Referenz, also, wie Brandom sagt, die *repräsentationale Dimension* sprachlicher Einheiten? Aus der pragmatistischen Sicht der IS muss dafür primär geklärt werden, was durch den Gebrauch des semantischen Vokabulars *ausgedrückt* wird – was wir *tun* und *sagen*, wenn wir darüber reden, *worüber* wir reden. Und die These ist, dass das semantische Vokabular bestimmte Eigenschaften der *Kommunikation* von Behauptungen explizit macht. Diskursive Praktiken sind wesentlich *sozial*. Es gibt jedoch zwei verschiedene Sorten von Vokabular, mit dessen Hilfe die repräsentationale Dimension der inferentiellen Artikulation explizit gemacht wird: Ausdrücke wie „wahr“ und „referiert“ einerseits, mit deren Hilfe wir *explizit sagen* können, wie wir uns mit sprachlichen Ausdrücken auf die externe Welt beziehen, und Ausdrücke der Gerichtetheit, mit deren Hilfe wir *explizit sagen* können, wie sprachliche Ausdrücke mit Gehalten verbunden sind. Die inferentielle Semantik hat die Aufgabe, den Gebrauch dieser beiden Sorten von Vokabular in Begriffen inferentieller Praktiken zu erklären.

Diese pragmatistische Leitidee führt im Falle der Wahrheit zu einer *anaphorischen Wahrheitstheorie*. Diese Wahrheitstheorie geht von Pro-Sätzen aus, die oft in Gestalt von anaphorischen (d.h. rückbezüglichen) Pronomen auftreten. In dem Satz „Der Einfluss des postmodernen Denkens geht zurück; das kann man nur begrüßen“ ist „das“ ein Pro-Satz, der sich auf den zuvor angeführten Satz „Der Einfluss...zurück“ zurückbezieht. Die anaphorische Wahrheitstheorie behauptet, dass das „es“ (bzw. „das“) in der Zuschreibung „es (bzw. das) ist wahr“ ein anaphorischer Prosatz ist. Das heißt, diese Wahrheitstheorie rekonstruiert die Behauptung „Der Satz „Der Einfluss des postmodernen Denkens geht zurück“ ist wahr“ folgendermaßen: „Der Einfluss des postmodernen Denkens geht zurück; das ist wahr.“ Was wir also *tun*, wenn wir das Wahrheitsprädikat zuschreiben, ist, einen zuvor angeführten Satz mit Hilfe eines anaphorischen Pro-

[352] Vgl. dazu genauer oben, Abschnitt 1.4.

Satzes ausdrücklich zu bestätigen oder gutzuheißen. Das Wahrheitsprädikat ist demnach ein Operator, der Pro-Sätze formiert.

Wahrheit wird in der anaphorischen Wahrheitstheorie als supervenient auf dem Für-Wahr-Halten aufgefasst, und der Begriff des Faktums wird eingeführt auf der Grundlage des Begriffs wahrer Behauptungen:

- Dass der Satz „p", geäußert von Sprecherin S, wahr ist, heißt im Kern, dass es eine weitere Sprecherin S* gibt, die die Behauptung „p" für wahr hält und die mit „p" verbundenen inferentiellen Pflichten übernimmt.
- Ein Faktum ist genau das, was in einem wahren Satz behauptet wird.[353]

Referenz schreiben wir zu, wenn wir indirekte definitive Beschreibungen formulieren, wie etwa „das Buch, über das wir uns gestern unterhalten haben". Wenn wir uns über etwas unterhalten, so referieren wir darauf. Dabei dient die Referenz „über das wir uns gestern unterhalten haben" gerade dazu, das komplexe Pronomen (die Kennzeichnung) „das Buch" zu formieren. Wenn das Buch, über das wir uns gestern unterhalten haben, zum Beispiel die *Erste Analytik* war, so können wir das komplexe Pronomen „das Buch" durch „die *Erste Analytik*" substituieren und kommen dann zu der Beschreibung „Die *Erste Analytik*, über die wir uns gestern unterhalten haben". Allgemein: Im Satzschema „das X, auf das P referierte, ist Y" ist „...referierte" ein sprachlicher Ausdruck („Operator"), mit dessen Hilfe wir das Pronomen „das X" bilden, mit dem wir uns anaphorisch auf die Erwähnung von Y zurückbeziehen.

Wahrheit und Referenz sind in dieser pragmatistischen Rekonstruktion *intralinguistische Relationen*.[354]

Ähnlich operiert die inferentielle Semantik schließlich auch, wenn es um die *Objektivität begrifflicher Normen* geht – also um einen objektiven Sinn von Korrektheit: diese Objektivität ist im Rahmen der inferentiellen Semantik nur innerhalb einer sozialen Perspektivität diskursiver Praktiken konzeptualisierbar. Wann immer eine Person S* einer Person S eine Meinung (einen begrifflichen Gehalt) zuschreibt, macht S* eine Unterscheidung zwischen dem, was S meint (als de-dicto-Zuschreibung) und dem, was tatsächlich objektiv anzuerkennen ist (als de-re-Zuschreibung); aber das, was tatsächlich objektiv anzuerkennen ist, ist stets das, was S* als zuschreibende Person in Übereinstimmung mit S anzuerkennen bereit ist.

Objektive Fakten und propositionale Gehalte kommen also im Rah-

[353] Dasselbe gilt für den Begriff der *Extensionalität* im Rahmen der inferentiellen Substitutionstheorie: ein Satzkontext ist extensional im Sinne von komponentenweise homogen, wenn die Substitution seiner Teilbehauptungen durch Behauptungen mit derselben inferentiellen Rolle die inferentielle Rolle des gesamten komplexen Satzes nicht verändert.

[354] Vgl. Brandom 1994, Kapitel 5.

men der inferentiellen Semantik nur innerhalb der sozialen Ich-Du-Beziehung in den Blick, die ihrerseits das Arsenal der diskursiven inferentiellen Praktiken immer schon voraussetzt. Allgemein folgt daraus, *dass in der Ordnung der philosophischen Erklärung das Repräsentieren dem Repräsentierten vorausgeht*, wie bereits oben angedeutet: Wenn x ein Faktum ist, das von „p" repräsentiert wird, dann wird dieser Umstand erklärt in Begriffen der Art und Weise, wie Sprecherinnen einer natürlichen Sprache „p" als Repräsentation des Faktums x behandeln.

Die schwache Version dieser Theorie hat nicht den Anspruch zu klären, wie Sprache und Geist „auf der Welt sitzen" (wie Putnam einst formulierte), sondern will lediglich genau beschreiben, was wir linguistisch tun, wenn wir den Bezug des Geistes und der Sprache auf die Welt sprachlich explizit machen. Doch wird dieser Bezug einfach konstatiert, nicht aber erklärt oder begründet. Die starke Version dieser Theorie ist ein begrifflich raffiniert ausgearbeiteter Idealismus, wie unter anderem Habermas zu Recht betont hat.[355] Der Idealismus gilt heute als exzentrische Position, denn er scheitert unter anderem daran, dass er sich nicht selbst einholen kann. Das heißt, die Beschreibung der idealistischen Konstruktion der Welt der Fakten muss entweder Wahrheit beanspruchen und die idealistische Konstruktion als Faktum hinstellen oder das Faktum der idealistischen Konstruktion selbst als eine idealistische Konstruktion betrachten. Im letzteren Fall gerät der Idealismus in einen infiniten Regress, im ersteren Fall muss er Fakten anerkennen, die nicht idealistisch konstruiert sind, und gerät damit in einen internen Widerspruch. Brandom scheint die Inkonsistenz dem infiniten Regress vorzuziehen. Denn das Generieren von semantischen Gehalten und Fakten mit Hilfe inferentieller Praktiken scheint für Brandom ein Prozess zu sein, der in sozialen Gemeinschaften von Menschen tatsächlich auftritt.

Wir brauchen jedoch eine Erklärung von Repräsentationalität, die nachweist, auf welche Weise der Bezug des Geistes auf die Welt mit der Normativität und Rationalität des Geistes *zusammenhängt*, so dass nachvollziehbar wird, inwiefern der Geist und seine geistigen Produkte überwiegend normativ und rational sein *müssen*. Dafür ist offensichtlich weder die schwache noch die idealistische Version der IS hilfreich. Wegweisend bleibt allerdings die pragmatistische Ausrichtung im weitesten Sinn, die davon ausgeht, dass wir die semantische Normativität und Rationalität nur dann erklären können, wenn wir beachten, was wir Menschen in der Auseinandersetzung mit der Natur und mit unseren Mitmenschen schon immer getan haben.

[355] Habermas 1999. Vgl zum Beispiel neuerdings auch Pohl, Rosenhagen, Weber 2013.

Im Übrigen ist die IS die avancierteste Theorie, die von einem *normativen Verständnis semantischer Gehalte* ausgeht und insbesondere beansprucht, die spezifische Normativität linguistischer semantischer Gehalte aufzuklären. Aus pragmatistischer Sicht liegt die Grundlage expliziter Normen und Normenbefolgung in *impliziten normativen Praktiken.* Normativität manifestiert sich nach Brandom im *Befolgen von Normen.* Und Normenbefolgung lässt sich weder in Begriffen explizit angegebener Regeln noch in Begriffen empirischer Regularitäten erklären. Denn wären Normen nur als explizite Regeln gegeben, so würden sie keine *normative* Entscheidung über die korrekte oder inkorrekte *Anwendung* von Normen erlauben; und wären Normen nur empirische Regularitäten, so würden sie Ausführungen nicht als korrekt oder inkorrekt aussondern können. Normen, die *explizit* in Form von Regeln gegeben sind, müssen daher abhängig sein von Normen, die *implizit* in Praktiken vorliegen – d. h. in dem, was wir *tun*, eher als in dem, was wir sagen. Die IS ist darauf festgelegt, implizite normative Praktiken so zu charakterisieren, dass sich ihre Normativität von der zu erklärenden expliziten Normativität unterscheidet und ohne Rekurs auf intentionales (d. h. repräsentationales) Vokabular beschrieben wird.

Das entscheidende strategische Manöver, mit dem die IS an diesem Punkt operiert, ist der Rückgriff auf die Idee, dass die Normativität einer Praktik darin liegt, dass sie korrekt oder inkorrekt sein kann, dass ferner die Korrektheitsbedingungen einer Praktik dadurch entstehen, dass die Praktik von agierenden Menschen als korrekt oder inkorrekt behandelt wird, und dass die Behandlung einer Praktik als korrekt oder inkorrekt eine bewertende Einstellung involviert sowie zur impliziten Anerkennung und Befolgung von Normen führt.

Brandoms Modell für die Behandlung einer Praktik als korrekt oder inkorrekt ist *das positive und negative Sanktionieren.* Der Begriff der Sanktion hat, wie Brandom zu Recht bemerkt, in der Theorie der Konditionierung einen festen systematischen Sitz. Die Konditionierung operiert auf der elementarsten Ebene mit physischer Belohnung und Bestrafung, die ihrerseits zur Erhöhung der Wahrscheinlichkeit führt, belohntes Verhalten zu wiederholen und bestraftes Verhalten zu vermeiden. Doch Brandom verwirft das Modell *physischer* Konditionierung mit dem Hinweis, dass die physische Konditionierung lediglich auf empirischen Regularitäten beruht (und zwar in Gestalt von Verstärkungsregularitäten). Diese Form der Konditionierung hat daher keinen normativen Status. Darüber hinaus muss eine Sanktion, die zur Erklärung der Regel- und Normenbefolgung beitragen soll, nach Brandoms Auffassung ihrerseits korrekt sein. Das Modell physischer Konditionierung hat jedoch keine

Ressourcen, um die Korrektheit und Inkorrektheit einer Sanktion überhaupt zu unterscheiden. Brandom schlägt daher einen Begriff der *internen normativen Sanktion* vor, die im Kern darin besteht, dass der normative Status der sanktionierten Person geändert wird. Eine positive normative Sanktion führt dazu, dass der sanktionierten Person Dinge erlaubt werden, die ihr bisher verboten waren, und eine negative normative Sanktion führt dazu, dass der sanktionierten Person Dinge verboten werden, die ihr bisher erlaubt waren. Damit droht jedoch ein explanatorischer Zirkel, den Brandom durchaus sieht. Denn Verbote und Erlaubnisse gehören bereits einer normativen Praktik an.[356]

Auf dieses Problem gibt es bei Brandom keine befriedigende Antwort. Er weist lediglich darauf hin, dass Normen und interne Sanktionen holistisch vernetzt sind, und dass diese Vernetzung ausreichend ist, um implizite normative Praktiken auf erhellende Weise *in einem normativen Vokabular* zu charakterisieren.[357] Dieser Zirkel mag in bestimmter Hinsicht fruchtbar sein. Es mag eine verbreitete Praktik in menschlichen Gemeinschaften sein, *bestimmte* normative Sanktionen durch Rekurs auf einen sozialen Status zu exekutieren, der seinerseits auf einer anderen normativen Sanktion beruht. Damit wird jedoch der für die IS so grundlegende Begriff einer impliziten normativen Praktik in keiner Weise aufgeklärt. Der Begriff der impliziten normativen Praktik nimmt in der IS den Status eines primitiven Grundbegriffs ein. Dieser Befund ist mehr als enttäuschend. An der IS lässt sich besonders gut und detailliert erkennen, dass der semantische Normativismus zum Scheitern verurteilt ist.

Zwei weitere Probleme der IS seien zum Abschluss noch kurz erwähnt. Zum einen soll die normative Sanktionspraktik der IS zufolge eine *soziale* Praktik sein. Wenn man sich die etablierte sozialontologische Analyse sozialer Praktiken ansieht, wird jedoch deutlich, dass man zur Erläuterung sozialer Praktiken sogar auf kollektive intentionale Zustände verweisen muss.[358] Brandom hat demgegenüber nicht überzeugend nachweisen können, dass normative Sanktionen – und damit implizite normative Praktiken – ohne Zuschreibung von mentalen Zuständen angemessen gekennzeichnet werden können.[359]

[356] „At this point it can easily look as though the account of normative status as instituted by social practises is marching around in an unproductive circle" (Brandom 1994, 627).

[357] Vgl. Brandom 1994, 44.

[358] Klassische Werke zur Sozialontologie sind Searle 1995, Bratman 1999, Toumela 1995, 2000, 2003.

[359] Vgl. dazu ähnlich die erhellende kritische Analyse der Annahme impliziter normativer Praktiken in der IS bei Reuter 2006, Kap. 7 sowie die gründliche Diskussion in Hattiangadi 2003.

Zum anderen bleibt unklar, mit welchem Manöver bloße Lautfolgen pragmatistisch als korrekte Inferenzen ausgezeichnet werden sollen. Brandoms sparsamer Hinweis auf normative Sanktionen (etwa soziale Ausgrenzung) ist offenkundig unzureichend. Denn gewöhnlich lassen sich Lautfolgen mit Blick auf ihren semantischen Gehalt als korrekte oder inkorrekte Inferenzen bewerten. Aber dieser Weg steht Brandom nicht zur Verfügung, da die inferentiellen Praktiken die semantischen Gehalte allererst generieren sollen. Brandom sieht dieses Problem durchaus:

> Are not materially good inferences just good in virtue of the contents of the nonlogical concepts applied in their premises and conclusions...? Presystematically, this is indeed how they should be thought of. But officially, the strategy is to start with properties of inference and elucidate the notion of conceptual content in terms of those properties...Expressions come to mean what they mean by being used as they are in practice, and intentional states and attitudes have the contents they do in virtue of the role they play in the behavioural economy of those to whom they are attributed. Content is understood in terms of properties of inference, and those are understood in terms of the norm-instituting attitudes of taking or treating moves as appropriate or inappropriate in practice.[360]

Diese explanatorische Strategie „mildert“ („alleviates“) nach Brandom das genannte Problem. Doch genau genommen lässt sie das Problem ungelöst. Denn in welcher Hinsicht Teilnehmer einer linguistischen Praktik Lautfolgen ohne Erfassen ihres semantischen Gehalts als Inferenzen identifizieren und als korrekt oder inkorrekt bewerten sollen, wird von Brandom an keiner Stelle erläutert.[361]

4.3 Hermeneutik und Rationalität: Donald Davidson

Davidson will nicht nur klären, wie der Prozess der Interpretation propositionaler Gehalte funktioniert, er will zugleich damit auch erklären, was propositionale Gehalte und Bedeutungen sind, ohne die Begriffe von Gehalt und Bedeutung schon vorauszusetzen. Dabei geht es nicht um eine Theorie menschlicher Sprachfähigkeit allgemein, sondern um eine Bedeutungstheorie für jeweils einzelne natürliche Sprachen.[362] Davidsons *Inter-*

[360] Brandom 1994, 134.

[361] Diesen Punkt hat Reuter 2006, 190–195 in aller wünschenswerten Klarheit herausgestellt.

[362] Davidson hat die interpretationistische Semantik nie in einer einheitlichen geschlossenen Form präsentiert, sondern in vielen verschiedenen Aufsätzen immer neue Aspekte ins Spiel gebracht, die nicht immer in eine einheitliche Gestalt gebracht werden können. Jede zusammenfassende Gesamtdarstellung der grundlegenden Ideen des Interpretatio-

pretationismus ist dadurch ausgezeichnet, dass nicht, wie bei Brandom, eine theoretisch freistehende Semantik als Grundlage für hermeneutische Thesen verwendet wird, sondern vielmehr Semantik und Hermeneutik untrennbar verschränkt sind. Dabei sind unter anderem zwei grundlegende Ideen leitend.

(1) Die Begriffe von Bedeutung und Gehalt müssen theoretisch auf der Grundlage des Wahrheitsbegriffes eingeführt werden. Eine Theorie der Interpretation und der sprachlichen Kommunikation muss daher eine *extensionale Wahrheitstheorie für natürliche Sprachen* sein, die die sprachliche Kommunikation erklärt, ohne auf Bedeutungen und Gehalte als eigenständige Entitäten zurückzugreifen.

(2) Die Existenz und die speziellen Formen von propositional gehaltvollen mentalen Zuständen und von Bedeutungen sprachlicher Ausdrücke sind nicht nur von einer Interaktion sprachmächtiger Wesen mit der externen Welt, sondern auch von einer Geschichte wechselseitiger sozialer Interpretationen oder Interpretationsversuche abhängig. Eine Theorie der Interpretation und der sprachlichen Kommunikation muss daher *sozial-externalistisch ausgerichtet* sein.

In der historischen Vorstudie zur vorliegenden Untersuchung ist der Interpretationismus als erwägenswerter theoretischer Hintergrund einer geist-theoretisch ausgerichteten allgemeinen Hermeneutik dargestellt worden. [363] Daher sollen die Grundzüge des Interpretationismus hier nur sehr kurz umrissen und aus hermeneutischer Sicht genauer geprüft werden.

Das grundlegende Szenario des Interpretationismus geht davon aus, dass Sprecher einer Metasprache eine fremde Objektsprache erfolgreich verstehen, wenn sie die Objektsprache in ihre Metasprache übersetzen können. Dieser Übersetzungsvorgang kann am besten untersucht werden, wenn man sich in Gestalt eines ethnologischen Gedankenexperiments in das Szenario der *radikalen Interpretation* versetzt. Sprecher einer Metasprache (im Folgenden: die Interpretinnen) begegnen Sprechern einer Objektsprache (im Folgenden: die Interpretanden), ohne diese Objektsprache in irgendeiner Hinsicht zu verstehen. In dieser Situation werden die Interpretinnen, um die Objektsprache kennenzulernen, zustimmende

nismus ist daher unvermeidlich eine bestimmte Lesart, die nicht mit allen Texthinweisen übereinstimmt und zu der es stets ernstzunehmende Alternativen gibt. Die im vorliegenden Hermeneutikprojekt unterstellte Lesart wird in Detel 2011, Abschnitt 8.5 mitsamt der Exkurse 4 und 5 umrissen.

[363] Vgl. Detel 2011, Abschnitt 8.5 (379- 391) sowie Exkurse 4 und 5 (521 – 534). Ich danke Matthias Vogel und Oliver Schütze für eine konstruktive Kritik einer früheren Version dieses Abschnittes.

satzartige Äußerungen der Interpretanden mit Sätzen vergleichen, die sie selbst in ihrer eigenen Sprache in derselben Situation zustimmend äußern würden.[364] Dabei betrachten sie zustimmende Äußerungen als Ausdruck eines Für-Wahr-Haltens von Meinungen oder Äußerungen. Daher heißen diese Vergleiche, die in logischer Hinsicht materiale Äquivalenzen sind, auch *Wahrheitstheoreme* oder *T-Theoreme* (wobei *T* für „true" steht).

Wenn beispielsweise Barbara, eine Sprecherin des Deutschen (= Metasprache), die kein Wort Englisch (= Objektsprache) spricht, in eine englische Sprachgemeinschaft kommt, könnte sie feststellen:

(T1) Sprecher des Englischen halten am Trafalgar Square in London am 5. Mai 2000 den Satz „The traffic is heavy today" genau dann für wahr, wenn Sprecher des Deutschen am Trafalgar Square in London am 5. Mai 2000 den Satz „Der Verkehr ist dicht" für wahr halten.

Diese Feststellung kann ein wenig allgemeiner formuliert werden:

(T2) Im Englischen ist der Satz „The traffic is heavy today" am Trafalgar Square in London am 5. Mai 2000 wahr genau dann, wenn der Verkehr am Trafalgar Square in London am 5. Mai 2000 dicht ist.

Wahrheitstheoreme (T-Theoreme) der Formen T1 oder T2 sind also Sätze der Form

(T*) s (in Objektsprache OS) ist zur Zeit t am Ort r wahr genau dann, wenn p zu t an r.[365]

Die Aufstellung von Wahrheitstheoremen (T-Theoremen) ist der erste Schritt auf dem Weg zum Verstehen einer bisher unverstandenen natürlichen Objektsprache für Sprecher einer Metasprache. Falls sich (T*) für hinreichend viele Orte und Zeiten bestätigt, können die Sprecher zu einem *vereinfachten und verallgemeinerten T-Theorem* übergehen,[366] und zwar in der Form

[364] Davidson erwähnt nicht, dass sie dabei auf eine universelle Körpersprache für Zustimmung zurückgreifen müssen (vgl. dazu oben, Abschnitt 2.1).

[365] Dabei ist „p" ein Satz der Metasprache MS und „s" der Name eines Satzes der Objektsprache OS (das *Wahrheitstheorem T** ist ja in der Metasprache MS formuliert).

[366] Dieser Theorie zufolge wird der Wahrheitsbegriff trivialerweise bestimmt durch die Formel: Satz „p" ist wahr genau dann, wenn p der Fall ist. Das heißt, dass die Wahrheit im Sinne der Zitat-Tilgungstheorie der Wahrheit verstanden wird.

(T) s ist *wahr* genau dann, wenn p
(z.B. „The traffic is heavy today" ist wahr genau dann wenn der Verkehr dicht ist).

Sätze der Form T1 sind die Belege, die unsere linguistische Feldforscherin konkret sammeln kann, wenn sie von der Situation der radikalen Interpretation ausgeht. Der entscheidende Punkt ist nun, dass kein einfacher und direkter Weg von T1 zu T2, T* und T, also von den empirischen Belegen zu den allgemeinen T-Theoremen führt. Wenn die Interpretin nämlich in der Version T1 empirisch feststellt, was eine Interpretandin für *wahr hält*, hat sie damit noch nicht festgestellt, welche Sätze in der Objektsprache *wahr sind*, wie es die Versionen T2, T* und T erfordern. Schließlich könnte die Interpretandin sich irren. Wäre das verbreitet der Fall, so könnte die Interpretationstheorie nicht etabliert werden, denn es gäbe keine empirischen Belege, die zu den Theoremen der Theorie führen. Diese Diagnose beruht darauf, Theoreme der Form T1 als Ausdruck dessen zu betrachten, was die Interpretandin *meint* (Für-Wahr-Halten ist eine Form der Meinung). Das heißt, die radikale Interpretin kann den Äußerungen eines Sprechers keine Bedeutungen zuweisen, ohne zu wissen, was der Interpretand meint, und sie kann die Meinungen des Interpretanden nicht identifizieren, ohne zu wissen, was die Äußerungen des Sprechers bedeuten.

Zur Lösung dieses Problems führt der Interpretationismus das *Prinzip der Nachsicht* (*principle of charity*) ein:[367]

Prinzip der Nachsicht

(a) Eine erfolgreiche Interpretation ist nur dann möglich, wenn Interpretinnen und Interpretanden (i) weitgehend dasselbe für wahr halten, und (ii) weitgehend dieselbe Art von rationalen Beziehungen zwischen ihren Meinungen und Äußerungen etablieren.
(b) Eine Interpretationstheorie für eine Objektsprache sollte daher die Übereinstimmung zwischen Interpretinnen und Interpretanden in Hinsicht auf Meinungen und Rationalität maximieren.[368]

[367] Davidson war keineswegs der erste Bedeutungstheoretiker, der ein Prinzip der Nachsicht (oft auch Prinzip der Billigkeit genannt) verwendet hat. So gibt es Hinweise darauf, dass bereits Johann Clauberg, Christian Wolff, Alexander Baumgarten, Georg Friedrich Meier, Johann Heinrich Lambert und Bernard Bolzano auf dieses Prinzip verwiesen haben. Im 20. Jahrhundert haben Neil Wilson, Dagfinn Føllesdal und Willard Quine dieses Prinzip verwendet, vgl. dazu genauer Scholz 1999, 51–68, 88–102. Davidson setzt das Prinzip freilich auf besonders raffinierte und aufschlussreiche Weise ein.

[368] In (a) und (b) wird das Prinzip der Nachsicht also als ein Maximierungs- oder Op-

Das Prinzip der Nachsicht soll die *zentralen Bedingungen erfolgreicher Interpretation* formulieren – Bedingungen, ohne die wir nicht in der Lage wären, Lautproduktionen als Sprache zu verstehen und gewissen Wesen Meinungen und Behauptungen zuzuschreiben. Würde ein Interpretand zum Beispiel verbreitet dieselben Äußerungen zustimmend und negierend verwenden, so würde die Interpretin nicht einmal bestätigte T-Theoreme etablieren können. Dasselbe gilt, wenn Interpretinnen und Interpretanden nicht überwiegend dasselbe für wahr hielten und die Wahrheit sagten. Denn dann wären T-Theoreme der Form „s ist wahr in L genau dann, wenn p" (zum Beispiel für S = „p") nur selten wahr. Erst recht könnten Interpreten nicht den Geist anderer geistiger Wesen lesen, d.h. den semantischen Gehalt ihrer mentalen Zustände erfassen, wenn die entsprechenden sprachlichen Zeichen dieser Zustände überwiegend falsch wären. Ferner müssen vorgeschlagene Interpretationstheorien anhand von gemeinsamen Rationalitätsstandards geprüft und gegebenenfalls korrigiert werden können. Und schließlich setzt der axiomatische Aufbau der empirischen Interpretationstheorie eine elementare Logik voraus, weil zum Beispiel T-Theoreme aus den Axiomen logisch abgeleitet werden müssen, um die Interpretationstheorie darzustellen und empirisch prüfbar zu machen. Wenn also die Interpretation im Kern das Verfügen über eine Interpretationstheorie ist, die anhand von T-Theoremen empirisch etabliert, geprüft und überwiegend bestätigt worden ist, und wenn die Etablierung einer solchen Interpretationstheorie die Annahme geteilter Wahrheiten und die Anwendung geteilter Rationalitätsunterstellungen involviert, dann können wir ohne Anwendung dieser Prinzipien die Bedeutungen sprachlicher Ausdrücke und die semantischen Gehalte mentaler Episoden nicht verstehen.

Diese Bedingungen haben allerdings einen diffizilen Status. Es kann sich nämlich empirisch herausstellen, dass sie nicht erfüllbar sind. Aber dann handelt es sich bei den Lautproduktionen der Interpretanden nicht um eine semantisch gehaltvolle Sprache und bei den mentalen Zuständen der Interpretandin nicht um sprachliche Repräsentationen. Verstehen ist – um es ein wenig bombastisch zu sagen – nur im Lichte von Wahrheit und Rationalität möglich. Das heißt nach Davidson genauer:

timierungsprinzip für übereinstimmende Meinungen von Interpreten und Interpretanden formuliert. Diese Formulierungen finden sich vor allem in früheren Arbeiten Davidsons, insbesondere in Davidson 1984a.

Prinzip der Nachsicht und Rationalität

Das Prinzip der Nachsicht impliziert folgende *Rationalitätsunterstellungen* (rationale Forderungen):

(1) Die Interpretanden glauben überwiegend das Offensichtliche und Wahre.
(2) Die Interpretanden glauben nicht offen und verbreitet an Widersprüche.
(3) Die Interpretanden bilden meist diejenigen Meinungen aus, für die ihre Gründe alles in allem sprechen.
(4) Die Interpretanden adjustieren angesichts widerspenstiger Phänomene ihr Meinungssystem so, dass sie möglichst wenige ihrer bisherigen Meinungen ändern müssen.

In (1) und (2) stecken zwei verschiedene Aspekte des Prinzips der Nachsicht, die Davidson in späteren Arbeiten als Prinzip der Korrespondenz (vgl. die Wahrheitsunterstellung (1)) und Prinzip der Kohärenz (vgl. die Konsistenzforderung (2)) unterschieden hat.[369] Mit (3) wird die überwiegende Begründbarkeit von Meinungen und Äußerungen geistiger Wesen adressiert, also – um mit Brandom zu sprechen – die inferentielle Struktur von Sprache und Geist. Und (4) verweist auf die Dynamik des Verstehens (d.h. der Etablierung einer Interpretationstheorie).[370]

Die Unterstellungen (1)–(3) sind Unterstellungen einer *Rationalität der Interpretandin* (Wahrheit, Konsistenz, Begründung). Die Unterstellung (4) ist dagegen die Unterstellung der *Rationalität der Interpretin* im Zuge der Etablierung ihrer Interpretationstheorie. Diese Unterstellung beugt einem naheliegenden Einwand vor. Dem Prinzip der Nachsicht zufolge unterstellt die Interpretin die Wahrheit, Konsistenz und Begründbarkeit der Äußerungen und der Meinungen der Interpretanden nach Maßgabe ihres eigenen Für-Wahr-Haltens und ihrer eigenen Maßstäbe von Konsistenz und Begründbarkeit. Handelt es sich dabei nicht um einen Wahrheits- und Rationalitätsimperialismus der Interpretin? Das ist nicht der Fall. Denn die Etablierung einer Interpretationstheorie ist Punkt (4) zu-

[369] Vgl. Davidson 1985a.

[370] Vogel macht in seiner hilfreichen Exposition des Davidsonianischen Interpretationismus darauf aufmerksam, dass die Prinzipien (1) und (2) rationale *Bedingungen* des Verstehens darstellen (vgl. seine Reformulierung (PC) (KOH) und (KOR)), während (3) und (4) eher als hilfreiche Klugheitsregeln einzustufen sind, so dass Davidson basale und weniger basale Rationalitätskriterien einzuführen scheint (vgl. Vogel 2001, 100, 104 f.). Mir scheint, dass auch (3) für Davidson eine basale Rationalitätsbedingung darstellt, weil Verstehen nach (3) in den Raum der Gründe gestellt wird. Kriterium (4) dagegen liegt tatsächlich auf einer anderen Ebene, weil hier die Dynamik des Verstehens angesprochen wird.

folge ein *konstanter Prozess*, in dem die Theorie immer wieder adjustiert wird, oder, dramatischer formuliert, in dem die Theorie immer wieder durch eine bessere Theorie ausgetauscht wird, so dass die *Übereinstimmung* in Hinsicht auf die Unterstellungen (1)–(3) zwischen Interpretin und Interpretandin immer wieder maximiert werden kann. Das Prinzip der Nachsicht involviert daher genau das Gegenteil von einseitigem Wahrheits- und Rationalitätsimperialismus. Vielmehr erfordert das erfolgreiche Verstehen einer Interpretandin durch eine Interpretin das ständige Zusammenschieben der semantischen Netze *beider* beteiligter Personen unter der genannten Maximierungsforderung. Ob diese Forderung erfüllt ist, lässt sich anhand der empirischen Belege, also der T-Theoreme, prüfen. Jeff Malpass hat diesen Prozess anschaulich beschrieben und zugleich deutlich gemacht, wie die Anwendung des Prinzips der Nachsicht in diesem Adjustierungsprozess das Problem der wechselseitigen Abhängigkeit der Interpretation von Meinungen und Äußerungen löst:

> So, for example, when the speaker with whom we are engaged uses a certain sequence of sounds repeatedly in the presence of what we believe to be a rabbit, we can, as a preliminary hypothesis, interpret those sounds as utterances about rabbits or about some particular rabbit. Once we have arrived at a preliminary assignment of meanings for a significant body of utterances, we can test our assignments against further linguistic behaviour on the part of the speaker, modifying those assignments in accordance with the results. Using our developing theory of meaning we are then able to test the initial attributions of belief that were generated through the application of charity, and, where necessary, modify those attributions also. This enables us, in turn, to further adjust our assignments of meaning, which enables further adjustment in the attribution of beliefs, ... and so the process continues until some sort of equilibrium is reached. The development of a more finely tuned theory of belief thus allows us to better adjust our theory of meaning, while the adjustment of our theory of meaning in turn enables us to better tune our theory of belief. Through balancing attributions of belief against assignments of meaning, we are able to move towards an overall theory of behaviour for a speaker or speakers that combines both a theory of meaning and of belief within a single theory of interpretation.[371]

Die Prinzipien der Nachsicht, Interpretation und Rationalität haben anti-naturalistische und anti-skeptizistische Konsequenzen: Der Gegenstandsbereich der Interpretation, also der Bereich der Dinge, die wir uns *intelligibel* machen können, ist *nicht* auf naturgesetzliche Weise, sondern auf *rationale* Weise organisiert. Der Interpretationismus betont, dass diese Rationalität so tief angesetzt ist, dass die Rationalitäten von Interpretin und Interpretandin verschmelzen. Es muss sich bei allen sprechenden und

[371] Malpas 2013.

handelnden Wesen um *dieselbe* Rationalität handeln.[372] Wenn die inferentielle Semantik Brandoms die inferentielle Begründungsstruktur des Parsens und Interpretierens betont, so *legt der Interpretationismus ein besonderes Augenmerk auf die Rationalitätsunterstellungen des Parsens und Interpretierens*. Und so wie die inferentielle Semantik die materialen Inferenzen als konstitutiv für semantische Gehalte und Bedeutungen betrachtet, so sieht der Interpretationismus die Erfüllung der genannten rationalen Forderungen als *konstitutiv* für semantisch gehaltvolle Gedanken und Äußerungen, also für Geist und Sprache an. Die konstitutiven rationalen Forderungen stellen eine *nicht-optionale Form der Normativität* dar.

Eine Sprache (oder *Teile einer Sprache*) *zu interpretieren* heißt also dem Interpretationismus zufolge im Idealfall, über eine empirisch (d.h. anhand von T-Theoremen) bestätigte Interpetationstheorie für diese Sprache zu verfügen, einschließlich der genannten konstitutiven Rationalitätsforderungen. Primär möchte der Interpretationismus anhand des Entwurfs einer adäquaten Interpretationstheorie zeigen, was kompetente Sprecher und Interpreten wissen müssen, um erfolgreich zu kommunizieren,[373] und wie eine Bedeutungstheorie aussehen kann, die den Bedeutungsbegriff zirkelfrei einführt.

Dafür ist allerdings ein gewichtiges Problem zu lösen, das von Davidson selbst klar artikuliert wird. Ein T-Theorem ist offensichtlich noch *nicht* eine Bedeutungsangabe des zitierten Satzes in der Metasprache. Beispielsweise könnte das T-Theorem „„The traffic is heavy today" ist wahr genau dann, wenn viele Lastwagen auf der Straße sind", durchaus wahr sein – im Sinne der Wahrheit einer empirischen Äquivalenz der Form *p ist wahr genau dann wenn q*. T-Theoreme sind also empirische Feststellungen über linguistische Äußerungen in bestimmten beobachtbaren Situationen. Wie lassen sich aber T-Theoreme in *interpretative* Thesen verwandeln, deren rechte Seiten die Bedeutung der objektsprachlichen Sätze auf den linken

[372] Eine Verteidigung der These von der Konstitutivität von Rationalitätsannahmen für Verstehen und Interpretation findet sich zum Beispiel bei Scholz 1999, Teil II. Kritisch dazu z.B. Henderson 1993. Vgl. ferner Føllesdal 1982.

[373] Das bedeutet aber nicht, dass jede kompetente Sprecherin eine entsprechende axiomatisch aufgebaute Interpretationstheorie im davidsonianischen Sinne im Detail im Kopf haben muss. Doch selbst ein unvollkommenes partielles Verstehen erfordert zumindest Anfänge einer Interpretationstheorie. Von *Graden des Verstehens und der Interpretation* zu sprechen involviert kein theoretisches Problem für den Interpretationismus, denn für den Interpretationsmus ist die Etablierung einer Interpretationstheorie, wie gerade bemerkt, ein dynamischer Optimierungsprozess, in dem die Interpretationstheorie fortlaufend adjustiert und verbessert wird.

Seiten angeben? *Das ist das Problem der Interpretativität.* Davidson gibt dazu zwei Hinweise: Wenn die Sprecher für hinreichend viele Sätze einer Objektsprache T-Theoreme etabliert haben (als empirische Basis für die Interpretation der Objektsprache), können sie *hypothetisch rationale Verbindungen zwischen den Sätzen der Objektsprache herstellen*, vor allem dadurch, dass die formale Logik, die in der interpretierenden Metasprache bereits als gültig unterstellt wird, in die Interpretation der Objektsprache investiert wird. Diese Verbindungen repräsentieren Begründungs- und Ableitungsstrukturen in der Objektsprache – und damit auch ein Postulat grundlegender Axiome, aus denen sich T-Theoreme für alle Sätze der Objektsprache herleiten lassen sollten. Erst wenn aus einer bewährten Bedeutungstheorie für eine Objektsprache in der Metasprache für jeden Satz „p" der Objektsprache ein empirisch bereits gesichertes T-Theorem der Form T, formuliert in der Metasprache, ableitbar ist, gibt das T-Theorem Davidson zufolge die Bedeutung oder den propositionalen Gehalt von „p" an, d.h. involviert das T-Theorem ein Verstehen von „p" durch einen Sprecher der Metasprache. Dabei wird nämlich, wie Davidson annimmt, eine angemessene *semantische Gliederung*, also eine Rekonstruktion des *Gefüges rationaler Relationen zwischen T-Theoremen* und damit ein *semantischer Holismus* generiert. Auf diese Weise wäre eine *Bedeutungstheorie für die Objektsprache, formuliert in der Metasprache*, etabliert. Eine davidsonianische Bedeutungstheorie generiert also den semantischen Holismus und macht klar, was Bedeutungen sind, allein dadurch, dass sie spezifiziert, was es heißt Bedeutungsangaben in interpretativen T-Theoremen zu machen. Und diese interpretativen T-Theoreme stellen auch die Grundform des Verstehens dar.

Der zweite Hinweis von Davidson zur Erläuterung der Generierung interpretativer T-Theoreme bezieht sich auf den Externalismus seiner Bedeutungs- und Interpretationstheorie. Im Zuge der Etablierung von T-Theoremen ist es erforderlich, dass Interpretin und Interpretandin ständig ihre Wahrnehmungen und Kenntnisse der externen Welt miteinander vergleichen. Verstehen und Interpretation müssen nicht nur intern konsistent und rational sein, sie müssen auch mit dem Verhalten und dem empirischen Wissen der Interpretandin vereinbar sein.[374] Davidson untermauert die externalistische Idee, dass Verstehen und Interpretation eine Verknüpfung von Rationalitätsunterstellungen und empirischen Erfahrungen involvieren, in späteren Arbeiten mit der *kausalen Referenztheorie*.[375] In Szenarien radikaler Interpretation werden Begriffe nicht vor ihrer Anwendung

[374] Vgl. z.B. Davidson 1991.
[375] Vgl. z.B. Davidson 1983.

gebildet, sondern entstehen aus linguistischen Reaktionen auf *externe* Situationen oder Ereignisse. Wir lernen den Gebrauch von Wörtern und das Erfassen ihre Referenz dadurch, dass unser Sprachverhalten auf wichtige Gegenstände in unserer Umwelt konditioniert wird.

Davidson buchstabiert den Aufbau seiner Interpretationstheorie nirgends im Detail aus. Wenn man versucht, die logische und technische Struktur dieser Theorie so gut es irgend geht nachzuvollziehen,[376] dann zeigt sich in der Tat, dass diese Bedeutungstheorie nur auf die semantischen Begriffe von Wahrheit und Erfüllung zurückgreift, d.h. den Bedeutungsbegriff nicht benutzt.[377] Aber zugleich fällt es sehr schwer zu sehen, dass eine Davidsonianische Interpretationstheorie den semantischen Holismus und interpretative T-Theoreme erzeugt. Denn zwar zeigt der Aufbau der Theorie im Detail, auf welche Weise sich für jeden Satz q der Objektsprache ein metasprachlicher Satz p der Metasprache finden lässt, so dass das T-Theorem *„q" ist wahr genau dann, wenn p* wahr und aus den Axiomen der Theorie ableitbar ist, aber daraus lässt sich allein mit Hilfe der Logik, d.h. allein mit Hilfe logisch gültiger Schlussformen, nicht eine *semantische* Vernetzung von Sätzen der Form *x ist P → x ist Q* gewinnen. Wenn die Objektsprache mit der Metasprache identisch ist (was nach Davidson möglich ist), folgt daraus, dass wir aus einer Davidsonianischen Interpretationstheorie keine Sätze der Form *x ist P → x ist Q* ableiten können, die nach einer verbreiteten, traditionellen und richtigen Intuition (wie sie auch Brandom vertritt) in Gestalt spezifischer materialer Inferenzen Aspekte von Bedeutungen einfangen, wie etwa der Satz *x ist Hund → x ist Lebewesen* Aspekte der Bedeutung von *P* (= *Hund*) einzufangen scheint.[378] Davidsons Interpretationstheorie gibt uns keinen näheren Aufschluss darüber, wie sich semantische Beziehungen und Gehalte, auf die wir im Parsen und Interpretieren zugreifen, formieren und strukturiert sind.[379]

Auch der Rückgriff auf die kausale Referenztheorie kann an dieser Stelle nicht wirklich helfen. Denn wie aus all den distalen und proximalen Ursachen, die einen semantischen Gehalt von Äußerungen hervorrufen, die *relevante* Ursache herausgefiltert werden kann, die letztlich an

[376] Zu einem solchen Versuch vgl. Detel 2011, Exkurs 5, 524–534.

[377] Zu den formalen Details vgl. z.B. Detel 2011, Exkurs 5.

[378] Vgl. dazu genauer den folgenden Abschnitt 4.4.

[379] Es ist kein Zufall, dass auch anerkannte Davidson-Experten große Probleme mit der systematischen Einordnung des semantischen Holismus in den Interpretationismus haben. So erwähnt zum Beispiel Vogel zwar, dass Davidson den semantischen Holismus vertritt, bringt diese Position jedoch ein keinerlei logische Beziehung zum Aufbau oder den logischen Implikationen der Interpretationstheorie (vgl. Vogel 2001, 99).

der Formierung semantischer Gehalte beteiligt ist, lässt sich durch eine elementare kausale Referenztheorie nicht beantworten. Die kausale Referenztheorie, wie Davidson sie mit wenigen Strichen konzipiert, kann dieses *Problem der Unbestimmtheit der Referenz* nicht lösen.

In späteren Arbeiten[380] versucht Davidson dieses Problem mit seinem *Triangulationsmodell* zu lösen und dabei auch ein Stück weit auf die empirischen und sozialen Bedingungen erfolgreicher Interpretationen einzugehen. Dieses Modell geht davon aus, dass alle Lebewesen einige Reize als in höherem Maße *ähnlich* und *relevant* klassifizieren als andere Reize. Und *Lebewesen derselben Art* nehmen diese Ähnlichkeitsklassifikation ihrerseits *auf ähnliche Weise* vor. Aber nur Wesen, die eine Sprache meistern, haben einen *Begriff von Objektivität*, können *Bezug nehmen* auf die objektive Welt und ihre Gegenstände und können *sagen*, dass Lebewesen Reize unter Ähnlichkeitsrelationen klassifizieren. Eine *notwendige Bedingung* für diese spezifische Kapazität ist, dass Sprecherinnen stets dreierlei tun: dass sie auf die *Situationen und Umgebungen* achten, die zu bestimmten linguistischen Reaktionen Anlass geben; dass sie ferner auf die *linguistischen Reaktionen* anderer Personen in jeweils ähnlichen Situationen achten; und dass sie schließlich die linguistischen Reaktionen der anderen Personen *mit ihren eigenen linguistischen Reaktionen vergleichen*.

Schematisch formuliert: P_1 und P_2 finden O's (= Dinge x mit O(x)) ähnlich; P_1 beobachtet, dass P_2 O's ähnlich findet (und ggf. umgekehrt); und P_1 beobachtet, dass P_2 auf ähnliche Weise O's ähnlich findet wie P_1 selbst, i.e. dass P_1 und P_2 in dieser Hinsicht ähnlich reagieren. Diese Struktur heißt *Triangulation*, denn sie besteht im wesentlichen darin, dass sich für P_1 die Linien, die von einem x in der Welt zu P_2 und von einem y zu P_1 laufen und die Reaktionen von P_2 auf x und P_1 auf y symbolisieren, so schneiden, dass x = y wird:

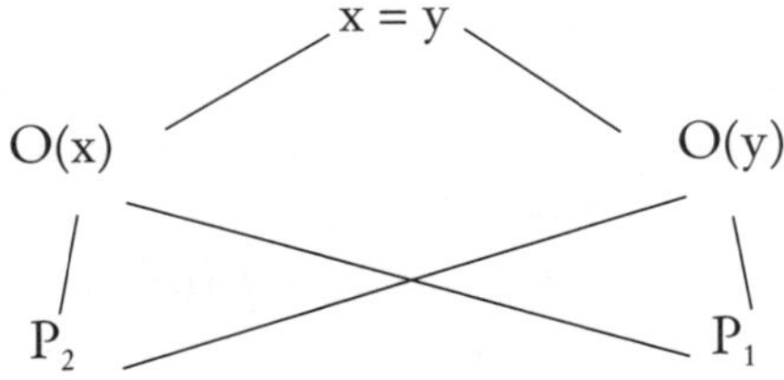

[380] Vgl. z.B. die in Davidson 2005 gesammelten Aufsätze.

Und P_1 beobachtet P_2 mit dem Ergebnis, dass P_1 diese Dreiecksstruktur erfasst (und auch das Umgekehrte kann der Fall sein). Die *relevante* Ursache, und zugleich das *Objekt*, die an der Formierung semantischer Gehalte beteiligt sind, werden durch den Schnittpunkt der Ausrichtungen markiert, die von den beteiligten Personen in Richtung O(x) bzw. (Oy) augehen. Diese Triangulation inovlviert offensichtlich eine Interaktion zwischen mehreren Personen, die mit gegenseitiger Beobachtung und Kommunikation einhergeht. Darin besteht für Davidson der *soziale Charakter der Sprache*. Das Herausfiltern der relevanten, objektiven Ursache, deren kausale Relevanz an der Formierung semantischer Gehalte beteiligt ist, kann demnach nur in einem *sozialen Szenario* erklärt werden. Zugespitzt auf den Spezialfall des Spracherwerbs, in dem P1 der Lehrer und P2 der Schüler ist, formuliert Davidson diesen Punkt folgendermaßen:

> What makes the particular aspect of the cause of a learner's response the aspect that gives them the concept they have is the fact that this aspect of the cause is shared by the teacher and the learner. Without such sharing, there would be no grounds for selecting one rather than another as the content-fixing cause.[381]

Das Triangulationsmodell überführt Davidsons Externalismus in einen *Sozialexternalismus* und lässt zugleich die Kluft zwischen dem Reich der Natur und dem Raum der Gründe bestehen.

Dabei unterstellt das Triangulationsmodell, dass jedes der beteiligten Wesen *etwas Bestimmtes* wahrnimmt und dabei direkt auf das wahrgenommene Faktum reagiert.[382] Ferner rekurriert das Triangulationsmodell offensichtlich auf die Annahme, dass verschiedene geistige Wesen oft *dieselben Dinge* wahrnehmen und an ihnen dieselben auffälligen Aspekte herausfiltern. Diese Reaktionen sind nach Davidson Komponenten einer Erklärung für die Fixierung der gehalt-stiftenden Ursache.

Davidson ist allerdings der Meinung, dass das Bedeutungsverständnis nur durch die *Endelemente* dieses Konditionierungsvorganges bestimmt ist – durch Gegenstand und Wort, nicht durch das subjektive Zwischenelement der *Wahrnehmungserlebnisse*. Er leugnet nicht, dass die Sinne für unsere Erkenntnis wichtig sind, aber er bestreitet, dass wir für die philosophische Erklärung der Erkenntnis und Bedeutungen auf Wahrnehmungsvorgänge zurückgreifen müssen. Er glaubt ähnlich wie Brandom,

[381] Davidson 1991a, 201.

[382] Zum Folgenden vgl. genauer die detaillierten und überzeugenden Überlegungen in Reuter 2006, Kap. 10 und Abschnitt 11.1 (263–330). Reuter argumentiert in seiner Arbeit auch mit durchschlagenden Argumenten gegen Davidsons Sozialexternalismus.

dass die kausale Rolle der Wahrnehmungsmechanismen kontingent ist und dass epistemologisch nur die Endprodukte zählen.[383]

Es ist nicht schwer zu sehen, welche Tradition hinter dieser Position steht. Quine und Sellars, die Lehrer von Davidson und Brandom, haben nämlich einflussreiche Argumente zugunsten dieser Position vorgetragen. Quine hat auf die *Unbestimmtheit der Referenz* hingewiesen: Das ostensive Zeigen auf einen wahrgenommenen Gegenstand im Verein mit einer Lautäußerung kann für sich allein niemals eindeutig jenen der vielen Aspekte herausgreifen, der mit dem Laut benannt werden soll.[384] Vor allem aber ist es Sellars' Attacke auf den *Mythos des Gegebenen*, von der Brandom und Davidson beeindruckt sind.[385] Hinter diesem Mythos steht die These, dass es nicht-sprachliche Wahrnehmungen gibt, die (a) in uns kausal erzeugt und somit ohne Lernprozess gegeben sind, die jedoch (b) zugleich die fundamentalste Grundlage für die Begründung sprachlich artikulierten empirischen Wissens bilden.[386] Nach Sellars ist diese These ein Mythos, weil Wahrnehmungen (das „Gewahren von Dingen, Merkmalen, Ereignissen" usw. in Gestalt von inneren Episoden des Scheinens) keinen epistemischen Status haben, sondern allein im Reich der Natur operieren. Der Bezug des Raums der Gründe zur externen Welt kann daher nur durch eine kausale Referenztheorie hergestellt werden.

Diese Position ist jedoch zum Scheitern verurteilt, denn Davidsons Ausklammerung der Wahrnehmungsprozesse blockt die Möglichkeit, in den *Strukturen des Wahrgenommenen* einen Anhaltspunkt für die Formierung semantischer Gehalte zu erblicken.[387] Davidson stützt sich ebenso wie Brandom auf veraltete Wahrnehmungstheorien, denen zufolge Wahrnehmungen lediglich physiologische Phänomene sind, die im Reich der Natur operieren. Stattdessen müssen wir an diesem Punkt auf die wahrnehmungstheoretischen Überlegungen in Kapitel 1 zurückgrei-

[383] Vgl. Davidson 1991.

[384] Quine beschreibt dieses Problem in einer berühmten Passage so: „Ob wir den Ausdruck »gavagai« einer fremden Sprache mit »Hase«, mit »nichtabgetrennter Hasenteil« oder mit »zeitliches Stadium eines Hasen« übersetzen sollen, können wir nie einfach durch Ostension klären; d.h. es reicht nicht aus, die Sprecher der fremden Sprache immer wieder mit ausgesuchten Reizen zu konfrontieren und zu schauen, ob sie dem Ausdruck »gavagai« zustimmen oder nicht" (Quine 1969, 46). Vgl. ferner Davidson 1984b. Davidson bestreitet hier nicht die Unerforschlichkeit der Bezugnahme (also die Unbestimmtheit der Referenz), sondern nur, dass daraus ein begrifflicher Relativismus folgt.

[385] Vgl. Sellars 1971.

[386] Die Sinnesdatentheorie der analytischen Philosophie, wie sie etwa vom frühen Carnap oder von Ayer vertreten wird, ist nach Sellars eine prominente Version des Mythos des Gegebenen.

[387] Zu diesem Einwand vgl. genauer Reuter 2006, bes. 278–285.

fen: Die Teleosemantik hat gezeigt, dass auch nicht-sprachliche Wahrnehmungen semantische Gehalte haben und demnach Repräsentationen sind, also dem Reich des Geistes angehören. Die TEC hat gezeigt, dass Wahrnehmungen gerade jene mentalen Zustände sind, die online operieren, also stets in Kontakt mit der externen Welt stehen. Die Evolutionstheorie hat gezeigt, dass unsere Wahrnehmungsapparate vielfach positiv getestet worden sind und unsere Wahrnehmungen daher im Allgemeinen zuverlässig sind. Und die kognitive Psychologie hat gezeigt, dass und inwiefern wahrnehmungsfähige Wesen bereits auf perzeptive Objekte Bezug nehmen können, die sich als geschlossene Einheiten gegenüber ihrer Umwelt bewegen und bestimmte zwei- und dreidimensionale Konturen, geometrische Merkmale und Farben aufweisen. Der Verweis auf dieses strukturierte und zuverlässige Wahrnehmen könnte einen wichtigen Beitrag zur Erklärung der Formierung propositional gehaltvoller Gedanken und Sätze leisten.[388]

Diese Überlegungen führen zu einer veränderten systematischen Rolle des Triangulationsmodells. Denn wie Gerson Reuter angesichts dieser Probleme mit vollem Recht feststellt,

> … besteht … der Verdacht, dass die Verhaltensweisen des zweiten Wesens <in der Triangulation, W. D.> explanatorisch überflüssig sind….Es scheint eher so zu sein, dass dank geteilter Ähnlichkeitsstandards – oder generell: dank relevant ähnlicher Wahrnehmungsapparate – beide Wesen im großen und ganzen auf ähnliche Dinge in der Welt reagieren. Beide Wesen reagieren deshalb auf dieselben Gegenstände <und: auf dieselben Aspekte von Gegenständen, W. D.> (und Gegenstände können deshalb die ‚gemeinsame Ursache' ihrer Reaktionen sein), *weil* beide Wesen die gleichen Ähnlichkeitsstandards haben und somit die gleichen Gegenstände auffällig und relevant ähnlich finden.[389]

[388] Vgl. oben Abschnitt 1.4, S. 66 f.

[389] Reuter 206, 284. Auch das Problem der Unbestimmtheit der Referenz lässt sich abmildern. Hier ist zu berücksichtigen, dass unsere Wahrnehmungen auf der grundlegendsten Ebene nicht nur, wie soeben ausgeführt, auf perzeptive Objekte mit bestimmten Merkmalen referieren, sondern auch Pushmi-Pullyu-Repräsentationen sind, deren evaluative Komponente weitere elementare Hinsichten und Aspekte definieren, die wir in repräsentationalen Wahrnehmungen als relevant herausgreifen. Diese Umstände gelten für alle Menschen, und dadurch wird die Unbestimmtheit der Referenz entschieden abgeschwächt und in vielen elementaren Fällen sogar beseitigt. Nur dadurch kann die Triangulation den Spracherwerb und die Kommunikation erfolgreich organisieren. Eine generellere Problemlösung lässt sich der Relevanztheorie entnehmen (vgl. Sperber, Wilson 1986). Es ist die Relevanz von kognitiven Inputs und damit die Relevanz von Merkmalen perzeptiver Objekte für das wahrnehmende Individuum, von der die Perspektive bestimmt wird, unter der geistige Wesen auf die Welt blicken. Diese Relevanz involviert positive kognitive Effekte für die Erfüllung der kognitiven Funktionen und Ziele des betreffenden Individuums. Die Perspektive nicht-sprachlicher und oft auch sprachlicher Repräsentationen wird daher wesentlich von

Aus dieser Sicht sollte das Triangulationsmodell die Ambition aufgeben, nachzuweisen, dass die Triangulation eine notwendige Bedingung dafür ist, dass Sprecher überhaupt auf Objekte Bezug nehmen können. Vielmehr lässt sich die Triangulation als *notwendige Bedingung für geteilte, öffentlich semantische Gehalte und damit für gelingende Kommunikation* betrachten. Die Öffentlichkeit semantischer Gehalte wird in sozialer, auf Erfolg ausgerichteter Kommunikation auch dadurch gefördert, dass es einen starken zweckrationalen Druck gibt, Wörter auf gleiche oder sehr ähnliche Weise zu verwenden wie die meisten Mitglieder der Gemeinschaft, weil ansonsten die Kommunikation mit ihnen stark beeinträchtigt wäre.[390] Triangulierbarkeit erweist sich somit als notwendige Bedingung erfolgreicher Interpretation und Kommunikation. Diese Einsicht kann als wichtiger Bestandteil der allgemeinen Hermeneutik angesehen werden.

Aus hermeneutischer Sicht ist Davidsons Interpretationismus mit einigen weiteren Problemen belastet. So wenig wie die inferentielle Semantik enthält der Interpretationismus eine theoretisch artikulierbare Unterscheidung zwischen sprachlichem Parsen und komplexer Interpretation. Wie die inferentielle Semantik soll auch der Interpretationismus ein Modell für beide Fälle sein. Brandom und Davidson gehen von einem anspruchsvollen Konzept des Verstehens aus, das jede Art von Verstehen in rationale Begründungsstrukturen einbettet. In Begriffen der vorliegenden Studie konzipieren sie jede Art von Verstehen als Interpretation (rationale Erklärung), so dass das Parsen in ihren Theorien keinen systematischen Sitz erhalten kann. Das ist zweifellos ein Defizit. Aus hermeneutischer Sicht lassen sich daher inferentielle Semantik und Interpretationismus am besten als avancierte Theorien der Interpretation im Sinne von IN klassifizieren.

Davidson behauptet ferner wie Brandom, dass Geistiges und Sprachliches nicht nur überwiegend rational, sondern auch *normativ* organisiert sind. Wie wir gesehen haben, gelingt es Brandom nicht, die These angemessen zu begründen; es bleibt bei suggestiven Behauptungen. Im Interpretationismus scheinen sich immerhin Ansätze zu einer Begründung abzuzeichnen. Zum einen scheint Davidson anzunehmen, dass Geistiges und Sprachliches nachweisbar rational *und deshalb auch normativ* organisiert sind. Eine weitere Begründung könnte man darin vermuten, dass dem Interpretationismus zufolge die Etablierung einer Theorie der Struktur und des Verstehens einer Sprache unter anderem eine basale Logik investieren

den Evaluationen bestimmt, von denen die Repräsentationen auf der elementarsten Ebene begleitet werden.

[390] Vgl. Reuter 2006, 329, 386.

muss und dass dieser Schritt einen Beitrag dazu leistet, dass die Thesen dieser Theorie nicht lediglich materiale Äquivalenzen, sondern interpretative Angaben sind.[391] Logische Beziehungen scheinen jedoch normativ zu sein, denn die Logik erkundet nicht, wie wir faktisch denken, sondern wie wir denken *sollten*. Und zum dritten scheint Rationalität von uns gefordert zu sein, weil sie notwendig für erfolgreiche Kommunikation und soziale Organisation ist.

Mit diesen Überlegungen lässt sich jedoch die Normativität des Geistes und der semantischen Beziehungen nicht überzeugend begründen. Die basale Logik, auf die Davidson zurückgreift (die klassische Aussagenlogik und Prädikatenlogik erster Stufe) ist keineswegs offensichtlich normativ, denn die Semantik dieser Logik wird allein mittels des Wahrheitsbegriffes erklärt. Man kann daher logisch gültige Inferenzen definieren als diejenigen Konditionale, die unabhängig vom Wahrheitswert ihrer Teilsätze Wahrheit von den Prämissen auf die Konklusion transferieren. Wenn daher Wahrheit *kein* normativer Begriff und Wahrheitstransfer *keine* normative Forderung ist, sind logische Inferenzen und demnach semantische Relationen vielleicht rational, aber nicht normativ.[392] Die Normativität semantischer Beziehungen folgt auch nicht bereits aus ihrer Rationalität (wie Davidson und Brandom zu unterstellen scheinen). Dass die Rationalitätsunterstellungen, die im Prinzip der Nachsicht enthalten sind, ohne Weiteres auch als normativ anzusehen sind, wird neuerdings entschieden bezweifelt.[393]

Trotz all dieser Probleme bleibt Davidsons Interpretationismus ein unverzichtbarer Beitrag zur allgemeinen Hermeneutik. Doch wenn wir diesen Beitrag genauer beschreiben und systematisch lokalisieren wollen, sollte, wie bereits bemerkt, die Kategorie der Konstitutivität nur auf Normalbedingungen autopoietischer Systeme angewendet werden.[394] Davidsons These von der Konstitutivität rationaler Forderungen für Geist und semantische Vernetzungen erfüllt diese Forderung nicht. In den verstreuten Bemerkungen Davidsons zu diesem Punkt findet sich keine aufschlussreiche Erläuterung. Eine naheliegende Lesart könnte sich darauf berufen, dass die Wahrheitsannahmen und Rationalitätsunterstellungen für die Konstruktion einer Interpretationstheorie im Sinne des Interpretationismus zugrunde gelegt werden müssen. Da die Konstruktion einer Interpretationstheorie gerade die optimale Interpretation einer natür-

[391] Vgl. z. B. Davidson 1984a (deutsche Übersetzung in Davidson 1984), 198.

[392] Vgl. Schroeder 2003.

[393] Vgl. die unten in Abschnitt 4.7 aufgeführte und diskutierte Literatur.

[394] Vgl. dazu oben, Abschnitt 4.1, S. 179.

lichen Sprache ist, müssen die Bedingungen, die im Prinzip der Nachsicht aufgeführt sind, sich im Rahmen der Interpretationstheorie als erfüllt herausstellen. Diese Art der Konstitutivität wäre von methodologischer und instrumenteller Art,[395] die man folgendermaßen zum Ausdruck bringen könnte:

Interpretation und Rationalität

(a) Es ist ein gesichertes empirisches Faktum, *dass* im Alltag und in den Wissenschaften häufig erfolgreiche Interpretation und Kommunikation von statten geht.

(b) Eine überwiegende Erfüllung der unter Prinzip der Nachsicht und Rationalität genannten Wahrheitsannahmen und Rationalitätsunterstellungen durch die Kommunikationspartner ist eine notwendige Bedingung für erfolgreiche Interpretation und Kommunikation.

Damit wäre das Prinzip der Nachsicht neben der Triangulation eine weitere notwendige Bedingung für erfolgreiche Interpretation und Kommunikation. Wir können demnach das Faktum erfolgreicher Interpretation und Kommunikation als überzeugendes *empirisches Indiz* dafür betrachten, dass unser Geist und seine geistigen Produkte überwiegend rational organisiert sind. Damit ist eine grundlegende hermeneutische Einsicht erreicht, die nicht auf einen problematischen Begriff der Konstitutivität zurückgreifen muss.

Brandoms inferentielle Semantik und Davidsons Interpretationismus lassen sich als Modelle einer allgemeinen Hermeneutik lesen, deren Ambitionen weit über die Theorie des sprachlichen Parsens und des semantischen Normativismus hinausgehen und hohe Standards für die allgemeine Hermeneutik setzen. Beide Autoren führen die Hermeneutik mit einer externalistischen Semantik sowie einer Theorie der Rationalität und Normativität zusammen:

(a) Hermeneutik ist die Theorie der Interpretation, also des komplexen Verstehens.

(b) Die Semantik zeichnet den Gegenstand der Interpretation als semantisch gehaltvolle, holistisch vernetzte Entitäten aus, die in inferentiellen Beziehungen zueinander stehen.

[395] Hier gilt ein Proviso: *Wenn* man der Auffassung ist, dass eine Interpretationstheorie à la Davidson die einzige korrekte Theorie der Interpretation ist, *dann* ist die *Erfüllung der genannten vier Rationalitätsunterstellungen*, die mit der Anwendung des Prinzips der Nachsicht verbunden sind, eine *notwendige Bedingung für erfolgreiche Interpretationen.* Vgl. Scholz 1999, 203–205.

(c) Der Externalismus geht davon aus, dass sich semantisch gehaltvolle Entitäten in der Auseinandersetzung menschlicher Subjekte mit ihrer Umwelt formieren.
(d) Die inferentielle Vernetzung semantisch gehaltvoller Entitäten bildet den logischen Raum der Gründe, der im Gegensatz zum Reich der Natur durch eine rationale und normative Organisation gekennzeichnet ist.
(e) Die kognitiven Operationen im logischen Raum der Gründe sind daher Interpretationen, deren Grundform die rationale Erklärung ist.

Diese wegweisende Konzeption der allgemeinen Hermeneutik ist allerdings, wie wir gesehen haben, bei Brandom und Davidson mit einigen Problemen belastet:

(i) Die allgemeine Hermeneutik muss als mehrstufige Theorie entwickelt werden, die sowohl die Theorie des Parsens als auch die Theorie der Interpretation umfasst.
(ii) Das Konzept inferentieller Vernetzungen (auch materiale Inferenzen genannt), ist nicht differenziert genug, um semantische Beziehungen auszuzeichnen. Semantische Beziehungen müssen eine Teilklasse materialer Inferenzen bilden.
(iii) Die Verbindung der Formierung semantisch gehaltvoller Entitäten mit empirischen Verhältnissen und Erkenntnissen bleibt letztlich dunkel. Einer der Gründe dafür ist, dass die Kluft zwischen Natur und logischem Raum der Gründe als übermäßig groß betrachtet wird und der Rolle der Wahrnehmungen keine Beachtung geschenkt wird.
(iv) Rationalität und Normativität werden als konstitutiv für Geist und semantische Beziehungen bezeichnet, doch ist der Konstitutionsbegriff in diesem Kontext problematisch.
(v) Das Verhältnis von Rationalität und Normativität bleibt ungeklärt.
(vi) Der Begriff der rationalen Erklärung wird nicht ausbuchstabiert.

Die restlichen Abschnitte dieses Kapitels versuchen (soweit dies im Rahmen einer hermeneutischen Studie möglich ist) zumindest anzudeuten, wie sich diese Schwierigkeiten unter Wahrung des allgemeinen Hermeneutik-Konzepts (a)–(e) überwinden oder doch mildern lassen.

Problem (i) wird allerdings durch die vorliegende Studie im Ganzen beantwortet. Vordringlich sind zunächst die Probleme (ii) und (vi), weil sie Inhalt und Form der Interpretation betreffen (Abschnitte 4.4 und 4.5). Wenn man die Kluft zwischen der Natur als Reich von Naturgesetzen und dem Geist und seinen geistigen Produkten als rational und normativ organisiertem Raum der Gründe verkleinern will (siehe Problem (iii)), empfiehlt es sich, nach Phänomenen zu suchen, die ein Bindeglied zwischen beiden Bereichen bilden könnten. Eines der grundlegendsten dieser Phänomene ist die Zweckrationalität, die sich als elementarste Form der geistigen (oft *intentional* genannten) Ausrichtung auf die Welt erweist. Wenn Geist und semantische Beziehungen konstitutiv rational und normativ sind, *müssen* sie rational und normativ sein. Doch lässt sich allenfalls zeigen, dass sie überwiegend rational und normativ sein müssen, wenn Interpretationen erfolgreich sein sollen (siehe Problem (iv)). Aber viele Interpretationen sind nicht erfolgreich. Lässt sich die Rationalität und Normativität des Geistes und seiner geistigen Produkte auch unabhängig vom Kriterium erfolgreicher Interpretationen erklären? Der Beginn einer Antwort auf diese Frage lässt sich bereits im Blick auf die Zweckrationalität entwickeln (Abschnitt 4.6). Diese Antwort wird allerdings durch Theorien in Zweifel gezogen, die empirische Evidenz dafür beizubringen scheinen, dass unser Geist und Verhalten in erheblichem Ausmaß nicht rational sind. Diese Theorien müssen kritisch evaluiert werden (Abschnitt 4.7). Brandom scheint Rationalität auf Normativität zurückzuführen, Davidson dagegen Normativität auf Rationalität. Normative Skeptiker bezweifeln neuerdings, dass Rationalität normativ ist. Daher müssen Rationalität und Normativität genauer bestimmt und ihre Beziehung geklärt werden. Zur Erklärung der theoretischen Rationalität und ihrer Normativität muss, wie sich herausstellt, gezeigt werden, dass Wahrheit ein Wert ist, den zu verfolgen sich lohnt.[396] Dabei zeichnet sich auch eine *Begründung* der geistigen und semantischen Rationalität und Normativität ab (Abschnitt 4.8).[397]

4.4 Materiale Inferenzen, Wahrheiten und semantische Relationen

Die allgemeine Idee semantischer Beziehungen, von der Vertreter des semantischen Holismus wie Brandom und Davidson ausgehen, lässt sich auf den ersten Blick auf einfache Weise beschreiben: Seien E_i, E und E_k

[396] So bemerken Fodor und Lepore: "Apparently, Brandom thinks that the essential insight of inferentialism is that content is a normative notion... This is fine with us. But we're puzzled by what appears to be Brandom's assumption that you can't make a comparable point if you approach the notion of content from such starting points as truth, truth-condition and the like... truth is itself a normative notion; it's what you ought to believe, all else equal. And... truth conditions are all you need to reconstruct notions like representation... Representation is also a normative notion, since it's for sure that some of your representations are misrepresentations unless you are God". Vgl. Fodor, Lepore 2009, Abschnitt 6.

[397] Vgl. dazu auch Detel 2005.

Gedanken, Äußerungen oder Texte, dann lässt sich die Bedeutung (der semantische Gehalt) von E durch die Menge aller korrekten Inferenzen der Formen $E_i \rightarrow E$ und $E \rightarrow E_k$ darstellen. Allerdings betonen Brandom und Davidson zu Recht die semantische Priorität des Assertorischen. Das heißt:

(SM) Seien E_i, E und E_k assertorische Gedanken, Äußerungen oder Texte (also Meinungen oder Behauptungen), dann lässt sich die Bedeutung (der semantische Gehalt) von E durch die Menge aller korrekten Inferenzen der Formen $E_i \rightarrow E$ und $E \rightarrow E_k$ darstellen.

Von einer Variante von (SM) gehen zum Beispiel auch viele kognitive Psychologen sowie die Philosophen Rudolf Carnap und Wilfried Sellars aus. Die genannten Inferenzen stellen im grundlegenden Fall materiale Konditionale dar und sind korrekt, falls sie reguläre Zustandsfolgen der externen Welt abbilden. Insofern stellen sie Wahrheiten über die externe Welt dar. Sie werden daher auch materiale Inferenzen genannt. Die Etablierung materialer Inferenzen gründet im assoziativen Lernen. Eine Vorform materialer Inferenzen kommt bei vielen Tieren vor.[398] Wenn die Ereignisfolge oder Zustandsverknüpfung $p \rightarrow q$ eine Regularität der externen Welt ist, liegt es nahe zu sagen, dass wir von der Repräsentation von p zur Repräsentation von q übergehen *sollten*. Derartige Übergänge – also materiale Inferenzen – scheinen also auf elegante und eingängige Weise Wahrheit und Inferenz zu verbinden. Daher scheint es eine gute Idee zu sein, materiale Inferenzen mit semantischen Relationen zu identifizieren.[399] Wenn man sich die Beispiele materialer Inferenzen anschaut, die von Sellars und Brandom angeführt werden, sieht es so aus, als würden auch Sellars und Brandom von dieser Identifizierung ausgehen. Sellars' Beispiele sind:

(1) X ist rot → X ist farbig.
(2) Es regnet → Die Straße ist nass.
(3) Blitz jetzt → Donner bald.[400]

Brandom führt ebenfalls (2) und (3) an, aber zusätzlich noch

(4) Pittsburgh is to the west of Princeton → Princeton is to the east of Pittsburgh.
(5) Today is Wednesday → Tomorrow will be Thursday.

[398] Vgl oben, Abschnitt 1.4, S. 69–71 sowie Abschnitt 3.3.

[399] So zum Beispiel neuerdings Jansen, Strohbach 2003, die vorschlagen, materiale Inferenzen mit beliebigen empirischen Regularitäten der Form *Für alle x: Px → Qx* zu identifizieren.

[400] Vgl. z. B. Sellars 1953.

(6) The inventor of bifocals wrote about electricity → The first postmaster general of the United States wrote about electricity.
(7) The apple in the box is a ripe Winesap → The apple in the box is red.[401]

Doch genauer besehen sind diese Beispiele eher verwirrend. (1) und (4) sehen wie begriffliche Wahrheiten aus, (2) und (3) sowie (7) sind empirische Regularitäten,[402] und (6) gilt aufgrund einer Synonymie. Das Problem ist, dass nicht alle materialen Inferenzen semantische Relationen stiften. *Wenn Sven ein Haus gekauft hat, wird er glücklich sein* mag ein wahres singuläres Konditional sein, doch gehört es wohl kaum zur Bedeutung des Ausdrucks *Hauskauf*, dass ein Hauskauf einige Käufer glücklich macht. *Alle Menschen sind irgendwann in ihrem Leben unglücklich* mag ein wahres allgemeines Konditional sein, doch gehört es wohl kaum zur Bedeutung des Ausdrucks *Mensch*, dass der Mensch irgendwann einmal unglücklich ist. Daher kann nur eine Teilmenge aller materialen Inferenzen aus semantischen Relationen bestehen und Bedeutungen stiften. Doch ist alles andere als klar, welches Kriterium diese Einschränkung definieren kann.

In einer berühmten Passage argumentiert Davidson, dass nicht alle (genauer nur wenige) unserer Überzeugungen falsch sein können:

> Ebensowenig könnte es passieren, dass sich alle unsere Ansichten über die Welt als falsch herausstellen. Angenommen, ich glaube eine Maus hinter dem Stuhl verschwinden zu sehen. Diese Überzeugung könnte selbstverständlich verfehlt sein. Aber wäre diese Überzeugung auch dann falsch, wenn Ansichten wie die, dass eine Maus ein kleines vierfüßiges Säugetier ist, oder die, dass ein Stuhl ein Sitzmöbel ist, falsch wären?...Klar scheint...zu sein, dass jede Art von Überzeugung...hinsichtlich ihrer Identifizierung darauf angewiesen ist, dass im Hintergrund wahre Überzeugungen stehen...Dieser Schlussfolgerung kann man zu entgehen trachten, indem man geltend macht, eine Überzeugung wie die, dass die Maus ein kleines vierfüßiges Säugetier ist, sei aus rein begrifflichen Gründen wahr – mithin eine analytisch wahre Aussage – und handle daher eigentlich gar nicht von der Welt... Doch wer (wie ich selbst) keine deutliche Grenzziehung zwischen analytischen und synthetischen Wahrheiten für möglich hält, kann sich auf diesen Gedankengang nicht berufen...<so dass es unmöglich ist> die gewaltige Anzahl von Fällen auszuschließen, in denen Begriffe durch mehrere empirische Kriterien individuiert werden. Dass alle unsere Meinungen über die Welt falsch sein kön-

[401] Brandom 2000, 52 f.; Brandom 1994, 98, 372, 634. Brandom bietet jedoch in keinem seiner Werke eine klare Definition jener materialen Inferenzen an, von denen auch Bedeutungen gestiftet werden.

[402] So notieren Fodor und Lepore: „Thunder follows lightning not because that's the way we play the language game but because of the laws of meteorology. Surely, what inferences are *materially* good is a matter of how the world is" (Fodor, Lepore 2009, 5).

nen, ist also aufgrund des holistischen Charakters empirischer Überzeugungen unmöglich.[403]

Hier werden Aussagen, die – wie Davidson selber sagt – einst als analytische Aussagen betrachtet wurden (die aufgrund der Bedeutung der in ihnen vorkommenden Wörter wahr oder falsch sind), als empirische Wahrheiten und als empirische Kriterien zur Individuierung von Begriffen bezeichnet. Davidson fühlt sich aber nicht bemüßigt, unter diesen Wahrheiten jene auszuzeichnen, die im Rahmen eines semantischen Holismus zur Individuierung von Bedeutungen beitragen. Doch genau diese Auszeichnung ist in der Semantik und Hermeneutik erforderlich.[404] Gehen wir einige der wichtigsten Vorschläge durch.

Im Rahmen der analytischen Philosophie ist eine traditionelle Lösung für dieses Problem präsentiert worden: Die analytischen Sätze, in die ein Wort oder Begriff eingebettet ist, machen die semantischen Relationen dieses Wortes oder Begriffes aus. Diese Lösung gilt als gescheitert. Denn zum einen greift die Bestimmung analytischer Sätze auf den Bedeutungsbegriff zurück, der gerade erklärt werden soll, und zum anderen lassen sich analytische und synthetische Sätze, wie Quine zeigt und Davidson bemerkt, nicht klar voneinander unterscheiden.[405] Carnap hat daher semantische Relationen als physikalische Inferenzen gekennzeichnet, die ihrerseits als echte Teilmenge materialer Inferenzen betrachtet werden können:[406] *P(a) → Q(a)* ist demzufolge eine materiale (physikalische) Inferenz, falls *Alle P's sind* Q ein Naturgesetz ist. Wenn Q(a) aufgrund eines Naturgesetzes aus P(a) hervorgeht, so sind wir berechtigt, aus dem Satz *P(a)* auf den Satz *Q(a)* zu schließen. Doch physikalische Inferenzen fixieren nur selten Bedeutungen. Dass ein Apfel, der hochgehoben und losgelassen wird, aufgrund des Gravitationsgesetzes zu Boden fällt, trägt wohl kaum zur Fixierung der Bedeutung von „Apfel" bei.

Sellars hat ein kontrafaktisches Kriterium vorgeschlagen:[407] *P(a) → Q(a)* ist eine materiale Inferenz, falls gilt: Wäre P(a) der Fall, so wäre auch Q(a) der Fall. Aber singuläre kontrafaktische Sätze drücken nach üblicher Auffassung singuläre kausale Beziehungen aus. Dem kontrafaktischen Kriterium zufolge würden semantische Relationen allein auf kausale Beziehungen zurückgehen. Entweder sind diese kausalen Bezie-

[403] Davidson 1993, 68.
[404] Siehe zum Beispiel Fodor, Lepore 2009.
[405] Vgl. Quine 1953.
[406] Vgl. Carnap 1972.
[407] Vgl. Sellars 1953.

hungen naturgesetzliche Beziehungen; dann läuft Sellars' Vorschlag auf Carnaps unbefriedigenden Vorschlag hinaus. Oder kausale Beziehungen sind lediglich empirische Regularitäten; dann wären semantische Relationen identisch mit (und keine Teilmenge von) materialen Inferenzen.[408]

Im Folgenden wird ein exemplarischer Vorschlag zur Kennzeichnung bedeutungsstiftender materialer Inferenzen für einen zentralen Fall, nämlich für Substanzbegriffe skizziert. Dieser Vorschlag greift auf epistemologische und ontologische Thesen zurück. Substanzbegriffe werden auch von anderen Autoren in diesem Kontext häufig als Beispiele verwendet (zum Beispiel wenn Davidson Stühle und Mäuse anführt, Kripke über individuelle Menschen spricht oder Putnam den Fall von Wasser ins Auge fasst). Hinzu kommt, dass wir in diesem Fall auf die hilfreiche epistemologische Analyse von Substanzbegriffen zurückgreifen können, die kürzlich von Ruth Millikan vorgelegt worden ist.[409]

Aus epistemologischer Perspektive sind *Substanzen* Entitäten, die es uns ermöglichen, Wissen über sie zu erwerben und aus bisherigen Begegnungen mit ihnen induktiv gestützte Prognosen über künftige Begegnungen abzugeben (das ist zum Beispiel mit Nicht-Substanzen wie roten Dingen nicht möglich). Was für Substanzen in *einer* Begegnung gilt, trifft auch in *zukünftigen* Begegnungen zu, selbst wenn die Umstände signifikant wechseln.[410] Die wichtigsten *Arten von Substanzen* sind *Individuen* (Mama) und *reale Arten* (Wasser, Hund). Eine der Unterarten realer Arten sind *natürliche* Arten wie Wasser oder Sterne. Natürliche Arten sind ahistorische Arten mit Essenzen, also grundlegenden zeitlosen Eigenschaften, die kausal für weitere Eigenschaften verantwortlich sind. Diese Essenzen (etwa H2O im Falle von Wasser) können wissenschaftlich erforscht werden. Der ontologische Grund dafür, dass Individuen und natürliche Arten die epistemologischen Substanzkriterien erfüllen, ist, dass sie Essenzen haben, deren Stabilität gerade den spezifischen epistemischen Zugang zu ihnen ermöglicht.[411]

[408] Zuweilen wird angenommen, dass die Frage nach den bedeutungsstiftenden materialen Inferenzen am besten im Rahmen einer Theorie der Begriffe beantwortet werden kann. Einschlägig sind zu diesem Topos u. a. die Arbeiten von E. Margolis (oft zusammen mit S. Laurence), vgl. Margolis, Laurence 2012; Margolis 1998; Margolis, Laurence 1999, 2007, 2010, 2011. Ich vermag nicht zu sehen, dass dabei ein klares Kriterium für die Bestimmung dieser Inferenzen herausspringt.

[409] Vgl. Millikan 2000.

[410] „What makes a substance a substance is that it can be appropriated by cognition for the grounded, not accidental, running of inductions, or projecting of invariants." (Millikan 2009, 26).

[411] Vgl. dazu die interessante Studie Gelman 2003. Ferner Hespos, Keil 1989.

Eine andere Unterart realer Arten sind *historische Arten* wie Bären oder Hunde (also Tierspezies). Historische Arten und ihre Mitglieder haben nicht dieselben zeitlosen Essenzen und Eigenschaften wie natürliche Arten, sondern verändern sich im Rahmen evolutionärer Mechanismen. Historische Arten werden durch historische Verbindungen zusammengehalten, die kausaler und funktionaler Natur sind. Doch innerhalb bestimmter Zeitintervalle in der evolutionären Entwicklung historischer Arten werden ihre Mitglieder unter denselben ökologischen Bedingungen reproduziert.[412] Diese Umstände führen dazu, dass die Mitglieder historischer Arten während ihres Lebens bestimmte Normalbedingungen aufweisen, die zusammen mit ihren notwendigen Bedingungen ihr Überleben und ihre Reproduktion garantieren. Hier handelt es sich um historisch wandelbare und zeitlich eingegrenzte, durch evolutionäre Mechanismen bestimmte Essenzen, die zu jedem bestimmten Zeitpunkt in der evolutionären Entwicklung historischer Arten dieselben grundlegenden Bündel von Eigenschaften aufweisen.

Substanzen können sowohl stabil identifiziert und re-identifiziert als auch stabil klassifiziert werden. Wenn Menschen oder Tiere etwas über ein Ding lernen wollen, müssen sie es unter verschiedenen Dingen identifizieren und re-identifizieren können. Der Lernprozess besteht dann in der Speicherung, Aktualisierung und Transformation von stabilen, aber jeweils atomistischen Klassifikationen über das identifizierte Ding. Diese Bedingungen werden vor allem von Substanzen erfüllt. Die Fähigkeit, auch Objekte zu verfolgen, die auftauchen, verschwinden und wieder auftauchen, beruht auf der gespeicherten und wieder aktualisierten atomistischen Klassifikation von festen Merkmalen wahrgenommener Objekte und resultiert in einer *begrifflichen* Einordnung wahrgenommener Objekte.[413] Diese begriffliche Einordnung, und damit die Verwendung von Begriffen, ist nicht an Sprache gebunden. Nicht-sprachliche Begriffe als Fähigkeiten der Identifizierung und Klassifikation von Dingen (insbesondere von Substanzen) können eingeboren oder gelernt sein. Wenn sie eingeboren sind, gehen sie auf evolutionäre Mechanismen im Rahmen einer langen historischen Entwicklung zurück. Wenn sie erlernt sind, gehen sie auf eine evolutionäre Selektion von bestimmten Lernprozessen zurück. Auf diese Weise kommen nicht-sprachliche Begriffe auch zu ihrem semantischen Gehalt.[414]

[412] Diese Zeitintervalle sind durch die Zeit bestimmt, in der die evolutionäre Selektion greifen kann, und übersteigen daher bei weitem das Lebensalter einzelner Lebewesen.

[413] Vgl. auch Prinz 2002.

[414] "What *determines* an ability is what an ability is an ability to do, and this, in turn, is

Die rasche Identifizierung und klassifikatorische Einordnung von Substanzen ermöglicht bestimmte Erwartungen und Prognosen zu diesen Substanzen. Diese Möglichkeit beruht unter anderem auf einer schnellen, angeborenen Einordnung der Substanzen in physische, biologische, artifizielle, soziale oder mentale Wesen. In der Phase des Spracherwerbs und zum Teil auch nach abgeschlossenem Spracherwerb werden Begriffe offensichtlich auf atomistische Weise formiert und können noch ohne syntaktische Eingliederung in Zweiwortsätzen verwendet werden (dazu sind Menschenkinder im Alter von ca. zwei Jahren sowie trainierte Schimpansen in der Lage). Die psychologischen Untersuchungen zum Spracherwerb zeigen, dass auf diese Weise sowohl Substanzbegriffe als auch Begriffe für empirische Merkmale (Farben, Größen, Teil-Ganzes-Relationen, faktische Funktionen usw.) gelernt, gespeichert und angewendet werden.[415]

Der zweite wichtige Schritt besteht nun darin, dass Menschen im Verlauf des Spracherwerbs empirisch entdecken können, dass Substanzen, die durch Substanzbegriffe bezeichnet werden, stets zusammen mit bestimmten Bündeln von klassifizierten Merkmalen auftreten, die sowohl durch klassifikatorische Über- und Unterordnung als auch durch die Slot-Struktur von Schemata und Skripten geordnet sind. Auf dieser Grundlage können wir semantische Relationen zumindest für den Fall von Substanzbegriffen auszeichnen:

(SM)* Sei S ein Substanzbegriff für die Substanz S, und seien $M_1 \ldots . M_n$ sprachliche Ausdrücke für zeitlose oder längere Zeit bestehende essentielle Merkmale $M_1 \ldots . M_n$ von S, mit denen Exemplare von S zuverlässig[416] klassifiziert werden können, dann beschreiben die gedanklichen oder sprachlichen Übergänge der Formen

the *content of the ability*. The specific functions of the abilities responsible for originating a particular substance concept, whether these functions or abilities originated through evolution of species or through individual learning, determine whether the concept is of anything definite and if so of what." (Millikan 2000, 50). Zu nicht-sprachlichen Begriffen vgl. z. B. auch Gopnik, Meltzoff 1997; Spelke 2004. Begriffe werden in dieser Theorietradition als mentale Einheiten gefasst, vgl. zusammenfassend Margolis, Laurence 2012. Ihre semantischen Gehalte können als Teleogehalte im Sinne der Teleosemantik betrachtet werden, vgl. Millikan 1984.

[415] Vgl. Anderson 2007, Kap.5.

[416] *Zuverlässig* heißt: Unter denselben Umständen für alle Beobachter auf gleiche Weise, und damit in öffentlicher Gestalt.

(1) M_1 *und...und* $M_n \rightarrow S$ sowie

(2) $S \rightarrow M_1$ *oder...oder* M_n

diejenigen materialen Inferenzen, die zugleich *semantische Relationen* sind und die Bedeutung von S fixieren. Dabei kann M_i sowohl auf ein stereotypes empirisches Merkmal als auch auf eine Mikrostruktur MS verweisen. Im letzteren Fall fixiert auch die Identität

(3) $S = MS$

die Bedeutung von S.

Dabei kann der Pfeil → auf verschiedene Relationen verweisen, vor allem auf die Relationen

– *S ist eine Unterart der Art X,*
– $X_1 \ldots X_n$ *sind Unterarten der Art S,*
– *S hat die Teile X,*
– *S besteht aus dem Material X,*
– *S ist ca. von der Größe X,*
– *S hat die typische Kontur X, und*
– *S hat die Funktion X.*

Die semantischen Relationen kommen in Graden, d. h. können lokal oder erweitert sein. Lokalität ist durch eine einfache *slot*-Struktur bestimmt. Erweiterungen kommen ins Spiel, falls die M_i ihrerseits genauer gekennzeichnet werden. Wenn es sich dann allerdings nicht mehr um Substanzbegriffe, sondern um Merkmalsbegriffe handelt, so hat diese semantische Erweiterung nicht mehr die Form einer slot-Struktur. Vielmehr genügen hier die Formen

(4) *Für alle x, ist x unter* M_i *klassifizierbar, dann auch unter* M_j, und

(5) *Für alle x, ist x unter* M_j *klassifizierbar, dann auch unter* M_i,

wobei M_i, M_j zeitlose oder längere Zeit bestehende essentielle Merkmale einer Substanz S sind. Doch sind (4) und (5) nur Spezialfälle allgemeinerer semantischer Relationen der Form

(6) *Für alle x, ist x unter F klassifizierbar, dann auch unter G*, wobei F und G beliebige Allgemeinbegriffe sind.

Offensichtlich sind nicht alle Sätze der Form (6) semantische Relationen, wohl aber einige von ihnen, zum Beispiel *Dreiecke sind Polygone.* Wie können die semantischen Relationen der Form (6) ausgezeichnet werden? Auch hier kann man auf ontologische Verhältnisse verweisen, die in der Theorie der determinierten und determinierbaren Universalien dargestellt werden. Die Unterscheidung zwischen determinierten (bestimmten) und zugeordneten determinierbaren (bestimmbaren) Universalien lässt sich an Beispielen wie *Rot* (determiniert) und *Farbe* (determinierbar u. a. durch *Rot*) oder wie *Dreieck* (determiniert) und *Polygon* (determinierbar u. a.

durch *Dreieck*) einführen.[417] Der führende Vertreter dieses immanenten Realismus beschreibt diese Position folgendermaßen:

> Some, but not all, conceptual determinables reflect the existence of real spatiotemporally existing determinables. An ontological determinable is strictly the same in all its determinates. Therefore, there is in the world *identity in difference*. There is nothing fundamentally wrong with this old notion. There are not only ontological determinables, there are also interesting necessary relations connected with such determinables. We have stumbled upon three such laws or principles:
> *The Law of Addition and Subtraction*: Only determinates of the *same* determinable can be added and subtracted in a physically meaningful way.
> *The Principle of Determinable Dependence*: Some ontological determinables cannot possibly exist unless another determinable exists in the same spatiotemporal region (e.g., *colors* require *shapes*).
> *The Principle of Determinate Exclusion*: For some ontological determinables (e.g., color) it is true that two of its determinates cannot possibly exist in the same spatiotemporal region.
> If there are ontological determinables, then, there is of course no philosophical reason to try to replace the corresponding concepts with nominalistic constructions. There are not even pragmatic reasons. To speak of determinables is simpler and easier than to speak of classes of determinates.[418]

Auf der begrifflichen Ebene sind determinierte Universalien Unterbegriffe zu den zugeordneten determinierbaren Universalien als korrespondierenden Oberbegriffen. Auf der ontologischen Ebene hat Aristoteles die Spezies als determinierte Universalie vom zugehörigen Genus als determinierbarer Universalie unterschieden. Letztlich handelt es sich um eine Beschreibung von ontologischen Universalien in Begriffen von Strukturen und Relationen. Die Relation zwischen determinierten und determinierbaren Universalien ist dann im Kern eine strukturelle Teilidentität, die erklärt, warum determinierte und determinierbare Universalien stets zusammen auftreten. Eine solche strukturelle Teilidentität weisen viele mathematische Strukturen auf, zum Beispiel Quadrat und Polygon oder Gruppen und Abelsche Gruppen. Aber auch in chemische Verbindungen lässt sich diese Teilidentität ausmachen. Chemische Verbindungen werden nämlich über die Anzahl der beteiligten chemischen Elemente eingeteilt. *Binäre Verbindungen* setzen sich aus *zwei verschiedenen* Elementen zusammen und haben die allgemeine Formel A_xB_y (z.B. Chlorwasserstoff (HC_l), Natriumfluorid (NaF) und Wasser (H_2O)). Analog dazu setzen sich

[417] Vgl. Johannson 2000. Siehe auch den informativen Artikel Sanford 2013, in dem Sanford auch die Tradition dieser Theorie beschreibt. Vgl. ferner Searle 1967, der vor allem begriffliche determinierte und determinierbare Universalien diskutiert.

[418] Johannson 2000, 114.

ternäre Verbindungen aus drei verschiedenen Elementen zusammen (z. B. Natriumcarbonat (Na_2CO_3)). Eine *quaternäre Verbindung* ist etwa Kaliumhydrogencarbonat ($KHCO_3$). Hier sind die Verbindungen determiniert, ihre Teile determinierbar. Und wir haben klarerweise eine strukturelle Teilidentität vorliegen. Oft wird behauptet, dass aus einer zutreffenden begrifflichen Über- und Unterordnung der Form *x ist F → x ist G* (z. B. *x ist Quadrat → x ist Polygon*) folgt, dass es kein x geben kann, das F, aber nicht G ist (zum Beispiel kein x, welches ein Quadrat, aber kein Polygon ist). Hier wird aus einem begrifflichen Befund auf eine ontologische These geschlossen. Doch die begrifflichen, inferentiellen, klassifikatorischen Verhältnisse müssen in der strukturellen Teilidentität der ontologischen determinierten und determinierbaren Universalien *verankert* sein.

Demnach drückt ein Satz der Form

(6) *Für alle x, wenn x unter F klassifizierbar ist, dann auch unter G*
(wobei F und G beliebige Allgemeinbegriffe sind)

eine *semantische Relation* aus, wenn G ein determinierbares Universale ist, das durch das determinierte Universale F determiniert werden kann.

Diesem Vorschlag zufolge stellen semantische Relationen in den beiden diskutierten Fällen bestimmte Formen konditionaler Wahrheiten dar – nämlich solcher Wahrheiten, die sich auf empirisch oder wissenschaftlich konstatierbare feste Merkmalsbündel einer Substanz oder auf Beziehungen zwischen determinierten und determinierbaren Merkmalen beziehen. Wie andere konditionale Wahrheiten auch ermöglichen semantische Relationen daher einen Wahrheitstransfer. *Wenn* Wahrheit und Wahrheitstransfer rational und normativ sind, *dann* ließe sich auch die Rationalität und Normativität semantischer Relationen extern begründen. *Ob* Wahrheit und Wahrheitstransfer rational und normativ sind, muss allerdings eigens geprüft werden. Doch zeichnet sich eine positive Antwort auf diese Frage und damit eine instrumentelle Rekonstruktion der Normativität semantischer Relationen ab.[419]

[419] Vgl. dazu unten, Abschnitt 4.8.

4.5 Die allgemeine Idee der Interpretation

Interpretationen sollten – so der Vorschlag in der vorliegenden Studie im Anschluss an Brandom und Davidson – im Gegensatz zum Parsen als rationale Erklärungen betrachtet werden.[420] Brandom und Davidson arbeiten den Begriff der rationalen Erklärung, wie bereits bemerkt, nicht genauer aus. Diese hermeneutische Lücke soll im Folgenden ein Stück weit geschlossen werden.

Erklärungen einer Tatsache betten diese Tatsache in eine invariante Generalisierung ein, also in ein nomisches Muster, das von dem Explanandum zusammen mit bestimmten Randbedingungen instantiiert wird. Nennen wir die zu erklärende Tatsache (das Explanandum) E, das nomische Muster G und die Randbedingungen A, dann hat eine Erklärung auf der grundlegendsten Ebene die Form einer logischen Inferenz, nämlich $A, G \rightarrow E$. Diese Erklärung ist jedoch nur dann angemessen, wenn sie den tatsächlichen nomischen Übergang von A zu E nachzeichnet. Eine Erklärung stiftet auf der Ebene der Modelle oder der Theorienbildung eine Vereinheitlichung und Systematisierung, muss aber zugleich auch auf ontologische Gegebenheiten bezogen sein.[421]

In einigen der einflussreichsten Semantiken und Interpretationstheorien wird, wie wir gesehen haben, das interpretative Verfahren auf überzeugende Weise an Begründungen und Rationalitätsunterstellungen gebunden. Daher werden Interpretationen als *rationale Erklärungen* aufgefasst. Explanans und Explanandum rationaler Erklärungen enthalten typischerweise semantisch gehaltvolle Entitäten, vornehmlich Meinungen, Absichten, Gefühle, Äußerungen, Texte oder Handlungen. Das Konzept rationaler Erklärungen wurde erstmals in klarer Form entwickelt, als sich Mitte des 20. Jahrhunderts analytisch ausgebildete PhilosophInnen ausdrücklich vom Szientismus des logischen Empirismus abzusetzen begannen und die klassische hermeneutische Tradition auf eine neue begriffliche Grundlage zu stellen versuchten. Eine bedeutende Rolle spielte in diesem Kontext der Wittgenstein-Schüler Henrik v. Wright

[420] Vgl. dazu z.B. Bartelborth 2007, 140-143, sowie Bartelborth, Scholz 2002. Bartelborth artikuliert die Unterscheidung zwischen Parsen und Interpretation in der Form, dass er das Parsen Interpretation und die komplexe Interpretation eine Art von interpretativer Erklärung nennt. Tatsächlich wird das Parsen im Alltag und in vielen wissenschaftlichen (auch hermeneutischen) Untersuchungen Interpretation genannt, doch scheint es mir weniger verwirrend zu sein, zwischen Parsen und Interpretation zu unterscheiden und der Interpretation eine Erklärungsfunktion zuzusprechen.

[421] So das überzeugende Bild, das Bartelborth zeichnet, vgl. z.B. Bartelborth 2007, bes. 200 f.

mit seinem Buch *Erklären und Verstehen*, das Anfang der siebziger Jahre erschien.[422] Aber der entscheidende Umschwung innerhalb der analytischen Philosophie kam bereits Ende der fünfziger Jahre mit dem einflussreichen Buch von Elizabeth Anscombe unter dem Titel *Intention*, das erstmals die Relevanz des *Begriffs der Intentionalität* im Sinne eines semantisch gehaltvollen mentalen Zustands für die Handlungstheorie in den Mittelpunkt rückte.[423] Zur gleichen Zeit publizierte William Dray ein Buch zur Philosophie der Geschichtswissenschaften, in dem er zeigte, dass rationale Erklärungen in historischen Analysen einen zentralen Stellenwert besitzen.[424] Er betonte, dass Historiker oft nicht erklären wollen, warum etwas geschehen *musste*, sondern warum es für historische Aktoren *vernünftig* war, so zu handeln, wie sie gehandelt hatten – Dray nannte diese Erklärungen *rational.* Und Peter Winch argumentierte in seiner Arbeit *The Idea of Social Science*, dass auch in Gesellschaftswissenschaften wie z. B. der Ethnologie *verstehende Methoden* verbreitet sind.[425] Als weiterer wichtiger Beitrag zu diesem Thema ist Charles Taylors Buch *The Explanation of Behavior* zu nennen, das wenig später den Typus einer rationalen, verstehenden Erklärung mit Erklärungstheorien in der Psychologie und anderen Verhaltenswissenschaften in Verbindung brachte.[426] Schließlich wies Geertz nach, dass rationale (interpretative) Erklärungen auch in der Kulturtheorie eine grundlegende Rolle spielen.[427] Mit der Entfaltung des philosophischen Begriffs einer rationalen interpretativen Erklärung war also die Bemühung verbunden nachzuweisen, dass dieser Erklärungstyp in Kultur-, Sozial- und Geisteswissenschaften eine bedeutende Rolle spielt.

Zuweilen sind Interpretationen *subjektiv-rationale Erklärungen*, die lediglich zeigen, dass eine Person für eine Handlung subjektiv-rationale Gründe hatte.[428] Doch sollten Interpretationen als rationale Erklärungen die skizzierten allgemeinen Anforderungen von Erklärungen erfüllen, d. h. sie sollten *kausal-rationale Erklärungen* sein.[429] Explanans und Explanandum rationaler Erklärungen können beliebige semantisch gehaltvolle Entitäten sein. Doch gibt es drei Formen rationaler Erklärungen, die schon immer eine prominente theoretische Rolle gespielt haben: Rationale

[422] Vgl. v. Wright 1971.
[423] Vgl. Anscombe 1957.
[424] Vgl. Dray 1957 und Dray 1964.
[425] Vgl. Winch 1958.
[426] Vgl. Taylor 1964.
[427] Vgl. Geertz 1973, 1987.
[428] Zu subjektiv-rationalen Gründen vgl. unten, Abschnitt 4.8, S. 252 f.
[429] Vgl. Lenman 2011.

Erklärungen von Meinungen, Absichten und Handlungen. Unter dieser Bedingung sollten rationale Erklärungen folgende Kontur aufweisen:

Kausal-rationalen Erklärung (Interpretation)

1. Kausal-rationalen Erklärung von Meinungen:
   (a) Person S hat Meinungen $M_1 \ldots M_N$.
   (b) S hält die $M_1 \ldots M_N$ für wahr.
   (c) S betrachtet die materiale Inferenz $M_1 \ldots M_N \rightarrow M$ als korrekt.
   (d) S hält M für vereinbar mit ihren sonstigen Meinungen.
   (e) Die in (a)–(d) genannten mentalen Zustände von S sind für S gute Gründe,[430] M zu entwickeln.
   (f) Gute Gründe der Form (a)–(d) sind zusammengenommen gewöhnlich eine Ursache für den Übergang zu M.
   (g) Personen, die gute Gründe dafür haben, eine bestimmte Meinung zu entwickeln, entwickeln diese Meinung gewöhnlich auch (*normische Prämisse*). Also:
   (h) S entwickelt die Meinung M (und hält M für wahr).

2. Kausal-rationale Erklärung von Absichten und Handlungen
   (a) Person S hat die Absicht A, Ziel Z zu realisieren.
   (b) S glaubt, dass wenn sie Handlung H vollzieht, sie damit auch Z realisieren kann.
   (c) S glaubt in der Lage zu sein, H zu vollziehen.
   (d) S weiß, wie man H vollzieht.
   (e) S glaubt nicht, dass es etwas Besseres gibt als H zu vollziehen, um Z realisieren zu können.
   (f) S glaubt nicht, dass der Vollzug von H Folgen hat, die schlimmer sind, als Z nicht zu realisieren.
   (g) S hat nicht die Absicht, ein Ziel Z zu realisieren, von dem sie weiß, dass es unvereinbar damit ist, ein Ziel Z* zu realisieren, das sie gegenüber Z vorzieht.
   (h) Die in (a)–(g) genannten mentalen Zustände von S sind für S gute Gründe, A zu entwickeln und H zu vollziehen.
   (i) Gute Gründe der Form (a)–(g) sind zusammengenommen gewöhnlich eine Ursache für die Entwicklung von A und den Vollzug von H.
   (j) Personen, die gute Gründe dafür haben, eine bestimmte Absicht zu entwickeln und die entsprechende Handlung zu vollziehen,

[430] Gute Gründe, die unten in Abschnitt 4.8 konklusive* Gründe genannt werden.

entwickeln diese Absicht und vollziehen diese Handlung gewöhnlich auch (normische Prämisse). Also:

(k) S entwickelt A und vollzieht Handlung H.

3. Rationale Forderungen an rationale Erklärungen
Eine angemessene kausal-rationale Erklärung muss erweisen, dass die Interpretanden überwiegend folgenden Rationalitätsprinzipien folgen (d.h. nicht massiv von ihnen abweichen):

(a) Prinzip der Transitivität der Präferenzen (wenn wir A gegenüber B und B gegenüber C präferieren, so sollten wir auch A gegenüber C präferieren).
(b) Konsistenzprinzip (wir sollten nicht widersprüchliche Meinungen vertreten).
(c) Evidenzprinzip (wir sollten das Offensichtliche glauben, insbesondere das, was störungsfreie Wahrnehmungen nahelegen und was allgemein als wahr anerkannt wird).
(d) Prinzip der totalen Evidenz (wir sollten jene Meinungen akzeptieren, Absichten formieren und Handlungen vollziehen, für die unsere Gründe alles in allem sprechen).
(e) Kontinenzprinzip (wir sollten so handeln, wie es unsere besten verfügbaren Gründe nahelegen).
(f) Konservationsprinzip (unter sonst gleichen Umständen sollten wir, wenn wir uns auf widerspenstige Phänomene einlassen, möglichst wenige Meinungen verändern).[431]

4. Voraussetzungen
(a) Die in 1. (a)–(d) und in 2. (a)–(g) genannten mentalen Zustände von S werden durch sprachliches Parsen erfasst.
(b) Es gibt empirische Evidenz für die Annahmen 1. (a)–(e) und 2. (a)–(h).

Die kausal-rationale Erklärung (also eine Interpretation) erfüllt die zentralen Bedingungen für Erklärungen. Die normische Prämisse ist das nomische Muster, dessen Instanz die rational begründete Handlung einer einzelnen Person ist. Zugleich bildet die kausal-rationale Erklärung den kausalen Übergang von den genannten mentalen Zuständen zum Handlungsvollzug ab.[432] Auf der sprachlichen Ebene ist die kausal-rationale Erklärung eine logische Deduktion. Und aufgrund von (3) (b) unterliegen kausal-rationale

[431] Dazu Davidson 1985.

[432] Daher unterstellt dieses Erklärungsschema eine mentale Verursachung, über die seit langem heftig und kontrovers debattiert wird. Vgl. z.B. Block 2003; Heil, Mele Hrg. 1993; Jackson 1996, Yablo 1992.

Erklärungen empirischen Korrektheitsbedingungen (*Empirismus-Prinzip rationaler Erklärungen*). Insoweit unterscheiden sich kausal-rationale Erklärungen nicht von naturwissenschaftlichen Erklärungen. Tatsächlich ist das Schema kausal-rationaler Erklärungen von vielen naturalistisch orientierten Autoren[433] zur Begründung der These herangezogen worden, dass kausal-rationale Erklärungen *lediglich* kausale Erklärungen sind, d. h. dass die Ebene der Rationalität ausgeblendet werden kann, dass ferner rationale Erklärungen unter das Schema rein nomologischer Erklärungen fallen, und dass das interpretative Verfahren in diesen Erklärungen keinerlei Rolle spielt.[434] Diese These ist jedoch alles andere als überzeugend.[435] Denn es gibt auch eine Reihe von Unterschieden.

So bestehen Explanans und Explanandum der kausal-rationalen Erklärung aus semantisch gehaltvollen Entitäten, die durch sprachliches Parsen erfasst werden müssen. Ferner machen kausal-rationale Erklärungen einsichtig, warum es für den Interpretanden rational ist oder war, eine Handlung zu vollziehen. Diese Rationalität ist eine Komponente der Ursachen der Handlung und wird in den rationalen Forderungen der kausal-rationalen Erklärung ausbuchstabiert. Zudem ist zumindest strittig, ob das nomische Muster kausal-rationaler Erklärungen, also die normische Prämisse, ein Naturgesetz ist. Und selbst wenn die normische Prämisse als Naturgesetz betrachtet werden kann, so ist es ein Naturgesetz, das eine Regularität rationaler Einstellungen darstellt. Dem entspricht der Umstand, dass die explanatorische Kraft der kausal-rationalen Erklärung hauptsächlich auf den semantischen Gehalten des Explanans und Explanandums und deren rationaler Beziehung beruht. Die Transformation von rationalen Gründen zur Ausführung einer Handlung ist zwar ein kausaler Prozess, doch diese Kausalität ist eine Hülse, die kaum explanatorisches Potential enthält und daher mit semantischen Relationen zwischen mentalen Zuständen und dem Rationalitätsbegriff gefüllt werden muss, damit die Erklärung ihre volle explanatorische Kraft entfalten kann.[436] Es gibt also *substantielle*

[433] Etwa Hempel 1966, Gardiner 1952 und Abel 1948/1953.

[434] Eine der klassischen Studien dazu ist Stegmüller 1969, Kap. VI (Historische, psychologische und rationale Erklärung), 335–427. Wie viele andere Autoren auch wettert Stegmüller mit Recht gegen jene Auffassungen des verstehenden und interpretativen Verfahrens, die den Resultaten dieses Verfahrens aufgrund einer spezifischen, aber mysteriösen Kompetenz des Einfühlens in andere Personen epistemische Sicherheit verleihen wollen. Aber daraus schließt er vorschnell, dass das interpretative Verfahren in kausal-rationalen Erklärungen keinerlei Rolle mehr spielt und dass der Rationalitätsbegriff aus der Explikation dieser Erklärungen herausgerechnet werden kann.

[435] Vgl. dazu Foellesdal 1981, 1982.

[436] Die Unvermeidlichkeit dieser Voraussetzung wird auch dadurch deutlich, dass Stegmüller und seine Gesinnungsgenossen sich ausdrücklich genötigt sehen, zwischen ratio-

Unterschiede zwischen kausal-rationalen Erklärungen (Interpretationen) und rein nomologischen Erklärungen.

Die normische Prämisse (j), also das nomische Muster rationaler Erklärungen, lässt sich im vorgeschlagenen Konzept einer kausal-rationalen Erklärung aus (h) und (i) ableiten. Allerdings ist vor allem (i) eine sehr starke Annahme, die nach einer Begründung verlangt. Warum sollten wir annehmen, dass rationale Gründe für Handlungen meist auch Ursachen für diese Handlungen sind? Eine angemessene Antwort auf diese Frage würde den Rahmen der vorliegenden Studie sprengen. Doch einige Bemerkungen zur allgemeinen Richtung, in der die Antwort zu suchen wäre, sollten vielleicht gemacht werden. Dabei konzentrieren wir uns auf den exemplarischen Fall einer zweckrationalen Handlungserklärung.

4.6 Zweckrationalität

Die elementarste geistige Ausrichtung auf die Welt, die sich bei höheren Tieren und Menschen beobachten lässt, ist – wie wir gesehen haben – eine kognitive Aktivität, die von Millikan Pushmi-Pullyu-Repräsentation genannt wird und von der TEC als Wahrnehmungs-Handlungskreislauf beschrieben wird, also die Trias *Repräsentieren – Bewerten – vorteilhaftes (motorisches) Reagieren*. Die zentrale These dieses Abschnittes ist, dass diese geistige Ausrichtung deutliche Züge von Zweckrationalität und zweckrationalem Verhalten aufweist und insofern die grundlegendste Form oder Vorform der Rationalität sein dürfte, in der auch die menschliche Zweckrationalität verankert ist. Allerdings können das Repräsentieren, Bewerten und Reagieren auch komplexer sein, bis hin zur Konstruktion von Theorien (Repräsentation), Konzepten des guten Lebens oder der Moral (Bewerten) und kulturellen Strategien (reagieren). So ist zum Beispiel der sogenannte Standardbegriff der Rationalität, von dem John Rawls wie viele andere Autoren ausgehen, ebenfalls eine Spielart der Zweckrationalität:

> Der hier verwendete Begriff der Rationalität ist... der... übliche Standardbegriff. Von einem rationalen Menschen wird also wie üblich angenommen, dass er ein widerspruchsfreies System von Präferenzen bezüglich der ihm offenstehenden

nalen und irrationalen mentalen Ursachen bzw. Gründen von Handlungen zu unterscheiden. Diese Differenz muss in der Tat stets in Erklärungen von mentalen Zuständen und Handlungen investiert werden. Rein kausale Erklärungen setzen dagegen nicht einmal die Differenz zwischen Rationalität und Irrationalität voraus. Sie beschreiben vielmehr arationale Vorgänge.

Möglichkeiten hat. Er bringt sie in eine Rangfolge nach ihrer Dienlichkeit für seine Zwecke; er folgt dem Plan, der möglichst viele von seinen Wünschen erfüllt und der eine möglichst gute Aussicht auf erfolgreiche Verwirklichung bietet.[437]

Dieser Rationalitätsbegriff lässt sich offensichtlich als kausal-rationale Handlungserklärung rekonstruieren.

Zweckrationalität ist vielen neueren Studien zufolge in der Tat unter Tieren und Menschen weit verbreitet und tief in der Evolution der Lebewesen verankert. Einige Forscher sprechen allen evolutionären Mechanismen Rationalität zu.[438] Diese Auffassung wird ergänzt durch die These,

[437] Vgl. Rawls 1993, Abschnitt 25, 166–167 (in der deutschen Übersetzung dieser Ausgabe habe ich in meinem Zitat „Vernunft“ und „vernunftgeleitet“ durch „Rationalität“ und „rational“ ersetzt, entsprechend den englischen Termini „rationality“ und „rational“).

[438] Vgl. dazu oben, Abschnitt 1.4., S. 68–71. Der Zoologe Alex Kacelnik unterscheidet zum Beispiel drei Formen von Zweckrationalität: (a) wenn Handlungen oder auch Meinungen aufgrund von angemessenen Gründen zustande kommen (*PP-Rationalität*, Standardbegriff in Philosophie und Psychologie), (b) wenn Verhalten den Nutzen maximiert (*E-Rationalität*, Standardbegriff in der Ökonomie), und (c) wenn Verhalten die evolutionär bestimmte Fitness maximiert (*B-Rationalität*, Standardbegriff in der Biologie), vgl. Kacelnik 2006, 87-106. Diese drei Formen von Zweckrationalität haben nach Kacelnik eine analoge Struktur, obgleich sie sich durch unterschiedliche Wertmaßstäbe unterscheiden (angemessene Begründbarkeit, Maximierung von Nutzen, Maximierung von Fitness). Auch aus entscheidungs- und spieltheoretischer Sicht wird von evolutionärer Zweckrationalität gesprochen. So betrachtet zum Beispiel der Ökonomie-Nobelpreisträger Herbert Simon Evolution als rationale Anpassung. Nach Simon kommt die evolutionäre Zweckrationalität dem entscheidungstheoretischen Verhaltensmodell der Zweckrationalität vor allem insofern nahe, als in beiden Fällen Kurzsichtigkeit und lokale Optimierung auftreten, d. h. Verheißung kurzfristiger Vorteile und adaptives Ersteigen von lokalen Gipfeln der Fitness, lokale Maxima als Anpassung in eng begrenzter Problemlage sowie eine Suche nach möglichst vielen Möglichkeiten, vgl. Simon 1993, bes. 489. Sober zufolge würde ein rationaler Akteur, der seine Fitness maximieren wollte, aus einer Reihe von Handlungsalternativen Handlung H genau dann wählen, wenn die natürliche Selektion, die kontrolliert, welche dieser Alternativen in einer Population evolviert, H selektieren würde, vgl. Sober 1998, 408 f. Die Differenz zwischen diesen beiden Formen der Zweckrationalität beruht nach Sober darauf, dass ökonomische Rationalität ein Muster individuellen Verhaltens und mentaler Prozesse ist, während evolutionäre Rationalität ein Muster der Distribution von Entscheidungsregeln und Strategien in ganzen Populationen ist, vgl. auch Danielson 2004, 430 f. im Anschluss an Binmore 1998, bes. 33. Betrachtet man die ökonomische Rationalität aus der Perspektive von entscheidungstheoretischen Spielen, die eine Reihe von Wiederbegegnungen zulassen, so scheinen die Resultate dieser Spiele mit der Replicator-Dynamik der evolutionären Spieltheorie zu konvergieren. Dabei entsprechen die Selektionsprozesse der Evolution den mentalen Prozessen der rationalen Handlungswahl, und die Mutationsprozesse der Evolution entsprechen den mentalen Prozessen der rationalen Deliberation von Handlungsalternativen. In beiden Fällen handelt es sich um Optimierungsprozesse. Einflussreiche evolutionäre Universalisten wie Brian Skyrms entwickeln daher generelle

dass der selektive Druck in evolutionären Prozessen zur einer epistemischen Optimierung und insbesondere zu einer positiven Selektion der Wahrheit von Meinungen und der Rationalität ihrer Strategien führt.[439] Auf der Stufe individueller Lebewesen, die über die Fähigkeit verfügen, Weltereignisse zu repräsentieren, sie positiv oder negativ zu bewerten und darauf hin motorische Reaktionen auszulösen, scheint Zweckrationalität genau dann vorzuliegen, wenn die ausgelösten motorischen Reaktionen angesichts der Repräsentationen und Bewertungen vorteilhaft sind – kurz wenn diese Pushmi-Pullyu-Repräsentationen tatsächlich adaptiv sind. Die empirische Evidenz dafür wird in der ethologischen Lerntheorie geliefert.[440] Einige Autoren haben verschiedene Stufen der Zweckrationalität unterschieden und auf diese Weise die Phylogenese der Zweckrationalität nachzuzeichnen versucht. Ein hilfreiches Modell wurde von David Papineau vorgelegt.[441]

Sehr einfache Tiere nehmen Nahrung mittels kontingenter Bewegung immer auf dieselbe Weise zu sich, ohne Berücksichtigung irgendwelcher Bedingungen (zum Beispiel Quallenlarven) („Monotomata": *Vollziehe Verhalten V*). Hier ist noch keine Spur einer zweckrationalen Struktur zu entdecken. Etwas komplexere Tiere nehmen Nahrung unter bestimmten externen Bedingungen auf und lösen dafür eine spezielle motorische Reaktion aus, die meist erfolgreich zur Nahrungsaufnahme beiträgt („Opportunisten": *Vollziehe V in Bedingung C*).[442] Hier kann man von einer *behavioristischen Zweckrationalität* sprechen,[443] die dem Ausgangspunkt

Modelle der zweckrationalen evolutionären Prozesse, deren Spezialfälle einerseits adaptive Verhaltensweisen nicht-rationaler Akteure und andererseits die Handlungs- und Mittelwahl rationaler Akteure darstellen. Dies gilt auch für jene Spiele (Prozesse), deren Nash-Gleichgewicht ein faires und gerechtes Teilen erstrebter Güter ist, vgl. Skyrms 2009. In Okasha, Binmore Hrg. 2012 wird die Beziehung zwischen der Theorie der rationalen Wahl und der biologischen Evolutionstheorie und folglich auch zwischen den in diesen Theorien beschriebenen Prozessen unter vielen verschiedenen Aspekten diskutiert. Zu dem erstaunlichen Isomorphismus zwischen evolutionärer und ökonomischer Zweckrationalität vgl. auch den Überblick bei Danielson 2004.

[439] Vgl. z.B. Lewontin 1978, Quine 1969, Dennett 1987, Ross, LaCasse 1995, in Danielson 2004.

[440] Vgl. oben, Abschnitt 1.4, S. 69–71.

[441] Vgl. Papineau 2003b. Papineau betrachtet diese Stufen als Voraussetzungen für ein Zweck-Mittel-Denken, das humanspezifisch ist, doch können sie auch als animalische Formen der Zweckrationalität eingestuft werden. Die folgende Skizze orientiert sich zum Teil an dieser Arbeit.

[442] Ein instruktives Beispiel dafür ist das Verhalten von Kröten, vgl. http://www.psy chologie. uni-wuerzburg.de/ fips/skripten/ neu/grund /vhbio_diplom/vhbio_ms. doc.pdf., Abschnitt 2.3.2.

[443] Vgl. Hurley, Nudds 2006, Abschnitt 1.1.8.

der kognitiven Ethologie entspricht (Reaktion auf einen unkonditionierten Stimulus).[444]

Noch komplexere Tiere nehmen Nahrung nur auf, wenn sie in bestimmten externen Bedingungen operieren *und* zusätzlich bestimmte innere Zustände aufweisen, nämlich Bedürfnisse, die zumindest auf Affektprogrammen beruhen („Bedürftige“: *Vollziehe V in externer Bedingung C und bei innerem Bedürfnis D*). Auf dieser Stufe ist das Verhalten V nicht mehr lediglich Nahrungsaufnahme, sondern jedes Verhalten, das in einer bewerteten Situation adaptiv und damit vorteilhaft ist (zum Beispiel auch die Flucht vor einem durch den Panik-Affekt als gefährlich eingestuften Fressfeind). Manchmal werden nicht nur *ein* Affektprogramm, sondern *mehrere* konkurrierende Affektprogramme operativ sein, zwischen denen dann gewählt werden muss („Bedürftige Wähler“: *Vollziehe V in externer Bedingung C und bei innerem Bedürfnis D, wenn D unter mehreren Bedürfnissen gewählt wird*). Wir können hier von *affektiver Zweckrationalität* sprechen.

Auf den Stufen der behavioristischen und affektiven Zweckrationalität sind alle Prozesse genetisch verdrahtet sowie evolutionär (transgenerativ) getestet und insofern bestens bewährt. Außerdem lassen sich informationale und motivationale Komponenten noch nicht eindeutig trennen, das heißt: Tiere operieren auf diesen Stufen einzig mit Pushmi-Pullyu-Repräsentationen. Dies ändert sich, wenn Tiere lernfähig und sensitiv werden. Auf dieser Stufe werden die Affekte phänomenal bewusst und das Gedächtnis wird entschieden weiter entwickelt. Damit werden Prozesse der Konditionierung und Bewertung innerhalb einer individuellen Lebensspanne möglich, und die informationale (deskriptive) Ebene der

[444] Im Folgenden dient Pearce 2008 – ein verbreitetes neues Lehrbuch zur kognitiven Ethologie – als hilfreiche Referenz. In der modernen kognitiven Ethologie wird ein unkonditionierter Stimulus (=US) als Reiz betrachtet, der eine automatische, fest verdrahtete Verhaltensreaktion hervorruft. Allerdings wird der Terminus *Stimulus* (Reiz) in der kognitiven Ethologie oft ambivalent verwendet. So kann etwa sowohl Futter als auch Schmerz oder elektrischer Schock als US bezeichnet werden, vgl. z. B. Reznikova 2007, 43; Pearce 2008, 52 f. Ähnlich ambivalent wird der Begriff *Reiz* in deutsch-sprachigen Biologie-Lehrbüchern gebraucht. Kurz, sowohl Dinge als auch sensitive Reaktionen und Bewertungen können als US (Reiz) bezeichnet werden. Das ist konfus. Klar ist, dass Dinge nur dann Stimuli (Reize) darstellen können, wenn sie wahrgenommen (repräsentiert) werden. Und zumindest bei höheren Tieren müssen Stimuli (Reize) auch eine positive oder negative affektive also evaluative Komponente aufweisen (so Pearce 2008, 52 f.). Und schließlich wird stets unterstellt, dass ein US ein adaptives Verhalten Reaktion (= R) auslöst, vgl. z. B. Pearce 2008, 60. Daher gibt die behavioristische Zweckrationalität die Vorstellung der kognitiven Ethologie von der US – R – Korrelation in präziserer und eindeutiger Weise wieder (so auch Millikan 2005, 202).

Repräsentationen beginnt sich von der motivationalen (evaluativen) Ebene abzuspalten. Man könnte von „sensitiven Lernern“ sprechen, die nach komplexeren Schemata vorgehen. Diese Schemata stellen eine *sensitive Zweckrationalität* dar, die sowohl eine phänomenal bewusste Bewertung von Ereignissen und Zuständen (die motivationale Komponente) als auch eine assoziativ gelernte Ereignis- oder Zustandsfolge (die informationale Komponente) enthalten.[445]

Sensitive und affektive Zweckrationalität unterscheiden sich von behavioristischer Zweckrationalität vor allem dadurch, dass motivationale und informationale Repräsentationen deutlich auseinander treten, dass ferner das Verhalten auf mentale Zustände der Akteure zurückgeht, und dass der Erfolg des Verhaltens immer wieder neu geprüft wird. Zweckrationales Verhalten im Sinne sensitiver und affektiver Zweckrationalität muss daher überwiegend *korrekte* Wahrnehmungen, Evaluationen und Erwartungen involvieren.

Fred Dretske hat den Unterschied zwischen behavioristischer und affektiver bzw. sensitiver Zweckrationalität in einem vielzitierten Aufsatz in Begriffen des Unterschiedes zwischen biologischer und minimaler Rationalität gefasst.[446] Dretske macht vor allem darauf aufmerksam, dass sich sensitiv-zweckrationales Verhalten nicht nur ganz allgemein durch Rekurs auf mentale Zustände erklären lässt, sondern insbesondere auch durch Verweis auf ihre semantischen Gehalte. Der Gehalt dieses Gedankens ist kausal relevant für das Verhalten.[447]

[445] Zur nicht-sprachlichen Struktur der sensitiven Zweckrationalität vgl. genauer oben Abschnitt 1.4, 60 ff. Papineau 2003b schlägt eine etwas andere Einteilung vor, wobei er den – letztlich fundamentalen – Übergang zur Sensitivität unbeachtet lässt: Modell 1: Die *Opportunisten*. Wenn Bedingung B gegeben ist, tue V. Modell 2: Die *Bedürftigen*. Wenn B und Bedürfnis D gegeben sind, tue V. Modell 3: Die *Wähler*. Wenn B und D gegeben sind und wenn D gegenüber anderen Bedürfnissen das dominante Bedürfnis ist, tue V. Modell 4: Die *Lerner*. Wenn die Erfahrung gezeigt hat, dass das Vorgehen gemäß Modell 3 belohnt wurde, gehe weiterhin nach Modell 3 vor. Die sensitive Zweckrationalität entspricht offenbar Papineaus Modell 4.

[446] Vgl. Dretske 2005.

[447] Sagen wir zum Beispiel zu einem Mikrophon: „Vibriere“ so vibriert es – aber nicht aufgrund der Bedeutung von „vibriere“, sondern aufgrund der Schallwellen, die wir mit dem Wort „vibriere“ auf das Mikrophon übertragen. Doch wenn ein Vogel versucht, einen Monarch-Schmetterling zu fressen, der giftig ist und ihn zum Erbrechen bringt, wird der Vogel nie wieder einen Monarch-Schmetterling fressen – aber er wird auch einen schmackhaften Eisvogel-Schmetterling verschmähen, der dem Monarch-Schmetterling täuschend ähnlich sieht. Denn der Vogel denkt fälschlicherweise, dass der Eisvogel-Schmetterling ein Monarch-Schmetterling ist. Deshalb frisst er ihn nicht: Sein Fressverhalten wird von einem Gedanken gelenkt, und zwar aufgrund des Gehalts des Gedankens – des (falschen) Gedankens, dass dort ein Monarch-Schmetterling ist.

Behavioristische, affektive und sensitive Zweckrationalität scheinen eine zentrale Komponente des adaptiven Verhaltens zu sein. Tiere, die auf diesen Stufen nicht überwiegend zweckrational agieren, schränken ihre Überlebens- und Reproduktionsfähigkeit erheblich ein. Insofern liegt die Annahme nahe, dass diese Formen der Zweckrationalität im Rahmen der biologischen Evolution selektiert worden sind.[448] Dadurch ist gesichert, dass in den weitaus überwiegenden Fällen die Pushmi-Pullyu-Repräsentationen affektiver und sensitiver Tiere korrekt sind, obgleich einige von ihnen fehlgehen können.[449]

Es ist plausibel, mit Papineau anzunehmen, dass die finale Stufe der Zweckrationalität aus der sensitiven oder minimalen Rationalität dadurch hervorgeht, dass sie auf *generelles Wissen* der Formen *Alle A's sind B's* oder *Wäre A der Fall, so auch B* oder *A ist die Ursache von B* zurückgreift, und dass aus diesem generellen Wissen Kombinationen hervorgehen, die *zu neuen Verhaltensweisen* führen können.[450] Papineau ist zu Recht der Auffassung, dass diese kognitiven Manöver das Meistern einer natürlichen Sprache voraussetzen. Zudem unterliegen Menschen aufgrund ihres biologischen und kulturellen Erbes unterschiedlichen Evaluationsstandards, die zum Teil aus der langen archaischen Menschwerdung, zum Teil aber auch aus der kulturellen Entwicklung der letzten drei Jahrtausende stammt. Diese zum Teil mit Macht wirkenden Evaluationsformen müssen so gut es geht miteinander versöhnt werden.[451] Damit haben wir

[448] Zu Kritik und Verteidigung des Adaptionismus vgl. z. B. Kaplan, J.: Economic Rationality and Explaining Behavior: An Adaptionist Program, vgl.http://people.oregonstate.edu/ ~kaplanj/Econ&Adapt.pdf. Ferner Lim, Toby, Cosmides 2011. Zu Kognition und Adaption vgl. Barkow, Cosmides, Tooby 1992; Cummins, Colin 1988; Cosmides, Tooby 2000.

[449] Ein Frosch schnappt zum Beispiel nach allen kleinen, schwarzen und sich bewegenden Partikeln, die in seiner ökologischen Nische fast immer Fliegen sind. Gelegentlich mag es vorkommen, dass er nach einem Rußpartikel schnappt. Dann ist seine Pushmi-Pullyu-Repräsentation *inkorrekt*.

[450] Wenn Menschen zum Beispiel ihr Kind zu einem erfolgreichen Pianisten machen wollen und wissen, dass ein Erfolg als Pianist mindestens ein zehn-jähriges intensives Üben ab der frühen Jugend voraussetzt und dass dieses Üben mit der Ausübung von Sport unvereinbar ist und viel Geld kostet, werden sie ihr Kind vom Sport abzuhalten suchen und zusätzliches Geld auftreiben. Allerdings ist umstritten, ob Schimpansen nicht doch generelles und kausales Wissen verwenden, vgl. z. B. Hanus, Call 2011; Hanus 2009; Seed, Hanus, Call 2011. Papineau möchte erst auf dieser finalen Stufe überhaupt von Zweckrationalität sprechen. Das ist primär eine terminologische Frage, doch scheinen mir affektive, sensitive und humanspezifische Zweckrationalität derart ähnlich zu sein, dass sie zu Recht als zweckrational bezeichnet werden können.

[451] Einen populär geschriebenen, aber zugleich wissenschaftlich begründeten Überblick zu diesem Problem bietet zum Beispiel Haidt 2011.

die humanspezifische Zweckrationalität umrissen. Zwar verhalten sich die Menschen zum Teil nicht zweckrational, doch könnte dies wohl kaum verbreitet der Fall sein. Denn neben der biologischen Evolution generiert auch die kulturelle Evolution einen selektiven Druck auf zweckrationales Handeln.[452]

So hat zum Beispiel Cherniak zu Recht darauf hingewiesen, dass erfolgreiche Verhaltensprognosen ein explanatorisches Mysterium blieben, verhielten sich Menschen nicht überwiegend zweckrational.[453] Und erfolgreiche Verhaltensprognosen sind in sozialen Gemeinschaften eine wichtige Bedingung der Erfüllung von Evaluationsstandards. Allgemeiner formuliert sind erfolgreiche Kommunikation und zuverlässige Prognosen von Handlungen notwendige Bedingungen für ein kulturell belohntes Leben menschlicher Individuen sowie für eine stabile und befriedigende soziale Organisation. Erfolgreiche Kommunikation involviert ihrerseits erfolgreiches gegenseitiges Verstehen und Interpretieren, das seinerseits, wie Papineau richtig bemerkt, verbreitete humanspezifische Zweckrationalität involviert. Denn Verstehen und Interpretation bestehen in vielen Fällen in einer Zuschreibung von Zweckrationalität.[454] In menschlichen Gemeinschaften involviert die Realisierung der meisten Werte demnach erfolgreiche Verhaltensprognosen, die ihrerseits erfolgreiche Interpretation und Kommunikation voraussetzen, die wiederum ohne überwiegend zweckrationales Denken, Planen und Handeln unmöglich wären. Diese Diagnose entspricht der oben vorgeschlagenen Davidson-Lesart, zeigt aber darüber hinaus, dass Zweckrationalität in der elementaren geistigen (intentionalen) Ausrichtung auf die Welt angelegt ist und daher zur *Erklärung* erfolgreicher Interpretation beitragen kann.

Wenn die Zweckrationalität bereits in der intentionalen Ausrichtung auf die Welt angelegt ist und sich im Laufe der Phylogenese des Menschen sukzessive weiter entwickelt hat, ist sie eine Form der Rationalität, *die unter Menschen verbreitet sein muss*. Der menschliche Geist muss zweckrational operieren, weil die Zweckrationalität zum Kern der intentionalen Ausrichtung auf die Welt gehört. Könnte man diesen Befund nicht so verstehen, dass der Geist ohne Zweckrationalität kein Geist wäre und Zweckrationalität daher eine konstitutive Bedingung für den Geist ist? Das ist sicherlich nicht ganz falsch, doch handelt es sich um eine evolutionäre

[452] Zum Konzept der kulturellen Evolution vgl. Burns, Dietz 1995 sowie Lewens 2013.

[453] Cherniak 1981, 161, 164. Eine ausführliche und überzeugende Rechtfertigung dieser Diagnose findet sich in Millar 2004, Kap. 7–8. Zu neueren m.E. problematischen Versuchen, die Gültigkeit der Regel zweckrationalen Handelns a priori zu beweisen, vgl. Baumann 1996 und Schumacher 2001.

[454] Papineau 2003b, 121.

Konstitutivität, denn höher Tiere und Menschen müssen zweckrational sein, weil andernfalls ihre biologische Reproduktionsfähigkeit gefährdet wäre und die meisten ihrer Ziele und Werte im Rahmen von sozialen Gemeinschaften und Kulturen nicht realisiert werden könnten.[455]

Wenn Menschen und höhere Tiere Werte mit Erfüllungsbedingungen verfolgen, entwickeln sie Wünsche und Absichten, diese Werte zu realisieren. Dafür ist, wie wir gesehen haben, zweckrationales Denken und Handeln erforderlich. Damit sind gute Gründe für zweckrationales Denken und Handeln umrissen, das heißt *zweckrationales Handeln ist normativ gefordert.*[456]

Zweckrationalität involviert, allgemein gefasst, den Wunsch, einen Wert zu realisieren,[457] sowie die Meinung, dass ein Gedanke oder eine

[455] Scholz 1999, 181–190 liefert eine überzeugende Kritik allzu einfacher evolutionstheoretischer Begründungen verbreiteter Rationalität und Wahrheit. Allerdings geht er in seiner Rekonstruktion dieser Begründung davon aus, dass (i) es in der Evolution stets um optimale Rationalitätsmodelle geht und (ii) biologische Fitness und Reproduktionswahrscheinlichkeit die einzigen Zwecke sind, die explanatorisch herangezogen werden. Diese Voraussetzungen werden in der oben skizzierten Erklärung der Verbreitung von Zweckrationalität aber fallen gelassen. Diese Erklärung begründet zunächst einmal, dass es – wie Scholz selbst feststellt – „weitläufigere … Muster von Einstellungen – bestehend aus Meinungen, Wünschen und Dispositionen, im Einklang mit diesen zu handeln – sind (sc. zweckrationale Verhaltensweisen, W.D.), die tendenziell überlebensförderlicher sein könnten als andere Konstellationen“ (188). Wenn Scholz demgegenüber betont, „dass in zahllosen anderen Beispielen die Wahrheit oder Falschheit unserer Überzeugungen ohne jeden Einfluss auf den Bestand der Spezies sind“ (189), so ist auch das zutreffend. Doch sind auch fast alle *dieser* Wahrheiten in zweckrationale Strukturen eingebunden. Überwiegend falsche mathematische Theoreme zu akzeptieren und zu behaupten, beschädigt unsere intellektuelle Reputation, an der uns jedoch viel gelegen ist. Wenn man wie oben einen weitherzigeren Begriff von Zweckrationalität zugrunde legt, entfernt man sich selbstverständlich von rein biologischen Selektionskriterien und damit auch von einer rein biologischen Begründung von Rationalität und Wahrheit. Dafür handelt man sich das Problem ein, dass unter Menschen oft verschiedene Zwecke (Evaluationskriterien) miteinander konkurrieren, wenn es darum geht zu entscheiden, was zu tun das Beste für uns wäre. Dieses Problem kann nur im Rahmen von Theorien des guten Lebens behandelt werden – ein Topos, der den Rahmen der Hermeneutik sprengt. Doch ist es m. E. für die Hermeneutik wichtig zu konstatieren, dass sich in den meisten Bereichen der Evolution *und* Kultur ein entschiedener Druck auf zweckrationales Handeln und zumindest in diesem Rahmen auch auf wahre Überzeugungen einstellt.

[456] Wir können gute Gründe G für ein Verhalten V haben, auch wenn wir nicht explizit metarepräsentieren, *dass* G gute Gründe für V sind, sondern von G als mentalen Zuständen zu V übergehen und V positiv evaluieren können.

[457] Der Rückgriff der praktischen Vernunft (deren Paradigma die Zweckrationalität ist) auf Werte wird oft betont, vgl. zum Beispiel Wallace 2009, Abschnitt 1: „Practical reason … typically asks, of a set of alternatives for action none of which has yet been performed, what one ought to do, or what it would be best to do. It is thus concerned not

Handlung dafür notwendig ist, und die entsprechende Entwicklung dieses Gedankens oder den entsprechenden Vollzug dieser Handlung. Doch enthält diese Form der Zweckrationalität nur dann gute Gründe, die entsprechenden Gedanken oder Handlungen zu vollziehen, wenn die genannte Meinung wahr ist.[458] Aufgrund des Prinzips der instrumentellen Übertragung[459] ist daher auch die Entwicklung wahrer Meinungen normativ gefordert.

Humane praktische Rationalität (deren grundlegende Form Zweckrationalität ist) setzt demnach theoretische Rationalität voraus, wie viele Autoren betont haben. Wir können – wie zum Beispiel Robert Audi pointiert bemerkt – kein Ziel ohne Route erreichen, und wir können keine Route wählen, ohne durch theoretisch-rationale Meinungen geleitet zu sein.[460]

Damit sind aber noch nicht alle Probleme gelöst. So sind in letzter Zeit Theorien entwickelt worden, die (i) die Verbreitung der Rationalität unter Menschen und (ii) die Normativität der Rationalität bestreiten (hier handelt es sich primär um theoretische Rationalität). Diese Theorien scheinen den vorangehenden Überlegungen zu widersprechen und sollen daher in den letzten beiden Abschnitten dieses Kapitels kritisch geprüft werden.

4.7 Verbreitung und Begrenzung der theoretischen Rationalität

Die Ecksteine der theoretischen Rationalität sind nach klassischer Auffassung die formale Logik, die Wahrscheinlichkeitstheorie (der sogenannte Bayesianismus) und die Axiome der Theorie der rationalen Wahl (*rational choice theory*, im Folgenden: RC-Theorie). Die Forderung, unsere Meinungen unter fehlerfreier Anwendung der Logik und Wahrschein-

with matters of fact and their explanation, but with matters of value, of what it would be desirable to do."

458 Dafür plädiert Papineau 2003a mit überzeugenden Gründen. Kolodny, Brunero 2013 betonen, dass die grundlegende Zweckrationalität sprachmächtiger Wesen nur im Rahmen einer objektiven (nicht einer lediglich subjektiven) Wunsch-Meinungs-Theorie beschrieben werden kann. Denn würde ein menschliches Verhalten lediglich durch Wünsche und Meinungen hervorgerufen werden, die ein Mensch nun einmal hat, dann könnte dieses Verhalten überwiegend durch inkorrekte Evaluationen oder auch falsche Meinungen hervorgerufen werden, würde demnach nicht regulär zur tatsächlichen Erfüllung des Wunsches beitragen, würde keine Verhaltensprognosen ermöglichen und könnte weder biologisch noch kulturell selektiert werden. Vgl. zu diesem Problem ausführlicher unten, Abschnitt 4.7.

459 Vgl. z.B. Wallace 2009 und den Abschnitt 2 (*Instrumental Transmission*) in Kolodny, Brunero 2013.

460 Audi 2004, 38. Vgl. z.B. auch Harman 2004, der bemerkt: "Any given instance of reasoning may combine both theoretical and practical reasoning" (45).

lichkeitstheorie zu formieren, ist der Kern einer *idealen theoretischen Rationalität*, die auf die *Optimierung* der Meinungsbildung zielt. Und die Axiome der RC-Theorie beschreiben das Ideal der Zweckrationalität, die mit theoretischer Rationalität eng verbunden ist: Der ideale rationale Akteur hat vollständig geordnete gewichtete Präferenzen, verfügt über vollständige Information und besitzt einen vollkommenen inneren Rechner. Das bedeutet: Für den idealen rationalen Akteur besitzen alle möglichen Ereignisse eine evaluative Rangordnung – unabhängig davon, wie groß die Wahrscheinlichkeit ihres Eintretens ist. Die Vollständigkeit der Information enthält unter anderem für jedes mögliche Ereignis das Wissen, wie wahrscheinlich sein Eintreten ist, unter der Voraussetzung, dass bestimmte andere Ereignisse bereits eingetreten sind (dieses Wissen umfasst also alle deterministischen und statistischen Naturgesetze). Der ideale rationale Akteur hat ferner stets eine endliche Menge von Handlungsalternativen vor Augen. Er berechnet dann fehlerfrei für jede Alternative (die auch ein Unterlassen von Handlungen sein kann) die Nutzenwerte jeder ihrer möglichen Folgen unter Einbeziehung ihrer Eintrittswahrscheinlichkeit und daraus den erwarteten Nutzen jeder seiner Handlungsalternativen. Und dann wählt er die Handlung mit dem höchsten erwarteten Nutzen. Art und Gehalt der Präferenzen sind dabei unerheblich und können von Akteur zu Akteur variieren. Ideale rationale Akteure verfolgen in diesem allgemeinen Sinn ihr Eigeninteresse – ob sie egoistische oder altruistische Ziele haben, ob sie Sünder oder Heilige sind, spielt dabei keinerlei Rolle.

Logik, Wahrscheinlichkeitstheorie und RC-Theorie definieren also ein ideales Optimierungsmodell der Rationalität. Von Anfang an wurde dabei unterstellt, dass Menschen keine idealen Denker und Akteure im Sinne dieses Modells sind, aber man ging doch davon aus, dass rationale Denker und Akteure zumindest zuweilen (etwa in der Wissenschaft, als ökonomische Akteure auf dem freien Markt, aber auch im Bereich vieler alltäglicher Entscheidungen) diesem Modell zumindest nahe kommen, so dass es Sinn macht, die grundlegenden Handlungsmechanismen in Begriffen dieser Rationalitätsvorstellung zu modellieren (ähnlich wie die Naturwissenschaften in unzähligen Fällen ideale Modelle verwenden, die buchstäblich genommen von der Realität nicht erfüllt werden).

In den letzten Jahrzehnten haben kognitive Psychologie und experimentelle Ökonomie allerdings genauer zu prüfen versucht, wie weit die Akzeptanz und Befolgung logischer, wahrscheinlichkeitstheoretischer und entscheidungstheoretischer Regeln im konkreten Leben geht. Und dabei sind erhebliche Abweichungen festgestellt worden. Einige wenige kognitive Psychologen sind der Meinung, dass die Logik ein wichtiger realer Bestandteil des menschlichen Denkens ist und dass es daher bei Menschen eine mentale Logik gibt. Sie haben experimentelle Nachweise dafür vorgelegt, dass die meisten Probanden einige der grundlegendsten logischen Regeln (Schlüsse) wie etwa den Modus Ponens befolgen.[461] Doch insgesamt gesehen scheint die Logik nur entfernt mit dem tatsächlichen menschlichen Denken zusammenzuhängen. Viele Experimente zeigen, dass die meisten Menschen, die keine Logik-Kurse absolviert haben, von gültigen logischen Schlüssen abweichen (diese Abweichung wird auch *kalte Irrationalität* genannt).[462]

Im Umgang mit Wahrscheinlichkeiten schneiden die meisten Probanden nicht besser ab als im Umgang mit logisch gültigen Schlüssen. Eines von vielen Beispielen ist das folgende:

Ein Hausbesitzer entdeckt, dass die Tür seines Hauses offen steht, und kann sich sagen: Wenn ein Einbrecher im Haus ist, steht die Tür offen; die Tür steht offensichtlich offen; also ist ein Einbrecher im Haus (und ich sollte die Polizei rufen). Dieser Schluss ist formal ungültig, hat aber eine gewisse Plausibilität. Die Wahrscheinlichkeitstheorie kann den Grad dieser Plausibilität berechnen, und zwar mit Hilfe des berühmten Bayes-Theorems. Bezeichnen wir dafür das Indiz, dass die Tür offen steht, mit E, und die Hypothese, dass ein Einbrecher im Haus ist, mit H. Dann gibt es eine sogenannte Apriori-Wahrscheinlichkeit p(H) dafür, dass H unabhängig von E eintritt (vielleicht ist es zum Beispiel in der eher ärmlichen Gegend, in der der Hausbesitzer wohnt, wenig wahrscheinlich, dass eingebrochen wird). Dann lässt sich auch die Wahrscheinlichkeit p (nicht-H) angeben: p(nicht-H) = 1 – p(H). Ferner lässt sich eine bedingte Wahrscheinlichkeit p (E/H) dafür definieren, dass das Indiz E zutrifft, gegeben dass eine Hypothese H zutrifft (zum Beispiel die bedingte Wahrscheinlichkeit dafür, dass die Tür offen steht, gegeben dass

[461] Vgl. dazu Thagard 1999, 52 mit weiteren Literaturangaben. Besonders einschlägig ist Rips 1994.

[462] Die kognitionspsychologische Forschung hat sich in diesem Kontext auf Syllogismen im aristotelischen Sinne konzentriert. Hier sind einige verbreitete Fehleinschätzungen: Schlüsse, deren Konklusion denselben Quantor hat wie beide Prämissen, werden meist als gültig beurteilt (etwa der ungültige Syllogismus BiA, CiB → CiA); Schlüsse, deren Konklusion dieselbe logische Qualität (d. h. Bejahung oder Verneinung) hat wie beide Prämissen, werden meist als gültig beurteilt (etwa der ungültige Syllogismus BeA, AeC → BeC); Schlüsse, deren Prämissen unterschiedliche logische Qualitäten haben, werden meist dann akzeptiert, wenn die Konklusion verneinend ist (etwa der ungültige Syllogismus BeA, CaB → CeA); Schlüsse der ersten Figur werden bereitwilliger als gültig akzeptiert als Schlüsse aus den anderen Figuren (etwa der ungültige Syllogismus AiB, BaC → AiC eher als der gültige Syllogismus BeA, BaC → AeC). (AaB heißt: Das A kommt allen B-Dingen zu (also: alle B's sind A). AiB heißt: Das A kommt einigen B-Dingen zu (also: Einige B's sind A). AeB heißt: Das A kommt keinem B zu (also: kein B ist A)).

ein Einbrecher im Haus ist), und entsprechend p(E/nicht-H) dafür, dass E zutrifft, gegeben dass Hypothese H nicht zutrifft. Und schließlich ist die Aposteriori-Wahrscheinlichkeit p(H/E) die Wahrscheinlichkeit der Hypothese H, gegeben das Indiz E, also zum Beispiel die Wahrscheinlichkeit dafür, dass ein Einbrecher im Haus ist, gegeben dass die Tür offen steht. Um die Berechnung dieser Wahrscheinlichkeit geht es dem verschreckten Hausbesitzer. Mit Hilfe des Bayes-Theorems und eines kleinen Taschenrechners könnte der Hausbesitzer diese Wahrscheinlichkeit rasch ausrechnen. Diesem bewährten Theorem zufolge gilt nämlich: p(H/E) = p(E/H) · p(H) : p(E/H) · p(H) + p(E/nicht-H) · p(nicht-H) (wobei : bedeutet geteilt durch).[463]

Wenn man untersucht, wie Probanden tatsächlich die Wahrscheinlichkeiten bestimmter Ereignisse abschätzen, stellt man fest, dass sie sehr häufig die Apriori-Wahrscheinlichkeiten komplett vernachlässigen und lediglich die bedingte Wahrscheinlichkeit berücksichtigen. In unserem Einbruchsbeispiel würden die meisten Probanden also sagen: Wenn die Wahrscheinlichkeit dafür, dass die Tür offen steht, wenn ein Einbrecher im Haus ist, 0,8 ist, dann ist auch die Wahrscheinlichkeit dafür, dass ein Einbrecher im Haus ist, wenn die Tür offen steht, 0,8. Kurz, die allermeisten Probanden verwenden die simple Gleichung p (E/H) = p(H/E) – und kommen dann zu ganz falschen Ergebnissen.

Insgesamt sind die Abweichungen von logischer und wahrscheinlichkeitstheoretischer Rationalität im Alltag auf den ersten Blick beträchtlich, sowohl qualitativ als auch quantitativ. Allerdings ist bemerkenswert, dass der Modus Ponens durchweg befolgt wird. Und man darf annehmen, dass die meisten Probanden auch den Satz vom Widerspruch und den Satz vom ausgeschlossenen Dritten akzeptieren und anwenden[464] (dazu scheint

[463] Angenommen etwa, die Apriori-Wahrscheinlichkeit p(H) dafür, dass in seiner Gegend unabhängig von allen Indizien eingebrochen wird, ist 0,001 dann ist p(nicht-H) = 0,999; ferner sei die bedingte Wahrscheinlichkeit p(E/H) dafür, dass die Tür offen steht, wenn ein Einbrecher im Haus ist, 0.8, d.h. die offene Tür ist ein guter Anhaltspunkt dafür, dass ein Einbrecher im Haus ist, und die Wahrscheinlichkeit p(E/nicht-H) dafür, dass die Tür offen steht, wenn kein Einbrecher im Haus ist, sondern zum Beispiel der Hausbesitzer vergessen hat abzuschließen und ein Sturm die Tür aufgerissen hat, 0,001. Dann ist die Aposteriori-Wahrscheinlichkeit p(H/E) dafür, dass ein Einbrecher im Haus ist, gegeben dass die Tür offen steht, nach dem Bayes-Theorem lediglich 0,074, und der Hausbesitzer kann aufatmen und würde wohl kaum die Polizei rufen – und das, obwohl nach Voraussetzung die offene Tür mit recht hoher Wahrscheinlichkeit auf einen Einbrecher zu verweisen scheint. Das liegt gerade daran, dass die Apriori-Wahrscheinlichkeit für einen Einbruch in diesem Fall sehr gering ist.

[464] Der Satz vom Widerspruch besagt: Es gilt nicht: p und nicht-p für beliebige Sätze p. Der Satz vom ausgeschlossenen Dritten besagt: Es gilt: p oder nicht-p für beliebige Sätze p.

allerdings noch keine kognitionspsychologische Untersuchung angestellt worden zu sein). Diese Minimal-Logik dürfte weit verbreitet sein.

Die experimentelle Ökonomie ist hinsichtlich der RC-Theorie zu einem ähnlich vernichtenden Urteil gekommen. In einer bahnbrechenden Arbeit haben Kahnemann und Tverski gezeigt, dass Probanden regelmäßig Gewinne weniger hochschätzen als die Vermeidung von Verlusten und daher nicht den Nettonutzen zu maximieren, sondern das Risiko und mögliche Verluste zu minimieren versuchen. Kahnemann und Tverski haben ferner bestätigt, dass die Probanden durchweg außerstande waren, den Handlungskonsequenzen die korrekten Wahrscheinlichkeiten zuzuordnen, und dass sie ihre Entscheidungen stark von der Weise abhängig machen, in der ihnen die einschlägigen Informationen präsentiert werden (*framing effect*).[465] Einige experimentelle Ökonomen sprechen sogar von systematischer und verbreiterter Irrationalität.[466] Zur gleichen Zeit wies Herbert Simon nach, dass ökonomische Akteure unter epistemischer Unsicherheit, hohen Kosten für Informationsbeschaffung und anderen externen Einschränkungen, wie sie im konkreten Leben üblich sind, für ihre Entscheidungen oft einfache Heuristiken benutzen, die vom Optimierungsmodell der Rationalität weit entfernt sind. Gerd Gigerenzer und Reinhard Selten haben diese *Theorie der begrenzten Rationalität* später erheblich ausgebaut.[467] Wie ernst diese Kritik an der RC-Theorie und den Optimierungsmodellen der Rationalität innerhalb der Ökonomie genommen wurde, lässt sich daran ermessen, dass drei der führenden Autoren für ihre Arbeiten auf diesem Gebiet den Ökonomie-Nobelpreis erhielten (Kahnemann, Simon und Selten).

Experimente zum rationalen oder irrationalen Verhalten in konkreten Lebensbedingungen (nicht unter Laborbedingungen) führten allerdings zu einer Korrektur der Kritik an idealen Optimierungsmodellen der Rationalität. Dabei wurden nicht so sehr abstrakte logische oder wahrscheinlichkeitstheoretische Regeln, sondern vielmehr materiale Inferenzen unter die Lupe genommen.[468] Eines der bekanntesten einschlägigen Experimente ist

[465] Vgl. Kahnemann, Tversky 1979. Vgl. auch Kahnemann, Tverski 1982; Kahnemann, Tverski Hrg. 2000; List 2004.

[466] Vgl. z. B. Ariely 2008 und 2010.

[467] Vgl. dazu genauer unten, den nächsten Abschnitt.

[468] Eines der Motive dafür ist ein aufschlussreicher neurobiologischer Befund: Die Betrachtung von Argumenten, die aus Sätzen mit bekannter Bedeutung bestehen, wird von anderen Gehirnregionen gestützt als die Betrachtung von formalen Argumenten, in denen Variablen statt bedeutungshaltiger Sätze verwendet werden. Wenn wir formale Logik treiben, mobilisieren wir parietale Gehirnregionen, die auch beim Lösen algebraischer Gleichungen eine Rolle spielen. Wenn wir dagegen Argumente und Schlüsse mit bedeu-

die Wason'sche Auswahlaufgabe, die – allgemein formuliert – darin besteht, materiale Inferenzen der Form „Wenn p, dann q" auf ihre Richtigkeit hin zu überprüfen. Dabei waren teilweise Instanzen von p, teilweise von nicht-p, teilweise von q und teilweise von nicht-q gegeben. In diesen Fällen haben 90% der Probanden die Instanzen von p daraufhin überprüft, ob sie q nach sich ziehen. Aber nur 25% der Probanden haben die Instanzen von nicht-q daraufhin überprüft, ob sie nicht-p nach sich ziehen. Ferner haben 60% der Probanden Instanzen von q daraufhin überprüft, ob sie p nach sich ziehen. Und lediglich 10% der Probanden haben sowohl „wenn p, dann q" als auch „wenn nicht-q, dann nicht-p" getestet. Interessanterweise hat also die überwiegende Mehrheit der Testpersonen den Modus Ponens erfüllt, aber nur wenige haben den Modus Tollens angewendet.[469] Eine Mehrheit hat zusätzlich einen logisch überflüssigen Test durchgeführt. Und sehr wenige haben das logisch Optimale getan, nämlich sowohl den Modus Ponens als auch den Modus Tollens angewendet. Dieser Test wurde viele Male wiederholt, zum Teil auch mit Akademikern, sogar mit Doktoren der Mathematik und Physik – stets mit etwa demselben Resultat (was vor allem den studierten Mathematikern ein wenig peinlich war).

Bemerkenswerterweise fallen die Testergebnisse aber deutlich anders aus, wenn die Wason'sche Auswahlaufgabe so variiert wird, dass es um semantisch sinnvolle und sozial vertraute Entscheidungen geht. Eine dieser Varianten ist die Regel „Wenn eine Person Bier trinkt, dann ist sie älter als 21 Jahre alt". Den Probanden (Studenten aus Florida, wo diese Regel in jeder Kneipe gilt) wurden vier Karten mit Personenbildern vorgelegt. Zwei dieser Karten enthielten die Angaben „trinkt Bier" und „trinkt Cola", die anderen beiden enthielten die Altersangaben „ist 22 Jahre alt" und „ist 16 Jahre alt". Bei dieser Aufgabe taten 74% der Probanden das logisch Optimale, d.h. überprüften sowohl die Karte „trinkt Bier" (mit Modus Ponens) als auch die Karte „ist 16 Jahre alt" (mit Modus Tollens), während sie die anderen beiden Karten nicht überprüften. Die meisten kognitiven Psychologen erklären diesen Befund damit, dass Menschen dazu neigen, konditionale Aussagen der Form „Wenn p, dann q" als Regeln der Form „Wenn p, dann sollte q geschehen" aufzufassen, wann immer dies möglich ist (diese Auffassung wird meist das Erlaubnisschema der Konditionalaussagen genannt). Die Überprüfung einer solchen Regel läuft dann auf die Überprüfung einer sozialen Vereinbarung hinaus, und für diese – sozial wichtige

tungshaltigen Sätzen analysieren, werden linkshemisphärische präfrontale Gehirnregionen aktiviert, die auch für Sprachverarbeitung zuständig sind.

469 Der Modus Tollens hat die Form (i) wenn p, dann q; (ii) nicht q → (iii) nicht p für beliebige Sätze p und q.

und semantisch vertraute – Überprüfung werden optimale logische Mittel eingesetzt.

Das folgende Beispiel wirft einen neuen Blick auf das schlechte Abschneiden bei der ursprünglichen, abstrakteren Wason'schen Auswahlaufgabe: „Wenn ein Auto einen defekten Scheinwerfer hat, hat es auch ein defektes Rücklicht." Nehmen wir an, Probanden sollten diesen Satz auf einem sehr großen Parkplatz voller Autos überprüfen. Dann würden sie natürlich die wenigen Autos, bei denen sie defekte Scheinwerfer entdecken, mit Modus Ponens überprüfen und schauen, ob diese Autos auch ein defektes Rücklicht haben. Das logisch Richtige wäre, zusätzlich alle Autos, die kein defektes Rücklicht haben, mit Modus Tollens daraufhin zu überprüfen, ob sie keinen defekten Scheinwerfer haben. Doch die meisten Autos haben kein defektes Rücklicht, und es gibt nur äußerst wenige Autos, die sowohl einen defekten Scheinwerfer als auch ein defektes Rücklicht haben. Diese Voraussetzungen sind klarerweise probabilistisch. Und unter diesen korrekten probabilistischen Voraussetzungen macht es wenig Sinn (und könnte irrational genannt werden), all die vielen Autos mit nicht-defekten Rücklichtern zu überprüfen. Dagegen macht es viel Sinn und ist sehr effektiv (also könnte rational genannt werden), die wenigen Autos mit defekten Rücklichtern daraufhin zu überprüfen, ob sie auch einen defekten Scheinwerfer haben. Und das ist genau jener logische Fehler, den die meisten Probanden bei der ursprünglichen, abstrakteren Wason'schen Auswahlaufgabe begehen. In sehr vielen Situationen, in denen Konditionalaussagen der Form „Wenn p, dann q" als überprüfungsbedürftig angesehen werden, ist nämlich das Zusammentreffen von p und q eher unwahrscheinlich. Daher ist es in solchen Situationen durchaus vernünftig (weil zeitsparend), eine derartige Konditionalaussage sowohl mit Modus Ponens zu überprüfen als auch dadurch, dass man testet, ob q immer p nach sich zieht.

Wahrscheinlichkeitstheoretische Abschätzungen verbessern sich, und Apriori-Wahrscheinlichkeiten werden eher berücksichtigt, wenn die Grunddaten nicht in Form relativer Häufigkeiten, sondern in Gestalt von absoluten Häufigkeiten angegeben werden (zum Beispiel: 10 von 1000 Frauen im Alter von 40 Jahren, die sich einer Routineuntersuchung unterziehen, haben Brustkrebs). In Abschätzungsexperimenten, die mit absoluten Häufigkeiten operieren, kommen immerhin etwa 50 % der Probanden zu den richtigen Werten im Sinne des Bayes-Theorems. Denn im alltäglichen Leben haben wir es durchweg mit Häufigkeiten und nicht mit Wahrscheinlichkeiten zu tun.[470] Dieser Befund spricht für eine alltägliche

[470] Zu weiteren interessanten Beispielen vgl. auch Gigerenzer 2007.

Rationalität im Umgang mit Wahrscheinlichkeiten, die freilich dem mathematischen Wahrscheinlichkeitskalkül nicht immer voll entspricht.

Die experimentellen Befunde zur Verwendung von Logik und Wahrscheinlichkeitstheorie in konkreten, alltäglichen Situationen legen die Vermutung nahe, dass theoretische Rationalität, wie sie tatsächlich unter Menschen verbreitet ist, bestimmten Denkmustern folgt, die zwar von den theoretischen Idealen der logischen und wahrscheinlichkeitstheoretischen Rationalität ein Stück weit entfernt sind, die aber eine eigene, kontext-gebundenen Rationalität darzustellen scheinen. Diese Vermutung ist in der neuen *Theorie der begrenzten Rationalität (bounded rationality)* aufgenommen und im Detail ausbuchstabiert worden.

Die grundlegende Idee dieser Theorie (= TBR im Folgenden) ist, dass die herkömmlichen Rationalitätsbegriffe, insbesondere in der Entscheidungs- und Spieltheorie, eine unangemessene Idealisierung und Universalisierung darstellen. In unserer aktualen Welt sind die Individuen in ihren Entscheidungen und Handlungen jedoch begrenzt durch Umweltbedingungen, kognitive Grenzen, eingeschränkte Ressourcen für Informationsbeschaffung, Kosten der Entscheidungsprozeduren und endliche Zeiträume für endgültige Entscheidungen. Aus diesen Gründen müssen Entscheidungen zunächst erheblich vereinfacht werden, bevor rationale Kriterien zum Einsatz kommen. Das bedeutet auch, dass Individuen, die Entscheidungen treffen, nicht optimale, sondern in den gegebenen Umständen befriedigende Lösungen suchen (sie sind nicht „Optimierer", sondern „Befriedigende" (*satisficer*)).

Der Pionier der TBR war Herbert Simon, der im Jahre 1978 für seine frühen Arbeiten zur TBR den Nobelpreis für Ökonomie erhielt ("for his pioneering research into the decision-making process within economic organizations", wie das Nobelpreiskomitee formulierte).[471] Simon geht von der Idee Hume'scher Rationalität aus. Die menschliche Vernunft ist begrenzt auf die Analyse der Mittel zur Erfüllung unserer Wünsche und daher angewiesen auf einen Sollens-Input. Normative Sätze müssen aus Inputs abgeleitet werden, die ein Sollen beinhalten, und diese Sollens-Inputs gehen auf der grundlegendsten Ebene auf Werte und Wertvorstellungen zurück. Allerdings sind Werte auch rational diskutierbar, wenn sie höheren Werten dienen oder widersprüchlich sind oder Folgen für andere Werte haben.[472] Die RC-Theorie im oben skizzierten Sinne präsentiert aus

[471] Simon 1972, 1977, 1979, 1982 (Simons Artikel zur TBR seit 1972); 1983, 1997 (Simons Artikel zur TBR seit 1982).

[472] Simon 1993, 15–20. Simon geht demnach von denselben grundlegenden Voraussetzungen aus wie die entsprechenden Überlegungen in der vorliegenden Studie, Abschnitte 4.5 und 4.6.

Simons Sicht ein Göttlichkeitsmodell, das auf konkrete menschliche Entscheidungen nicht anwendbar ist. Laborexperimente zeigen, dass Menschen tatsächlich stark vom Göttlichkeitsmodell abweichen.[473] Sie verfügen weder über göttlich perfektes Wissen noch über eine vollständige Präferenzordnung. Das RC-Modell lässt zudem den Ursprung der Werte, die in die Nutzenfunktion eingehen, unbeachtet und kann daher allenfalls für höchst spezialisierte, idealisierte Szenarien eingesetzt werden (z. B. für spezielle Unternehmensentscheidungen).[474]

Im konkreten Leben verfügen Menschen nur über unvollkommenes Wissen zu Folgen und Wahrscheinlichkeiten von Handlungen, über unvollkommen geordnete Präferenzen und über unvollkommene Schlussregeln. Unsere Entscheidungsmechanismen sind fast nie weitreichend für unser ganzes Leben, sondern beziehen sich auf spezielle Dinge und Probleme, die oft gleichgewichtig nebeneinander stehen. Statt exakter Wahrscheinlichkeitsverteilungen sind generelle Vorstellungen zu Lebensstil und Lebensperspektiven leitend, verbunden mit dem Bewusstsein unsicherer Prognosen. Für konkrete menschliche Entscheidungen gibt es keine übergreifende Nutzenfunktion. Vielmehr werden für jede Einzelentscheidung nur ein ganz bestimmter Ausschnitt von Werten und ein ganz bestimmter Aufmerksamkeitsfokus (in Gestalt von Gefühlen) mobilisiert. Im konkreten Leben sammeln Menschen in begrenzter Zeit teils umfangreiche Informationen über Fakten, die die anstehende Entscheidung betreffen. Danach fällen sie oft in einem Prüfverfahren zu den begrenzten Alternativen sehr schnell eine Entscheidung. Dabei wird keine Optimierung in Gestalt eines maximalen Nutzens, sondern eine begrenzte, für den Einzelfall ausreichende Anpassung und Problemlösung angestrebt. Das sind die *Grundzüge des Verhaltensmodells der begrenzten Rationalität.*[475]

Simon betont, dass dieses TBR-Modell nicht nur in Laborexperimenten bestätigt, sondern auch durch evolutionäre Prozesse erklärt werden kann – und zwar in einem doppelten Sinn. Zum einen sind Prozesse, die man als rational evolutionär bezeichnen kann, dem TBR-Modell strukturell auffallend ähnlich (wie auch oben im vorhergehenden Abschnitt bemerkt). Evolution involviert kurzsichtige Rationalität. Das bedeutet vor allem, dass es eine Tendenz zur Suche nach möglichst vielen Alternativen und ihrer Bewertung gibt, und dass Fitness ein Auswahlkriterium ist, das unmittelbaren kurzfristigen Vorteil verspricht, nur lokale Gipfel (lokale

473 In den späten siebziger Jahren des 20. Jahrhunderts wurde stets hingewiesen auf Tversky, Kahnemann 1974.

474 Simon 1993, 21–26.

475 Simon 1993, 27–32.

Maxima) ersteigt und daher kein optimales Gleichgewicht, sondern eine Anpassung in eng begrenzter Problemlage erreicht. Die Isomorphie dieser Merkmale zu den Charakteristika des Verhaltensmodells begrenzter Rationalität springt unmittelbar ins Auge.[476]

Zum anderen lässt sich die begrenzte Rationalität evolutionär auch dadurch erklären, dass sie auf Selektionen im zeitlichen Rahmen der ca. 100.000 Generationen zurückgeht, in denen sich der homo sapiens formiert hat, also in jener archaischen Zeit („Höhlenmenschen"), als sich die Welt noch in wenige Einzelprobleme zerlegen ließ. Diese Zeitspanne ermöglicht eine äußerst effektive Selektion von extrem zuverlässigen Mechanismen. Vor 400 Generationen erfolgte der Übergang zur Agrarwirtschaft, der die archaische Situation grundlegend veränderte und weitaus komplexere Situationen generierte[477] – sehr wenig Zeit für eine substantielle evolutionäre Anpassung und Selektion! Das ist eine der wesentlichen Ursachen dafür, dass wir auch heute noch oft mit Mechanismen begrenzter Rationalität arbeiten.

Die gegenwärtig führenden TBR-Vertreter, darunter Gerd Gigerenzer und Reinhard Selten, betonen, dass die TBR nicht nur mit der Idee der Rationalität als Optimierung in der RC-Theorie aufräumt, sondern auch mit der Hypothese der kalten Irrationalität[478] und mit der Konstruktion entscheidungstheoretischer Optimierungsmodelle, die dieses Problem zumindest mildern können.[479] Der TBR zufolge ist begrenzte Rationalität weder verbreitete Irrationalität noch eine Mixtur aus Rationalität und Irrationalität noch eine Optimierung unter eingeschränkten Bedingungen, sondern eine Menge rationaler Normen und Prozeduren relativ auf jeweils spezifische Umwelt-Kontexte. Die TBR ist demnach eine Theorie der jeweils angepassten erfolgreichen Rationalität, die zeigen kann, dass in den meisten Fällen kontext-relative einfache Entscheidungsmodelle (sogenannte „einfache Heuristiken") zu besseren Entscheidungen führen als theoretisch optimale Prozeduren. Die begrenzte Rationalität ist demnach in den meisten Kontexten die erfolgreichere Rationalität.[480]

Ein Beispiel kann die Ausrichtung der TBR erläutern. Nehmen wir an, ein amerikanischer Footballspieler fängt im Laufen den Ball – ersichtlich

[476] Simon 1993, 77.

[477] In diesem Zeitrahmen wird zum Beispiel aus einem Fitnessvorteil von 1.05 zu 1 ein Übergewicht von 250.000 : 1 Nachkommen, und bei 1.01 zu 1 immer noch ein Übergewicht von 13 : 1 Nachkommen.

[478] Vgl. etwa Samuels, Stich 2004.

[479] Vgl. zum Beispiel Aumann, Sorin 1989; Sargent 1993.

[480] Gigerenzer, Selten 2002.

ein Fall zweckrationalen Handelns.[481] Wollte man hier mit der Optimierungsrationalität der RC-Theorie arbeiten, so müsste man annehmen, dass das Gehirn des Spielers von der idealen Annahme ausgeht, dass der Ball sich auf einer Parabel bewegt; diese Parabel muss aus entsprechenden visuellen Inputs berechnet werden. Aber in der Realität fliegt Ball nicht auf einer Parabel, und die Abweichung muss aus Daten für Luftwiderstand und Wind berechnet werden. Und es gibt sehr viele weitere Faktoren (etwa Spin des Balles, Höhe des Ortes, Bewegung des Spielers, seine Körperhaltung, und die Interaktion zwischen diesen weiteren Faktoren), die ebenfalls in die Berechnung eingehen müssen. Man braucht also extrem viel sicheres Wissen und eine sehr starke algorithmische Software im Gehirn, um den Flug des Balles zu berechnen und ihn aufgrund dieser Berechnung zu fangen. Man kann aber auch zunächst studieren, was ein erfahrener Football-Spieler tatsächlich tut: Er bewegt sich in der ersten Sekunde nicht, sondern beobachtet den Ball und schätzt ab, ob der Ball vor ihm oder hinter ihm auftreffen wird. Dann rennt er in der entsprechenden Richtung los und fixiert dabei den Ball. Dabei adjustiert er seine Bewegung jeweils so, dass sein Blickwinkel (der Winkel zwischen Auge und Ball) konstant bleibt, so dass zum Schluss da, wo die Schenkel dieses Winkels sich treffen, er den Ball fangen kann. Das ist eine sehr einfache, algorithmisch und epistemisch sparsame, schnelle, nicht-optimierende und doch hocheffiziente Heuristik, die all die unzähligen anderen Faktoren und die ideale geometrische Parabel nicht beachten muss. Diese Heuristik ist erfolgreich in Bezug auf das spezielle Ziel, einen Ball im Laufen zu fangen, also eine effiziente lokale Rationalität, die sich nur auf eine bestimmte Klasse von Situationen anwenden lässt und aus der „adaptive toolbox" stammt.[482]

Die TBR arbeitet daher zum Beispiel mit einer Wunschtheorie (*aspiration theory*), die ohne eine komplette und transitive Präferenzordnung über alle Entscheidungsalternativen auskommt. Stattdessen verwendet die Wunschtheorie verschiedene real bewertete Zielvariablen. Während der Handlungsschritte erfolgt immer wieder eine Adjustierung an engere Ziele, wobei nur eine Zielvariable geändert wird. Diese Adjustierung wird durch zwei unabhängige Parameter geordnet: Dringlichkeit und Verzicht. Ein Entscheider startet mit einem Wunschlevel, der sich an bisherigen Erfahrungen orientiert. Wenn der nächste Schritt nicht erfolgverspre-

[481] Der *wide receiver* sieht den vom *quarterback* geworfenen Ball kommen, beabsichtigt, den Ball zu fangen und wählt zur Realisierung dieser Absicht einen geeigneten Lauf über das Feld.

[482] Gigerenzer, Selten 2002, 7.

chend ist, geht man zurück und senkt den Wunschlevel. Wenn der nächste und übernächste Schritt erfolgverprechend sind, geht man den nächsten Schritt, doch wenn zwar der nächste, aber nicht der übernächste Schritt in Ordnung ist, stoppt man beim nächsten Schritt und verzichtet auf weitere Schritte. Entscheidungen müssen dabei nicht auf quantitativen Erwartungen beruhen, sondern können auch auf qualitative Erwartungen zurückgreifen und stehen selten auf exakten wahrscheinlichkeitstheoretischen Grundlagen. Zum Beispiel schätzt der Käufer einer Lebensversicherung nicht die exakten Risiken ab (angesichts seines Gesundheitszustandes etc.), sondern setzt sich Ziele, die er vernünftig findet, etwa dass seine Familie für fünf Jahre nach dem Tode gesichert ist und die Prämie 5 % seines Einkommens nicht überschreitet. Insgesamt sind die Merkmale der Wunschtheorie

> goal incomparability, local procedural preferences, integrated decisions on decision resources, decisions based on qualitative expectations, cautious optimism in the search of alternatives and qualitative expectations, risk-related goal variables.[483]

Eines der – praktisch recht wichtigen – Beispiele für einfache Heuristiken ist eine schnelle ärztliche Diagnose. Wenn zum Beispiel ein Patient mit Brustschmerzen und Verdacht auf Herzinfarkt ins Krankenhaus eingeliefert wird, müssen die Ärzte schnell entscheiden, ob der Patient auf die Intensivstation kommen soll. Um die Ärzte bei dieser Entscheidung zu unterstützen, entwickelten Forscher einen umfangreichen Katalog mit rund 50 Entscheidungsmerkmalen. In einer Formel zusammengefasst konnten die Ärzte mit Hilfe eines Taschenrechners ihre Entscheidung treffen. Daraufhin kamen weniger Patienten unnötig auf die Intensivstation. Als man den Ärzten den Taschenrechner wieder wegnahm, wurden ihre Entscheidungen überraschenderweise nicht schlechter. Die Ärzte hatten die Formel weder auswendig gelernt noch verstanden. Doch hatten sie sich die wichtigsten Entscheidungskriterien eingeprägt und alle anderen vergessen. Nun trafen sie mit Hilfe eines einfachen und nicht weniger effizienten Entscheidungsbaums aus höchstens drei Kriterien eben so gute Entscheidungen wie zuvor mit dem Taschenrechner:

[483] Selten 2002, 23 f. Selten führt in dieser Arbeit viele instruktive Beispiele für einfache Heuristiken an.

Veränderungen im ST-Segment ?

Nein	Ja
Weitere Frage: Hauptbeschwerde Brustschmerzen ?	Entscheidung: Intensivstation

Ja	Nein
Weitere Frage: Ein anderer Faktor: NTG, MI, ST↔, ST↕, T ?	Entscheidung: Krankenbett

Ja	Nein
Entscheidung: Intensivstation	Entscheidung: Krankenbett

Dieser Entscheidungsbaum stellt den wichtigsten Faktor an die Spitze. Bei Veränderungen im ST-Segment (einer Anomalie im EKG) kommt der Patient auf die Intensivstation. Falls keine EKG-Veränderung vorliegt, kommt der zweitwichtigste Faktor ins Spiel: ob die Hauptbeschwerden des Patienten Brustschmerzen sind. Wenn nicht, kommt der Patient in ein reguläres Krankenbett (das verhindert, dass Intensivstationen überbelegt werden). Wenn Ja, wird noch eine letzte, 5-teilige Frage gestellt. Wenn die Antwort für einen der fünf Faktoren positiv ist, kommt der Patient auf die Intensivstation. Falls keiner der Faktoren zutrifft, kommt der Patient in ein reguläres Krankenbett. Ärzte bevorzugen diesen effizienten Entscheidungsbaum, weil er transparent ist und leicht vermittelt werden kann.[484]

Instruktiv sind auch Beispiele, in denen *unterschiedliche* Heuristiken greifen, die verschiedene Grade von Simplifizität aufweisen. Payne und Bettman zitieren den Fall eines Autokaufs als multivalentes und multi-attributionales Entscheidungsproblem.[485] Wie immer in Diskussionen über TBR, RC-Theorien und Spieltheorien ist *Normativität* soviel wie *Bewerten, Wünschbarkeit oder Nutzen*. Ein Szenario über unterschiedliche qualitative Bewertungen unterscheidet z. B. 7 Stufen (mit entsprechenden Punktzahlen): Best (7), Very Good (6), Good (5), Average (4), Poor (3),

[484] Vgl. Gigerenzer 2008. Ferner Gigerenzer, Brighton 2009; Gigerenzer, Hertwig, Pachur Hrg. 2011.

[485] Vgl. Payne, Bettman 2002.

Very Poor (2), Worst (1). Im Fall eines Autokaufs mögen 5 verschiedene Autos (A–E) zur Wahl stehen:

Auto	Zuverlässigkeit	Preis	Sicherheit	PS
A	Worst	Best	Good	Very Poor
B	Best	Worst	Worst	Good
C	Poor	Very Good	Average	Average
D	Average	Poor	Best	Worst
E	Worst	Very Poor	Good	Best

Wie werden Entscheidungen darüber getroffen, welches Auto zu präferieren und daher zu kaufen ist, wenn es mehrere Evaluationsaspekte (normative Prädikate) und eine bestimmte Präferenzordnung zur Relevanz der Kriterien gibt (nehmen wir z. B. Zuverlässigkeit > Preis > Sicherheit > PS (also etwa: Faktoren 2, 1.7, 1.3, 1)? Einige Entscheidungsstrategien sind zum Beispiel:

(a) WAAD (weighted adding strategy): Nutzen (Wünschbarkeit) einer multivalenten und multiattributiven Option ist gleich der Summe des Nutzens der Komponenten – mit anschließendem Vergleich der Summen aller Optionen unter Berücksichtigung der Präferenzordnung. Demnach würde Auto C gekauft (mit Spitzenwert 27.4).

(b) EQW (equal weight strategy): Wie WAAD, nur dass die Präferenzordnung vernachlässigt wird. Demnach würde ebenfalls Auto C gekauft (mit Spitzenwert 17).

(c) LEX (lexikographic strategy): Alternative mit der besten Bewertung für das wichtigste Merkmal wird gewählt. Demnach würde Auto B gekauft.

(d) SAT (Satisfying): Alternativen werden nacheinander geprüft, und zwar unter Rückgriff auf einen aus vergangener Erfahrung vordefinierten Mindestlevel für jedes Attribut (etwa: Good). Wenn in einer Alternative mindestens ein Attribut den Mindestlevel nicht erfüllt, wird die Alternative verworfen. Die erste auftauchende Alternative, deren Attribute sämtlich den Mindestlevel erfüllen, wird gewählt. Andernfalls wird der Mindestlevel gesenkt, und die Gesamtbewertung beginnt von vorn. Demnach würde Auto C gekauft (bei Absenkung auf Poor).

(e) EBA (elimination-by-aspects strategy): (i) Elimination aller Optionen, die den Mindestlevel (hier: Good) für das wichtigste Attribut nicht erfüllen; (ii) Restoptionen: alle Optionen eliminiert, die den Mindestlevel für das zweit-wichtigste Attribut nicht erfüllen; (iii)

Restoptionen: alle Optionen eliminiert, die den Mindestlevel für das dritt-wichtigste Attribut nicht erfüllen, usw. bis eine einzige Option übrig bleibt, und die wird gewählt. Demnach würde wieder Auto B gekauft.

Alle diese Strategien werden in bestimmten Situationen tatsächlich benutzt. Die Forschung zeigt, dass Menschen gewöhnlich jene Strategie wählen, die in der jeweiligen Situation am vorteilhaftesten ist. Im skizzierten Fall des Autokaufs fällt die Wahl in jedem Fall entweder auf B oder auf C, wird also durch alle Strategien erheblich eingeschränkt. Auch einfache Heuristiken schneiden demnach gut ab.

In einigen Versionen der TBR geht man von internen Beschränkungen der Rationalität aus (z. B. begrenztes Gedächtnis, begrenzte Geschwindigkeit des Prozessierens von Daten, begrenzte Problemlösungsfähigkeit, eingeschränktes logisches Verständnis). Die Evolution hätte diese epistemischen Kapazitäten verbessern können – aber das ist für lange Zeit unterblieben. Einige Autoren erklären diesen Umstand damit, dass es letztlich externe Faktoren sind, die für die Form und Begrenzung unserer kognitiven Fähigkeiten evolutionär grundlegend sind.[486] Einer der wichtigsten dieser Faktoren ist die *Zeit*. Denn schnellere Entscheidungen und Zugriffe auf Ressourcen sind meist vorteilhaft. Ein weiterer wichtiger Faktor ist die *Information* über Hinweise in der Umgebung auf Nahrung oder Gefahr. Sammeln von Information bedeutet allerdings Zeitaufwand und Energiekosten. Oft sind verschiedene Hinweise auf dieselbe Sache korreliert; daher ist es meist vorteilhafter, nur wenige Hinweise schnell zu nutzen als Hinweise ausführlich und extensiv zu sammeln.

Demnach scheint die Form der Rationalität und der Heuristik evolutionär so selektiert worden zu sein, dass die Schnelligkeit der Entscheidungen und Handlungen maximiert und der Aufwand der Informationsbeschaffung minimiert wird.[487] Doch kann eine einfache Heuristik tatsächlich adaptiv sein? *Einfach* kann eine Heuristik und Entscheidung sein, insofern sie (i) nur auf Wiedererkennung oder Unkenntnis setzt, (ii) Entscheidungen auf den ersten Hinweis gründet, der eindeutig für eine bestimmte Entscheidung spricht, (iii) nur eine kleine Anzahl von Hinweisen für eine kategoriale Einschätzung nutzt, und (iv) eine serielle Informationssuche nach dem Finden nur weniger Alternativen stoppt. Viele Untersuchungen

[486] Vgl. Todd 2002.

[487] Wie z. B. Todd 2002 hinzufügt, ist natürlich nicht das gesamte menschliche Denken durch simple Heuristiken gekennzeichnet, es gibt raffiniertere Formen, gerade in neuerer Zeit, und wir unterliegen auch internen Beschränkungen der Rationalität, die nicht auf externe Bedinungen zurückgehen.

haben gezeigt, dass zumindest in bestimmten ökologischen Umwelten das Suchen und Sammeln von mehr Information in diesen vier Fällen nicht so viel Gewinn bringt, als dass der enorme Zeitverlust aufgewogen werden könnte. Die einfache Heuristik erweist sich in diesen Umwelten also als effizienter und adaptiver als eine zeitaufwendige Optimierung der epistemischen Situation und ist daher evolutionär selektiert worden. Viele materiale Studien zeigen, dass wir noch heute oft eine einfache Heuristik benutzen, wenn wir Entscheidungen treffen, und dass dies noch heute in vielen Situationen vorteilhaft ist.[488]

In welcher Weise beeinflusst die TBR die Theorie der Rationalität und insbesondere die Überlegungen zur Normativität der Rationalität? Es ist aufschlussreich, welche Antworten Gerd Gigerenzer und Thomas Sturm in einer neueren Arbeit auf diese Fragen vorschlagen.[489] Sie betonen zunächst wie viele andere Vertreter der TBR, dass die TBR von den Optimierungsmodellen der Rationalität abrückt, wie sie in der Logik, Entscheidungs- und Spieltheorie sowie in der Wahrscheinlichkeitstheorie formuliert worden sind. Stattdessen geht die TBR von einem *ökologischen Rationalitätsbegriff* aus. Eine kognitive Entscheidungsstrategie oder Heuristik ist *ökologisch rational relativ auf eine Umwelt*, wenn sie in dieser Umwelt erfolgreich ist, d.h. sich als angemessenes Mittel zur Realisierung gegebener Ziele erweist.[490] Ökologische Rationalität berücksichtigt im Gegensatz zur idealen Optinmierungsrationalität externe Faktoren wie Zeit oder Kosten für Informationsbeschaffung. Die *Umwelt* kognitiver Heuristiken wird definiert durch spezifische Strukturen, zum Beispiel: Die Ereignisse sind schwer vorhersagbar, die Anzahl der Alternativen ist hoch, die Anzahl der Prämissen für Lernen ist gering, die Zuverlässigkeit der Wiedererkennung von Alternativen ist > 0.5. Eine *Heuristik* ist, wie wir an den angeführten Beispielen gesehen haben, ein einfaches und schnelles Entscheidungsverfahren ohne hohen Berechnungsaufwand, das Regeln für eine begrenzte Suche nach Alternativen, für den Abbruch der Suche und für schnelle Entscheidungen enthält und oft ohne Deliberation ausgeführt wird. In der soeben skizzierten Umwelt wird zum Beispiel oft die Investment-Heuristik *Investiere Dein Geld zu gleichen Teilen in die vorhandenen Alternativen* angewendet und erweist sich auch als erfolgreich. Die TBR schließt aber die klassischen idealen Optimierungsstrategien nicht aus ihrem Forschungsbereich aus. Wenn in der gegebenen Umwelt die Ereignisse sicher vorhersagbar sind, die An-

488 Literaturhinweise bei Todd 2002.

489 Vgl. Gigerenzer, Sturm 2012.

490 Gigerenzer, Sturm 2012, 255.

zahl der Alternativen gering und die Anzahl der Prämissen hoch ist, werden Optimierungsstrategien verwendet und sind ebenfalls erfolgreich.

Nach Gigerenzer und Sturm ist es daher *empfehlenswert*, in bestimmten Umwelten einfache Heuristiken statt der Optimierungsstrategien anzuwenden (soweit dies noch nicht getan wird). Diese normative Empfehlung lässt sich aus empirischer Forschung ableiten, die nicht nur die Gestalt, sondern auch den Erfolg der Heuristiken erkundet. Und das heißt Gigerenzer und Sturm zufolge, dass sich (ökologische) Rationalität und die zugehörige Normativität *naturalisieren* lassen.

Dies bedeutet offensichtlich nicht, dass die TBR das normative Vokabular ohne Gehaltsverlust auf physikalisches Vokabular zurückführt, sondern lediglich, dass sich empirisch nicht nur die Verbreitung, sondern auch der Erfolg ökologisch-rationalen Verhaltens nachweisen und begründen lässt. Die *Beschreibung* dieses *empirischen* Befundes involviert den Rationalitätsbegriff, der zudem auch in Begriffen der Normativität beschrieben wird.

Die TBR liefert aus hermeneutischer Sicht einige wichtige Einsichten. Dazu gehört der Befund, dass unter Menschen vor allem die ökologische Rationalität verbreitet ist, die – relativ auf bestimmte soziale Umwelten – in unterschiedlichen Varianten auftritt. Diese Varianten sind in ihren korrelierten sozialen Umwelten besonders erfolgreich – was heißt, dass ihre Anwendung in diesen Umwelten zu einer weitgehenden Realisierung von Zielen und Werten führt. Daher lässt sich der TBR zufolge die Empfehlung begründen, eine solche Anwendung auch vorzunehmen. Ökologische Rationalität ist demnach normativ gefordert.

Diese Einsichten stimmen mit den Überlegungen in 4.6 überein, zeichnen allerdings ein differenzierteres Bild. Denn ökologische Rationalität ist ersichtlich eine Spielart der Zweckrationalität, die auch der TBR zufolge unter Menschen weit verbreitet ist, allerdings in unterschiedlichen kontext-sensitiven Formen. Diese ökologische Zweckrationalität weist normative Aspekte auf. Die optimale Interpretation (rationale Erklärung) weiter Bereiche menschlichen Denkens und Handelns involviert daher den Rückgriff auf jene Form der ökologischen Rationalität, die in der sozialen Umwelt des Explanandums erfolgreich ist.

4.8 Rationalität und das Problem der Normativität

Neuerdings wird die Frage, ob Rationalität normativ ist, d.h. ob wir rational sein sollen (die *Normativitätsfrage*), intensiv debattiert. Leitend für diese Debatte ist eine verbreitete Idee von Rationalität: *Rationalität ist Kohärenz*. Die Kohärenz von Meinungen (*theoretische Rationalität*) impliziert die Erfüllung folgender rationaler Forderungen: Widerspruchsfreiheit, Konsistenz und logischer Abschluss von Meinungen, sowie die Erfüllung der wahrscheinlichkeitstheoretischen Axiome durch Grade von Meinungen. Die Kohärenz zwischen Absichten bzw. zwischen Absichten und Meinungen (*praktische Rationalität*, insbesondere *Zweckrationalität*, also *instrumentelle Rationalität*) impliziert die Erfüllung folgender rationaler Forderungen: Konsistenz und präferentielle Ordnung von Absichten, Zweck-Mittel-Konsistenz und Enkrasia.[491]

Auf der allgemeinsten Ebene gibt es zwei Theorien der Normativität:[492] Zum einen die *Theorie der Normativität der Gründe*: Wenn A ein Grund für B ist, so ist dies eine *normative Relation* zwischen A und B. Eine Person *sollte* daher A tun, wenn sie Gründe dafür hat, A zu tun. In diesem Fall ist das Tun von A *normativ*.[493] Zum anderen die *Theorie der Normativität der rationalen Forderungen*: Inkohärente Einstellungen erzeugen normative Spannung und rationalen Druck. Wir sollten daher nur kohärente Meinungen und Absichten haben. Rationalität ist daher normativ, d.h. wir *sollten* A tun, wenn A in kohärente Zustände eingebettet ist, die den genannten rationalen Forderungen genügen. Es gibt demnach für sprachmächtige Personen eine grundlegende rationale Forderung, nämlich nur Meinungen und Absichten aufrecht zu erhalten, deren Beziehung kohärent ist.[494] Allerdings bleibt fraglich, in welcher Beziehung die Normativität der Gründe zur Normativität der rationalen Forderungen steht und insbesondere ob eine dieser Normativitäten grundlegend ist. Beide möglichen Positionen werden verteidigt:

Der *normative Rationalismus* behauptet: Gründe müssen in Begriffen der Rationalität (im Sinne der rationalen Forderungen) erklärt werden: Eine Person ist *voll rational*, wenn sie alle rationalen Forderungen erfüllt.

[491] Enkrasia bedeutet: Ist eine Handlung geboten, so sollte die Absicht entwickelt werden, sie zu vollziehen. Zur praktischen Rationalität als Rationalität der Absichten und Handlungen in Hinsicht auf die Frage, welche Absichten wir formieren und wie wir handeln sollten, und zur theoretischen Rationalität als Rationalität der Meinungen in Hinsicht auf die Frage, welche Meinungen wir uns bilden sollten, vgl. z.B. Wallace 2009.

[492] Vgl. Way 2009.

[493] Vgl. zu dieser Position den Beginn von Kolodny 2005; ferner Way 2009.

[494] Vgl. zu dieser Position Broome 1999.

Die Relation zweier mentaler Einstellungen A und B einer Person ist eine *Begründung* (d.h. A ist ein *Grund* für B), wenn diese Person voll rational ist und A wählt, um B zu formieren.[495]

Der *normative Antireduktionismus* macht dagegen geltend: Gründe können nicht in Begriffen der Rationalität (im Sinne der rationalen Forderungen) erklärt werden. Die Begründungsrelation ist vielmehr metaphysisch und explanatorisch primitiv. Die Normativität der Rationalität könnte allenfalls durch Rückgriff auf die Normativität der Gründe plausibel gemacht werden. Eine Person *sollte* demnach H tun (d.h. H zu tun ist *normativ*) gerade dann, wenn sie mehr Gründe hat, H zu tun als nicht-H zu tun. Und H ist gut für eine Person gerade dann, wenn sie Gründe dafür hat, H als Wert anzusehen.[496]

Die Debatte um diese beiden Positionen greift auf die bekannte Unterscheidung zwischen konklusiven und subjektiven – genauer subjektiv-rationalen – Gründen zurück. A ist ein *subjektiv-rationaler Grund* für B, wenn die Person meint, A sei ein Grund für B, und wenn die Relation zwischen A und B kohärent ist.[497] A ist ein *konklusiver Grund* für B, wenn A ein subjektiv-rationaler Grund für B ist *und* wenn A wahr (korrekt) ist. Diese Unterscheidung zwingt die Theorie der Normativität der Gründe zu einer Differenzierung, die ihrerseits Konsequenzen für die Normativität der rationalen Forderungen hat. Der *Theorie der subjektiv-rationalen Gründe* zufolge gilt: Wenn A ein subjektiv-rationaler Grund für B ist, so ist dies eine normative Relation zwischen A und B. Eine Person *sollte* daher B tun, wenn sie subjektiv-rationale Gründe dafür hat, B zu tun. In diesem Fall ist das Tun von B *normativ*. Der *Theorie der konklusiven Gründe* zufolge gilt dagegen: Wenn und nur wenn A ein konklusiver Grund für B ist, so ist dies eine normative Relation zwischen A und B. Eine Person *sollte* daher B tun, wenn und nur wenn sie konklusive Gründe dafür hat, B zu tun. In diesem Fall ist das Tun von A *normativ*.[498]

[495] Vgl. z.B. Smith 1999 und 2004. O'Neill 2004 argumentiert, dass auch Kant zu den normativen Rationalisten gehört, wie übrigens nach Smith 2004 auch Hume.

[496] Vgl. z.B. Broome 2004 und 2008; Scanlon 1998, Kap.1; Raz 1999 und 2005; Parfit 2001; Schroeder 2007. So sagt zum Beispiel Raz: "The normativity of all that is normative consists in the way it is, or provides, or is otherwise related to reasons" (Raz 1999, 67). Und Schroeder behauptet: "To be normative, is to be analyzed in terms of reasons" (Schroeder 2007, 81).

[497] Es ist demnach möglich, dass ein subjektiv-rationaler Grund auf einer falschen Meinung oder Evaluation beruht.

[498] Manchmal wird die subjektive Begründung und damit die Normativität der rationalen Forderungen als intramentale Relation, die konklusive Begründung und damit die Normativität konklusiver Gründe dagegen als Relation zwischen einem Faktum und einer

Die Theorie der subjektiv-rationalen Gründe muss die rationalen Forderungen als normativ betrachten, denn subjektiv-rationale Gründe zu haben, besteht neben der Meinung, einen Grund zu haben, vor allem darin, dass der Grund den rationalen Forderungen entspricht. Die Begründungsrelation ist im Rahmen dieser Theorie eine intramentale Angelegenheit. Doch worin genau soll die Normativität der rationalen Forderungen bestehen? Ein prominenter Vorschlag lautet: Der normative Gehalt der rationalen Forderungen besteht darin, dass wir Meinungen und Absichten als begründungsbedürftig ansehen. Für Meinungen und Absichten ist es konstitutiv, begründungsfähig zu sein und Begründungen zu ermöglichen. Und die Normen von Begründungen werden durch die rationalen Forderungen angegeben.[499]

Der entscheidende Einwand, der gegen diesen Vorschlag vorgebracht worden ist, weist darauf hin, dass subjektiv-rationale Gründe nur scheinbar auch konklusive Gründe sind, tatsächlich aber auch nicht konklusiv sein können. Nur konklusive Gründe verankern die Begründungsrelation in der externen Welt, weil diese Gründe wahre Meinungen sind. Diese Theorie ist, wie ihre Proponenten – namentlich Niko Kolodny – nicht müde werden zu betonten, intuitiv sehr plausibel. Nehmen wir beispielsweise an, in meinem Glas sei Benzin, ich meine dagegen fälschlich, mein Glas sei mit Gin gefüllt und ich möchte gerade gern Gin trinken, dann gibt es eine starke Intuition zu sagen, ich *sollte* das Glas *nicht* austrinken, obgleich es angesichts meiner subjektiv-rationalen Gründe rational für mich wäre, das Glas auszutrinken.[500]

Die Theorie der konklusiven Gründe mündet daher in den *normativen Skeptizismus* (auch *Transparenz-Theorie* oder *Irrtumstheorie* genannt): Eine Person ist rational gefordert, A zu tun, genau dann, wenn sie *meint*, konklusive Gründe für A zu haben. Diese Meinung kann jedoch falsch sein, so dass die Gründe lediglich subjektiv-rational sind. Menschen sollten aber nicht aufgrund falscher Meinungen handeln, weil dies häufig nachteilig ist. Wenn daher eine Person Handlung A vollzieht, weil sie lediglich subjektiv-rationale Gründe dafür hat, handelt sie nicht normativ. Daraus folgt, dass rationale Forderungen nicht normativ sind.[501]

Die Forderung des normativen Skeptizismus, der Rationalität die Nor-

mentalen Einstellung angesehen (Kolodny 2005, 509). Aber letzteres kann nur dann korrekt sein, wenn Fakten durch Verweis auf wahre Sätze definiert werden.

499 Vgl. Scanlon 2007, 87 f. Diese Auffassung wird, wie wir gesehen haben (vgl. oben, Abschnitte 4.2 und 4.3) auch von Brandom und Davidson vertreten.

500 Vgl. z. B. Kolodny 2005, 558.

501 Der prominenteste Vertreter des normativen Skeptizismus ist Niko Kolodny (vgl. Kolodny 2005, 2008a, 2008b, 2008c). Ein weiterer Vertreter ist Broome 2008.

mativität abzusprechen, hat viel Aufmerksamkeit auf sich gezogen. Viele Autoren, die von der Theorie der Normativität der Gründe ausgehen, sind zu Recht der Auffassung, dass diese Forderung am besten durch den Nachweis gekontert werden könnte, dass es unabhängige, externe Gründe dafür gibt, rational zu sein.[502] Allerdings wird dabei meist unterstellt, dass es zu zeigen gilt, dass *jeder* Akteur in *beliebigen* Umständen eine *unabhängige* und *generelle* Rechtfertigung dafür besitzt, rational zu sein. Die Frage, ob wir rational sein sollen, muss *universell* beantwortbar sein.[503]

Die normativen Skeptiker sehen jedoch keine Möglichkeit, diesen Nachweis zu liefern. So läge es beispielsweise nahe zu sagen, dass es viele Situationen gibt, in denen Rationalität (also die Erfüllung der rationalen Forderungen) vorteilhaft für uns ist. In diesen Situationen hätten wir einen konklusiven Grund dafür, rational zu sein. Es wäre in diesen Situationen klug, rational zu sein. Da es jedoch auch viele Situationen gibt, in denen es nicht vorteilhaft ist, rational zu sein, zum Beispiel wenn wir falsche Meinungen darüber haben, was für uns vorteilhaft wäre, ist damit kein universeller Nachweis für die Normativität der Rationalität erbracht.[504] Und wollte man sagen, es sei zumindest in den meisten Fällen klug und vorteilhaft, rational zu sein, dann ist es nicht in allen Fällen klug und vorteilhaft, rational zu sein (so dass erneut die Universalitätsbedingung verletzt ist und wir in diesen Fällen keinen konklusiven Grund haben, rational zu sein, und Rationalität daher nicht normativ wäre).[505]

Broome gibt der Antwort, die auf Vorteile der Rationalität hinweist, eine etwas andere Form und gießt sie in eine kleine Theorie.[506] Er nennt sie die *Theorie der instrumentellen Begründung der Normativität von Rationalität*: Es gibt viele Dinge, die wir tun sollten. Die Erfüllung rationaler Forderungen ist in den meisten Fällen ein gutes Mittel, um die Dinge zu tun, die wir tun sollten. Daher sollten wir rationalen Forderungen nachkommen, d.h. Rationalität ist normativ. Im weitesten Sinne *sollten* wir A tun, wenn A wünschenswert, wertvoll, geboten oder gut begründet ist.[507]

Eine detailliertere Theorie der instrumentellen Begründung der Normativität von Rationalität ist die von Vellemann und Bratman vorgeschlagene *Theorie des erfolgreichen Funktionierens*: Unsere mentalen Zustände und Einstellungen sind Bestandteile eines kognitiven Systems oder eines Handlungssystems und haben die Funktion, zum Erhalt dieser Systeme

[502] Vgl. z.B. Kolodny 2005, 545 f.
[503] Vgl. z.B. Southwood 2008, 22.
[504] Southwood 2008, 23; Kolodny 2005, 543.
[505] Southwood 2008, 24.
[506] Broome 2008, Abschnitt 4.
[507] Vgl. Broome 2008, 162.

beizutragen. Rationale Forderungen beschreiben die Eigenschaften, die unsere mentalen Zustände und Einstellungen haben müssen, um diese Funktion erfolgreich zu exekutieren. Wenn das betrachtete System unser kognitives System ist, dann haben unsere mentalen Zustände und Einstellungen die Funktion, die Welt korrekt zu repräsentieren, und die entscheidenden rationalen Forderungen beziehen sich auf Rationalitätsstandards für Meinungssysteme.[508] Wenn das betrachtete System das Handlungssystem ist, das jede Person darstellt, dann sind vor allem unsere Absichten relevant, und die entscheidenden rationalen Forderungen beziehen sich auf Rationalitätsstandards für Absichtssysteme (zum Beispiel die Konsistenz der Absichten, aber auch die Zweck-Mittel-Konsistenz).[509]

Bratman zufolge sind es aber nicht so sehr Wünsche, sondern Pläne (d. h. komplexe zukunftsorientierte Absichten), die eine besonders zentrale funktionale Rolle spielen. Sie sind nicht nur motivationale Pro-Einstellungen, sondern erleichtern die intrapersonale und interpersonale Kontrolle von Handlungen zur Realisierung komplexer Ziele und manifestieren sich in Gestalt bestimmter Verhaltensdispositionen. Wenn wir nicht nur wünschen, sondern beabsichtigen, geplant und entschieden haben, etwas zu tun, sind wir auch verpflichtet und disponiert, dies zu tun. Das heißt, Absichten, Pläne und Entscheidungen involvieren notwendigerweise Stabilität, aber auch *rationale Dispositionen* wie die Disposition, Konsistenz zwischen den eigenen Meinungen und Intentionen herzustellen oder die geeigneten Mittel für gegebene Ziele zu wählen.[510]

Die Theorie des erfolgreichen Funktionierens erklärt Rationalität durch ihre Effizienz für den Erhalt und die positive Entwicklung bestimmter Systeme, etwa des kognitiven Systems oder des Handlungssystems, aber auch, wie Bratman neuerdings betont, für die Fähigkeit, sich selbst zu regieren (*self-governance*).[511] Diese Erklärung hat einen evolutionstheoretischen Anstrich.

Broome hält die Theorie der instrumentellen Begründung der Normativität von Rationalität jedoch für unhaltbar. Sein Einwand ist, dass es „schrullige" Welten (*quirky worlds*) geben könnte, deren geistige Wesen zum Beispiel zwar zweckrational sind, damit aber nicht erreichen, was sie erreichen sollten. Aus irgend einem merkwürdigen Grund laufen die kausalen Prozesse in diesen schrulligen Welten so ab, dass die geistigen Wesen immer dann, wenn sie X beabsichtigen und Y dafür als hilfreich betrach-

[508] Vgl. Vellemann 2000 und 2007.

[509] Vgl. Bratman 1986, 2009a (bes. 18), 2009b und 2009c.

[510] Bratman 1986, vgl. insbesondere auch Bratman 2009b, 29.

[511] Bratman 2009c.

ten und darum Y tun, nicht das erreichen, was wertvoll, geboten oder begründet ist. Daraus folgt für Broome, dass es allenfalls ein kontingentes Faktum sein kann, dass Rationalität normativ ist.[512] Die Theorie der instrumentellen Begründung der Normativität von Rationalität gilt nur für Welten, die nicht schrullig sind. Und das ist nicht genug, denn Broome geht wie andere Wortführer des normativen Skeptizismus (etwa Kolodny, Southwood oder Way) davon aus, dass Normativität durch konklusive Gründe gestiftet wird *und* dass konklusive Gründe für Rationalität universell und kontextfrei sein müssen.

Ein weiterer Vorbehalt gegenüber der Theorie der instrumentellen Begründung der Normativität von Rationalität ist, dass diese Theorie nicht erklären kann, inwiefern Rationalität für den Akteur, der die rationalen Forderungen erkennt, normative Kraft haben und rationalen Druck ausüben kann.[513] Allerdings ist schwer zu sehen, was dieser Einwand genau besagt. Eine instrumentelle Begründung der Normativität von Rationalität kann der Rationalität zwar für sich allein genommen keine eigenständige normative Kraft zusprechen und daher auch nicht erklären, inwiefern Rationalität allein bereits einen rationalen Druck auf Akteure ausüben kann. Doch kann diese Theorie darauf verweisen, dass ein normativer Druck gewöhnlich von den Zwecken auf die Mittel (also die Rationalität) übertragen wird.[514] Eines der Beispiele dafür ist, dass wir als Zweck ein geprüftes Konzept des für uns guten Lebens entwickelt haben, das die Erfüllung von rationalen Forderungen involviert. Ein anderes Beispiel ist, dass dem normativen Skeptizismus zufolge konklusive Gründe unter anderem die Erfüllung der rationalen Forderungen verlangen. Geht man also von konklusiven Gründen aus, so a fortiori auch von rationalen Forderungen.[515] Der skizzierte Einwand scheint daher genauer zu fordern, dass ein angemessener Rationalitätsbegriff so ausbuchstabiert werden muss, dass verständlich wird, dass wir einen normativen Druck empfinden, etwas zu meinen, zu beabsichtigen oder zu tun *aus dem alleinigen*

[512] Vgl. Broome 2008, 163 f..

[513] Vgl. z.B. Southwood 2008, 32. Scanlon formuliert diesen Einwand deutlicher als Vorbehalt gegenüber dem evolutionstheoretischen Hintergrund der Theorie des erfolgreichen Funktionierens, vgl. Scanlon 2007, 86 f.

[514] Vgl. z.B. Wallace 2009 und den Abschnitt 2 (*Instrumental Transmission*) in Kolodny, Brunero 2013.

[515] Trivialerweise können nur höhere Formen der Evaluation und höhere Werte (zum Beispiel kulturelle oder moralische Werte oder Konzepte des guten Lebens) normativen Druck entfalten, den Akteure empfinden können. Mit fest verdrahteten, in der rein biologischen Evolution generierten Motiven kommt man nicht durch. Die Theorie der instrumentellen Begründung der Normativität von Rationalität stützt sich aber auch nicht allein auf diesen elementaren Fall.

Grund, dass dies vernünftig ist. Diese an Kant anknüpfende Forderung ist aber als Bedingung für beliebige Formen der Rationalität zu restriktiv.

Im Übrigen stützt sich der normative Skeptizismus seinerseits auf problematische Prämissen. Zwar ist die Unterscheidung zwischen subjektiv-rationalen und konklusiven Gründen einsichtig, doch bleibt unklar, wie das Verfügen über konklusive Gründe kognitiv implementiert und handlungswirksam werden kann, d.h. wie wir *aus* konklusiven Gründen handeln können. Konklusive Gründe müssen wahr sein, aber wie können wir definitiv wissen, dass sie wahr sind? Wir *sollten* nur das tun, wofür wir konklusive Gründe haben, aber wir können, wie es scheint, niemals definitiv *entscheiden oder wissen*, ob unsere Gründe konklusiv sind. Somit *gäbe es nichts, was wir jemals tun sollten*. Der Wahrheitsbegriff ist im normativen Skeptizismus unterbestimmt. Zwar können wir annehmen, dass die meisten unserer Meinungen wahr und somit die meisten unserer Gründe konklusiv sind, weil – wie bereits dargelegt – unsere durchgehende Zweckrationalität überwiegend wahre Meinungen involviert und weil wir – wie Davidson gezeigt hat – andernfalls keine Falschheiten entdecken und nicht erfolgreich kommunizieren könnten.[516] Aber wenn es um eine bestimmte Meinung geht, müssen Meinungen und Gründe aus Sicht endlicher geistiger Wesen, die nicht durch das Auge Gottes schauen können, als wahr betrachtet werden, wenn alles in allem das meiste für sie spricht. Dass etwas *alles in allem für einen Grund spricht*, heißt, dass dieser Grund nach den üblichen epistemologischen und wissenschaftstheoretischen Kriterien akzeptierbar ist. Gründe, die in diesem Sinne wahr sind, seien *konklusive* Gründe* genannt. Wenn man die Gründe, die der normative Skeptizismus konklusiv nennt, als konklusive* Gründe versteht, dann ist die zentrale Botschaft des normativen Skeptizismus, dass subjektiv-rationale Gründe, selbst wenn sie Kohärenzkriterien genügen, *schlechte Gründe* sein können. Subjektiv-rationale Gründe und Kohärenz haben daher keine normative Kraft. Doch konklusive* Gründe genügen stärkeren rationalen Forderungen, deren Erfüllung die Wahrscheinlichkeit ihrer Wahrheit steigert, wenn auch nicht in jedem Falle garantiert. Konklusive* Gründe und die hinter ihnen stehenden rationalen Forderungen, wie sie seit der Antike in formalen Disziplinen wie Logik, allgemeiner Wissenschaftstheorie und Methodologie spezieller Wissenschaften im Rahmen der kulturellen Evolution ausgearbeitet wurden, haben dagegen sehr wohl normative Kraft.

Aus dieser Sicht lässt sich der zentrale und wichtige rationalitätstheoretische Punkt, den der normative Skeptizismus macht, so beschreiben,

[516] Vgl. oben, Abschnitt 4.3.

dass rein subjektiv-rationale, lediglich auf Kohärenz beruhende Gründe keine normative Rationalität aufweisen. Vielmehr involviert *normative Rationalität*

- die Forderung, nach den besten Gründen zu suchen, die im jeweiligen historischen Kontext verfügbar sind (und dieser Kontext muss gegebenenfalls die Wissenschaften einschließen), und
- den rationalen Druck, die Standards für gute Gründe nach Möglichkeit ständig zu verbessern.

Normative Rationalität scheint demnach zu involvieren, dass Wahrheit und korrekter Wahrheitstranfer generell als Wert betrachtet werden, dass Wahrheit daher auch verfolgt und gesucht wird und dass diese Suche ständig optimiert wird. Dieses Bild scheint jedoch mit den Befunden der TBR nicht übereinzustimmen. Denn es scheint aus evolutionärer Perspektive unklar zu bleiben, wie wir Menschen dazu gekommen sind, immer verlässlichere Produzenten wahrer Meinungen zu sein, wenn unsere evolutionäre Vergangenheit doch, wie die TBR so eindrucksvoll nachgewiesen hat, lediglich die ökologische Rationalität belohnt. Hier geht es um die – auch hermeneutisch – grundlegende Frage, warum Wahrheit generell ein Wert sein und angestrebt werden sollte, zumal längst nicht alle Wahrheiten mit Überlebensbedingungen korreliert sind.

Eine interessante und überzeugende Antwort auf diese Frage – interessant nicht zuletzt auch aus hermeneutischer Perspektive – hat Papineau vorgeschlagen.[517] *Zwei* kognitive Fähigkeiten würden nach Papineaus Auffassung ausreichen, um eine Entwicklung hin zu verlässlicheren Produktionen wahrer Meinungen in Gang zu setzen: zum einen zweckrationales Handeln, und zum anderen die Identifizierung der Wahrheit von Meinungen als mögliches Handlungsziel. Denn dann würden Mittel gesucht, um wahre Meinungen verlässlicher zu produzieren, und diese Mittel müssten Prozeduren des theoretisch rationalen Denkens sein. Diese Entwicklung setzt allerdings die *Verfügung über einen Begriff von Wahrheit* voraus.

Zweckrationales Verhalten ist unter Tieren und Menschen nachweislich weit verbreitet.[518] Doch ist die Wahrheit ein Handlungsziel? Und gibt es insbesondere evolutionstheoretische Gründe für eine Verfügung über den Wahrheitsbegriff? Das ist prima facie nicht leicht zu sehen, zumal wenn man die Perspektive der TBR einnimmt. Doch zeichnet sich in jüngeren Arbeiten zur evolutionären Entwicklung der humanen Kognition eine Möglichkeit ab, diesem Problem zu begegnen. Denn in diesen Arbeiten

[517] Vgl. Papineau 2003a.
[518] Vgl. oben, Abschnitt 4.6.

wird gezeigt, *dass und warum die Evolution das Gedankenlesen selektiert hat.*[519] Dieser Nachweis ist nicht abhängig davon, welche Theorie des Gedankenlesens man vertritt (zum Beispiel ob man einen simulationstheoretischen oder einen theorie-theoretischen Zugang bevorzugt). Der entscheidende Punkt ist, dass das Gedankenlesen (zumindest wenn es über das automatische mentale Parsen hinausgeht) voraussetzt, wahre von falschen Meinungen zu unterscheiden und anderen Personen auch Meinungen zuschreiben zu können, die der Gedankenleser selbst für falsch hält. Nicht umsonst gilt der bekannte Falschheitstest als grundlegendes Indiz für die Fähigkeit des höheren Gedankenlesens.[520] Der Begriff von Wahrheit (und Falschheit), der mit der Fähigkeit des Gedankenlesens korreliert ist, muss nicht ein abstrakter Wahrheitsbegriff sein, der mit einer Wahrheitstheorie verbunden ist, die sagt, was Wahrheit ist. Es genügt, sich fragen zu können, ob, für alle möglichen X, X der Fall ist, sowie in der Lage zu sein, die Meinung, dass X der Fall ist, wobei X tatsächlich der Fall ist, von der Meinung, dass X der Fall ist, wobei X tatsächlich nicht der Fall ist, zu unterscheiden. Auf der Grundlage dieses Verständnisses von Wahrheit und Falschheit lässt sich sagen, dass

> once you can identify the end of truth (from your understanding of mind), and can figure out which strategies are the best means to this end (from means-end reasoning), then you will therewith have the ability to adopt reliable belief-forming methods in pursuit of true beliefs, without any further biological evolution needed.[521]

Doch die Fähigkeit, Wahrheit als ein mögliches Ziel zu identifizieren, impliziert noch nicht, Wahrheit als Ziel *anzustreben*. Nur wenn wir Wahrheit als Ziel *anstreben*, werden wir uns um die Etablierung und Verbesserung verlässlicher Methoden für die Produktion wahrer Meinungen bemühen. An diesem Punkt ist zu bedenken, dass wir weit häufiger Resultate erreichen, die wir uns wünschen, wenn wir aufgrund wahrer Meinungen handeln, als wenn wir aufgrund falscher Meinungen handeln. Jedes Gen, das den Wunsch nach Wahrheit unterstützt, würde daher in der Evolution bevorzugt – wie im Falle aller anderen speziellen Wünsche, deren Realisierung vorteilhaft für uns ist, ob wir dies nun erkennen oder nicht.[522] In der modernen Welt gibt es natürlich einige Wünsche, deren Realisierung nicht (und nicht einmal indirekt) vorteilhaft für uns ist, in welchem Sinne von Vorteil auch immer. Doch für die biologische und kulturelle Selektion

[519] Vgl. z. B. Tomasello 2002 und Tomasello 2009.

[520] Zum Falschheitstest vgl. oben, Abschnitt 2.5.

[521] Papineau 2003a, 73.

[522] Papineau 2003a, 74f.

des Wunsches nach Wahrheit reicht der Bezug auf jene vielen Wünsche aus, deren Realisierung vorteilhaft ist und am Ende reproduktiven oder kulturellen Erfolg ermöglicht.

Der Wunsch nach Wahrheit wird also selektiert, weil seine Realisierung zur Produktion von wahren Meinungen führt, die ihrerseits die Realisierung von Wünschen begünstigen, die gemessen an den wichtigsten Evaluationskriterien tatsächlich vorteilhaft für uns sind. Für die Formierung des Wunsches nach Wahrheit spielt insbesondere die Fähigkeit des Gedankenlesens eine zentrale Rolle. Und für die Realisierung des Wunsches nach Wahrheit wurden Mechanismen der Produktion wahrer Meinungen entwickelt, die auch die Optimierung der Wahrheitsproduktion und damit der theoretischen Rationalität ermöglichen.[523] Es gibt daher konklusive* Gründe für die theoretisch-rationale Suche nach Wahrheit. Theoretische Rationalität ist mithin normativ gefordert, und zwar generell.

Wie bereits in der Einleitung bemerkt, ist es eines der Ziele der vorliegenden hermeneutischen Studie, im Blick auf die interdisziplinäre Theorie des Geistes nachzuweisen,

- dass der menschliche Geist und seine geistigen Produkte (semantisch gehaltvolle Gedanken, Äußerungen und Texte) im Gegensatz zur lediglich von Naturgesetzen beherrschten Natur überwiegend rational und normativ organisiert sein müssen,

[523] Tatsächlich gerät in neueren Arbeiten der experimentellen Ökonomie die Kritik an idealen Optimierungsmodellen der Rationalität und an der allgemeinen Rationalitätsunterstellung für menschliches Denken und Handeln in Philosophie und Rational-Choice-Theorie ihrerseits in die Kritik. Diese Arbeiten beruhen nicht auf Laborexperimenten, sondern auf wirklichkeitsnäheren Feldstudien und scheinen zu zeigen, dass viele der im Labor konstatierten Abweichungen von der idealen Rationalität in realen Situationen nicht auftreten oder doch zumindest allmählich durch Lernerfahrungen vermindert werden. Man kann in vielen Fällen eine Entwicklung der Handlungs- und Entscheidungsstandards in Richtung auf ideale Rationalität beobachten. Ein aufschlussreicher Artikel, der die Debatte um die Verbreitung von Rationalität einschließlich der Angriffe auf die RC-Theorie in der Ökonomie eingehend darstellt, fasst den gegenwärtigen Stand der Debatte so zusammen: „The aggregate findings of these approaches lead to the confirmation of rationality as an existing and strong property of human decision making...Individuals will eventually learn by their experience to act rationally even when they do not do exactly so in the first place...It is now apparent why rational choice remains a powerful theory, even today after so many attacks. The assumption of rationality proved eventually very difficult to be refuted either theoretically or even based on empirical research" (vgl. Foka-Kavalieraki, Hatzis 2011, 27, 28, 30). Ähnlich konstatiert Papineau: „My thought here is *not* that some people are innately smarter than others. On the contrary, it is that nearly all humans are quite capable of *improving* their performances in such puzzles, if they prepare themselves appropriately. And the appropriate preparation is obvious enough. We can simply set ourselves to be more reliable sources of true belief" (Papineau 2003a, 57).

- dass Verstehen und Interpretation sich primär auf den Geist und seine geistigen Produkte richten und dabei insbesondere auch deren Rationalität und Normativität erfassen müssen,
- dass daher Verstehen und Interpretation gegenüber nomologischen und funktionalen Erklärungen ein Alleinstellungsmerkmal aufweisen, das es erlaubt, überwiegend interpretativ operierende Geisteswissenschaften von überwiegend nomologisch oder funktional operierenden Naturwissenschaften zu unterscheiden, und
- dass, wenn man einen erweiterten Begriff der Natur verwendet, demzufolge die Natur nicht lediglich der Bereich der von Physik und Chemie beschriebenen Prozesse ist, sondern auch den Bereich der Lebewesen umfasst, der Geist weder auf Natur reduziert werden kann noch in einen scharfen Gegensatz zur Natur tritt.

In den vorangehenden Überlegungen, insbesondere in den Abschnitten 4.4–4.8, sind eine Fülle von Hinweisen und Gründen für diesen Nachweis vorgebracht worden, die vor allem das Verhältnis von Wahrheit, Werten, Rationalität und Normativität betreffen. Dieses Verhältnis ist allerdings erst im Verlauf der Überlegungen dieses Kapitels allmählich ein wenig deutlicher geworden und kann daher erst an dieser Stelle genauer artikuliert werden.

Wir haben zu Beginn des vierten Kapitels die früheren Diskussionen um die Normativität der Bedeutung und der semantischen Beziehungen analysiert (Abschnitt 4.1) und im weiteren Verlauf des Kapitels gesehen, dass dieses Normativitätsproblem bis heute virulent geblieben ist. Doch wurde dabei der Begriff der Normativität zunächst eher locker und mehrdeutig verwendet. So wurde im Anschluss an führende Theorien ein Verhalten oder ein mentaler Zustand X normativ genannt, wenn X

(i) ein Wert ist bzw. eine Bewertung beeinflusst,
(ii) korrekt-oder-inkorrekt ist, d.h. Korrektheitsbedingungen aufweist,
(iii) rational und insbesondere zweckrational ist,
(iv) ein Befolgen von Regeln oder Normen ist, oder
(v) eine korrekte Inferenz ist bzw. im logischen Raum der Gründe operiert.

Wie Christine Tappolet zu Recht bemerkt, wird die Frage nach der näheren Bestimmung der Normativität in der Tat nur selten explizit gestellt:

> What is normativity, exactly? Paradoxically, this is a somewhat neglected question… A great number of ordinary concepts are taken to be part of the same family, which we have acquired the habit of qualifying as 'normative'… It is generally

admitted that we can divide these concepts into two large distinct groups: evaluative concepts, such as good and bad, and deontic concepts, such as obligatory and permissible.[524]

Meist wird also zwischen einer *evaluativen* und einer *deontischen Normativität* unterschieden:

Wenn ein Verhalten oder mentaler Zustand X des Individuums P aufgrund eines Bewertungsmechanismus von P zutreffend als gut oder schlecht bewertet wird und demnach für P ein *Wert* ist, so ist X *evaluativ normativ*. Wenn X dagegen aufgrund von Regeln (oder Normen), die für P gelten, von P zutreffend als regelkonform oder regelverletzend beurteilt wird, ist X *deontisch normativ*. Diese Unterscheidung wird unter anderem dadurch motiviert, dass sich evaluative *Ausdrücke* wie „gut“, „schlecht“ und „indifferent“ deutlich von deontischen Ausdrücken wie „erlaubt sein“, „verboten sein“ und „geboten sein“ unterscheiden lassen.[525] So gibt es jeweils unter den deontischen und den evaluativen Ausdrücken enge inferenzielle Beziehungen, nicht aber zwischen evaluativen und deontischen Ausdrücken.[526] Außerdem ist die Menge evaluativer Ausdrücke bedeutend größer als die Menge deontischer Ausdrücke, unter anderem deshalb, weil es zahlreiche konkretere, oft *dick* genannte evaluative Ausdrücke gibt, wie etwa „ärgerlich“, „bewundernswert“ oder „entsetzlich“. Ferner sind evaluative Ausdrücke – anders als deontische Ausdrücke – gewöhnlich mit Gefühlen korreliert. Auch können evaluative Ausdrücke – im Gegensatz zu deontischen Ausdrücken – komparative Formen annehmen und werden auf alle möglichen Arten von Dingen angewendet, während deontische Begriffe im Bereich von Handlungen operieren.[527] Die Beziehungen zwischen deontischer und evaluativer Normativität sind seit langem ein Gegenstand kontroverser Debatten. Betrachtet man die gegenwärtige Forschungslage jedoch im Ganzen, so zeichnet sich ein genereller Konsens ab, nämlich dass evaluative Normativität gegenüber deontischer Normativität phylogenetische und explanatorische Priorität hat.[528]

[524] Tappolet 2011, 1–2.

[525] Vgl. z.B. Mulligan 1998, bes. 164 ff.; Steinfath 2002, bes. 109 ff.

[526] Eng sind diese Inferenzen insofern, als sowohl die drei genannten zentralen evaluativen Ausdrücke als auch die drei genannten deontologischen Ausdrücke untereinander definitorisch interdependent sind.

[527] Vgl. Tappolet 2011.

[528] Vgl. Schroeder 2012. Viele Debatten kreisen um einen schwierigen Spezialfall, nämlich um die Beziehungen zwischen *moralischer* und evaluativer Normativität. Kantianer sehen hier beispielsweise überhaupt keine Beziehungen, während Utilitaristen (oder Konsequenzialisten) der evaluativen Normativität Priorität ein räumen. Theorien angemessener

Diese Position wird in der vorliegenden Studie übernommen, nur das evaluative Normativität *Wert* genannt wird, der durch eine *Bewertung* oder *Evaluation* zustande kommt, und dass Normativität (vgl. unten, (N)) nicht als Befolgen von Normen, sondern als Normativität konklusiver* Gründe gefasst wird. In Abschnitt 4.6 ist darauf hingewiesen worden, dass verschiedene Stufen von Zweckrationalität unterschiedliche Evaluationsstandards involvieren, die durchaus auch miteinander konkurrieren können, wenn es darum geht, was wir denken oder tun sollten. Unter den verschiedenen Evaluationsstandards spielen die Gefühle eine für das Normativitätsproblem grundlegende Rolle, weil Gefühle die elementarsten semantisch gehaltvollen und daher mentalen Evaluationsformen darstellen (im Gegensatz zum Beispiel gegenüber evolutionären Fitnesskriterien oder unbewussten Affektprogrammen):

(W) Ein *Wert* (im engeren Sinne) eines Gedankens oder Verhaltens kommt durch eine positive oder negative Evaluation von Gedanken oder Verhaltensweisen durch semantisch gehaltvolle Gefühle zustande.

Am Ende der Überlegungen im vorliegenden Abschnitt 4.8 erfolgte die Festlegung auf einen bestimmten Normativitätsbegriff vor dem Hintergrund der oben unter (i)–(v) aufgeführten Alternativen:

(N) Ein Verhalten, eine Handlung oder ein mentaler Zustand X ist *normativ*, falls es für X konklusive* Gründe gibt.

Normativität kommt nach (N) durch die *Relation* zwischen konklusiven* Gründen und Gedanken oder Verhaltensweisen zustande. Wie lassen sich nun den bisherigen Überlegungen zufolge Wahrheit und Rationalität auf Werte und Normativität beziehen, und wie hängen Werte und Normativität genauer zusammen? Diese Zusammenhänge lassen sich schon im Blick auf die elementarste intentionale Ausrichtung des Geistes auf die Welt studieren, nämlich jene Trias von Repräsentation, Evaluation und vorteilhafter Reaktion, die bereits in Pushmi-Pullyu-Repräsentationen (Millikan) bzw. im Wahrnehmungs- Handlungskreislauf (TEC) angelegt ist:

Einstellungen (*fitting attitudes theories*) scheinen anzunehmen, dass Werte nur unter Verwendung deontischer (allerdings nicht notwendig moralischer) Ausdrücke erklärt werden können. Vgl dazu etwa Scanlon 1998 sowie Schroeder 2012, Abschnitt 3, insbesondere 3.2.

(T) Die grundlegende geistige Ausrichtung auf einen Zustand X[529] involviert bei sensitiven Tieren und Menschen folgende Komponenten:
(a) Repräsentation (insbesondere Wahrnehmung) von X.
(b) Evaluation von X durch semantisch gehaltvolle Körpergefühle oder Emotionen.
(c) Reaktion auf X gemäß (a) und (b) mit anschließender Evaluation dieser Reaktion.

Schema (T) enthält eine Reihe von Konsequenzen und Adäquatheitsbedingungen. Zu den Konsequenzen gehört, dass in (a) und (b) eine zweifache Repräsentation und eine zweifache Evaluation enthalten sind, denn sowohl Wahrnehmungen als auch Gefühle weisen Korrektheitsbedingungen auf. Es kann korrekt oder inkorrekt sein anzunehmen, dass X (a) vorkommt und (b) den postulierten Wert hat. Und evaluiert wird sowohl der repräsentierte Zustand X als auch die Reaktion auf X. Wichtiger ist, dass (a) und (b) exklusiv mentale Phänomene sind, die dem erweiterten Raum der Gründe angehören.[530] Mit (a) und (b) sind daher Gründe (im erweiterten Sinne) für die Reaktion (c) benannt. Die Adäquatheitsbedingungen bestehen darin, dass die involvierten Repräsentationen korrekt und die Reaktionen auf Repräsentationen und korrelierte Evaluationen angesichts der vorliegenden Situation vorteilhaft sind. Es handelt sich um Bedingungen, denen die in (T) genannten Gründe genügen müssen, damit sie konklusiv sind. Wir können also sagen: Sofern diese Adäquatheitsbedingungen erfüllt sind, stellt Schema (T) eine konklusive Begründung von Reaktion (c) dar. Da die geistige Ausrichtung auf die Welt im Sinne von (T) selbst evolutionär und kulturell selektiert worden ist, können wir davon ausgehen, dass die Adäquatheitsbedingungen überwiegend erfüllt sein müssen. Schema (T), genauer die Relation zwischen (a) plus (b) zu (c), stellt also die elementarste Form der Normativität konklusiver Gründe dar, so dass die Reaktion (c) als normativ gefordert betrachtet werden kann:

(KE) Die Korrektheit („Wahrheit“) der involvierten Repräsentationen und die involvierten Evaluationen („Werte“) gehen gemäß (T) als konklusive Gründe in die Normativität ein, also als konklusive Gründe für eine normativ geforderte Reaktion.

[529] Zustand X kann ein physikalischer oder biologischer Zustand, ein Verhalten oder eine Handlung, aber auch ein mentaler Zustand oder eine Äußerung sein.

[530] Zum Begriff des erweiterten Raum der Gründe vgl. oben, Abschnitt 1.4.

Nach den Überlegungen in Abschnitt 4.6 stellt Schema (T) ferner die grundlegende Form der Zweckrationalität (des zweckrationalen Verhaltens) dar, die hier eine extrem einfache Form annimmt:

(R) Reaktion (c) in (T) ist zweckrational (im elementarsten Sinne), wenn ihre Evaluation korrekt und positiv ist, das heißt wenn die Reaktion angesichts von korrekten Repräsentationen und Evaluationen gemäß (a) und (b) vorteilhaft ist.

Zweckrationalität im elementarsten Sinne ist nach (R) ein spezifischer Aspekt der Normativität konklusiver Gründe, nämlich eine Neubeschreibung der Reaktion (c) im Normativitätsschema (T) für den speziellen Fall, dass die in (c) genannte Evaluation positiv ist.

Bei vielen Tieren und Menschen sind die kognitiven Apparate weitaus diversifizierter und leistungsstärker, als es Schema (T) zum Ausdruck bringt. Wenn wir einige der wichtigsten zusätzlichen Komponenten berücksichtigen, kommen wir zu einem erweiterten Schema:

(T)* Die geistige Ausrichtung auf einen Zustand X[531] involviert bei höheren Tieren und Menschen folgende Komponenten:
(1) = (T).
(2) Vorausgehende Absichten und Pläne, bestimmte Ziele (Werte) mittels bestimmter Handlungen zu realisieren.
(3) Kognitive Implementierung unterschiedlicher, teils konkurrierender Evaluationsstandards.
(4) Das Bestehen verschiedener Handlungsmöglichkeiten angesichts bestimmter Situationen (samt ihrer Repräsentation und Evaluation).
(5) Einbettung von elementaren Repräsentationen in verschiedene übergreifende Netzwerke (bis hin zu Theorien).
(6) Ermittlung und Evaluation der Handlungsalternativen und ihrer Konsequenzen (aufgrund von (4)).
(7) Überführung der verschiedenen Evaluationsstandards in eine möglichst konsistente und hierarchische Ordnung aufgrund von (3)).
(8) Gegebenenfalls Wahl des geeigneten theoretischen Hintergrundes (aufgrund von (5)).
(9) Ermittlung und Wahl der vorteilhaftesten Handlungsalternative (aufgrund von (2) und (6) – (8)).

[531] Zustand X kann ein physikalischer oder biologischer Zustand, ein Verhalten oder eine Handlung, aber auch ein mentaler Zustand oder eine Äußerung sein.

(10) Ausführung der nach (9) ermittelten Handlungsalternative.

Schema (T)* enthält einige rationalitätstheoretische Konsequenzen. Die Komponenten (6) – (9) stellen zusätzliche Adäquatheitsbedingungen an die konklusiven Gründe für normativ gefordertes Verhalten dar. In der hier gewählten Terminologie wird gefordert, dass die entsprechenden Gründe konklusiv* sind. In der Literatur spricht man, wie wir gesehen haben, meist von rationalen Forderungen – rational im weiten Sinne von Kohärenz. Dazu gehört insbesondere auch theoretische Rationalität, das heißt die Etablierung von inferentiell geordneten Meinungen. Rationalität in diesem theoretischen Sinne besteht also in den Operationen (6)–(9). Wie wir gesehen haben, scheint diese Form der Rationalität die Betrachtung von Wahrheit als etwas Erstrebenswertes (also als Wert) vorauszusetzen. Davon unterschieden ist das rationale Handeln gemäß (10) – die Ausführung der durch die besten konklusiven* Gründe ausgezeichneten Handlung (praktische Rationalität). Demnach geht theoretische Rationalität in Anforderungen an konklusive Begründungen ein, die ein zentrales Merkmal der Normativität darstellen. Praktische Rationalität besteht dagegen in der Exekution eines bereits normativ geforderten Handelns. Theoretische und praktische Rationalität weisen also ein unterschiedliches Verhältnis zur Normativität der konklusiven* Gründe auf. Wenn schließlich ein allgemeiner Rationalitätsbegriff an die Bereitschaft und Fähigkeit gebunden wird, das Begründungsspiel zu spielen, wie es zum Beispiel Brandom und McDowell vorschlagen (wie in Abschnitt 4.2 gezeigt), dann wird diese inferentielle Rationalität als Bereitschaft und Fähigkeit begriffen, die Normativität der konklusiven* Gründe allererst herzustellen. Ohne inferentielle Rationalität bliebe die Idee dieser Normativität leer.

Wenn ein Verhalten normativ gefordert werden kann, insofern es für dieses Verhalten konklusive* Gründe gibt, dann kann aufgrund des Prinzips der instrumentellen Übertragung[532] indirekt (d.h. instrumentell) auch das Beibringen konklusiver* Gründe normativ gefordert werden. Zur Etablierung konklusiver Gründe gehört unter anderem auch die Suche nach Wahrheit und nach einem korrekten Wahrheitstransfer, wie er in wahren materialen Inferenzen, insbesondere auch in besonders stabilen, ontologisch verankerten semantischen Beziehungen und logischen Beziehungen auftritt. In diesem instrumentellen Sinn lassen sich demnach auch semantische Beziehungen als normativ, d.h. als normativ gefordert ansehen.

Mit (W), (N), (T), (KE), (R) und (T)* ist das Bild von der Beziehung zwischen Wahrheit, Rationalität, Wert, Normativität und Semantik um-

[532] Vgl. zu diesem Prinzip oben, S. 234.

rissen, zu dem die bisherigen Überlegungen gelangt sind.[533] Dieses Bild gilt für die menschliche Kognition, aber in vereinfachter Form auch für die Kognition höherer Tiere, ist also in der organischen Natur verankert. Aus hermeneutischer Sicht ist an diesem Bild hervorzuheben, dass

- die Anerkennung der Wahrheit als Wert die Fähigkeit des Gedankenlesens voraussetzt,
- die unter (6) – (9) in (T)* aufgeführten mentalen Operationen die Entwicklung von Gedanken höherer Ordnung involvieren, also Metarepräsentationen, die die Grundform des Gedankenlesens darstellen,
- Schema (T)* eine geistige Ausrichtung umreißt, die in Grundzügen mit dem Schema der kausal-rationalen Erklärung (wie in Abschnitt 4.5 dargestellt) übereinstimmt, und insofern
- die überwiegende und nicht-eliminierbare Rationalität und Normativität der komplexen Interpretation begründet ist.

Wenn dieses Bild im großen und ganzen richtig ist, so kann man erwarten, dass Interpretationen als kausal-rationale Erklärungen auch in modernen Wissenschaften eine Rolle spielen. Diese Erwartung soll im nächsten und abschließenden Kapitel anhand einiger Beispiele bestätigt werden. Zu diesen Beispielen gehört auch die Anwendung der RC-Theorie in den Gesellschaftswissenschaften – also einer Theorie, die, wie wir gesehen haben, zunächst im Kreuzfeuer rationalitätskritischer Positionen stand, die aber aufgrund der neueren Kritik an diesen Positionen eine Rehabilitation erfahren hat.

[533] Stemmer 2008 geht von einer ähnlichen Theorie der Normativität aus: Die Grundlage aller Normativität ist das praktische Müssen der notwendigen Bedingung. Wollen und Handeln sind nicht intrinsisch normativ. Aber wenn wir etwas wollen, müssen wir für die Realisierung unseres Wollens handeln. Dieses zweckrationale Müssen ist der Ursprung der Normativität, und die „Bauelemente des normativen Müssens… sind genau die Elemente, die einen Grund konstituieren" (96). Im übrigen vertritt Stemmer einen Hume'schen Rationalitätsbegriff als Bedingung der Normativität (§ 5). Er spricht jedoch – soweit ich sehe – an keiner Stelle über Werte, Evaluationen und ihre Erfüllungsbedingungen. Aber er nimmt darauf implizit Bezug, wenn er zum Beispiel formuliert: „Denn wenn a dafür, dass etwas von ihm Gewolltes geschieht, x tun muss, muss er, wenn er x nicht tut, etwas für ihn Negatives hinnehmen. Er muss die negative Konsequenz hinnehmen, dass etwas, was er will, nicht geschieht" (ibid. 37). Normativität ist nach Stemmers Auffassung gewöhnlich sanktionsgestützt, verweist also unter anderem indirekt auf Evaluationen. Allerdings geht Stemmer an keine Stelle auf die neuere Debatte zur Normativität der Rationalität und insbesondere auch der Zweckrationalität ein, zum Teil sicherlich weil manche Artikel in dieser Debatte erst nach Stemmer 2008 erschienen sind. Doch auch die wichtigen klassischen Arbeiten (etwa Broome 1999, 2004 und Kolodny 2005) finden keinerlei Beachtung.

Ich danke Matthias Vogel und seinem Giessener Kolloquium für kritische Kommentare zu einer früheren Version von Abschnitt 4.8.

KAPITEL 5: INTERPRETATIONEN IN DEN WISSENSCHAFTEN

Welche Rolle spielen professionelle (also durch Sachverstand gestützte) Interpretationen im Sinne kausal-rationaler Erklärungen in den modernen Wissenschaften? Die traditionelle Antwort auf diese Frage ist, dass professionelle Interpretationen die zentrale Methode der Geisteswissenschaften sind, während sie in den Naturwissenschaften keine Rolle spielen, weil die Naturwissenschaften die Naturgesetze erkunden und rein kausale Erklärungen unter Rückgriff auf Naturgesetze etablieren. Dieses „methodendualistische Programm“ entstand in der zweiten Hälfte des 19. Jahrhunderts und genießt bis heute erhebliche Akzeptanz. Die Alternative zum Methodendualismus war das einheitswissenschaftliche Programm, das zu Beginn des 20. Jahrhunderts im Wiener Kreis entwickelt wurde und zumindest unter den Naturwissenschaftlern bis heute dominiert. Das einheitswissenschaftliche Programm war an den erfolgreichen Methoden der Naturwissenschaften orientiert, versuchte diese Methoden jedoch so weit zu verallgemeinern, dass sie auf alle Wissenschaften einschließlich der Geisteswissenschaften angewendet werden können.[534]

In der vorliegenden Studie wird eine dritte Alternative empfohlen: Interpretationen genügen einem allgemeinen Erklärungsbegriff, der Erklärungen an die Abbildung kausaler Beziehungen und an Instantiierungen nomischer Muster bindet. Insoweit ähneln Interpretationen naturwissenschaftlichen Erklärungen. Darüber hinaus enthalten Interpretationen jedoch ein Explanans und Explanandum, das aus semantisch gehaltvollen Entitäten besteht, sowie eine normische Prämisse, die eine menschliche Rationalitätsdisposition beschreibt. Diese Rationalitätsdisposition lässt sich durch Rückgriff auf biologische und kulturelle Evolution erklären und führt dazu, dass Interpretationen präsumptiv die Erfüllung von rationalen Forderungen unterstellen müssen. Nicht wenige Interpretationen konzentrieren sich daher zum Beispiel darauf zu prüfen, ob vorgelegte Argumentationen tatsächlich durch konklusive* Gründe gestützt und in diesem Sinne angemessen interpretiert werden können. Insoweit unterscheiden sich Interpretationen von naturwissenschaftlichen Erklä-

[534] So die zutreffende Beschreibung der gegenwärtigen Lage bei Schurz 2007, 69–70. Vgl. zum Konzept des wissenschaftlichen Verstehens auch Schurz 1988; Schurz, Lambert 1994.

rungen.[535] Aufgrund dieser Unterscheidung lässt sich die Frage rechtfertigen, die in diesem Kapitel anhand von Beispielen beantwortet werden soll: Kommen professionelle Interpretationen in den modernen Wissenschaften vor, und wenn ja, in welchen Wissenschaften? Insbesondere wird zu fragen sein, ob Interpretationen auch in jenen Wissenschaften eine Rolle spielen, die ursprünglich weder im methodendualistischen noch im einheitswissenschaftlichen Programm berücksichtigt wurden, nämlich in den Gesellschaftswissenschaften.

5.1 Interpretationen in Logik, Mathematik und Naturwissenschaften

Spielen Interpretationen in der Logik, Mathematik und Naturwissenschaft eine signifikante Rolle? Schaut man in gängige wissenschaftstheoretische Werke hinein, so scheint die Antwort zu sein: trivialerweise nein! Logik und Mathematik konstruieren Beweise zu gegebenen Theoremen und verknüpfen diese Beweise zu logischen Kalkülen oder mathematischen Theorien, in denen die Beweise axiomatisiert und in eine logische Ordnung gebracht werden. Auch naturwissenschaftliche Theorien lassen sich im Idealfall axiomatisieren, doch sollen ihre Axiome Naturgesetze beschreiben, und ihre Hypothesen sollen eine logische Ordnung aufweisen, die garantiert, dass die Axiome und alle weiteren generellen Hypothesen empirisch getestet werden können. Das heißt, was naturwissenschaftliche Hypothesen und Theorien beschreiben, sind rein kausale oder funktionale Zusammenhänge. Diese Aktivitäten werden in wissenschaftstheoretischen Werken beschrieben, und das zu Recht, denn sie stehen im Zentrum logischer, mathematischer und naturwissenschaftlicher Arbeit.[536] Die sprachliche Präsentation logischer, mathematischer und naturwissenschaftlicher Theorien soll jedoch eine rationale Begründung von Theoremen und Hypothesen enthalten, die meist logische Deduktionen involviert. Wissenschaftliche Vorträge und Texte begründen, warum die Redner und Autoren bestimmte Theoreme oder Hypothesen vertreten und verteidigen. Natürlich wird dabei unterstellt, dass der Autor der Vorträge oder Texte eine kausale Rolle bei der Abfassung dieser Texte gespielt hat und dass es insgesamt Ursachen dafür gibt, dass der wissenschaftliche

[535] Diese dritte Alternative wird beispielsweise auch in Schurz 2007 und Bartelborth 2007 vertreten.

[536] Eine kleine mehr oder weniger kontingente Auswahl von Werken einflussreicher Wissenschaftstheoretiker kann diese Diagnose belegen: Hempel 1974, Kanitscheider 1981, Stegmüller 1969 ff., Kutschera 1972, Suppe 1974, Chalmers 2007, Newton-Smith, Hrg. 2001, van Fraassen 1980, Bartels, Stöckler Hrg. 2007.

Text die argumentative Gestalt hat, die er nun einmal aufweist. Aber wissenschaftliche Texte konzentrieren sich darauf, konklusive* Gründe für die aufgestellten Thesen oder Hypothesen anzuführen. Im Falle logischer und mathematischer Beweise müssen zum Beispiel die üblichen Forderungen logischer Konklusivität erfüllt sein. Das zu beweisende Theorem muss nachweisbar logisch aus den Axiomen oder aus schon bewiesenen Theoremen folgen. Und naturwissenschaftliche Hypothesen müssen sich durch empirische Evidenz bestätigen lassen, das heißt eine hinreichende Anzahl von wahren Beobachtungssätzen muss sich logisch aus ihnen herleiten lassen. Die konklusiven* Gründe für logische oder mathematische Theoreme und naturwissenschaftliche Hypothesen müssen demnach auf den üblichen *wissenschaftlichen rationalen Forderungen* beruhen. Es handelt sich dabei um eine *rationale Selbsterklärung*, d.h. um eine *Selbstinterpretation*: WissenschaftlerInnen erklären rational, warum sie selbst bestimmte wissenschaftliche Annahmen vertreten. Im Falle logischer und mathematischer Beweise nimmt diese Selbstinterpretation eine besonders reine und transparente Form an.

Doch die Organisation moderner Logik, Mathematik und Naturwissenschaften geht bekanntlich weit über diese Kerntätigkeiten hinaus. Wenn es zum Beispiel um die wissenschaftlich entscheidende Frage geht, ob die Begründung vorgelegter Theorien wissenschaftlich akzeptabel ist, so genügt es nicht, dass einzelne WissenschaftlerInnen einsam in ihrem Kämmerlein Beweise oder empirische Belege notieren. Vielmehr kann eine solche Begründung nur dann als seriös und akzeptabel gelten, wenn sie in der entsprechenden wissenschaftlichen Gemeinschaft öffentlich präsentiert wird (in Büchern oder wissenschaftlichen Zeitschriften, zuweilen auch in öffentlichen Vorträgen) *und* wenn die öffentlich vorgelegte Begründung von Experten als angemessen, zufriedenstellend und rational betrachtet wird (d.h. als konklusiv* gelten kann), etwa in *peer reviews* für eingereichte Zeitschriftenartikel, in Rezensionen, in Gutachten oder in eigenen Arbeiten der Experten. Diese Beurteilung ist eine unverzichtbare Komponente einer zentralen wissenschaftlichen Tätigkeit, nämlich der soliden Überprüfung von Begründungen mit wissenschaftlichem Anspruch. Und für diese Überprüfung in all ihren verschiedenen Formen müssen die Experten, die die Überprüfung vornehmen, selbstverständlich die Texte der veröffentlichten Theorien samt ihrer rationalen Begründungen *angemessen und sachkundig interpretieren*. Wäre diese Lektüre interpretativ verbreitet fehlgeleitet, so würden die modernen Formal- und Naturwissenschaften zusammenbrechen. Diese Rolle von Interpretationen in Mathematik und Naturwissenschaften wird, so banal sie sein mag, selten ausdrücklich herausgestellt, auch nicht in all jenen Studien, die auf die sozialen Bedingungen der naturwissenschaftlichen Aktivitäten achten.[537] Hier handelt es sich um besonders markante Beispiele für *Interpretationen wissenschaftlicher Texte*, die natürlich nicht nur in den Formal- und Naturwissenschaften, sondern in allen Wissenschaften vorkommen. Interpretationen von formalwissenschaftlichen und naturwissenschaftlichen Texten lassen nur die besondere Rolle der rationalen Forderungen in derartigen Interpretationen besonders deutlich werden.

Eines der spezifischen Merkmale auch dieser Interpretationen ist, dass die kausale Ebene keinerlei explanatorische Rolle spielt. Vielmehr stellen die üblichen *wissenschaftlichen rationalen Forderungen* zugleich auch die Standards für die *interpretative Evaluation* der vorgelegten wissenschaftlichen Argumente und Theorien dar. Die wissenschaftliche und zugleich evaluative Interpretation ist erfolgreich, wenn der Interpret den zu interpretierenden Text als wissenschaftlich rational betrachten kann. Aber damit bescheinigt er dem Autor dieses Textes zugleich auch, eine *gute und zufriedenstellende wissenschaftliche Argumentation* vorgelegt zu haben. In diesem Prozess spielen wissenschaftliche rationale Forderungen offenbar eine *regulative normative Rolle*, die in der Interpretation zu berücksichtigen ist. Wenn man die Organisation der Formal- und Naturwissenschaften im Ganzen betrachtet, dann muss die Antwort auf die Frage, ob Interpretationen in den Formal- und Naturwissenschaften eine signifikante Rolle spielen, lauten: trivialerweise ja! Interpretationen spielen hier eine doppelte Rolle – in Gestalt angebotener rationale Selbsterklärungen und in Gestalt von Nachvollzügen und Überprüfungen dieser rationalen Selbsterklärungen durch Mitglieder der entsprechenden wissenschaftlichen Gemeinschaften.

Ähnliches gilt zum Beispiel auch für die interpretative Evaluation literaturwissenschaftlicher und philosophiehistorischer Texte. In diesem Fall stellen die zu interpretierenden Texte selbst meist Textinterpretationen mit wissenschaftlichem Anspruch dar, der durch die interpretative Evaluation von wissenschaftlichen Gutachtern, Rezensenten und Kommentatoren überprüft wird. Die wissenschaftlichen rationalen Forderungen müssen in diesem Fall durch eine methodologische Hermeneutik bereit gestellt werden, über deren Gestalt und Ausformulierung allerdings derzeit noch kontroverser debattiert wird als über mathematische oder naturwissenschaftliche rationale Forderungen.

537 Zur Übersicht vgl. Longino 2013.

5.2 Interpretationen in Geschichts- und Literaturwissenschaft

Die Idee, dass geschichtswissenschaftliche Erklärungen auf rationale Erklärungen zurückgreifen, wurde im 20. Jahrhundert erstmals von Robin George Collingwood ausdrücklich artikuliert.[538] Collingwood macht geltend, dass es ein bedeutender Vorteil sei, dass in der Geschichtswissenschaft das forschende Subjekt dem erforschten Objekt so ähnlich sei wie in sonst keiner anderen Wissenschaft – nämlich nicht nur wie in der Medizin als ein bestimmter biologischer Körper oder in der Psychologie als ein bestimmtes geistiges Wesen, sondern als *handelndes Wesen* mit all seinen *Motiven, Gründen und Plänen*. Diese Ähnlichkeit erlaube es den Menschen, sich in andere Menschen hineinzuversetzen und sozusagen in ihre Haut zu schlüpfen, also sich, wie Collingwood formuliert, von der Außenseite anderer Personen (also von beobachtbaren Zeichen) zu ihrer (mentalen) Innenseite vorzuarbeiten. Dabei spielen nach Collingwood allgemeine Gesetze keinerlei Rolle. Wenige Jahre später hat William Dray diese Idee aufgenommen und ausgearbeitet.[539] Das allgemeine Schema rationaler und insbesondere historischer Erklärungen hat nach Dray folgende Form: Person S befand sich in einer Situation des Typs C. In einer Situation des Typs C ist H die richtige Handlung. Also wurde H von S ausgeführt. Dazu bemerkt Dray:

> The function of explanation is to resolve puzzlement of some kind. When a historian sets out to explain a historical action his problem is usually that he does not know what reason the agent had for doing it… Explanation which tries to establish a connection between beliefs, motives, and actions of the indicated sort I shall call „rational explanation."[540]

Collingwood und Dray sind also dezidiert der Meinung, dass historische Erklärungen im Kern rationale Erklärungen sind. Und dabei scheinen sie vom Modell kausal-rationaler Erklärungen auszugehen. Chris Lorenz hat kürzlich auf informative und erhellende Weise die lange und kontroverse Debatte um die Idee rationaler Erklärungen und ihre wichtigsten Probleme in der Geschichtswissenschaft dargelegt, und zwar zum Teil anhand konkreter Beispiele, etwa der Erklärung von Deutschlands Rolle bei der Entstehung des Ersten Weltkrieges.[541] Es gibt vier generelle Vorbehalte gegen rationale Erklärungen: (1) Sie verweisen nur darauf, aufgrund

[538] Vgl. Collingwood 1946/1993.

[539] Dray 1957.

[540] Dray 1974, 68–69.

[541] Vgl. Lorenz 1997, 97–125.

welcher mentalen Zustände einer Person es für diese Person rational war, eine Handlung zu vollziehen, aber nicht darauf, aufgrund welcher ihrer mentalen Zustände sie tatsächlich so handelte. (2) Sie können keine der zahlreichen Handlungen erklären, die irrational sind. (3) Sie können nicht zwischen wirklichen Gründen und nachträglich rationalisierten Gründen für Handlungen unterscheiden. Und (4) sie können keine kausalen Erklärungen sein, denn ihr Explanans (eine Menge mentaler Zustände) kann nicht unabhängig vom Explanandum verifiziert werden.[542] Nach Lorenz lassen sich diese Probleme tatsächlich auch in professionellen Bemühungen um konkrete geschichtswissenschaftliche Erklärungen nachweisen.

Doch sind diese – eher generellen und theoretischen – Probleme nicht so schwerwiegend, wie es auf den ersten Blick auszusehen scheint. Problem (2) verweist auf die Frage der Reichweite. Niemand wird behaupten wollen, dass sämtliche historische Handlungen kausal-rational erklärt werden können. Doch können irrationale Handlungen nur vor dem Hintergrund eines Standards rational erklärbarer Handlungen identifiziert werden – dieser Standard lässt sich daher durch den Vorbehalt (2) nicht nur nicht marginalisieren, sondern muss von diesem Vorbehalt vorausgesetzt werden. Einwand (3) müsste die Idee von nachträglichen Rationalisierungen genauer ausbuchstabieren. Gewöhnlich ist dieses Manöver der Versuch, die wirklichen Gründe zu beschönigen, also zum Beispiel egoistische Gründe als altruistische Gründe hinzustellen. Im Rahmen der Theorie rationaler Erklärungen ist dieser Unterschied jedoch irrelevant. In rationalen Erklärungen zählen alle Gründe, seien sie nun egoistisch und niederträchtig oder moralisch und edel. In diesem Sinne gibt es keinen Unterschied zwischen wirklichen und guten Gründen. Natürlich müssen subjektiv-rationale Gründe nicht konklusiv* sein. Doch wenn eine Historikerin subjektiv-rationale Gründe eines historischen Akteurs ausgemacht hat, die sie über eine normische Prämisse rational mit den feststellbaren Handlungen verknüpfen kann, ist sie berechtigt anzunehmen, dass es diese Gründe waren, die tatsächlich zu den Handlungen geführt haben, bis das Gegenteil erwiesen ist. Einwand (4) wird dadurch entkräftet, dass zwar meist die Handlung eines der Indizien für ihre Gründe ist (dass zum Beispiel Barbara eifrig Platon liest, ist eines der Indizien dafür, dass sie Philosophie-Examen machen möchte und glaubt, dafür müsse sie

[542] Die ersten drei Einwände wurden bereits von Hempel formuliert, vgl. Hempel 1966. Der vierte Einwand war ursprünglich ein von Henrik v. Wright in v. Wright 1971 vorgetragenes Argument (das *logical connection argument*), das zeigen soll, dass rationale Erklärungen zwar berechtigt, aber etwas grundsätzlich anderes sind als kausale Erklärungen. Dann sind sie jedoch Einwand (1) ausgesetzt, und damit wird (4) in den Augen vieler Historiker zu einem Einwand.

Platon lesen), dass es aber gewöhnlich weitere Indizien für das Vorliegen der Gründe gibt, insbesondere Indizien, die von der Handlung unabhängig sind.

Problem (1) scheint der wirkungsmächtigste Einwand zu sein – so wirkungsmächtig, dass auch (aber keineswegs nur[543]) im speziellen Fall historischer Erklärungen ernsthafte Bemühungen verbreitet sind und waren, auf den Rationalitätsbegriff gänzlich zu verzichten.[544] Zunächst muss darauf hingewiesen werden, dass bereits Dilthey und Droysen zwar darauf bestanden haben, empirische Methoden zur Feststellung der Motive von historischen Akteuren anzuwenden, deren Handlungen aus diesen Motiven (rational) erklärt werden sollen, dass sie aber zugleich auf die Unsicherheit der entsprechenden Resultate hingewiesen haben. Diese Einschätzung wird mit dem oben erwähnten Empirismus-Prinzip für die Überprüfung rationaler Erklärungen[545] eingefangen. Dabei ist der Verzicht auf den Rationalitätsbegriff, wie oben gezeigt, nicht nur überflüssig, sondern auch unangemessen, weil er das explanatorische Potential rationaler Erklärungen aufgibt.

Im Blick auf Beispiele geschichtswissenschaftlicher Erklärungen macht Lorenz allerdings eine Reihe weiterer Probleme aus. (5) In vielen historischen Kontexten ist es aufgrund dürftiger empirischer Evidenz schwierig, ja unmöglich, diejenigen mentalen Zustände eines historischen Akteurs sicher zu ermitteln, die sein Handeln tatsächlich verursacht haben. In vielen historischen Kontexten ist es sogar umstritten, was überhaupt als empirische Evidenz für die Ermittlung derjenigen mentalen Zustände eines historischen Akteurs, die sein Handeln tatsächlich verursacht haben, zählen darf. (6) Viele Handlungen historischer Akteure scheinen ferner sowohl von rationalen Gründen als auch von irrationalen, unbewussten psychischen Elementen verursacht zu werden, und in diesem Fall könnte eine Überdeterminierung der Handlungen vorliegen. (7) In vielen historischen Kontexten werden die Handlungen historischer Akteure überdies weit mehr durch die Umstände, die ihr Handeln erst ermöglichten, als durch ihre Intentionen und sonstigen mentalen Zustände erklärt. (8) Und

[543] Vgl. unten (Abschnitte 5.3 und 5.4) die Diskussion der Rolle von rationalen Erklärungen in den Sozialwissenschaften.

[544] Vgl. dazu neuerdings Schnepf 2011, dessen gesamtes Buch diesen Verzicht begründen soll. Seine Argumente sind aber angesichts der heutigen Theorie des Geistes nicht beeindruckend. Vgl. ferner z. B. Hammer 2008, der mittels der Definition einer pragmatischen Erklärung zunächst die gemeinsame kausale Struktur naturwissenschaftlicher und historischer Erklärungen herausarbeiten und dann die Spezifika historischer Erklärungen in diese kausale Struktur einarbeiten möchte.

[545] Vgl. oben, Abschnitt 4.5.

schließlich haben Intentionen historischer Akteure unbeabsichtigte kausale Nebenwirkungen, die nicht rational erklärt werden können.

Einwand (5) ist nicht grundsätzlicher, sondern praktischer (wenn auch durchaus ernster) Natur. Er besagt, dass das Empirismus-Prinzip rationaler Erklärungen oft nicht zufriedenstellend erfüllt werden kann. So bemerkt auch Roberts in einem vielbeachteten Buch zu geschichtswissenschaftlichen Erklärungen:

> To the historian the critical question is, ... How can one determine what the agent's purpose was? By what logic does the historian decide that this purpose, and not that, led the agent to act?

Roberts weist darauf hin, dass Historiker zwar oft rein kausale Erklärungen von Ereignissen formulieren (etwa: Die Dürre in Kansas verur-sachte einen Preisanstieg für Weizen an der Börse in Chicago). Die meisten historischen Ereignisse können aber als Handlungen von Individuen reformuliert werden (etwa: Die Händler an der Börse in Chicago trieben die Weizenpreise in die Höhe). In diesem Fall würden die Historiker es vorziehen, ihre rein kausalen Erklärungen durch rationale Handlungserklärungen zu ersetzen. Diese Präferenz ist allerdings oft nicht erfüllbar, weil es eben oft unmöglich ist, die Absichten, Wünsche und Meinungen all der Akteure empirisch zu ermitteln, die am Zustandekommen der Explananda beteiligt waren. Darum fielen die Historiker auf die einfacheren kausalen Erklärungen zurück. Meist beruhten historische Erklärungen unter anderem auf Gesetzesaussagen. Doch würden diese Gesetzesaussagen umso trivialer (bis hin zu Truismen), je spezieller die Explananda sind.[546]

Doch Roberts fügt hinzu, dass der Historiker angesichts dieses Problems nicht so hilflos ist, wie es auf den ersten Blick scheinen mag, denn er kann sich oft auf Selbst-Berichte (*self-reports*) der historischen Akteure berufen:

> Countless historical agents have avowed why they acted as they did...<and so historians> plunder diaries, letters, speeches, interviews, memoirs, memoranda, and confessions.

Natürlich können Selbstberichte Lügen, Beschönigungen oder Selbsttäuschungen sein, doch

> there are rules for assessing when persons can be believed and when they cannot, rules that all historians learn in their professional training.[547]

[546] Roberts 1996, 161, 66 f.

[547] Zu diesen drei kurzen Zitaten vgl. Roberts 1996, 164–165.

Einwand (5) enthält also keinen prinzipiellen Vorbehalt gegen die Verwendung kausal-rationaler Erklärungen in der Geschichtswissenschaft. Ganz im Gegenteil können derartige Erklärungen in vielen (natürlich nicht in allen) Fällen geradezu als ideales Modell geschichtswissenschaftlicher Erklärungen gelten, nur dass dieses Modell aufgrund unzureichender empirischer Evidenz und der hohen Komplexität vieler historischer Ereignisse nicht immer erfüllt werden kann.

Einwand (6) kann nur im Rahmen einer Hermeneutik der Psychoanalyse angemessen bearbeitet werden.[548] Einwand (7) wird durch Klauseln in den Schemata rationaler Erklärungen eingeholt, die besagen, dass die Akteure in der Lage sein müssen, bestimmte Handlungspläne umzusetzen.[549] Und Einwand (8) ist zwar trivialerweise richtig, besagt aber nicht viel und kann durch gemischt-rationale Erklärungen aufgefangen werden, in denen rationale und funktionale Komponenten zusammengeführt werden.[550] Insgesamt kann man dem Résumée von David Little am Ende eines informativen Artikels zur Philosophie der Geschichte und der Geschichtswissenschaft zustimmen, in dem es unter anderem heißt:

> A basic epistemology of historical knowledge can be described. Historical knowledge depends on ordinary procedures of empirical investigation, and the justification of historical claims depends on providing convincing demonstration of the empirical evidence that exists to support or invalidate the claim. There is such a thing as historical objectivity, in the sense that historians are capable of engaging in good-faith interrogation of the evidence in constructing their theories of the past. But this should not be understood to imply that there is one uniquely true interpretation of historical processes and events. Rather, there is a perfectly ordinary sense in which historical interpretations are underdetermined by the facts, and there are multiple legitimate historical questions to pose about the same body of evidence. Historical narratives have a substantial interpretive component, and involve substantial construction of the past.[551]

Ein letzter Hinweis auf ein neues, beeindruckendes geschichtswis-

[548] Vgl. Detel In Vorbereitung

[549] Vgl. oben, Abschnitt 4.5, Punkt (1)(d) im Schema kausal-rationaler Erklärungen.

[550] Vgl. zu derartigen rational-funktionalen Erklärungen zum Beispiel Detel 2007, Bd. 5, Kap. 16, 122–125. Vgl. z. B. auch van Bouwel, Weber 2008, die für einen methodologischen und explanatorischen Pluralismus in den Geschichtswissenschaften plädieren, demzufolge je nach den leitenden epistemischen Interessen die angemessene Erklärungsart gewählt werden sollte. Eine dieser Erklärungsarten ist die rationale Erklärung. Frings 2007 argumentiert für einen Einsatz der RC-Theorie in geschichtswissenschaftlichen Erklärungen. Das ist ein interessanter Ansatz. Diese Strategie wird im folgenden Abschnitt im Blick auf die Sozialwissenschaften diskutiert, und zwar in einer Weise, die den geschichtswissenschaftlichen Fall weitgehend abdeckt.

[551] Little 2012.

senschaftliches Werk soll diese Einschätzung und die vorhergehenden Kommentare untermauern. Wie oben bemerkt, hat Chris Lorenz seine aufschlussreiche Analyse der geschichtswissenschaftlichen Methode rationaler Erklärungen unter anderem exemplarisch anhand von Beispielen zur Erklärung der Entstehung des Ersten Weltkrieges durchgeführt. Zu genau diesem Thema ist vor kurzem ein vielbeachtetes umfassendes Werk von Christopher Clark erschienen.[552] In der Einleitung zu diesem Buch äußert sich Clark auch zur geschichtswissenschaftlichen Methode seiner Untersuchungen und unterscheidet Antworten auf Warum-Fragen von Antworten auf Wie-Fragen:

> Das vorliegende Buch … befasst sich weniger mit der Frage, warum der Krieg ausbrach, als damit, wie es dazu kam … Die Frage nach dem *Wie* fordert uns auf, die Abfolge der Interaktionen näher zu untersuchen, die bestimmte Ereignisse bewirkten. Hingegen lädt uns die Frage nach dem *Warum* ein, nach fernen und nach Kategorien geordneten Ursachen zu suchen: Imperialismus, Nationalismus, Rüstung, Bündnisse, Hochfinanz …. In der Geschichte, die dieses Buch erzählt, bestimmen handlungsfähige und -bereite Entscheidungsträger das Bild … Diese Akteure waren bis zu einem gewissen Grad der Selbstreflexion fähig, sie erkannten eine Auswahl von Optionen und bildeten sich auf der Basis der besten Informationen, die ihnen vorlagen, ein Urteil. Nationalismus, Rüstung, Bündnisse und Hochfinanz waren allesamt Teil der Geschichte, aber man kann ihnen lediglich dann eine echte erklärende Bedeutung beimessen, wenn man aufzeigen kann, dass sie Entscheidungen beeinflussten, die – zusammengenommen – den Krieg ausbrechen ließen … Eine der zentralen Thesen dieses Buches lautet, dass man die Ereignisse vom Juli 1914 <sc. die direkt zum Ausbruch des Ersten Weltkriegs führten, W. D.> nur dann verstehen kann, wenn man die Wege, welche die Hauptentscheidungsträger beschritten, beleuchtet und ihre Sicht der Ereignisse schildert … wir müssen uns vor Augen führen, wie jene Ereignisse empfunden und in Narrative eingewoben wurden, welche die Wahrnehmungen prägten und Verhalten motivierten.[553]

Diese Bemerkungen machen mehr als deutlich, dass die Frage nach dem *Wie* der Ereignisse die Frage nach der rationalen Erklärung (also Interpretation) der Handlungen historisch einflussreicher Akteure ist (insofern ist die Kennzeichnung dieser Erklärung als Antwort auf eine Wie-Frage ein wenig unglücklich). Clark weist sogar ausdrücklich auf den gesellschaftswissenschaftlichen (und philosophischen) Standardbegriff der Rationalität hin, wie ihn zum Beispiel auch Rawls im Auge hat.[554] Die Frage nach dem Wie soll dadurch beantwortet werden, dass klargestellt wird,

[552] Clark 2012 (dt. 2013).
[553] Clark (dt. 2013), 19.
[554] Vgl. unten, Abschnitt 5.3, S. 289.

inwiefern historische Akteure auf der Grundlage ihrer Motive und Ziele, ihrer Informationen und Handlungsoptionen die aus ihrer Sicht beste Entscheidung trafen und entsprechend handelten. Und es ist primär diese Art der Antworten, die nach Clarks Auffassung in der Geschichtswissenschaft explanatorisch relevant ist. Clark diskutiert in der Einleitung seines Werkes auch die methodologischen Probleme, die angesichts der verfügbaren Dokumente mit der Ermittlung der Motive, Informationen, Hintergrundkenntnisse und Handlungsoptionen verbunden sind, und kommt dabei zu einer insgesamt optimistischen Einschätzung. Vor allem aber führt er in seinem Buch die äußerst komplexe und verwickelte rationale Erklärung des Ausbruchs des Ersten Weltkrieges auf 718 Seiten in höchst beeindruckender Weise vor. Es dürfte deutlich geworden sein, dass Clarks geschichtswissenschaftliche Methodologie *und* ihre extensive Anwendung auf die Erklärung des ersten Weltkrieges perfekt mit den vorstehenden Überlegungen zur Rolle rationaler Erklärungen in der Geschichtswissenschaft übereinstimmt.[555]

Rationale Erklärungen spielen ersichtlich auch in Interpretationen von Literatur eine erhebliche Rolle, namentlich von Romanen und Dramen. Sowohl LeserInnen ohne literaturwissenschaftliches Training als auch professionelle Textinterpreten bemühen sich nicht selten um Interpretationen der mentalen Zustände und Handlungen literarischer Figuren. Diese Trivialität wird auch in manchen literaturtheoretischen Arbeiten erwähnt, wenn auch meist eher nebenbei – ganz zu Recht, denn es handelt sich nicht um eine besonders überraschende These. So diskutiert zum Beispiel Fotis Jannidis in einer der einschlägigsten jüngeren literaturtheoretischen Studien zu literarischen Figuren[556] die kognitiven Operationen des Lesers in seiner Auseinandersetzung mit literarischen Figuren. Für Jannidis ist eine literarische Figur ein mentales prototypisches Modell, das vom Leser entworfen wird. Eines der Merkmale dieses Modells ist, dass es – wie Jannidis in Anspielung auf Collingwood formuliert – „über ein Inneres und ein Äußeres“ verfügt, so dass „für Figuren der Erklärungsrahmen der *folk psychology* gültig ist.“[557]

Über diesen Truismus hinaus sollten allerdings noch einige Besonderheiten der Interpretation literarischer Figuren wenigstens kurz ange-

[555] Aus philosophischer und hermeneutischer Sicht würde man sich wünschen, dass Clark das Konzept rationaler Erklärungen verwendete, um seine historiographische Methode zu beschreiben.

[556] Vgl. Jannidis 2004, besonders Kapitel 4.

[557] Jannidis 2004, 192 f. Dabei betont Jannidis unter anderem die prinzipielle ‚Baugleichheit' mentaler Repräsentationen von literarischen Figuren mit den Repräsentationen realer Menschen.

sprochen werden. Zum einen stellen Dramen und Romane meist einen längeren Handlungsverlauf und insbesondere meist auch eine sogenannte Charakterentwicklung literarischer Figuren dar. Wenn man diese Darstellung vom Ende der entsprechenden literarischen Werke her denkt, so kann man die Deutung dieser Darstellung als eine besonders vielstufige und damit komplexe Interpretation der geistigen Entwicklung und Handlungsfolgen literarischer Figuren betrachten, die gewöhnlich über volkspsychologische Interpretationen realer Personen im Alltag weit hinaus geht. Zum anderen werden in Dramen und Romanen zum Teil auch Interpretationen und Kommunikationen *unter* den literarischen Figuren dargestellt. Der interpretative Nachvollzug dieser Interpretationen durch LeserInnen oder professionelle Textinterpreten operiert daher auf höherstufigen Metarepräsentationen.

Vor allem aber handelt es sich bei Dramen und Romanen meist um fiktionale Literatur, in der fiktive Figuren auftreten. LeserInnen und professionelle Textinterpreten wissen um die Fiktionalität der Texte, und dieses Wissen geht in ihre Textinterpretation ein. Das bedeutet unter anderem, dass sich in diesem Fall die Rolle der Kausalität und der empirischen Belege rationaler Erklärungen ändert. Ob die fiktiven Charaktere die von ihrer Interpretation postulierten mentalen Zustände „tatsächlich" haben oder nicht, kann nicht der externen Welt, sondern nur Hinweisen aus der Textwelt (also aus dem literarischen Text selbst) entnommen werden. Dabei kann es vorkommen, dass diese Hinweise die möglichen Interpretationen stärker unterbestimmen als Interpretationen realer Personen. Und ob die ermittelten Gründe fiktiver Figuren auch Ursachen und konklusive* Gründe für ihr Handeln sind, kann nicht ohne Beachtung des Wissens jener Zeit ermittelt werden, in der das literarisch dargestellte Geschehen spielt. Interpretationen der mentalen Zustände und Handlungen fiktiver literarischer Figuren sind außerdem von der Meta-Frage begleitet, welche Botschaften mit der speziellen Gestaltung dieser fiktiven Handlungsverläufe verbunden sein könnten. Diese Botschaften werden nicht selten in Begriffen literarischer Modelle präsentiert, die mit einem Wahrheitsanspruch auftreten, obgleich es sich um fiktionale Texte handelt.[558] Derartige Modelle dienen manchmal auch dazu, ganz neue Perspektiven auf mögliche mentale Entwicklungen oder Handlungsverläufe zu werfen, die mit dem Hintergrundwissen und den (rationalen) Erwartungen der LeserInnen gerade zu brechen versuchen (was jedoch Rationalitätsstandards im Hintergrund voraussetzt). Und schließlich muss bedacht werden, inwiefern die Geschichtlichkeit der literarischen Interpretation angemessene

[558] Vgl. dazu genauer Detel 2013a.

Auslegungen gestattet, die unter bestimmten Bedingungen mit einem modernen Vokabular (also mit dem Wissen der Interpretin) arbeiten.[559]

Die rationale Erklärung scheint in der Literaturwissenschaft noch auf einer anderen Ebene eine Rolle zu spielen, nämlich wenn es darum geht zu erklären, warum ein literarischer Text die Beschaffenheit hat, die er nun einmal hat. Die Beschaffenheit eines literarischen Textes wird zumindest nach Auffassung einiger Literaturtheoretiker zunächst durch eine deskriptive Textanalyse (zuweilen auch *Basis-Interpretation* genannt) ermittelt.[560] Die Erklärung dieser Beschaffenheit nimmt Bezug auf den Autor, das Textkonzept, ein Literaturprogramm und ein Meinungssystem und hat folgende allgemeine Kontur: Der Autor vertritt ein bestimmtes Textkonzept und Literaturprogramm, und er geht von einem bestimmten Meinungssystem aus; er meint, mit der Textbeschaffenheit grundlegende Aspekte des Textkonzepts, des Literaturprogramms und des Meinungssystems exemplarisch zur Geltung bringen zu können; und er möchte seinen Adressaten das Textkonzept, Literaturprogramm und Meinungssystem empfehlen. Daher hat er den Text mit der betreffenden Beschaffenheit produziert.[561] Diese Erklärung ist offenbar eine *geisteswissenschaftliche kausal-rationale Erklärung*, die auf den Autorenintentionalismus zurückgreift.[562]

In Geschichtswissenschaft und Literaturwissenschaft kommen Interpretationen in Gestalt von rationalen Erklärungen also durchaus zum Tragen.[563] In einigen Sozialwissenschaften wird dagegen ihrem eigenen

[559] Zu diesem letzten Punkt vgl. unten, Abschnitt 5.5.

[560] Kindt, Müller 2003; Tepe 2007, 179–188.

[561] In der Kognitiven Hermeneutik wird diese Erklärung manchmal zutreffend als Erklärung anhand der Positionsgebundenheit beschrieben, vgl. z. B. Tepe 2007, 145 f.

[562] Vgl. dazu genauer Detel 2011, Abschnitt 7.4.

[563] Inwieweit Vertreter einer naturalistischen Hermeneutik diese Diagnose mittragen, ist nicht immer ganz klar. Naturalistische Hermeneutiken vertreten meist einen harmlosen methodologischen Naturalismus, demzufolge Methoden wie etwa die hypothetisch-deduktive Methode, die in den Naturwissenschaften verwendet werden, auch in geisteswissenschaftlichen Interpretationen anwendbar sind. Darüber hinaus scheinen sie überwiegend davon auszugehen, dass auch Geisteswissenschaften, sofern sie überhaupt Erklärungen liefern, kausale Erklärungen liefern. Böhm 2006 zum Beispiel beschäftigt sich hauptsächlich mit der – zweifellos wichtigen – Frage, ob und inwiefern für erfolgreiche Interpretationen Wahrheits- und Rationalitätspräsumptionen vorausgesetzt werden müssen, und plädiert dafür, dass es sich allenfalls um instrumentell notwendige, keinesfalls aber um apriorische oder konstitutive Präsumptionen handelt. Mit dieser Diagnose stimmt die vorliegende Studie überein. Im Übrigen bemerkt er, dass das Verstehen „ein Prozess ist, der – ebenso wie Phänomene aus dem Gegenstandsbereich der Naturwissenschaften – mit Hilfe allgemeiner Gesetzesannahmen erklärt werden kann“ (Böhm 2006, 163). Es ist allerdings unklar, ob Böhm damit ausschließen will, dass Interpretationen oft kausal-rationale Erklärungen mit Rückgriff auf normische Prämissen liefern.

Selbstverständnis nach die Theorie der rationalen Wahl (RC-Theorie) eingesetzt. Ob es sich dabei aber noch um eine Variante der rationalen Erklärung handelt, ist umstritten. Dieser Problematik sind die nächsten beiden Abschnitte gewidmet.

5.3 Rationale Handlungserklärung und Theorie der rationalen Wahl in den Sozialwissenschaften

In einer Vorlesung zur Theorie der rationalen Wahl (RC-Theorie) von 2009 erläutert der Sozialwissenschaftler Karl-Dieter Opp die Grundidee der RC-Theorie:

> Wenn Individuen eine gegebene Menge von Handlungsalternativen wahrnehmen, dann wird diejenige Alternative gewählt, für die die Handlungskonsequenzen aus der Sicht der Individuen am wahrscheinlichsten sind und die höchsten Nutzen haben (d. h. am positivsten bewertet werden).[564]

Diese Idee einer rationalen Handlungserklärung wurde im Rahmen der RC-Theorie in folgendem Schema konzeptualisiert:

[564] Vgl. www.uni-leipzig.de/~sozio/mitarbeiter/ m29/content/dokumente/ 466/Block seminarRationalChoiceTheorieJuli09. Abschn. 1.1. Opp hat sich vor allem durch seine Theorie der Entwicklung der gewaltfreien Revolution in der DDR und seine Arbeiten zur Emergenz sozialer Normen einen Namen gemacht (vgl. zum ersten dieser Themenbereiche neben vielen anderen Publikationen Opp 1993 sowie die allgemeinere Studie Opp 2009). Er hat ferner nicht nur ein grundlegendes Werk zur Methodologie der Sozialwissenschaften verfasst (vgl. Opp 2005), sondern sich auch in einer beeindruckend langen Reihe von Aufsätzen mit den Varianten und Anwendungsmöglichkeiten der modernen RC-Theorie auseinandergesetzt. Wenn man jedoch seine detaillierte Erklärung der DDR-Revolution im Jahre 1989 (vgl. Opp 1992) genau analysiert, so stellt man fest (wie nicht anders zu erwarten), dass sie nicht dem komplexen RC-Schema der Handlungserklärung entspricht, sondern eine gestufte kausal-rationale Erklärung ist. Gerade die exakte mathematische Ebene, die das RC-Schema auszeichnet, kann in diesem konkreten Fall nicht angewendet werden (wie in den meisten anderen Fällen von Handlungserklärungen auch), weil die genauen numerischen Werte für die subjektiven Wahrscheinlichkeiten, Wünschbarkeiten, Präferenzen und Nutzenwerte nicht ermittelt werden können. Interessant ist auch, dass alle angeführten explanatorischen Annahmen auf die mentalen Zustände der Akteure gerichtet sind, wie es dem kausal-rationalen Erklärungsschema entspricht. Zudem wird die kausale Ebene der Erklärung nicht explizit angesprochen. Es wird vielmehr *implizit* vorausgesetzt, dass für jeden Akteur der DDR, auf den die explanatorischen Annahmen über ihre mentalen Zustände zutreffen, gilt, dass die aufgeführten mentalen Zustände zusammengenommen die Ursache dafür waren, dass er an den Protestaktionen und Demonstrationen in Leipzig im Jahre 1989 teilgenommen hat. Vor allem aber tritt der wissenschaftliche Aufwand zur empirischen Ermittlung der leitenden Motive und Gründe für den DDR-Protest in eine auffällige Spannung zur Trivialität der rationalen Erklärungen für die getroffenen Entscheidungen und ausgeführten Handlungen.

(RC1) *RC-Schema der Handlungserklärung*:

(1) Person S ist im Handlungskontext K.

(2) S meint, dass sie in K den Handlungsrestriktionen HR unterliegt und daher in K die Menge H (i) = {1, 2, ...i,...n} von Handlungsalternativen hat.

(3) S glaubt, dass für alle i in H gilt: sie kann i vollziehen, und weiß, wie man i vollzieht (in K unter HK).

(4) S meint, dass für jedes i in H gilt, dass es die Menge HK (ij) = {1, 2, ...i,...k} von Handlungsfolgen gibt (in K unter HK).

(5) S verfügt über eine geordnete Nutzen-Bewertung U_{ij} für alle Handlungsfolgen ij.

(6) S kennt die Wahrscheinlichkeit P_{ij} des Eintritts aller Handlungsfolgen ij.

(7) S kalkuliert den erwarteten Netto-Nutzen NU(i) für jede Handlungsalternative i nach der Formel

$$(*)\ NU(i) = \overset{k}{\underset{j=1}{}} U_{ij} \cdot P_{ij}$$

(8) S kommt aufgrund von (7) zu der Meinung, dass gilt
(**) NU (i) > NU (k) für alle Elemente k der Menge H(i) \ {i}.

(9) S vollzieht die Handlung mit dem höchsten Nettonutzen, nach dem Mechanismus:
(***) S meint, dass (**) gilt → S wählt und vollzieht Handlung i.

(10) Das Vorliegen der in (1)–(8) genannten Bedingungen muss empirisch gesichert sein.

Menschen sind offensichtlich keine rationalen Akteure im idealen Sinne. Doch zugleich ist das entscheidungstheoretische Schema der Handlungserklärung klarerweise eine Stilisierung und Idealisierung der volkspsychologischen Handlungserklärung. Die Vorhersage oder Erklärung der PC-Theorie hat also im Kern folgende Form: Wenn der Nettonutzen[565] von i *nach Berechnung des Akteurs* größer ist als der Nettonutzen jeder anderen Handlung k aus der Menge H, so wird Handlung i gewählt und ausgeführt. Die subjektive Wahrscheinlichkeit für das Auftreten eines Ereignisses E ist der Wert, den der Akteur darauf verwetten würde, dass E eintritt (also die *Meinung* des Akteurs zum wahrscheinlichen Eintreten von E). Die Handlungskonsequenz ist das, was der Akteur als Resultat einer geplanten Handlung *erwartet* (unter den Handlungsrestriktionen, die

[565] Der Nettonutzen ist nach (7) die Summe der Multiplikation des Nutzens mit der subjektiven Wahrscheinlichkeit jeder der Handlungskonsequenzen von Handlung i.

der Akteur im gegebenen Handlungskontext identifiziert). Der Nutzen ist das Pay-Off der Handlung, also die *Bewertung* einer Handlungskonsequenz durch den Akteur gemäß seiner Präferenzen. Die Handlungsalternativen sind die Handlungsmöglichkeiten, die nach *Meinung* des Akteurs bestehen. Und der Akteur geht von den in (2)–(4) genannten *Meinungen* aus. *Kurz, die verwendeten Parameter sind samt und sonders subjektiv-rationale Gründe des Akteurs* – Einschätzungen, wie Opp ausdrücklich betont, „aus Sicht der Individuen". Subjektiv-rationale Gründe können jedoch falsch sein. Doch zugleich machen der mathematische Apparat dieses Erklärungsschemas sowie die idealisierende Diktion, derzufolge der Akteur über umfassendes wahres Wissen und einen perfekten inneren Rechner verfügt, den Eindruck, als operiere das Modell mit wahren Meinungen und objektiven Rationalitätsstandards. Das Schema RC1 ist daher latent unausgewogen, ja inkonsistent. Es sollte so verändert werden, dass alle aufgeführten Meinungen und Berechnungen konklusive* Gründe sind. Nur dann kann das Modell leisten, was es eigentlich leisten soll – nämlich zur Erklärung von konkreten Handlungen beizutragen, deren Rationalität überwiegend Erfolg garantiert.

Aus hermeneutischer Sicht ist die Frage interessant, ob und inwiefern das Muster rationaler Erklärungen als Spielart komplexer Interpretationen eine Komponente moderner sozialwissenschaftlicher Erklärungen ist. Die moderne Ökonomie wird bekanntlich als diejenige Sozialwissenschaft betrachtet, in der die RC-Theorie am deutlichsten zum Einsatz kommt. Dazu gibt es eine ungeheure Menge von zum Teil technisch anspruchsvoller Literatur, die hier auch nicht im Entferntesten diskutiert werden kann.[566] Daher möchte ich mich im Folgenden auf Sozialwissenschaften im engeren Sinne beschränken (Politologie und Soziologie), zumal sich die Punkte, die aus hermeneutischer Perspektive an der RC-Theorie wichtig sind, nicht nur anhand der Ökonomie, sondern ebenso gut auch im Blick auf Politologie und Soziologie diskutieren lassen.

Die Verankerung der RC-Theorie in der Ökonomie ging zunächst mit einer speziellen Ausformung einher, die man oft mit dem Stichwort *homo oeconomicus* bezeichnet. Diesem *ökonomischen RC-Schema der Handlungserklärung* (RC2) zufolge gilt zwar (RC1), doch werden die Präferenzen der rationalen Wahl ausschließlich als egoistische Interessen des Handelnden angesehen. Präferenzen eines Akteurs sind nach (RC2) egoistisch, wenn der Akteur weder daran interessiert ist, anderen Akteuren etwas Gutes zu tun, noch daran, zu öffentlichen Gütern beizutra-

[566] Zu einem ersten Überblick vgl. Hausman 2013.

gen.[567] *Ökonomische Rationalität* besteht nach (RC2) in der Verfolgung egoistischer Interessen mit geeigneten Mitteln aufgrund konklusiver* Gründe.

Welches Schicksal hat das ökonomische RC-Schema der Handlungserklärung in den Sozialwissenschaften erfahren? Ein Teil der Antwort auf diese Frage ist, dass ein bedeutender Anteil sozialwissenschaftlicher Aktivitäten die RC-Theorie überhaupt nicht ins Spiel bringt. Denn die Sozialwissenschaften stehen, wissenschaftstheoretisch betrachtet, vor einer großen Herausforderung. Ihr primäres Ziel und ihre grundlegende wissenschaftliche Leistung ist die empirisch gesicherte Erkenntnis genereller Regularitäten und kausaler Beziehungen im sozialen Raum – beispielsweise dass in vordemokratischen Gesellschaften das Bildungsniveau und die wirtschaftliche Entwicklung die Demokratisierung fördern oder dass die sozioökonomische Zusammensetzung von Schulklassen einen gewichtigen Einfluss auf die Lernprozesse und Lernleistungen hat. Die entscheidende wissenschaftliche Herausforderung ist, dass im sozialen Raum extrem komplexe kausale Beziehungen vorkommen und dass zugleich die empirische Basis sozialwissenschaftlicher Untersuchungen meist schmal ist. Die empirisch und mathematisch begründete Verallgemeinerung der empirischen Basis auf eine generelle Regularität unter Minimierung von Fehlerquellen und die empirisch abgesicherte Identifizierung von erklärungsrelevanten Ursachen im Rahmen genereller Regularitäten sind extrem verzwickte methodologische Aufgaben in einem breiten Spektrum von Anwendungsfällen. So verwendet zum Beispiel die Varianzanalyse (mathematische) Modelle und Verfahren zur statistischen Untersuchung von Einflüssen einer oder mehrerer unabhängiger Variablen auf Versuchs-ergebnisse, die durch eine abhängige intervallskalierte Variable gemessen werden. Faktorenanalysen sollen aus einer Vielzahl von möglichen Variablen jene voneinander unabhängigen Einflussgrößen herauskristallisieren, die als erklärungsrelevant gelten können. Regressionsanalysen sollen möglichst aussagekräftige empirische Merkmalskorrelationen etablieren, und Pfadanalysen dienen der Entwicklung von differenzierten Kausalmodellen[568] – um nur einige der sozialwissenschaftlichen Verfahren schlagwortartig zu erwähnen.[569]

[567] Eine prominente Version dieses Bildes wurde von dem Ökonomie-Nobelpreisträger Gary Becker vertreten, vgl. Becker 1976.

[568] Vgl. Seibel, Nygren 1972, 5: „Die Pfadanalyse ist ein statistisches Verfahren zur Überprüfung linearer Kausalmodelle. Die Stärke der kausalen Beziehung zwischen je zwei Variablen wird durch Pfadkoeffizienten ausgedrückt. Pfadkoeffizienten lassen sich aus Korrelationskoeffizienten ableiten oder als partielle Regressionskoeffizienten aus standardisierten Eingabedaten berechnen."

[569] Nehmen wir nur den einfachsten Fall einer Regressionsanalyse des Zusammenhangs

Strukturalistische und verhaltenstheoretische Erklärungsmodelle in den Sozialwissenschaften geben sich mit der Erreichung dieses Zieles zufrieden. Die strukturalistischen Modelle diskutieren lediglich die sozialen Strukturen, mit denen sich generelle abhängige Variablen (etwa der Partizipationsgrad von Frauen auf dem Arbeitsmarkt) erklären lassen. Die verhaltenstheoretischen Modelle ziehen zwar individuelles Verhalten in Betracht, aber nur insofern Akteure in ihrem Handeln einen sozialen Status oder soziale Relationen exemplifizieren. In beiden Fällen bleiben die Absichten, Meinungen und anderen mentalen Zustände der Akteure unberücksichtigt.[570] Angesichts dieser Forschungssituation stellt sich die Frage, ob die Sozialwissenschaften über wohlbegründete Hypothesen zu sozialen Regularitäten und kausalsozialen Beziehungen hinaus überhaupt noch rationale Erklärungen und

zwischen einer unabhängigen und einer abhängigen Variablen, etwa zwischen den Verkaufszahlen eines PKW als abhängiger Variablen und den Besuchen von Produktmanagern im entsprechenden Autovertrieb. Eine empirische Stichprobe ergibt, dass die Erhöhung der Besuchszahlen mit der Erhöhung der Verkaufszahlen korreliert ist:

Besuche	0	10	14	20	22
Verkaufszahl	160	180	182	198	212

Doch möchte man die genaue Stärke dieser Korrelation abschätzen, und diese Stärke ist prima facie aus der empirischen Stichprobe nicht ohne weiteres zu entnehmen. Dafür gibt man eine allgemeine Gleichung an: Y = B0+ B1X1+ E (Y = abhängige Variable: VERKAUFSMENGE, B0 = konstantes absolutes Glied, B1 = Regressionskoeffizient, X1 = unabhängige Variable: BESUCHE; E = Fehlerterm). Für Y und X1 sind aus der Stichprobe Daten vorhanden (siehe Tabelle). Die Parameter (=Koeffizienten) B0 und B1, die erst die genaue Stärke der Korrelation Y und X1 anzeigen, sind dagegen unbekannt und müssen daher ermittelt werden. Denn die Daten beruhen nur auf einer Stichprobe, und es können auch zufällige weitere Einflüsse auf die Verkaufszahlen einwirken (die Gesamtwirkung dieser Einflüsse wird im Fehlerterm E zusammengefasst). Man möchte nun eine lineare Beziehung zwischen den Variablen Y und X1 finden, denn Linearität zeigt in diesen einfachen Fällen meist den „wahren" Zusammenhang zwischen verschiedenen Parametern an. Dabei sollen möglichst alle Beobachtungen aus der Stichprobe im Durchschnitt erfasst (erklärt) werden. Dafür geht man von einem Schätzwert des unbekannten wahren Fehlers E aus, dem sogenannten Residuum e. Durch die sogenannte OLS-Schätzung (Ordinary Least Squares = Methode der kleinsten Quadrate) kann man die Funktion finden, die dafür sorgt, dass die Summe der quadrierten Residuen minimiert wird. Das Residuum ist die Abweichung des Beobachtungswertes (YB) vom entsprechenden Schätzwert ŷB, zum Beispiel für den Beobachtungspunkt B: YB = ŷB + eB. Die OLS-Methode behandelt positive und negative Abweichungen gleich und gewichtet „Ausreißer" (also starke Abweichungen) durch die Quadrierung besonders hoch. Auf diese Weise kann man aufgrund der Stichprobe bestimmte Werte für B0 und B1 ausrechnen und die genaue, „wahre" Beziehung zwischen den beiden Variablen bestimmen (vgl. http://www.bw.fh-jena.de/www/cms.nsf/5a419d474f3279 b3c1256c09002f3b2a/7b95fb2d88157b10c12577d50044e040/FILE/Kapitel%202%20 Grundlagen%20der%20 Regressionsanalyse.pdf.

[570] Siehe die Hinweise bei Braun 1999, 24 f.

interpretative Techniken zum Einsatz bringen. Diese Frage wird zumindest von einigen Sozialwissenschaftlern positiv beantwortet, und zwar auf eine hermeneutisch aufschlussreiche Weise.[571]

Unter Berufung auf Hobbes und Max Weber wird nämlich geltend gemacht, dass erst die Analyse des individuellen Handelns sozialer oder ökonomischer Akteure auf der Mikro-Ebene die genaueren kausalen Mechanismen aufschlüsseln kann, die auf der Makro-Ebene von einer generellen sozialen Struktur zu einer anderen generellen Struktur führen. Bereits Weber hat in seiner Erklärung des Kapitalismus durch die Verbreitung der protestantischen Ethik das sogenannte Badewannenprinzip verwendet: Die Verbreitung der protestantischen Ethik als Makrophänomen hat auf der Mikroebene bei den einzelnen Akteuren zur Internalisierung eines bestimmten Wertesystems geführt, das seinerseits auf der Mikroebene zu einem bestimmten ökonomischen Handeln führte, das wiederum auf der Makroebene die Verbreitung des Kapitalismus generierte. Die unabhängige Variable auf der Makroebene wird also durch bestimmte Transformationsregeln auf die Mikroebene heruntergebrochen, die zeigen, zu welchen mentalen Einstellungen diese Variable führt; dann wird untersucht, zu welchen Handlungen diese Einstellungen auf der Mikroebene führen. Und schließlich wird unter Rückgriff auf bestimmte Transformationsregeln nachgewiesen, wie diese Handlungen zu dem zu erklärenden Makrophänomen führen. Erst damit ist eine vollständige sozialwissenschaftliche Erklärung geliefert. Die Handlungserklärungen auf der Mikroebene gehen dabei davon aus, dass

(1) Handlungen von Absichten der Handelnden gesteuert werden,
(2) die Handelnden der Meinung sind, dass ihre Handlungen das beste Mittel sind, um ihre Wünsche zu befriedigen, und
(3) die Wünsche und Meinungen der Handelnden auch die Ursache der Handlungen waren.

Es handelt sich also um kausal-rationale Erklärungen. Dabei

> gilt es für den wissenschaftlichen Beobachter, den „Sinn" oder die Absicht, die der Akteur seinem Handeln zugrundelegt, auf der Grundlage dieser drei Prämissen zu ermitteln. <Diese> Intentionalerklärungen arbeiten also mit kausalen Hypothesen, die auf normativen Annahmen über die Beziehung von subjektivem Sinn des Handelnden und der Handlung beruhen.[572]

Dietmar Braun hat den systematischen Sitz intentionaler (und damit interpretativer) Handlungserklärungen in der Politikwissenschaft treffend auf den Punkt gebracht:

[571] Vgl. dazu das informative Werk Braun 1999.

[572] Braun 1999, 28.

> Die Politikwissenschaft sollte sich grundsätzlich dann der Theorie rationaler Wahlhandlungen bedienen, wenn sie vollständige Erklärungen und nicht nur kausale Vermutungen anhand von statistisch erfassbaren Regelmäßigkeiten sucht. Für eine variablenorientierte Politikwissenschaft, die an der Erklärung von Varianzen in Makrophänomenen interessiert ist, reicht eine solche kausale Erklärung allerdings durchaus aus... Man muß sich nur bewußt bleiben, dass man so lediglich den Zusammenhang von Variablen beschreibt und nicht „verstehen" kann, was der Sinn des Handelns gewesen ist... Da die Anwendung von Theorien rationaler Wahlhandlungen ein aufwendiges Instrumentarium erfordert und Handlungssituationen relativ umfassend...erfasst werden müssen, bietet sie sich eher für konfigurative Fallstudien als für groß angelegte und variablenorientierte vergleichende Studien an.[573]

In der Politikwissenschaft scheint also dieselbe Einstellung vorzuliegen wie in der Geschichtswissenschaft: Kausale Erklärungen von Makrophänomenen können durch kausal-rationale Handlungserklärungen auf der Mikroebene ergänzt und vertieft werden.

In einem aufschlussreichen Artikel über den Handlungsbegriff in der Politikwissenschaft diskutiert der Politologe Volker Kunz die drei handlungstheoretischen Paradigmen, die in den letzten Jahrzehnten die Politikwissenschaften dominiert haben (wobei er die evolutionäre Sozialtheorie unberücksichtigt lässt).[574] In der Tradition von Durkheim und Parsons wird *Handeln als Befolgen bestehender und verbindlicher sozialer Regeln* gefasst. Als Befolgen sozialer Regeln wird Handeln normativ gesteuert. *Handlungsrationalität* besteht im sozialen Rahmen im Befolgen sozialer Regeln unter der Maxime der Optimierung der Eigeninteressen. Kunz stellt fest, dass

> diese Vorstellungen[575] weit verbreitet sind und...eine zentrale Grundlage der empirischen Einstellungs- und Handlungsforschung in der Politikwissenschaft darstellen, zum Beispiel in den Bereichen der Wahl-, Parteien- und Parlamentarismusforschung, der politischen Kulturforschung oder der Wertewandelns- und Sozialkapitalismusforschung.[576]

Doch mit der Zunahme von Rollen- und Regelkonflikten in einer sich immer schneller ändernden sozialen Welt verliert dieses Handlungs- und Erklärungsparadigma zunehmend an explanatorischer Kraft.

In der Nachfolge des symbolischen Interaktionismus bei Mead und im amerikanischen Pragmatismus (Dewey) sowie der Theorie des kom-

[573] Braun 1999, 183 f.

[574] Kunz 2009.

[575] Mit diesen Vorstellungen sind im Kern die genannten Konzepte der Rationalität und rationalen Erklärung von Handlungen im sozialen Raum gemeint.

[576] Kunz 2009, 2.

munikativen Handelns von Habermas wird das *Handeln als interpretativ orientiertes Bemühen um Verständigung* betrachtet. Ein solches Handeln involviert reziproke Interpretationsprozesse auf sprachlicher Basis. Im Kontext dieses kommunikativen Handelns werden soziale Normen und Regeln erst etabliert. Dieser Position zufolge ist eine *Handlung rational erklärt*, wenn sie als Resultat einer interpretativen Verständigungsbemühung betrachtet werden kann, die unter anderem die rationalen Normen der kommunikativen Ethik berücksichtigt. Vor allem konstruktivistische und pragmatische Theorien der Internationalen Beziehungen greifen auf diesen Handlungsbegriff zurück.

Seit geraumer Zeit ist jedoch, wie Kunz betont, in den Gesellschaftswissenschaften ein Handlungsparadigma verbreitet, das an der RC-Theorie orientiert ist. Dieses Paradigma vermag unter anderem den schnellen sozialen Wandel moderner Gesellschaften besser abzubilden als das Rollenparadigma des Handelns. Dabei erklärt die RC-Theorie auch *soziales* Handeln als Folge einer *rationalen Wahl*, die aus einer Analyse der Situation, einer Auflistung der Handlungsalternativen und der Evaluation dieser Alternativen durch Betrachtung und Vergleich ihrer Konsequenzen logisch folgt:[577]

> Theorien des rationalen Wahlhandelns (Rational Choice) erobern seit Jahren fast alle Zweige der Sozialwissenschaften...gleich ob es sich um die Stimmabgabe von Wählern, das politische Handeln von Abgeordneten oder Regierungsmitgliedern oder um Verwaltungsentscheidungen handelt...Wie kaum eine andere theoretische Strömung haben Handlungstheorien, die auf der Annahme rationaler Wahl beruhen, auch die politikwissenschaftliche Diskussion...beeinflusst.[578]

Ähnlich bemerkt John Rawls in seiner *Theorie der Gerechtigkeit:*

> Der hier verwendete Begriff der Rationalität ist...der in der sozialwissenschaftlichen Theorie übliche Standardbegriff. Von einem rationalen Menschen wird also wie üblich angenommen, dass er ein widerspruchsfreies System von Präferenzen bezüglich der ihm offenstehenden Möglichkeiten hat. Er bringt sie in eine Rangfolge nach ihrer Dienlichkeit für seine Zwecke; er folgt dem Plan, der möglichst viele von seinen Wünschen erfüllt und der eine möglichst gute Aussicht auf erfolgreiche Verwirklichung bietet.[579]

[577] Vgl. z.B. auch Grofman 2004; Morris et al. 2004; Hardin 2004; Kirchgässner 2000; Lupia et al. 2000.

[578] Vgl. Braun 1999, 9, 17.

[579] Vgl. Rawls 1993, Abschnitt 25, 166–167 (in der deutschen Übersetzung dieser Ausgabe habe ich in meinem Zitat „Vernunft“ und „vernunftgeleitet“ durch „Rationalität“ und „rational“ ersetzt, entsprechend den englischen Termini „rationality“ und „rational“).

Auch Kunz weist darauf hin, dass die Verwendung der RC-Theorie in den Gesellschaftswissenschaften in eine kausale Erklärung von Makrophänomenen eingebettet ist und dass dafür Transformationsregeln gefunden werden müssen, die von Makro- zu Mikrophänomenen führen, sowie Aggregationsregeln, die umgekehrt von Mikro- zu Makrophänomenen führen.

Die RC-Theorie präsentiert, wie bereits bemerkt, ein abstraktes und idealisiertes Modell des rationalen Handelns. Abstrakte und idealisierte Modelle werden in fast allen Wissenschaften verwendet, vorzugsweise in den mathematisierten Naturwissenschaften.[580] Doch jedes abstrakte und idealisierte wissenschaftliche Modell steht auf dem Prüfstand der empirischen Anwendbarkeit und prognostischen Fruchtbarkeit. Dies gilt auch für das RC-theoretische Modell des rationalen Handelns.[581] Seine Verteidiger wiesen auf die Sparsamkeit und Eleganz des Modells hin. Die Kritiker gaben schon früh zu bedenken, dass das Modell zu weit von der Realität des gesellschaftlichen Handelns entfernt ist, dass ferner die Aufgabe der kritischen empirischen Prüfung des Modells in der sozialwissenschaftlichen Praxis selten ernst genommen wird, und dass im Falle ernsthafter empirischer Tests allenfalls die empirischen Hypothesen und Prognosen des Modells, nicht aber seine Rationalitätsaxiome auf den Prüfstand gestellt werden. Unter dem Druck dieser Kritik haben die Vertreter der RC-Theorie in der Politikwissenschaft versucht, den RC-Ansatz durch zusätzliche Annahmen zu adjustieren und auf diese Weise stärker an das tatsächliche politische Geschehen anzupassen.

Der erste Schritt dieser Adjustierungen bestand in der Kritik der ökonomischen Rationalität und des Modells (RC2), das als zu einseitig und daher unnötig abstrakt eingeschätzt wurde. Sozialwissenschaftler hielten diesem Modell das Bild des *homo sociologicus* entgegen und schlugen ein *soziologisches RC-Schema der Handlungserklärung* (RC3) vor. Das Modell (RC3) geht davon aus, dass zwar (RC1) korrekt ist, dass aber Menschen nur selten gemäß (RC2) handeln. Denn oft verfügen sie nicht über mehrere Handlungsalternativen, sondern handeln gemäß internalisierten Normen, Sanktionserwartungen und Interpretationen der Absichten ihrer Mitmenschen. Ferner sind die Präferenzen der rationalen Wahl nicht

[580] Ein wissenschaftliches Modell heißt abstrakt, wenn es im untersuchten Zielbereich nur von ausgewählten Parametern ausgeht, von den restlichen Parametern im Zielbereich absieht und behauptet, dass die Vorgänge im Zielbereich von den ausgewählten Parametern abhängig sind. Wenn das abstrakte Modell darüber hinaus die ausgewählten Parameter idealisiert, so dass sie in der Realität nicht vorkommen, dann spricht man von einem idealisierten Modell.

[581] Vgl. dazu ausführlich Braun 1999, Kap. 2–3.

ausschließlich egoistisch, sondern überwiegend wertorientiert oder altruistisch. Eine *rationale Wahl von Handlungen* ist demnach dadurch begründet, dass die gewählten Handlungen den jeweils leitenden Präferenzen (also oft auch altruistischen Motiven) als angemessene Mittel dienen. *Soziologische Rationalität* besteht in der Verfolgung wertorientierter oder altruistischer Interessen mit meist eindeutig bestimmten Mitteln und involviert sowohl Zweckrationalität als auch theoretische Rationalität.[582]

Die Kritik an (RC2) und der Übergang zu (RC3) wurden in den Sozialwissenschaften als Übergang zu einem empirisch adäquateren RC-Modell verstanden.[583] Damit begannen die bis heute andauernden Versuche, möglichst adäquate RC-Modelle zu entwickeln und die jeweils etablierten Modelle empirisch zu prüfen, oft zugeschnitten auf bestimmte Anwendungsfelder. Will man zum Beispiel das Wahlverhalten untersuchen, so müsste man im Rahmen eines idealisierten RC-Modells vom rationalen Wähler ausgehen, der weiß, welche politischen Ziele er hat und wie diese Ziele hierarchisiert sind. Der rationale Wähler weiß ferner aufgrund vollständiger Information, welche Möglichkeiten zur Realisierung dieser Ziele verfügbar sind und welche Folgen diese Alternativen haben würden. Ein solcher Wähler wird diejenige Partei wählen, die seiner Meinung nach diejenigen staatlichen Leistungen verspricht, die seinen politischen Zielen am ehesten entgegenkommen. Für die konkrete Anwendbarkeit des Modells muss man aber Einschränkungen vornehmen, wie sie auch in der TBR untersucht werden: In den meisten Fällen sind die Wähler nicht vollständig über Handlungsalternativen und deren Folgen informiert, sondern müssen sich die meisten Informationen selbst beschaffen. Dabei wird der Wähler nie zu einer vollständigen Information gelangen, sondern muss unter Unsicherheit und Risiko entscheiden. Und schließlich ist der Anreiz, überhaupt wählen zu gehen, gleich null, weil der Stimmanteil des einzelnen Wählers äußerst klein ist. In ein adjustiertes Modell wurden daher Informationsbeschaffungskosten eingefügt und der Anreiz zum Wählen durch das Interesses an der Aufrechterhaltung der Demokratie und die Auffassung des Wahlaktes als Mittel zur Aufrechterhaltung der Demokratie erklärt. Und die idealisierte Forderung vollständiger und sicherer Information wurde ersetzt durch Modelle von Entscheidungen unter Risiko und Unsicherheit.[584]

582 Einer der einflussreichsten Protagonisten dieses Bildes war Ralf Dahrendorf, vgl. Dahrendorf 1964.

583 Vgl. Braun 1999, 37–41.

584 Zu einer verständlichen Darstellung vgl. Stegmüller 1969, 386–395.

Die zuletzt genannte Veränderung ist rationalitätstheoretisch interessant, weil sie zu unterschiedlichen Rationalitätsvorstellungen zwingt. Eine Entscheidung unter Risiko liegt dann vor, wenn nicht festgelegt ist, unter welchen empirischen Bedingungen die Handlungen und ihre Konsequenzen eintreten werden. Doch gibt es eine Wünschbarkeitsmatrix, die die Präferenzen für die verschiedenen Handlungsmöglichkeiten festlegt, und eine Konsequenzen- und Wahrscheinlichkeitsmatrix, in der die Wahrscheinlichkeiten der möglichen Handlungen unter den unterschiedlichen empirischen Bedingungen notiert sind. Aus diesen beiden Matrizen lässt sich (durch einfaches gliedweises Multiplizieren ihrer Zeilen) der zu erwartende Gesamtnutzen ausrechnen. Das Rationalitätskriterium ist hier *die Maximierung des zu erwartenden Gesamtnutzens.*

Eine Entscheidung unter Unsicherheit ist eine Entscheidung unter Risiko, bei der den Konsequenzen der Handlungen keine bestimmten Wahrscheinlichkeiten zugeordnet werden können (das ist in vielen Situationen sicherlich der Normalfall). In diesem Fall haben wir nur die Konsequenzenmatrix ohne Wahrscheinlichkeiten und die Wünschbarkeitsmatrix zur Verfügung. In dieser Situation sind nun *verschiedene Rationalitätskriterien anwendbar.* Man kann es zum Beispiel rational finden, diejenige Handlung zu wählen, die den im ungünstigsten Fall sich ergebenden Nutzen maximalisiert. Das ist die Maximin-Regel. Man kann es aber auch rational finden, diejenige Handlung zu wählen, deren günstigstes Resultat mindestens ebenso gut ist wie das günstigste Resultat der anderen Handlungen. Das ist die Maximax-Regel. Oder man kann es rational finden, diejenige Handlung zu wählen, die das Maximalrisiko minimiert. Das ist die Minimaxregel, die zum Beispiel Rawls in seiner berühmten Gerechtigkeitstheorie den rationalen Entscheidungen unter dem Schleier der Unwissenheit zugrunde gelegt hat. Welches Rationalitätskriterium sollten wir also verwenden? Es ist naheliegend zu sagen, dass diese Wahl von der Einstellung des Handelnden abhängt. Der Pessimist wird die Maximin-Regel nehmen, der Optimist die Maximax-Regel und der Sicherheitsfanatiker die Minimax-Regel.

Ein weiteres Beispiel für die Adjustierung der RC-Theorie in der Politikwissenschaft ist die Bürokratietheorie.[585] Aus Sicht der RC-Theorie stellt sich die Frage, welche Rationalität das bürokratische Handeln und die Beziehungen zwischen Ämtern und Politik steuert. Dieser Fall ist deshalb von besonderem Interesse, weil die entsprechende Adjustierung der RC-Theorie die klassische Frage von Adam Smith beantworten muss, ob und wie das individuelle egoistische Handeln unter den Bedingungen der

[585] Vgl. dazu die informative Übersicht bei Braun, 1999, 137–169.

rationalen Wahl (vgl. Modell (RC2)) zum Gemeinwohl führen kann. Damit erhalten die RC-gesteuerten Spezialtheorien eine präskriptive, politische Komponente, die in konkreten politischen Empfehlungen mündet. Ich möchte diese Theorie-Architektur kurz an zwei klassischen Bürokratietheorien exemplifizieren, die im Rahmen der RC-Theorie arbeiten. William Niskanen geht davon aus, dass rationale Administratoren stets an ihrem Eigennutzen orientiert sind und zum Beispiel ihre Macht, ihr öffentliches Ansehen, ihr Gehalt und das ungestörte Durchführen bürokratischer Tätigkeiten anstreben. Doch um welche egoistischen Ziele es sich auch immer handeln mag, sie lassen sich im Rahmen von Bürokratien alle mit Hilfe der Budget-Maximierung der Ämter erreichen. Jedes Amt ist daher nach Niskanen primär an der Budget-Maximierung interessiert, und darum können Ämter als kollektive Akteure betrachtet werden, die im Sinne von (RC2) rational handeln. Zudem müssen Ämter nicht rentabel arbeiten und haben im Bereich ihrer Tätigkeit keine Konkurrenz. Drei Komponenten – die Budget-Maximierung, die fehlende Transparenz von Nutzen und Kosten sowie das Monopol der Tätigkeiten – führen nach Niskanen zu der beobachtbaren ständigen Expansion der Bürokratie in modernen Staaten. Die politische Empfehlung, die sich aus dieser politikwissenschaftlichen Diagnose ableiten lässt, ist die Privatisierung vieler bürokratischer Dienstleistungen, die Abschaffung des Handlungsmonopols und die Schaffung von Anreizen für die Minimierung des bürokratischen Outputs. Nur diese Maßnahmen können das bürokratische Handeln auf das Gemeinwohl ausrichten.[586]

Auch Anthony Downs geht in seiner Bürokratietheorie von einer Vielzahl unterschiedlicher Motive für bürokratisches Handeln gemäß der RC-Theorie aus, versucht diese Motivationsvielfalt jedoch theoretisch durch fünf Idealtypen von Administratoren in den Griff zu bekommen – die Aufsteiger und Bewahrer, die rein egoistisch handeln, sowie die Eiferer, die Anwälte und die Staatsdiener, die sich auch von altruistischen Absichten leiten lassen. Der Typus der führenden Administratoren beeinflusst nach Downs das rationale Handeln der verschiedenen Ämter. Diese Hypothese soll die unterschiedlichen konzeptionellen und motivationalen Ausrichtungen moderner Ämter empirisch besser abbilden und ihr Handeln besser prognostizieren lassen. Ferner lassen sich daraus verschiedene Lebenszyklen von Ämtern ableiten. Die konsequente hierarchische Organisation sowie das Eigeninteresse der Administratoren und vor allem die Größe der Ämter sind nach Downs die wesentlichen Variablen, mit denen sich die bürokratische Ineffizienz erklären lässt. Daher empfiehlt Downs

[586] Vgl. Niskanen 1971.

eine entschiedene Begrenzung der Größe der Ämter, die ihre Effizienz und daher auch ihre Ausrichtung am Gemeinwohl fördern soll.[587]

Wir können an dieser Stelle die vielen weiteren Adjustierungen RC-Theorie im politikwissenschaftlichen Rahmen nicht ausdiskutieren.[588] In jedem Fall gibt es zwei hermeneutisch wichtige Aspekte an diesen Adjustierungen. Zum einen zeichnet sich eine Diversifizierung von Kriterien der rationalen Wahl je nach gesellschaftlichem Kontext ab, wie sie auch von der TBR postuliert wird. Zweckrationale Handlungen sind ein verbreitetes gesellschaftliches Problem, doch handelt es sich nicht immer um dieselbe Art von Zweckrationalität. Zum anderen, und vor allem, definieren unterschiedliche Rationalitätskriterien verschiedene Formen der rationalen Erklärung und Interpretation. Die gesellschaftstheoretischen Adjustierungen der RC-Theorie sollen zweifellos zu *empirisch* adäquateren Modellen führen. Aber das heißt, dass die Sozialwissenschaften Modelle suchen, nach denen sich bestimmte empirisch konstatierte gesellschaftliche Fakten möglichst angemessen *rational erklären* und mithin möglichst angemessen *interpretieren* lassen.[589]

Doch gibt es auch Gesellschaftswissenschaftler, die aus der Vielfalt und den Adjustierungen der RC-Theorie ganz andere Konsequenzen ziehen. Ihre Sorge ist, dass die ständige Anpassung der RC-Theorie in den Ge-

[587] Vgl. Downs 1967.

[588] Allerdings gibt es auch Defizite, die sich nur schwer ausräumen lassen. Das Problem der Koalitionsregierungen in Mehrparteiensystemen erweist sich zum Beispiel als extrem hartnäckig, denn seine Lösung erfordert eine Prognose über das Wahlverhalten anderer Wähler, die stets ungewiss bleibt. Zudem müssen die anderen Wähler ihre Wahlentscheidungen ebenfalls von einer Einschätzung der Einstellungen der restlichen Wähler abhängig machen, so dass ein infiniter Regress droht.

[589] So geht etwa Kunz von einer Unterscheidung dreier verschiedener RC-Modelle aus, die in etwa den bereits skizzierten Modellen (RC2), (RC3) und der Theorie der rationalen Wahl unter eingeschränkter Informationsbasis entsprechen. Letzteres Modell interpretiert die RC-Theorie nach Kunz als Modell begrenzter Rationalität und unterstellt, dass die Präferenzen und Nutzenerwartungen der Akteure variabel und inhaltlich nicht eingeschränkt sind sowie dass die Informationsbasis auf den Wissenstand des Akteurs bezogen ist. Diese drei Modelle sind nach der Auffassung von Kunz zunehmend konkret, und daher ist zu erwarten (und bestätigt sich auch empirisch), dass sich mit Modell 3 mehr faktische Handlungen erklären lassen als mit den Modellen 1 und 2 sowie mit Modell 2 mehr als mit Modell 1. Doch zugleich hält Kunz am Rationalitätsbegriff fest und kennzeichnet Modell 3 als Subjektivierung des nutzenmaximierenden Handelns: „Mit dieser Subjektivierung des nutzenmaximierenden Handelns ist es möglich, die zahlreichen Anomalien <sc. der abstrakteren Modelle der RC-Theorie> zu entkräften… Diese Vorstellungen bieten eine vielversprechende Grundlage, empirische, deduktiv-nomologische Erklärungen politischen Handelns bzw. daraus resultierender politischer Strukturen und Prozesse auch unter den Bedingungen beschränkter Rationalität zu formulieren“ (vgl. Kunz 2009, 4).

sellschaftswissenschaften dazu führen kann, dass es kein Handeln mehr gibt, das nicht als in bestimmter Weise rational eingestuft werden könnte. Damit wäre die RC-Theorie als generelle Theorie rationaler Erklärungen gegen empirische Kritik immunisiert. Einige Autoren haben diese Sorge zu der These verschärft, dass die Handlungserklärungen in den Sozialwissenschaften ohne Verlust auf den Rationalitätsbegriff verzichten können.

Die Soziologen Andreas Diekmann und Thomas Voss beispielsweise betonen, dass für alle Modelle der RC-Theorie das Poppersche Falsifikationskriterium zu gelten hat. Die Modelle der RC-Theorie erhalten auf diese Weise den Status einer falliblen empirischen Theorie und müssen geändert werden, wenn sie die faktischen sozialen Handlungen und Prozesse nicht hinreichend erklären.[590] Diekmann und Voss gehen davon aus, dass eine RC-Theorie, die in den Sozialwissenschaften eingesetzt wird, vier Komponenten enthalten sollte: Erstens eine Beschreibung der Handlungen einzelner Akteure (meist individuelle Personen, aber auch korporative Akteure wie Firmen, Organisationen oder Staaten). Zweitens eine Analyse der Ressourcen und sonstigen Restriktionen sowie der Handlungsalternativen, unter denen die Akteure handeln (z. B. Einkommen, Marktpreise, Zeit, Technologien, institutionelle (etwa gesetzliche) Regelungen u. ä.). Drittens (und bezeichnenderweise) die Entscheidungsregel oder Entscheidungstheorie, die festlegt, wie eine Person bei gegebenen Präferenzen, Ressourcen und Handlungsalternativen handeln wird (die Entscheidungstheorie legt auch die Art der Rationalität fest, zum Beispiel die Maximin-Regel, die Maximierung des Erwartungsnutzens, begrenzte Rationalität). Und viertens die Wahl einer Aggregationsregel, die von individuellen Handlungen zu kollektiven Effekten führt (Summen oder Raten von individuellen Handlungen, aber auch institutionelle Regelungen wie die Mehrheitsregel bei parlamentarischen Beschlüssen). Die Aggregationsregel ist oft recht trivial, wenn es um den Übergang unabhängiger individueller Handlungen zu kollektiven Effekten geht (etwa zu einer Kriminalitätsrate). Aber wenn der Ausgangspunkt strategisch interdependente Handlungen sind, in denen Akteure ihre Entscheidungen von ihrer Einschätzung der Handlungen anderer Akteure abhängig machen und umgekehrt, so ist die Aggregationsregel weniger trivial. Die moderne RC-Theorie sollte nach Diekmann und Voss an dieser Stelle auf die Spieltheorie zurückgreifen: In Situationen strategischer Interdependenz von Handlungsentscheidungen und Handlungen bietet die klassische Spieltheorie das theoretische Gerüst für Aggregationsregeln. Denn die Lösungsmenge der spieltheoretischen Szenarios (also die Menge der Nash-

[590] Vgl. Diekmann, Voss 2004; Diekmann et al. Hrg. 2008.

Gleichgewichte) ist zugleich die spezifische Entscheidungsregel und Aggregationsregel.[591]

Damit erhält auch das Rationalitätsprinzip, also die rationale Wahl, den Status eines empirischen, kausalen Entscheidungsmechanismus, der zum faktisch beobachtbaren Handeln beiträgt. Das Postulat der rationalen Entscheidungsregel oder Entscheidungstheorie wird allein an seinem explanatorischen Erfolg für beliebiges faktisches Handeln bemessen und hat daher den Status einer empirischen falliblen Hypothese. Vor diesem Hintergrund vertreten Voss und Diekmann die Meinung, dass der Rationalitätsbegriff in der modernen RC-Theorie letztlich entbehrlich ist:

> Auch der Begriff der „Rationalität" sollte <sc. im Rahmen des RC-Programms> … keine Verwirrung mehr stiften. Im Unterschied zur normativen Entscheidungstheorie ist dieser Begriff in der deskriptiven (erklärenden und prognostizierenden) <sc. RC-> Theorie, um die es hier vorrangig geht, ohnehin entbehrlich. „Rationalität" kann man definieren als „Handeln in Übereinstimmung mit den Annahmen (Axiomen) einer Entscheidungstheorie." Da es mehrere Entscheidungstheorien gibt, gibt es entsprechend auch mehrere Rationalitätsbestimmungen. Die Theorie verliert nichts, wenn man auf den Begriff der Rationalität verzichtet.[592]

Diese radikale Konsequenz ist jedoch mehr als fragwürdig. Diekmann und Voss setzen sich nicht mit dem Verweis der TBR auseinander, dass verschiedene Rationalitätsbegriffe meist auf unterschiedliche soziale Szenarien zugeschnitten sind und im Rahmen der einzelnen Szenarien auch explanatorisch relevant bleiben. Sie sehen nicht, dass diese verschiedenen Rationalitätsbegriffe Unterarten einer allgemeinen Zweckrationalität und theoretischen Rationalität sind, die ihrerseits tief im Verhalten der meisten Tiere und Menschen verankert sind und deren Verhalten steuern. Und sie nehmen nicht zur Kenntnis, dass es neuerdings gewichtige Befunde aus Feldforschungen gibt, die unter modernen Menschen eine deutliche Tendenz einer sukzessiven Optimierung einfacher rationaler Heuristiken belegen. So greifen denn auch andere Sozialwissenschaftler nach wie vor auf die RC-Theorie zurück, zumal dann, wenn es um sozialwissenschaftliche Fragestellungen geht, die eine normative politische Dimension involvieren. Tatsächlich scheint eines der grundlegendsten, ältesten und interessantesten Probleme der Politikwissenschaft und politischen Philo-

[591] Vgl. dazu Diekmann, Voss 2004, Abschnitt 4. In Abschnitt 5 diskutieren Diekmann und Voss weitere Varianten der RC-Theorie und ihrer sozialwissenschaftlichen Anwendung. Zum Nash-Gleichgewicht vgl. unten, Abschnitt 5.4, S. 284.

[592] Diekmann, Voss 2004, 13–14. Zu einer radikalen Kritik der Anwendung der RC-Theorie in der Politologie vgl. z. B. Green, Shapiro 1999; Monroe 2001.

sophie nicht ohne Rückgriff auf die RC-Theorie und einen reichen Rationalitätsbegriff auszukommen. Dieses Problem kann in Gestalt folgender Frage gefasst werden: *Wie kann es unter rational-egoistischen Akteuren ohne Herrschaftsstab zu einer freiwilligen Kooperation zwischen gleichberechtigten Akteuren kommen?* Hier geht es um nichts weniger als um die Grundlagen friedlicher menschlicher Kooperation. Im nächsten Abschnitt wird die Debatte um die Lösung dieses Problems in großen Zügen skizziert.

5.4 Die Theorie der rationalen Wahl und die Erklärung der sozialen Kooperation

Das Kooperationsproblem entsteht auf vielen politischen Ebenen, namentlich in internationalen Beziehungen, und wurde erstmals von Thomas Hobbes formuliert, als er darüber nachdachte, wie die Menschen aus dem Naturzustand zu einem auf vertraglichen Grundlagen beruhenden Staat übergehen können. Doch war er noch nicht in der Lage, eine befriedigende Antwort zu finden. Die RC-Theorie kann sowohl dazu verwendet werden, die Problematik klar herauszuarbeiten, als auch dazu, Lösungswege ins Auge zu fassen. Dazu muss sie allerdings zur Spieltheorie erweitert werden.[593] Die Spieltheorie analysiert rationale Handlungserklärungen im Szenario interdependenter Handlungen, an denen mehrere Akteure beteiligt sind und strategische Entscheidungen treffen.[594]

Aus hermeneutischer Sicht ist diese Thematik von großem Interesse, denn die Spieltheorie geht eindeutig von einer irreduziblen Zweckrationalität der Akteure aus und analysiert ein Handeln, in dem die Akteure ihre Handlungsentscheidungen unter anderem auch von ihrer Interpretation der Absichten und Handlungen anderer Akteure abhängig machen. Im Folgenden kann allerdings die Rolle interpretativer Prozesse im Bemühen um soziale Kooperation nur anhand einiger ausgewählter Beispiele und einer extrem vereinfachten Präsentation angedeutet werden. Es bietet sich an, drei grundlegende Dilemmata vorzustellen: das kollektive Dilemma anhand des Spieles *Gefangenendilemma*, das Kooperationsdilemma anhand des Spieles *Geschlechterkampf*, und das Ressourcendilemma (*Tragödie der Allmende*) anhand des *Gemeinschaftsspiels*.

Im Basis-Szenario der Spieltheorie stehen sich zwei rationale Akteure

[593] Auch dazu vgl. die Studie Braun 1999, Kap. 3 als Überblick.

[594] Vgl. z. B. Bacharach 2006; Binmore 1987; Binmore 2009; Binmore, Kirman, Tani Hrg. 1993.

S_1 und S_2 gegenüber und haben die Wahl zwischen genau zwei Handlungen H_1 und H_2. Dann gibt es vier Möglichkeiten: S_1 und S_2 vollziehen beide H_1; S_1 und S_2 vollziehen beide H_2; S_1 vollzieht H_1 und S_2 vollzieht H_2; sowie S_1 vollzieht H_2 und S_2 vollzieht H_1. Angenommen z.B., Grete und Hans begegnen sich in ihren Autos an den entgegengesetzten Enden einer Brücke, über die nur ein Auto fahren kann, und es gibt keinerlei Verkehrsregelung. Dann gibt es vier Möglichkeiten: beide halten; beide fahren los; Grete fährt, Hans hält; und Grete hält, während Hans fährt.[595]

Das *Koordinationsspiel* ist durch die Annahme bestimmt, dass sowohl Grete als auch Hans es gleichermaßen schlecht finden, wenn sie beide halten oder beide losfahren, dass sie es besser finden, wenn einer von ihnen fährt und einer hält, dass es ihnen aber gleichgültig ist, wer von ihnen zuerst fährt. Es gibt hier also keine gegensätzlichen Interessen der beteiligten Spieler. Dieses Spiel heißt daher nicht deshalb *Koordination*, weil es zeigt, wie rationale Akteure ihre Handlungen koordinieren, sondern deshalb, weil es zeigt, unter welch minimalen Bedingungen sich das Koordinations- und Kooperationsproblem bereits stellt, und auch deshalb, weil es voraussetzt, dass beide Spieler generell ein Interesse an einer Kooperation haben müssen.

Im Koordinationsspiel gibt es also zwei optimale Lösungen („Auszahlungen") des Koordinationsspiels: (Halt, Fahren) und (Fahren, Halt).[596] Diese Lösungen sind aber gleichwertig. Das heißt genauer, wenn einer der Spieler eine dieser Lösungen anstrebt, hat der andere Spieler keine Lösung parat, die besser ist. Eine solche Lösung befindet sich im *Nash-Gleichgewicht* und bietet keinen Anreiz, nach einer anderen Lösung zu suchen. Im Koordinationsspiel sind also die Lösungen (Halt, Fahren) und (Fahren, Halt) im Nash-Gleichgewicht, die anderen beiden Lösungen dagegen nicht.[597] Enthält ein Spiel mehrere Nash-Gleichgewichte, so wissen die Spieler ohne weitere Maßnahmen nicht, wie sie vorgehen sollen.

[595] Vgl. zur folgenden Darstellung auch Detel 2007, Bd. 5, Kap. 14.

[596] In diesen Paaren ist das erste Glied das, was der erste Spieler tut (hier: Hans) und das zweite Glied das, was der zweite Spieler tut (hier: Grete).

[597] Die Lösung (Halt, Fahren) im Koordinationsspiel ist z.B. so bestimmt, dass wenn Hans anhält, es für Grete rational und am besten ist loszufahren, und dass es, wenn Grete losfährt, für Hans rational und am besten ist zu halten. Dasselbe gilt für (Fahren, Halt). Jeder Spieler hat eine Strategie (Wahl), die die beste Erwiderung auf die Strategie des jeweils anderen Spielers ist. (Halt, Fahren) ist also im Nash-Gleichgewicht. (Halt, Halt) ist dagegen im Koordinationsspiel nicht im Nash-Gleichgewicht, denn gegeben, dass Hans hält, ist Fahren für Grete besser. Grete hätte dann gegenüber (Halt, Halt) noch eine bessere Strategie zur Verfügung, gegeben, dass Hans hält – nämlich Fahren.

Ein *kollektives Dilemma* entsteht immer dann, wenn das zweckrationale Handeln jedes Spielers zu einer Lösung führt, die alle Beteiligten als suboptimal einschätzen. Die Grundform eines kollektiven Dilemmas ist das *Gefangenendilemma*: Hans und Grete begehen gemeinsam einen Diebstahl, und leider unterläuft ihnen dabei auch ein Totschlag. Die Polizei kommt ihnen auf die Schliche und kann ihnen den Diebstahl, nicht aber den Totschlag nachweisen. Der Polizeichef, der sich in seiner Freizeit mit Spieltheorie beschäftigt, macht ihnen ein schlaues Angebot. Er lässt Grete und Hans in getrennte Zellen sperren und sagt zu jedem von beiden, dass wenn einer von ihnen den Totschlag gesteht, während der Partner den Totschlag nicht gesteht, der Geständige straffrei ausgeht, während der Partner lebenslänglich bekommt. Gestehen beide, so bekommen sie beide zehn Jahre (wegen ihrer Geständnisbereitschaft); gestehen beide nicht, werden sie beide wegen Diebstahls zu 3 Jahren verurteilt. Für jeden Spieler ist es am besten, selbst straffrei zu bleiben, während der andere Spieler lebenslänglich bekommt. Am zweitbesten ist für beide die gemeinsame dreijährige Haft, am drittbesten ist für beide die gemeinsame zehnjährige Haft, und am schlimmsten ist es für jeden Spieler, selbst lebenslänglich zu bekommen, während der andere Spieler straffrei bleibt. Als zweckrationaler Akteur überlegt sich Grete: Wenn Hans nicht gesteht, ist es für sie besser zu gestehen als zu schweigen; wenn Hans gesteht, ist es für sie erst recht besser, zu gestehen als zu schweigen. Grete wird also gestehen. Aber Hans wird exakt dasselbe denken, denn was auch immer Grete tut, ob sie gesteht oder nicht, stets ist es auch für Hans besser zu gestehen. Also wird auch Hans gestehen, und sie enden bei der drittbesten Möglichkeit. Setzt man für Gestehen: den Vertrag halten oder – allgemeiner – Kooperieren, und für Nicht-Gestehen: den Vertrag brechen oder – allgemeiner – Nicht-Kooperieren (Defektieren), dann hat man das Hobbesche Dilemma bzw. das allgemeine kollektive Dilemma vor sich. In die Darstellung des kollektiven Dilemmas geht offensichtlich die Voraussetzung ein, dass die beteiligten Spieler nicht nur zweckrational handeln, sondern sich auch gegenseitig als zweckrationale Akteure *interpretieren*. Das kollektive Dilemma tritt zum Beispiel bei Abrüstungsverhandlungen und im Verbrauchsverhalten gemeinsam genutzter Güter wie dem Warmwasserverbrauch in Hausgemeinschaften auf, aber auch in der Interaktion zwischen Organisationen innerhalb nationaler Staaten.

Im Rahmen eines einzigen Spiels (eines *one-shot-game*) gibt es keine Auflösung des Dilemmas. Erst wenn das Spiel (i) hinreichend oft wiederholt wird (wobei die Spieler nicht wissen, wie oft) sowie (ii) für jeden Spieler die Möglichkeit bietet, die Handlungen des anderen Spielers zu sanktionieren, *und* (iii) wenn alle beteiligten Spieler um diesen Schatten der Zukunft wissen, zeichnet sich eine Lösung ab. Spieltheoretisch betrachtet muss zur Darstellung dieser Lösung die *evolutionäre Spieltheorie* investiert werden. Diese Theorie arbeitet mit den beiden Parametern *Defektion* (Verallgemeinerung von Vertragsbruch) und *Kooperation* (Verallgemeinerung von Vertragstreue) und einer egoistischen Bewertung der vier verschiedenen Situationen mit konventionell bestimmter Punktezahl.[598] Am schlimmsten ist es für einen Spieler, wenn er selbst kooperiert und der andere Spieler defektiert (0,5). Am zweitschlimmsten ist beiderseitige Defektion (1,1). Am zweitbesten ist beiderseitige Kooperation (3,3). Und am besten ist, wenn man selbst defektiert und der andere Spieler kooperiert (5,0). Die Spieler sind jedoch nicht einzelne Personen, sondern Strategien. Die Strategien bestehen aus einer Reihe einzelner Spielzüge, die ihrerseits jeweils ein *wiederholtes Zusammentreffen* einzelner Spieler modellieren.

Eine *(spieltheoretische) Strategie* ist eine Entscheidungsregel, die in jeder Situation, die in einem spieltheoretischen Spiel entstehen kann, spezifiziert, was getan wird. Der erste Zug wird festgelegt (Kooperation oder Defektion). Alle weiteren Züge (ob defektiert oder kooperiert wird) hängen davon ab, was in den bisherigen Zügen geschah. Damit werden mögliche *Reaktionen* und *Sanktionen* auf vorhergehende Züge modelliert. Die *Situation* hängt dabei wesentlich von der *Geschichte* des Spieles oder zumindest von *Teilen* der Geschichte des Spieles ab. Eine Strategie muss daher (i) *registrieren*, was die gegnerische Strategie gerade tut, (ii) *speichern*, wie das Spiel bisher verlaufen ist, und (iii) die jeweilige Situation *bewerten*. Und schließlich ist die Anzahl der Züge unbestimmt (das ist der *Schatten der Zukunft*). Auf diese Weise gehen die genannten drei Kooperationsbedingungen in die Grundstruktur der evolutionären Spieltheorie ein.

Es gibt unzählige verschiedene Strategien, von denen diese allgemeinen Bedingungen erfüllt werden.[599] Ein interessanter Fall ist TIT FOR TAT: Erster Zug Kooperation, danach in jedem Zug genau das, was die Gegnerin im vorigen Zug tat. Defektion wird mit Defektion, Kooperation wird mit Kooperation beantwortet.

Das Ziel der evolutionären Spieltheorie besteht darin, allseitige Kooperation unter zweckrational-egoistisch kalkulierenden und handelnden Akteuren zu erklären.[600] Eine *allseitige Kooperation* ist genau dann *rati-*

[598] Eines der grundlegenden Werke zu dieser Theorie ist Axelrod 1991. Vgl. ferner Hofbauer, Sigmund 1998; Weibull 1995; Hogan 1996. Ferner im Blick auf Sozialisation Ross 2008.

[599] Zu Beispielen vgl. die Übersicht bei Detel 2007, Bd. 5, 46–49.

[600] Dabei ist offenbar Kooperation als einer der Parameter in Spielzügen zugleich eine der Voraussetzungen des Spiels. Das könnte zu Konfusionen Anlass geben. Die Auflösung

onal erklärt, wenn sich eine Strategie gegen andere Strategien durchsetzt und stabilisiert. Die *allseitige Handlungskoordination* ist das Handeln im Rahmen einer durchgesetzten und stabilisierten Strategie. Eine neue Strategie kann in eine alte Strategie *eindringen*, wenn die neue Strategie in der Interaktion (dem Spiel) mit der alten Strategie höhere Evaluierungen erzielt, als es der Fall wäre, wenn die alte Strategie nur mit sich selbst interagiert (spielt). Eine Strategie ist *kollektiv stabil*, wenn keine andere Strategie in sie eindringen kann. *Rational* ist ein *kooperatives Verhalten von Individuen* demnach dann, wenn es Teil einer Strategie ist, in deren Kontext die Individuen für ihr kooperatives Verhalten die höchsten Bewertungen erzielen, also im Rahmen von kooperativen Handlungen ihre Eigeninteressen maximieren können.

Eine interessante Frage ist, ob Kooperation auch unter sehr schlechten Bedingungen entstehen kann, d.h. unter Bedingungen, in denen sich Strategien etabliert haben, die häufig von selbst defektieren (das sind Bedingungen, die ungefähr so schlecht sind wie der Naturzustand in den klassischen Vertragstheorien). Das Problem, welche Strategien unter schlechten Bedingungen entstehen können und kollektiv stabil sind, lässt sich unter anderem in Computerturnieren klären, in denen die verschiedensten Strategien gegeneinander spielen. Dabei erwies sich erstaunlicherweise TIT FOR TAT als sehr erfolgreiche Strategie – also eine Strategie, die einer Kooperation in allseitigem ausgewogenem Interesse sehr nahe kommt. TIT FOR TAT kann tatsächlich auch in sehr schlechte Strategien eindringen und ist ihrerseits kollektiv stabil. Kooperation kann mit kleinen Gruppen beginnen und sich mit freundlichen Strategien ausbreiten, die sich gut gegen Invasionen weniger freundlicher Strategien schützen. Die Häufigkeit der Kooperation nimmt tendenziell zu.[601] Hilfreiche Faktoren sind dabei ein möglichst großer Schatten der Zukunft und harte Sanktionen für entdeckte Defektion. Nach Auffassung einiger Spieltheoretiker und Politikwissenschaftler können aus diesen Ergebnissen unter bestimmten Bedingungen auch Maßnahmen zur Behebung konkreter politischer Kooperationsprobleme beispielweise auf internationaler Ebene abgeleitet werden.

Ein anders strukturiertes Dilemma, nämlich das Kooperationsdilemma, entsteht aus einem Spiel, das meist *Geschlechterkampf* heißt. Ange-

ist: In den Spielzügen ist die Kooperation jeweils eine *einseitige* Reaktion. Was *erklärt* werden soll, ist jedoch *beiderseitige Kooperation* – z.B. die Tatsache, dass *alle* beteiligten Seiten einen abgeschlossenen Vertrag einhalten.

[601] Vgl. dazu z.B. Opp 1988 und neuerdings Tomasello 2009 (dazu ein Überblick bei Detel 2011a).

nommen, Hans und Grete wollen zusammen ausgehen und entweder ein Konzert oder ein Fußballspiel besuchen. Aber sie haben vergessen, sich darauf zu verständigen, wohin sie gehen wollen, bevor sie sich nach dem Frühstück getrennt haben. Beide wollen lieber den Abend zusammen verbringen als allein, aber Grete geht gern ins Konzert, Hans dagegen lieber zum Fußball. In dieser Situation spielen sie *Geschlechterkampf*: *Wenn* Hans glaubt, dass Grete damit rechnet, dass er auf jeden Fall zum Fußball geht, *und wenn* Grete weiß, dass er das glaubt, ist es für Grete zweckrational, auch zum Fußball zu gehen. Und wenn Wiederholungsspiele diese Erwartungen und reziproken Annahmen stützen, wird Grete zu einer Reihe von Unterwerfungsakten genötigt, weil es für sie immer wieder zweckrational sein wird, zum verhassten Fußball mitzugehen. Die Lösungen (Fußball, Fußball) und (Konzert, Konzert) sind beide im Nash-Gleichgewicht, aber wenn Hans in einer Machtposition gegenüber Grete ist, wird die Wahl und endgültige Koordination zu seinen Gunsten ausfallen. Aus hermeneutischer Sicht ist interessant, dass der Geschlechterkampf die reziproke Interpretation unter den Akteuren (X meint, dass Y meint, dass X meint…) besonders klar herausarbeitet.

Hier geht es im Kern um politische Verteilungskonflikte. Dabei ist die Kooperation für alle beteiligten Akteure besser als die Nicht-Kooperation, und alle Akteure wissen dies auch. Aber es gibt verschiedene stabile Lösungen, die unbefriedigend sind, weil sie stets mindestens eine Partei benachteiligen. Diese Situation ist also durch eine Mischung aus gemeinsamen Produktionsinteressen und konfliktreichen Verteilungsinteressen gekennzeichnet. In konkreten politischen Fällen entsteht das Kooperationsdilemma oft dann, wenn souveräne und autonome Akteure mit unterschiedlichen Interessen eine einstimmige Entscheidung für eine kooperative Lösung fällen müssen und wissen, dass jede kooperative Lösung für alle Beteiligten besser ist als jede nicht-kooperative Lösung, wie etwa in Tarifverhandlungen oder föderalistischen Auseinandersetzungen oder Verhandlungsprozessen der Europäischen Union.

Die politische Brisanz des Kooperationsdilemmas besteht darin, dass angesichts zunehmender ökonomischer und politischer Interdependenz nationaler und internationaler kollektiver Akteure die Häufigkeit und die Reichweite des Kooperationsdilemmas im Vergleich mit dem kollektiven (am Gefangenendilemma orientierten) Dilemma entschieden zunimmt, dass aber zugleich nur suboptimale Lösungen gefunden werden und optimale Lösungen sehr schwer zu erreichen sind. So hilft in diesem Fall eine Iterierung der Situationen und eine Vergrößerung des Schattens der Zukunft nicht weiter. Auch sind meist die Sanktionsmöglichkeiten extrem beschränkt. In dieser Situation ist es eine notwendige, wenn auch nicht hinreichende Bedingung, dass die beteiligten Akteure so weit wie möglich versuchen, sich in die Perspektive des anderen Akteurs hineinzuversetzen, also ihn in umfassendem Sinne zu interpretieren, um so eher eine solidarische Einstellung zu entwickeln, die noch am ehesten zu akzeptablen Lösungen führen kann.[602]

Die *Tragödie der Allmende* (das Ressourcendilemma) ist eine spezifische Version des Gefangenendilemmas, die ökonomisch, politisch und sozial besonders wichtig und weitreichend ist.[603] Die Allmende war im Mittelalter das Weideland einer Dorfgemeinschaft, das von allen Dorfbewohnern unentgeltlich genutzt werden durfte. Einerseits zahlte es sich daher für jeden zweckrationalen Dorfbewohner aus, wenn er die Allmende optimal nutzte und sein eigenes Weideland schonte. Da andererseits aber jeder zweckrationale Dorfbewohner so dachte und handelte, obwohl das Weideland offensichtlich eine knappe Ressource war, führte dieses Verhalten mittel- und langfristig zu dem – von niemandem gewollten – suboptimalen, ja desaströsen Ergebnis, dass die Allmende unbrauchbar wurde und kein Dorfbewohner sie mehr nutzen konnte. Kein Dorfbewohner war bereit, seine Nutzung der Allmende einzuschränken, weil er nicht sicher war, dass die übrigen Dorfbewohner dazu ebenfalls bereit waren. Die Anwendbarkeit dieses Spieles auf die gegenwärtigen nationalen und internationalen Verhandlungen über ökologische Probleme ist mehr als deutlich.

Die Tragödie der Allmende unterscheidet sich vom Gefangenendilemma in vier Punkten:

- Jeder Akteur spielt gleichzeitig gegen viele andere Akteure.
- Es geht um die Verteilung eines *knappen* öffentlichen Gutes, so dass nicht nur Probleme der Nutzung, sondern auch Probleme der Bewahrung des Gutes entstehen.
- Das Spiel ist von vornherein iteriert, da die Akteure sich meist in dauerhaften Beziehungen zueinander befinden und die knappe Ressource immer wieder neu verteilen müssen.
- Die Akteure können einander mit Sanktionen drohen und sich teils kooperativ, teils defektiv verhalten, so dass meist mehrere Nash-Gleichgewichte entstehen.

Aufgrund dieser Besonderheiten ist es besonders schwierig, befriedigende Lösungen dieses Dilemmas zu finden. Die intensiven Forschungen

[602] Vgl. dazu genauer die informativen und ausführlichen Analysen bei Braun 1999, 213–232.

[603] Dieses Dilemma wurde unter der englischen Bezeichnung *tragedy of the commons* erstmals von Hardin 1968 beschrieben und analysiert.

zu diesem Problem haben denn auch im Rahmen der RC-Theorie ganz neue Wege beschritten, der sich auch im Titel des neuen RC-Ansatzes (*Rational Choice Institutionalismus*) andeutet. Die grundlegende Idee ist, dass es eine Komponente des Tragödie-Spiels sein kann, dass die Akteure die Regeln des Spiels verändern. Diese Regelselektion soll mit dem Terminus *Institution* bezeichnet werden.[604]

Die Regelselektion kann jedoch unterschiedliche Formen annehmen. Eine dieser Formen ist die Hobbesche Lösung eines mächtigen Staates. Man kann jedoch spieltheoretisch zeigen, dass dieser Ansatz nicht zu optimalen Lösungen führt. Das liegt vor allem daran, dass die erforderliche Suche nach Abweichlern und Trittbrettfahrern aufwendig und teuer ist, aber auch daran, dass die Willkür des Staates nur schwer begrenzt werden kann. Erfolgreicher scheinen Regelselektionen zu sein, die in kleineren sozialen Gruppen in Gestalt einer freiwilligen Selbstorganisation zustande kommen. Auch hier braucht man einen Entdeckungs- und Sanktionsapparat, doch wird dabei die Einstellung gestärkt, dass die Kooperation die höchste Auszahlung erhält. Das lässt sich auch an konkreten Beispielen nachweisen, etwa im Blick auf freiwillige Regelselektionen in kleinen Gemeinden Kaliforniens zur Schonung des Wasserverbrauches. Das *Versicherungsspiel*, das auf diese Weise entsteht, verschiebt die Auszahlungsmatrix des Gefangenendilemmas daher in signifikanter Weise:

Gefangenendilemma:

	kooperativ	nicht kooperativ
kooperativ	3,3	1,4
nicht kooperativ	4,1	2,2

Versicherungsspiel:

	kooperativ	nicht kooperativ
kooperativ	4,4	1,3
nicht kooperativ	3,1	2,2

Im Gefangenendilemma erhält derjenige Spieler, der selbst nicht kooperativ ist, während der Gegenspieler kooperativ ist, die höchste Auszahlung (4), während die kooperierenden Spieler nur die zweithöchste Auszahlung (3) erhalten. Im Versicherungsspiel erhalten dagegen die kooperie-

[604] Vgl. dazu genauer die informativen und ausführlichen Analysen bei Braun 1999, 233–272.

renden Spieler die höchste Auszahlung, während der Spieler, der selbst nicht kooperativ ist, während der Gegenspieler kooperativ ist, nur die zweithöchste Auszahlung erhält. Hermeneutisch interessant ist hier, dass die erfolgreichen Regeln, wie man empirisch belegen kann, Interpretationsakte enthalten. Denn die erfolgreichen Regeln basieren nicht auf harter Abschreckung, weil harte Sanktionen nachhaltige Kooperationsverweigerung nach sich ziehen, sondern müssen so moderat gestaltet sein, dass die Sanktionen zwar spürbar sind, aber baldige erneute Kooperationen ermöglichen.

Zugleich kann sich eine *Zweckrationalität im wohlverstandenen langfristigen Eigeninteresse* verbreiten, die auf reziproker Interpretation beruht: Die Kooperation hat deshalb die höchste Auszahlung, weil jeder Akteur (i) meint, dass die Kooperation für ihn persönlich mittel- und langfristig den höchsten Nutzen bringt, und (ii) meint, dass dies auch jeder andere beteiligte Akteur meint, und (iii) wegen (i) und (ii) darauf vertraut, dass es keine oder allenfalls wenige Trittbrettfahrer gibt, so dass der mittel- und langfristige Nutzen nicht gefährdet ist. Dieser zusätzliche Schritt wird in der politikwissenschaftlichen Diskussion oft unter dem Titel *soziales Kapital* behandelt:

> Coleman spricht vom „long-term self-interest"...Tatsächlich hat dies gar nichts mit Altruismus zu tun, sondern... heißt nichts anderes, als dass man bereit ist, im Augenblick bestimmte Kosten auf sich zu nehmen, dies aber in der Erwartung tut, dass man für diesen Aufwand in der Zukunft... mit einem Gewinn entschädigt wird...Diese Erwartung wird entscheidend von der Glaubwürdigkeit aller anderen Personen geprägt... Das soziale Kapital besteht hier nicht einfach aus dem Synergieeffekt gemeinschaftlichen Handelns, sondern beruht auf der zugrundeliegenden Erwartung der *Reziprozität*.[605]

Im Blick auf diesen zusätzlichen, durch reziproke Interpretationen und Erwartungen gekennzeichneten Schritt kann man das *Gemeinschaftsspiel* mit neuen Auszahlungen konzipieren:

Gemeinschaftsspiel:

	kooperativ	nicht kooperativ
kooperativ	4,4	2,3
nicht kooperativ	3,2	1,1

[605] Braun 1999, 252, 253. Braun spielt hier an auf Coleman 1990, wo die Theorie des sozialen Kapitals im Rahmen der RC-Theorie ausgearbeitet wird. Vgl. auch Lomborg 1996.

Das Gemeinschaftsspiel unterscheidet sich vom Versicherungsspiel dadurch, dass es dem Fall allseitiger Nicht-Kooperation die schlechteste (und nicht die zweitschlechteste) Auszahlung zukommen lässt. Und wer kooperiert, während der andere nicht kooperiert, erhält die zweitschlechteste (und nicht die schlechteste) Auszahlung. Im Gemeinschaftsspiel, das auf der Basis freiwillig organisierter Regelselektion, langfristig kalkulierter Eigeninteresse und dem sozialen Kapital beruht, zeichnet sich eine Lösung der Tragödie der Allmende ab.

Wenn es also um das grundlegende politikwissenschaftliche Problem geht, wie es unter rational-egoistischen Akteuren ohne Herrschaftsstab zu einer freiwilligen Kooperation zwischen gleichberechtigten Akteuren kommen kann, dann wird in der Forschung zu möglichen Problemlösungen das zweckrationale Handeln der beteiligten Akteure stets vorausgesetzt und nicht etwa auf den empirischen Prüfstand gestellt. Tatsächlich stellt sich die Situation ähnlich dar wie in den zuvor geschilderten Versuchen, die RC-Theorie empirisch zu adjustieren: Die Vorschläge buchstabieren je nach dem gewählten Szenario spezifische Formen des zweckrationalen Handelns aus, die zu einer Lösung des jeweiligen Dilemmas beitragen.

Aus hermeneutischer Sicht ist interessant, dass die Komponente der interpretativen Aktivität unter Voraussetzung der üblichen rationalen Forderungen in der Entwicklung vom Gefangenendilemma über das Versicherungsspiel bis hin zum Gemeinschaftsspiel zunehmend gewichtiger und komplexer wird. Die Lösungen des Kooperationsproblems, namentlich der Tragödie der Allmende, beruhen maßgeblich auf der erfolgreichen Exekution jener kognitiven Fähigkeit, die der Gegenstand der vorliegenden Studie ist – der rationalen und gelingenden (gegenseitigen) Interpretation.

5.5 Zur Geschichtlichkeit der Textinterpretation – Zwei Beispiele

Viele Hermeneutiken des 20. Jahrhunderts sind sich darin einig, dass semantisch gehaltvolle Elemente nicht einfach ein Gegebenes sind, das vom Interpreten zu erfassen ist, sondern dass die Interpreten an der Formierung semantischer Gehalte und Bedeutungen von Gedanken, Äußerungen oder Texten beteiligt sind. Dazu gehören zum Beispiel die Rezeptionsästhetik mit ihrem Konzept des impliziten Lesers als konstitutiver Bestandteil des Textes, die von Morris vertretene behavioristische Semiotik[606] und

[606] Vgl. dazu genauer Wild 2010.

Derridas Theorie des Bedeutungsgeschehens. Diese Intuition wurde im Rahmen der Philosophischen Hermeneutik in prominenter Weise von Gadamer mit dem Hinweis auf die interpretative Horizontverschmelzung aufgenommen.[607]

Diese Ansätze lassen jedoch offen, wie der Anteil der Interpretin an der Formierung semantischer Gehalte konkret aussehen könnte. Die moderne Semantik und Theorie des Geistes kann dagegen zum Beispiel in Gestalt des Davidsonianischen Interpretationismus ein genaueres Bild anbieten. Diesem Bild zufolge sollten wir die Verschmelzung historischer Kontexte auf der grundlegendsten Ebene als den Prozess beschreiben, im Verstehen die semantischen Gehalte des zu verstehenden Gebildes mit den semantischen Gehalten der Gedanken und Reden des Interpreten in einen konsistenten Zusammenhang zu bringen. Dabei soll der zu interpretierende objektsprachliche Text möglichst adäquat in die Metasprache der Interpretin übersetzt werden. Diese Prozedur kann bei sorgfältiger historischer Analyse zu neuen historischen Einsichten führen. Diese These soll im Folgenden anhand der Interpretation von Texten aus der Physik und der Literatur exemplarisch belegt werden.

Betrachten wir zunächst zwei Texte aus der Physik, die sich mit dem Informationsbegriff in der Thermodynamik und Quantenmechanik beschäftigen. Den Informationsbegriff (= H) der Thermodynamik hat man unter anderem folgendermaßen beschrieben:

> H ist der Erwartungswert des Neuigkeitsgehalts eines noch nicht geschehenen Ereignisses, also ein Maß dessen, was ich wissen könnte, aber zur Zeit nicht weiß. H ist ein Maß potentiellen Wissens und insofern ein Maß einer definierten Art von Nichtwissen. Genau dies gilt auch von der thermodynamischen Entropie. Sie ist ein Maß der Anzahl der Mikrozustände im Makrozustand. Sie misst also, wieviel derjenige, der den Makrozustand kennt, noch wissen könnte, wenn er auch den Mikrozustand kennenlernte... Die Entropie nennen wir die im Makrozustand enthaltene *potentielle Information*.[608]

In diesem Text scheint die in der Thermodynamik definierte Information ein Maß für epistemische und damit mentale Zustände („Wissen", „Nichtwissen") zu sein. Mehr noch, dieser Informationsbegriff scheint sogar unter Rückgriff auf mentale Zustände als ein solches Maß *definiert* zu werden. In einem neueren einführenden Text zur sogenannten Quanteninformation heißt es:

[607] Vgl. zu diesen Ansätzen genauer Detel 2011.

[608] Weizsäcker 1985, 171. Dieser Text geht auf Überlegungen aus den 60iger Jahren zurück, wie ich aus eigener Erfahrung bezeugen kann.

In einem einzelnen Atom haben Forscher um Gerhard Rempe am Max-Planck-Institut für Quantenoptik in Garching Quanteninformation gespeichert. Die Forscher schrieben den Quantenzustand einzelner Photonen in ein Rubidium-Atom und lasen diesen nach einer gewissen Speicherdauer wieder aus. Dieses Verfahren lässt sich prinzipiell nutzen, um leistungsfähige Quantencomputer zu konstruieren ... Ihre enorme Rechenkraft sollen sie aus ihrer Fähigkeit beziehen, simultan die vielfältigen Informationen zu verarbeiten, die im Quantenzustand von mikroskopischen physikalischen Systemen, wie etwa von einzelnen Atomen oder Photonen, gespeichert sind. Um arbeiten zu können, müssen die Quantenrechner diese Informationen zwischen ihren einzelnen Komponenten austauschen. Photonen eignen sich dafür besonders gut, weil mit ihnen keine Materie transportiert werden muss. Für die Speicherung und Verarbeitung der Informationen hingegen sollen Materieteilchen zum Einsatz kommen ... Dass sich Quanteninformation aber auch zwischen einzelnen Atomen und Photonen auf kontrollierte Weise austauschen lässt, haben nun die Physiker des Garchinger Max-Planck-Instituts für Quantenoptik gezeigt.[609]

In diesem Text wird unbefangen von einem Informationsaustausch (und damit von einer Kommunikation) zwischen Komponenten von Quantencomputern oder gar zwischen Atomen und Photonen gesprochen. Wird also in diesen Texten die Kommunikation (und damit auch Verstehen und Interpretation) in der physikalischen Welt verankert? Eine interpretatorische Antwort auf diese Frage muss die Theorie-Tradition skizzieren, die hinter diesen Bemerkungen steht, und das Bild von Interpretation und Kommunikation investieren, das aus der geist-theoretisch orientierten Hermeneutik hervorgeht.

In der ersten Hälfte des 20. Jahrhunderts wurde eine statistische Informationstheorie entwickelt, die auf ein einflussreiches nachrichtentechnisches Modell zurückgriff und die Kommunikationstheorie dieser Zeit nachhaltig beeinflusst hat.[610] Dabei ging man von der Vorstellung aus, dass ein Sender eine Botschaft durch einen Kanal an einen Empfänger schickt. Das nachrichtentechnische Modell startet mit der Definition des sogenannten Informationsgehaltes eines beliebigen Ereignisses. Die grundlegende Idee ist, *dass ein Ereignis umso mehr Informationsgehalt hat, desto unwahrscheinlicher sein (mögliches) Vorkommen ist.* Das bedeutet, dass der Informationsgehalt eines Ereignisses in Begriffen der Wahrscheinlichkeit seines Vorkommens erklärt wird. Diese Grundidee lässt sich mit Hilfe der Wahrscheinlichkeitstheorie mathematisch genauer ausarbeiten, doch wird die Grundidee dabei in der Substanz nicht verändert.

[609] Vgl. http://www.mpg.de/4288397/quanteninformation_atom_speicher Max-Planck-Gesellschaft.

[610] Zum Folgenden vgl. genauer die ausgezeichnete Darstellung von Lyre 2002.

Man behält dabei die Konvention bei, dass die Wahrscheinlichkeitszahlen im Intervall [0,1] angesiedelt sind. Zudem möchte man Binärziffern verwenden, wie es in Computersprachen üblich ist. Mathematisch gesehen kann man all das am besten abbilden, wenn man die Einheit des Informationsgehalts in Begriffen von Logarithmen zur Basis 2 ausdrückt. Denn wenn b der Logarithmus zur Basis 2 der Zahl a ist, dann gilt $2^b = a$, also:

(1) Für Zahlen a und b gilt: $\log_2 a = b \rightarrow 2^b = a$.
(2) Außerdem gilt: $-\log_2 x = \log_2 1/x$.

Daher definiert man den Informationsgehalt I eines Ereignisses durch:

(3) $I = -\log_2 p$ (wobei p die Wahrscheinlichkeit des Vorkommens des Ereignisses ist).

Wenn dann zum Beispiel $p = 1$ ist, d. h. wenn das Ereignis sicher vorkommt und keine Überraschung darstellt, dann ist $I = 0$, denn aus $-\log_2 1 = x$ folgt $2^{-x} = 1$ und daraus $x = 0$. Wenn dagegen p recht klein ist, etwa $p = 1/2^n$ (also die Wahrscheinlichkeit einer n-fachen binären Alternative), dann ist $I = -\log_2 2^{-x} = n$. Mit der Definition (3) von I erhält man also quantitativ, was man erhalten möchte – dass nämlich der Informationsgehalt eines Ereignisses umso größer ist, je unwahrscheinlicher das Ereignis ist. Die Einheit des Informationsgehaltes I ist

$I_0 = \log_2 2 = 1$ (aus $\log_2 2 = x$ folgt ja $2^x = 2$ und somit $x = 1$). Diese Einheit, also $\log_2 2$, nennt man auch 1 bit (binary digit):

(4) $I_0 = \log_2 2 = 1$ bit.

Der Informationsgehalt eines Ereignisses ist also diesem Ansatz zufolge schlicht ein Maß für die Unwahrscheinlichkeit seines Auftretens.

Angenommen nun, es gäbe einen Vorrat von vier Zeichen a, b, c, d, die einem Sender (einer Nachrichtenquelle) zur Verfügung stehen. Wenn alle vier Zeichen gleichhäufig auftreten, ist bei sonst gleichen Bedingungen die Wahrscheinlichkeit, dass eines der Zeichen den Empfänger erreicht: $p = 1/4 = 1/2^2$. Dann ist $I = -\log_2 2^{-2} = 2$, d. h. jedes Zeichen hat den Informationsgehalt 2 bit. In diesem Fall lässt sich jedes der vier Zeichen durch zwei binäre Entscheidungen erreichen.[611] Auf der ersten Ebene entscheidet man

[611] Hinter dem ASCII-Computersatz steckt zum Beispiel eine 8-fache binäre Alternative mit $256 = 2^8$ gleichwahrscheinlichen Zeichen. Jedes dieser Zeichen hat also einen Informationsgehalt von 8 bit (eine eigene Einheit, die auch *byte* genannt wird).

bei a, b, c, d zwischen a, b und c, d. Auf der zweiten Ebene unterscheidet man bei a, b zwischen a und b sowie bei c, d zwischen c und d. Natürlich können Zeichen auch eine unterschiedliche Vorkommenswahrscheinlichkeit haben.

Aus nachrichtentechnischer Sicht interessiert man sich auch für den Erwartungswert des Informationsgehaltes der Quelle. Der Erwartungswert X einer Zufallsgröße mit Werten x_i und Wahrscheinlichkeiten p_i ist die Summe aus den Produkten $x_i\, p_i$, also:

(5) Erwartungswert der Größe $X = \Sigma\, x_i\, p_i$.

Der Erwartungswert H des Informationsgehaltes einer Quelle oder eines Ereignisses ist demnach die Summe aus den Produkten $p_i\, I_i$, die aus der jeweiligen Wahrscheinlichkeit und dem Informationsgehalt der einzelnen Zeichen bestehen, also:

(6) Erwartungswert H (Informationsgehalt) $= \Sigma\, p_i\, I_i = - \Sigma\, p_i \log_2 p_i$

Im Falle unterschiedlicher Vorkommenswahrscheinlichkeiten, etwa von $p(a) = ½ = 2^{-1}$, $p(b) = ¼ = 2^{-2}$, $p(c) = p(d) = 1/8 = 2^{-3}$ mit I(a) = 1 bit, I(b) = 2 bit, I(c) = 3 bit und I(d) = 3 bit wäre dieser Erwartungswert also

$H = - (1/2 \cdot \log_2 1/2 + 1/4 \cdot \log_2 1/4 + 1/8 \cdot \log_2 1/8 + 1/8 \cdot \log_2 1/8)$
$= 1/2 \cdot 1 + 1/4 \cdot 2 + 1/8 \cdot 3 + 1/8 \cdot 3 = 1.75$.

Interessanterweise maximiert sich dieser Erwartungswert bei einer Gleichverteilung der Erwartungswerte. Wenn zum Beispiel p(a) = p(b) = p(c) = p(d) = ¼ mit I(a) = I(b) = I(c) = I(d) = 2 bit ist, dann ist $H = 4 \cdot 1/4 \cdot 2 = 2$. Es ist also besser, dass der Zeichenvorrat einer Nachrichtenquelle eine Gleichverteilung der Vorkommenswahrscheinlichkeit aufweist als eine Ungleichverteilung. Auf der Basis dieser Grundlagen lassen sich dann unter anderem auch Aussagen über eine optimale Codierung von Nachrichten treffen.

Die Autoren Shannon und Weaver, von denen die bahnbrechende Studie zu diesem nachrichtentechnischen Modell stammt,[612] haben ausdrücklich betont, dass es mit dem Informationsbegriff in diesem Modell eine besondere Bewandtnis hat. So schreibt einer der beiden Koautoren, Warren Weaver, in einer Vorbesprechung dieser Studie:

[612] Shannon, Weaver 1949.

Das Wort *Information* wird in dieser Theorie in einem besonderen Sinne verwendet, der nicht mit dem gewöhnlichen Gebrauch verwechselt werden darf. Insbesondere darf *Information* nicht der Bedeutung gleichgesetzt werden...Tatsächlich können zwei Nachrichten, von denen die eine von besonderer Bedeutung ist, während die andere bloßen Unsinn darstellt, in dem von uns gebrauchten Sinn genau die gleiche Information enthalten... Das heißt, Information ist ein Maß für die Freiheit der Wahl, wenn man eine Nachricht aus anderen aussucht.[613]

Die Semiotik verknüpfte dieses nachrichtentechnische Kommunikationsmodell mit einer Theorie natürlicher Zeichen und natürlicher Bedeutungen als Grundlage eines Informationsbegriffes und stellte auf dieser Basis Kommunikation als Austausch von Informationen dar.[614]

Dabei wurde die natürliche Bedeutung natürlicher Zeichen deren *Informationsgehalt* genannt. Wenn Z ein natürliches Zeichen von T ist und wenn gilt p (T|Z) = 1[615], dann trägt Z die *Information*, dass T der Fall ist. Z trägt insbesondere die *spezifischste Information*, dass T der Fall ist, falls Z die Information trägt, dass T der Fall ist, und es kein T* gibt, so dass Z die Information trägt, dass T* der Fall ist, und T* die Information trägt, dass T der Fall ist. *Kommunikation* als Austausch von natürlichen Zeichen besteht dann darin, ein natürliches Zeichen zu kodieren, indem man es mit einem bestimmten Informationsgehalt verbindet, der vom Empfänger der Botschaft decodiert werden muss.

Man hat den Begriff des natürlichen Zeichens auch etwas allgemeiner gefasst, indem man einen Wahrscheinlichkeitsbegriff zugrunde legte. Die Wahrscheinlichkeit dafür, dass ein Ereignis A eintritt, wird gewöhnlich quantitativ mit einem bestimmten Bruch gemessen. Die Meteorologen sagen beispielsweise, dass die Regenwahrscheinlichkeit morgen 60 % beträgt. Für 60 % kann man alternativ auch sagen: 60 Hundertstel, oder 3/5 (d.h. drei Fünftel). Die Wahrscheinlichkeitszahlen kommen daher konventionell aus dem Intervall [0,1]. Und die weitere Konvention ist, den Buchstaben „p" (von probability) als Abkürzung für Wahrscheinlichkeit zu verwenden. Die genannte Aussage der Meteorologen kann also fol-

613 Shannon, Weaver dt. 1976, 18.

614 Zum Begriff der natürlichen Zeichen und natürlichen Bedeutungen vgl. oben, Abschnitt 1.3, S. 57. Allerdings ist der Gehalt dieser Information nicht eindeutig, denn die Bärenspuren im Schnee tragen z.B. auch die Information, dass irgendwelche Tiere über den Schnee gelaufen sind. Und dass Bären über den Schnee gelaufen sind, trägt in diesem Fall natürlich selbst wiederum die Information, dass irgendwelche Tiere über den Schnee gelaufen sind. Der Gehalt der Information ist daher eher die spezifischste Information, die mit dem Zeichen oder Signal verbunden ist.

615 p(T|Z) = 1 heißt: Die Wahrscheinlichkeit p von T unter der Bedingung Z ist gleich 1 (also maximal).

gendermaßen notiert werden: p (Regen morgen) = 3/5. Es gibt auch bedingte Wahrscheinlichkeiten, zum Beispiel die Wahrscheinlichkeit dafür, dass hinter dem Berg ein Feuer ist, unter der Bedingung, dass hinter dem Berg Rauch aufsteigt. Diese Wahrscheinlichkeit ist recht hoch, aber meist können wir sie nicht wirklich quantitativ fassen. Aber angenommen, sie sei 7/8 (weil man festgestellt hat, dass in sieben Achtel aller Fälle, in denen Rauch hinter dem Berg aufsteigt, auch ein Feuer hinter dem Berg lodert), so würde man diese Aussage so notieren:
p (Feuer hinter Berg | Rauch steigt auf) = 7/8.

Mit Hilfe dieser Begrifflichkeit haben Fred Dretske und viele andere vorgeschlagen zu sagen: Wenn die Wahrscheinlichkeit eines Ereignisses E unter der Bedingung C größer ist als die Wahrscheinlichkeit von E allein, dann enthält C die Information, dass E vorkommt. Das heißt: Wenn für zwei Ereignisse E und C gilt p (E|C) = 1 und p (E) < 1 oder allgemeiner p (E|C) > p (E)), so enthält C die Information, dass E der Fall ist.[616] Da zum Beispiel die Wahrscheinlichkeit dafür, dass Feuer hinter dem Berg ausgebrochen ist (= E), unter der Bedingung, dass Rauch hinter dem Berg aufsteigt (= C), erheblich größer ist als die Wahrscheinlichkeit dafür, dass Feuer hinter dem Berg ausgebrochen ist, ohne dass Rauch hinter dem Berg aufsteigt, enthält das Aufsteigen des Rauches die Information, dass Feuer hinter dem Berg ausgebrochen ist.

Die grundlegenden Ideen dieses Informations- und Kommunikationsmodells wurden zu Beginn der zweiten Hälfte des 20. Jahrhunderts in einflussreichen Analysen der *sprachlichen Kommunikation* aufgegriffen, die zum Teil sogar die nachrichtentechnische Begrifflichkeit beibehielten. So hat zum Beispiel der Linguist und Strukturalist Roman Jakobson ein allgemeines Kommunikationsmodell entwickelt, das sechs Elemente enthält: (1) Ein Sprecher (*destinateur*) (2) übermittelt über einen Kanal (*contact*) (3) eine Botschaft (*message*) (4) im Rahmen eines Kontexts (*contexte*) (5) und in einem Code (*code*) (6) an einen Hörer (*destinataire*). Ähnlich kennzeichnete die Semiotik die Zeichenrelation oft in Begriffen von sechs Faktoren: Botschaft, Code, Sender, Empfänger, Kanal und Kontext. Eine *Botschaft* ist diesem Modell zufolge ein Zeichen, das von einem *Sender* an einen Zeichenempfänger übertragen wird. Sender und Empfänger können dabei lebende Organismen oder artifizielle Produkte sein – von einzelnen Zellen und ihren molekularen Produkten bis hin zu einzelnen Menschen und Computern. Auf all diesen Ebenen finden der Semiotik zufolge kommunikative Prozesse statt. Dabei produziert und enkodiert der Sender eine Botschaft und übermittelt sie an einen Empfänger, der sie seinerseits

[616] Vgl. z. B. Dretske 1982.

dekodiert, liest oder interpretiert.[617] Roland Barthes hat eine Unterscheidung von fünf verschiedenen Codes vorgeschlagen, die unterschiedliche Ebenen der Interpretation und des Interpretierens abbilden sollen: den hermeneutischen Code, der sich auf unklare Textstellen bezieht und für die Leser ein Mysterium erzeugt, das zum lustvollen Raten anregt; den prohairetischen Code, der auf noch unbekannte künftige Aktionen in der erzählten Story verweist und das Interesse des Lesers aufrechterhalten soll; den semantischen Code, der den buchstäblichen Wortbedeutungen weitere semantische Elemente hinzufügt; den symbolischen Code, der den Text in umfassendere und zum Teil fremde semantische Netzwerke einbettet; und den kulturellen Code, der sich auf bestimmte kanonische Werke bezieht, in denen unhinterfragte Standards der Textproduktion hinterlegt sind. Diese Codes verschlüsseln den Text und müssen daher im Verstehen des Textes entschlüsselt (dekodiert) werden. Selbst wenn Autoren die zentrale kommunikative Rolle des Codes leugnen, wie Jaques Derrida, gingen sie doch wie selbstverständlich von einer nachrichtentechnischen Sprache aus:

> Man muss vor jeder Trennung von Sprache und Sprechen, von Code und Botschaft usw. (mit allem, was dazugehört) eine systematische Produktion von Differenzen, Produktion eines Systems von Differenzen – eine différance – annehmen, aus deren Wirkungen man eventuell durch Abstraktion, und indem man bestimmten Motivationen folgt, eine Linguistik der Sprache und eine Linguistik des Sprechens herausschneiden können wird.[618]

Ähnlich betonte Genette in einem programmatischen Aufsatz:

> Man hatte die Literatur lange genug als eine Nachricht ohne Code betrachtet, so dass es nachgerade nötig war, sie einen Augenblick lang als Code ohne Nachricht zu betrachten... Die strukturalistische Methode als solche ist genau in dem Moment geboren, da man wieder auf die Nachricht im Code stößt, freigelegt diesmal durch eine Analyse der immanenten Strukturen.[619]

Doch Information und Kommunikation beruhen im nachrichtentheoretischen Rahmen ausschließlich auf rein kausalen Vorgängen, die entweder auf deterministische oder probabilistische Naturgesetzen zurückgehen. Eine mentale oder semantische Ebene ist nicht im Spiel. In der nachrichtentechnischen Informationstheorie spielt nämlich nicht nur der Unterschied zwischen bedeutsamen und wertlosen Nachrichten keine Rolle;

[617] Vgl. Sebeok 1999.
[618] Derrida 1986, 67.
[619] Genette 1972, 74–75.

vielmehr spielt auch die Ebene der Bedeutung im repräsentationalen, semantischen Sinn keinerlei Rolle. Bedeutsame und wertlose Nachrichten im nachrichtentechnischen Sinn können ja gleichermaßen einen semantischen Gehalt haben, den wir verstehen könnten. Doch die Ebene des semantischen Gehaltes taucht in der Theorie überhaupt nicht auf.[620] Hermeneutisch ist dieser Kommunikationsbegriff wertlos. Ein Zeichen im Sinne einer bit-Einheit enthält nur dann einen *semantischen* Informationsgehalt, wenn der entsprechende binäre Entscheidungsbaum zuvor semantisch festgelegt worden ist und entsprechend interpretiert werden kann. Auch der Ausdruck „Erwartungswert" wird hier metaphorisch gebraucht, denn er ist kein epistemischer (und damit geistiger) Ausdruck als Bestandteil der Theorie. Nach (5) und (6) sind Erwartungswerte reduzierbar auf gewisse Summen von numerischen Werten. Die Theorie bleibt in einem rein wahrscheinlichkeitstheoretischen Rahmen. Man kann allenfalls sagen, dass ein geistiges Wesen, das die statistische Informationstheorie versteht und eine Nachrichtenquelle vor sich hat, aus den Formeln (1)–(6) eine bestimmte Wahrscheinlichkeitsverteilung dafür erwarten und dann errechnen kann, dass der Empfänger eine gewisse Nachricht erhält. Aber diese Ergänzung eines epistemischen und damit geistigen Kontextes geht in der statistischen Informationstheorie nicht in die Definition der Information ein und ist auch nicht ein Bestandteil, sondern ein Anwendungsfall dieser Theorie.

Ähnliches gilt für die statistische Informationstheorie und die semiotische Theorie natürlicher Zeichen. Auch sie beschreiben streng genommen nur kausale oder statistische Zusammenhänge von Ereignissen. Wenn die statistische Informationstheorie zum Beispiel behauptet, dass Ereignisse umso mehr Information enthalten, je unwahrscheinlicher sie sind, dann wird damit nicht gesagt, dass Unwahrscheinlichkeit eine unabhängig gegebene Größe namens Information misst, sondern dass der Informationsgehalt eines Ereignisses *definiert werden kann* allein durch das Maß seiner Unwahrscheinlichkeit. Diese Theorie liefert daher keinen Informationsbegriff, der sonderlich interessant ist. Denn dass ein Ereignis Information enthält, bedeutet dieser Theorie zufolge nichts anderes, als dass dieses Ereignis eine kausale oder statistische Relation zu einem anderen Ereignis aufweist. Da bis auf wenige Ausnahmen im Bereich der Quantenwelt jedes Ereignis irgendwelche kausalen oder statistischen Relationen zu anderen Ereignissen aufweist, ist der Informationsbegriff, wie er in der Theorie der natürlichen Zeichen definiert wird, im Grunde witz-

[620] Man hat deshalb mit Recht gesagt, dass diese Theorie die Information nur unter syntaktischem, nicht unter semantischem Aspekt behandelt (vgl. Lyre 2002, 31).

los. Er kann stets ohne Gehaltverlust durch eine kausale oder wahrscheinlichkeitstheoretische Terminologie ersetzt werden. Diese Kommunikationstheorien setzen daher stets voraus, dass es geistige Wesen gibt, die ein nachrichtliches Zeichen (die Nachricht) aufgrund einer kommunikativen Absicht mit einer Information im statistischen Sinne versehen, damit ein anderes geistigen Wesen (der Empfänger oder Interpret) verstehen kann, dass die Nachricht diese Information enthält. *Aber diese mentalen Prozesse sind nicht Bestandteil dieser Kommunikationsmodelle.* Diese Modelle enthalten keine Hermeneutik, sondern setzen voraus, was sie erklären sollen – die Kommunikation. Ihre Verwendung in der Literaturtheorie war daher ein schwerer Missgriff.

Diese Diagnose gilt auch für den in der Thermodynamik verwendeten Informationsbegriff, der dem statistischen Informationsbegriff sehr ähnlich ist. Der Kern der Thermodynamik besteht aus ihren beiden Hauptsätzen. Der erste thermodynamische Hauptsatz behauptet die Erhaltung der Energie in abgeschlossenen Systemen. Der zweite Hauptsatz besagt, dass die Entropie in abgeschlossenen Systemen zunimmt. Die Entropie ist ein Maß für Unordnung oder mangelnde Komplexität (Energiedifferenzen). Dem zweiten Hauptsatz der Thermodynamik zufolge nimmt die Unordnung in abgeschlossenen Systemen also zu, d. h. ihre Komplexität und Energiedifferenzen nehmen ab. Da das Universum im Ganzen als geschlossenes System betrachtet werden kann, gilt der zweite Hauptsatz auch für das Universum im Ganzen. Ende des 19. Jahrhunderts wurde erkannt, dass sich typische Untersuchungsfelder der Thermodynamik, zum Beispiel Gase und deren Makrozustände (wie ihre Temperatur oder ihr Druck) aus ihren Mikrozuständen, also den Zuständen ihrer Moleküle, erklären und ableiten lassen. Die Mikrozustände ließen sich aber nur statistisch beschreiben, d. h. man konnte die Wahrscheinlichkeiten dafür angeben, dass ein Makrosystem einen bestimmten Mikrozustand einnimmt. Wenn zum Beispiel ein Gas eine bestimmte Temperatur hat, dann ist dieser Zustand damit vereinbar, dass seine Moleküle verschiedene Zustände einnehmen, die sich gleichwohl zu derselben Temperatur des gesamten Gases aufsummieren lassen. Aber wenn ein solcher Makrozustand gegeben ist, dann kann man im Allgemeinen zumindest die Wahrscheinlichkeit dafür angeben, dass das Gas einen dieser zulässigen Mikrozustände einnimmt. Angenommen etwa den sehr einfachen Fall, dass ein Gas mit einer bestimmten Temperatur genau vier gleichwahrscheinliche Zustände seiner Moleküle besitzen kann, die zu dieser Temperatur führen, dann kann man zwar nicht sagen, genau welchen dieser Zustände das Gas besitzt, aber man kann zumindest sagen, dass das Gas jeden der vier Mikrozustände mit der Wahrscheinlichkeit ¼ besitzt.

Es war der brillante Physiker Ludwig Boltzmann, der in diesem Zusammenhang den Entropiebegriff als statistischen Maßbegriff interpretierte und definierte. Nach Boltzmann ist die Entropie S eines Systems (die ja die Unordnung seiner Mikrozustände misst) definiert durch

(7) $S = - k_B \Sigma w_i \ln w_i$

In Formel (7) ist k_B eine Konstante (die sogenannte Boltzmann-Konstante), und ln ist der Logarithmus zur Eulerschen Zahl e. Logarithmen zu verschiedenen Basen lassen sich ineinander umrechnen, und Konstanten kann man durch Wahl geeigneter Einheiten eliminieren. Daher sind die Formeln (6) aus der statistischen Informationstheorie und (7) aus der Thermodynamik strukturell identisch. H aus (6) misst die Wahrscheinlichkeit des mittleren Informationsgehalts einer Nachricht, und S aus (7) misst die Wahrscheinlichkeit eines Mikrozustandes in einem Makrozustand.[621]

Zwar bringt der oben zitierte Text von Carl Friedrich von Weizsäckers die enge Analogie, ja strukturelle Identität des physikalischen und informationstheoretischen Informationsbegriffs sehr gut zum Ausdruck, doch die beiden mit „also“ eingeleiteten Folgerungen sind milde formuliert problematisch, streng genommen falsch. Denn aus der Definition des physikalischen und nachrichtentheoretischen Informationsbegriffs folgt mitnichten, dass diese Begriffe epistemische Zustände („Nicht-Wissen“) messen und dass der in diesen Formeln verwendete Informationsbegriff daher ein epistemischer (also geistiger) Begriff ist. Diese Folgerungen setzen vielmehr stillschweigend voraus, dass es geistige Wesen als Beobachter gibt, die die Thermodynamik und statistische Informationstheorie verstehen und daraus ihre Schlüsse ziehen können. Erst diese stillschweigende Voraussetzung bringt die semantische epistemische Ebene ins Spiel – diese Voraussetzung ist jedoch nicht ein theoretischer Bestandteil der Physik. Denn die Physik hat nicht die Kompetenz, Theoreme über epistemische (also geistige) Zustände zu entwickeln. Es ist erst dieser unter der Hand vorgenommene – freilich nicht gerechtfertigte – Übergang von einem rein wahrscheinlichkeitstheoretischen zu einem epistemischen (und damit mentalen) Informationsbegriff, der den Hinweisen auf eine grundlegende Rolle von Information im Aufbau unseres Universums[622] einen spekta-

[621] Wegen dieser auffallenden Analogie zwischen den Formeln (6) und (7) hat Shannon H auch als Informationsentropie bezeichnet.

[622] Vgl. dazu z. B. die Arbeiten von Stonier 1991 und von C. F. v. Weizsäcker 1985. Weniger seriös, aber bezeichnend von einem kreationistischen Standpunkt aus: Gitt 1998.

kulären Anstrich gibt, der sich jedoch genau betrachtet in Nichts auflöst. Spektakulär wären diese Äußerungen nur, wenn dabei der epistemische Informationsbegriff gemeint wäre. Und nur dann müsste sich auch eine moderne Theorie der Interpretation mit solchen Thesen beschäftigen. Aber tatsächlich darf hier nur der wahrscheinlichkeitstheoretische Informationsbegriff eingesetzt werden, und dann sind die genannten Äußerungen weit weniger aufregend.[623]

Diese Diagnose ist aus der Sicht der heutigen Geist-Theorie nur schwer bestreitbar, doch als die skizzierte Theorie-Tradition entwickelt wurde und von Weizsäcker den zitierten Text schrieb, stand die moderne Geist-Theorie noch nicht zur Verfügung. Man war daher weniger sensibel für das Problem, das entsteht, wenn man die physische und mentale Ebene unangemessen verwischt. Die Quantenphysiker von heute mögen, wie der zweite zitierte Text zeigt, zuweilen ein wenig unbedacht formulieren und – wenn sie ihre Bemerkungen nicht weiter qualifizieren – ebenfalls dieser Verwischung erliegen. Doch meist sprechen sie deutlich aus, dass die Theorie der Quanteninformation die semantische Ebene ausklammert. So heißt es zum Beispiel in einem einführenden Artikel eines Göttinger Mathematikers unter explizitem Rückgriff auf die oben skizzierte Theorie-Tradition:

In meinem Vortrag „Wahrscheinlichkeit und Information – wie Henne und Ei?" bin ich auf Claude Shannons fundamentale Arbeit zum Informationsgehalt einer Nachricht eingegangen. In dieser Arbeit stand das praktische Problem im Vordergrund, eine Nachricht so genau wie möglich von einem Ort an einen anderen zu transferieren. Ob sie tatsächlich eine Bedeutung hat oder nicht, spielte für Shannons Untersuchungen keine Rolle... Als selbstverständlich wurde eine Beschreibung des Vorgangs im Rahmen der klassischen Physik angenommen. Es ist aber seit den zwanziger Jahren des letzten Jahrhunderts klar, dass (zumindest) auf atomarer Ebene die klassische Mechanik durch die Quantenmechanik ersetzt werden muss. Daher kann man die Frage stellen, ob sich zum Problemkreis Kommunikation und „Information" neue Gesichtspunkte ergeben, wenn die Quantennatur des Systems der Informationsübertragung eine Rolle spielt. Aus dieser Fragestellung ist in den letzten dreißig Jahren das neue Forschungsfeld „Quanteninformation" entstanden ... Wir wissen, wie schwer das Konzept „Information" zu fassen ist. Es ist daher nicht verwunderlich, dass eine präzise Definition

[623] Das ist natürlich kein Einwand gegen die These (wie sie zum Beispiel Lyre 2002 verteidigt), dass sich der wahrscheinlichkeitstheoretische Informationsbegriff als ein Grundbegriff vieler Naturwissenschaften erweisen könnte. Wenn aber zum Beispiel C. F. v. Weizsäcker bemerkt: „Information ist nur, was verstanden wird" (vgl. v. Weizssäcker 1974, 351), zugleich dabei aber vom wahrscheinlichkeitstheoretischen Informationsbegriff ausgeht, dann ist der Ausdruck „Verstehen" in höchst bedenklichem Sinne metaphorisch, um nicht zu sagen sinnlos.

des Begriffs „Quanteninformation" ebenfalls nicht einfach ist… Klar ist zumindest, dass, wie bei Shannon, die Frage der Bedeutung von Quanteninformation nicht gestellt wird.[624]

Tatsächlich wird auch die Quanteninformation durch Rekurs auf Ereigniswahrscheinlichkeiten definiert. Diese Definition ist in ihren Details technisch und mathematisch kompliziert. Aber die Kernidee beruht darauf, dass die Quantenmechanik davon ausgeht, dass sich in quantenmechanischen Zuständen mehrere Eigenschaften überlagern. Werden diese Zustände jedoch gemessen, nehmen sie eine dieser Eigenschaften an – allerdings insgesamt gesehen (d. h. unter vielen Messungen) nur mit einer bestimmten Wahrscheinlichkeit. In einem Elektron überlagern sich zum Beispiel die beiden Eigenschaften „Spin nach oben" (abgekürzt 0) und „Spin nach unten" (abgekürzt 1). Dann lässt sich der Überlagerungszustand (also der quantenmechanische Zustand) des Elektrons hinsichtlich seiner Spins durch die Summe $S = a \cdot 0 - b \cdot 1$ beschreiben, wobei a und b Zahlen sind, die die Wahrscheinlichkeit beschreiben, mit der das Elektron nach Messung den Spin nach oben bzw. den Spin nach unten annimmt. Die Summe S enthält in diesem Fall die *Quanteninformation* des quantenmechanischen Spin-Zustands des Elektrons.[625]

Die Verwendung dieser Informations- und Kommunikationsmodelle in Analysen sprachlicher Kommunikation durch Autoren wie Jakobson oder Barthes ist daher ohne eine explizite Reflexion auf die semantische und geistige Ebene mehr als bedenklich und stiftet eine erhebliche theoretische Konfusion, die zu einer Aufhebung der Grenze zwischen rein natürlichen und mentalen Prozessen führt. Es ist, wie wir gesehen haben, die Standardtheorie des Geistes, die einen angemessen restriktiven Begriff der Interpretation und Kommunikation eingeführt und gerechtfertigt hat.[626] Denn es wird angenommen:

(a) Nur Wesen, die einen Geist haben, können etwas verstehen oder interpretieren, und

(b) Nur Wesen, die einen Geist haben, oder deren geistige Produkte können verstanden oder interpretiert werden.

[624] Vgl. K. Schönhammer: Wahrscheinlichkeit und Information – wie Henne und Ei? www.num.math.uni-goettingen.de/schaback/info/inf/sitzungen/09_01_30_schoenhammer.pdf.

[625] Vgl. z. B. Ensslin 2010. Zum Informtions- und Kommunikationsbegriff in der biologischen Genetik vgl. Detel 2013.

[626] Vgl. oben Abschnitt 1.3.

Mit These (a) ist gemeint, dass nur Wesen, die etwas repräsentieren oder fühlen können, auch etwas verstehen können. Und These (b) beruht darauf, dass die Interpretation im Erfassen der spezifisch geistigen Eigenschaften gewisser Dinge besteht, also im Erfassen von semantischen Gehalten oder Formen des Bewusstseins. Die Interpretation ist selbst ein Akt des Repräsentierens. Daraus folgen mit den Annahmen (a) und (b) die Thesen

(c) Die Interpretation hat stets die Form einer Metarepräsentation.

(d) Nur Wesen, die einen Geist haben, können miteinander kommunizieren.

Nur auf der Grundlage dieser Annahmen (die in der nachrichtentechnischen, statistischen, semiotischen und physikalischen Informationstheorie nicht auftauchen) kann eine angemessene Theorie der Kommunikation aufgebaut werden. *Aufgrund derselben geist-theoretischen Annahmen kann aber auch der wahrscheinlichkeitstheoretische Kern der Informationstheorie in der klassischen Nachrichtentheorie, Thermodynamik und Quantenmechanik identifiziert und als große Leistung gewürdigt werden.*[627] Die Beschreibung der wahrscheinlichkeitstheoretisch definierten Information und ihres kommunikativen Austausches in mentalen, epistemischen Begriffen sollte damals einfangen, *wie diese Informationstheorie von einem sprachmächtigen Interpreten verwendet werden kann*, und nicht zur Kennzeichnung des Gehalts der Theorie selbst – das jedenfalls ist das Resultat des vorstehenden Interpretationsvorschlages.

Wenn wir diese Interpretation hermeneutisch reflektieren, so wird klar, dass sie eine Bezugnahme auf gegenwärtige Theorien involviert, und zwar in der Weise, dass die zu interpretierenden Texte so gedeutet und kommentiert werden, dass sie konsistent mit den gegenwärtigen Theorien zusammengedacht werden können. Und zumindest das hier besprochene Beispiel zeigt, dass unter einem derartigen Interpretationsprozess im besten Falle das historisch Gemeinte scharf herausgearbeitet sowie *in dieser Form* als wahr oder zumindest höchst plausibel dargestellt werden kann. Ohne diesen interpretativen und semantischen Verschmelzungsprozess, also in einem rein historischen Rahmen, müsste diese Informationstheorie dagegen eher als konfus eingeschätzt werden. Die Unterstellung des Prinzips der Nachsicht ist dabei mehr als offensichtlich. Auf diese Weise kann die geschichtliche Position des Interpreten in die Interpretation von Texten eingehen, ohne dass dadurch

[627] Die Bemerkungen vieler Physiker der Gegenwart scheinen zu belegen, dass sich dieser geist-theoretische Hintergrund zumindest in Kommentaren zur Quanteninformation geltend macht.

notwendigerweise eine Beliebigkeit, Relativität oder historische Unangemessenheit der Interpretation folgt.

Gerade im Fall der Quantenmechanik spricht man seit langem von verschiedenen „Interpretationen“ dieser Theorie. Manfred Stöckler hat kürzlich in hilfreicher Weise verschiedene Stufen einer solchen Interpretation unterschieden und dabei die semantische Dimension der verschiedenen Stufen deutlich gemacht. Die *Minimalinterpretation* besteht darin, die Ausdrücke des mathematischen Formalismus so zu definieren (d.h. mit einer Bedeutung zu versehen), dass der Formalismus auf die Erfahrung bezogen und testbar gemacht werden kann. Auf der nächsten Stufe der Interpretation werden Annahmen hinzugefügt,

> die von dem Wunsch geleitet sind, die Quantentheorie in das übrige physikalische und naturphilosophische Weltbild einzuordnen… und sich eine Vorstellung davon <zu> machen, wie die Welt aussieht, wenn die Theorie wahr ist.[628]

Dieser Interpretationsschritt ist es, der in den vorhergehenden Kommentaren zum Informationsbegriff vollzogen wurde. Darüber hinaus kann die Interpretation speziell der Quantentheorie unter anderem noch dadurch erweitert werden, dass die Zustandsbeschreibungen semantisch spezifiziert werden, oder dass man sich fragt, welche Art von Gegenständen von der Theorie beschrieben werden und wie sich der Messprozess und seine Konsequenzen genauer darstellen lassen. Diese hermeneutischen Schritte sind offenbar nicht nur für die Interpretation der Quantentheorie, sondern auch vieler anderer Theorien möglich und sinnvoll.

Kommen wir abschließend zu unserem literarischen Beispiel. E.T.A. Hoffmanns berühmte Novelle *Der Sandmann*[629] eignet sich aus verschiedenen Gründen für eine exemplarische Analyse professioneller Textinterpretation aus der Perspektive einer geist-theoretisch orientierten Hermeneutik.[630] Zum Einen sind viele verschiedene Interpretationen vorgelegt worden, die oft unvereinbar miteinander sind. Zum Anderen haben Peter Tepe, Jürgen Rauter und Tanja Semlow kürzlich eine umfassende hilfreiche Analyse der literaturwissenschaftlichen Debatte zum *Sandmann* vorgelegt, die zugleich mittels der Methoden der kognitiven Hermeneutik eine neue eigene Deutung vorschlägt.[631] Drittens legt die Darstellung

[628] Stöckler 2007, 251.

[629] Vgl. Hoffmann 1985, *Der Sandmann* 11–49.

[630] Ich danke Peter Tepe für hilfreiche kritische Kommentare zu einer früheren Fassung der folgenden Überlegungen.

[631] Vgl. Tepe, Rauter, Semlow 2009 (im Folgenden abgekürzt TRS). Die folgenden Überlegungen orientieren sich an der Darstellung der Forschungssituation zum *Sandmann* in TRS. Dort findet sich auch die sonstige einschlägige Literatur.

seelischer Turbulenzen eine geist-theoretische Textanalyse nahe. Und schließlich lädt der dämonologische Hintergrund der Novelle zu einer Reflexion auf interpretative Verschmelzungsprozesse ein.

Die literaturwissenschaftliche Debatte zum *Sandmann* wird auf der grundlegendsten Ebene von der Alternative der psychologischen Lesart und der dämonologischen Lesart beherrscht.[632] Die Vertreter der psychologischen Lesart neigen dazu, die Kommentare der Protagonistin Clara (denen sich ihr Bruder Lothar im Wesentlichen anschließt) mit der Botschaft der Novelle zu identifizieren.[633] Demnach beschreibt *Der Sandmann* den Fall einer Geisteskrankheit, die sich rational und wissenschaftlich sezieren lässt. Nathanael wird periodisch von Phantasien und fixen Ideen ergriffen. Er leidet an einer extremen Form des Selbstbezugs, die durch Übertragung eines Kindheitstraumas auf die äußere Wirklichkeit zu einem zunehmenden Realitätsverlust führt, oder – alternativ – unter einer phantastischen Wahrnehmungsverschiebung, in deren Verlauf er sich allmählich in eine von Dämonen besetzte Wahnwelt verliert.[634] Die Textwelt des *Sandmann* enthält keine dämonischen Kräfte.[635]

Die Proponenten der dämonologischen Lesart behaupten demgegenüber, Nathanaels Sicht der Dinge sei auch die Botschaft der Erzählung.[636] So enthalte *Der Sandmann* unabweisbar deutliche Elemente des Phantastischen, die als real hingestellt werden. Nathanael sieht die Dinge im Prinzip richtig, und Clara liegt falsch. Dem *Sandmann* zufolge besteht die Welt aus einer realen natürlichen Welt und einer realen Welt dämonischer Mächte und Wesen, die in die natürliche Welt eingreifen. Zum Teil wird ein magisches Geschehen dargestellt, beispielsweise der Versuch Coppolas, Brillen an Nathanael zu verkaufen. *Der Sandmann* ist eine verschleierte Dämonengeschichte mit märchenhaften Elementen und tragischem Ausgang.[637] Dieses Zwei-Weltenmodell[638] beherrscht auch andere Erzählungen

[632] Die insgesamt fünf Interpretationsoptionen, die in TRS konstatiert werden, involvieren die psychologische und dämonologische Lesart sowie drei weitere Lesarten, die auf diese beiden Lesarten zurückgreifen. Ich übergehe insbesondere alle psychoanalytisch inspirierten Optionen, weil ich die Psychoanalyse nicht für eine gute Hintergrundtheorie halte. Die Unentscheidbarkeitsoption ist m. E. ein Notnagel, auf den nur im äußersten Fall zurückgegriffen werden sollte.

[633] Vgl. TRS Kap. 6

[634] TRS schließt sich zwar dieser Lesart nicht an, übernimmt aber ihre Beschreibung als Claras Sicht der Dinge, vgl. TRS 60, 61, 75.

[635] Vgl. TRS 76, 77, 85, 212.

[636] Vgl. TRS Kap. 7.

[637] Vgl. TRS 61, 75f., 88, 223.

[638] Etwa in *Der goldene Topf* und *Klein Zaches genannt Zinnober* (verfasst vor dem *Sandmann*) sowie in *Meister Floh* (verfasst nach dem *Sandmann*).

Hoffmanns. TRS schließt sich der dämonologischen Lesart an. Im Folgenden kann es nicht um eine umfassende Interpretation des *Sandmann* gehen. Es soll lediglich gezeigt werden, dass die Interpretation des Textes aus moderner geist-theoretischer Perspektive Aspekte des Textes zu entdecken hilft, die bisher verborgen geblieben sind, und dass diese Interpretation von einer semantischen Horizontverschmelzung begleitet ist.

Einer dieser Aspekte besteht darin, dass nicht nur Clara, sondern auch Nathanael (in seinem ersten Brief) eine *Erklärung* liefert, die seine Kindheitserfahrungen als Explanans verwendet und seine späteren Reaktionen *verständlich* machen soll. Zu diesem Zweck schildert Nathanel akribisch sowohl Fakten als auch seine emotionale Bewertung dieser Fakten. Zu den Fakten gehören: (a) In früher Jugend schwere, polternde Schritte immer gegen neun Uhr, wenn die Mutter ihn mit Verweis auf den kommenden Sandmann ins Bett schickte. Die naheliegende *Folgerung*: Der Polterer „musste der Sandmann sein". (b) Die Information der alten Frau (für junge Kinder so gut wie ein Faktum), dass der Sandmann ein böser Mann sei, der den Kindern die Augen raubt und seinen Kindern zum Fraß vorsetzt. (c) Später das mehr oder weniger regelmäßige Auftauchen des polternden Sandmanns, ohne ihn jemals zu sehen, als nachvollziehbare Folge der unbändige Wunsch, ihn endlich zu Gesicht zu bekommen. (d) Aus dem Versteck heraus das erste Erblicken des Sandmannes – der nicht unbekannte Advokat Coppelius, ein hässlicher, abstoßender Mensch, sadistisch und kinderfeindlich. (e) Merkwürdige undurchschaubare mechanische Arbeiten von Coppelius und Vater (ein „Mechanismus der Hände und Füße" wird erwähnt). (f) Nach Entdeckung physische Attacke von Coppelius auf Nathanael, Versuch ihm glühende Körner in die Augen zu streuen, Verlangen nach Nathanaels Augen, mühsam vom Vater verhindert. (g) Nach einem Jahr ein letztes Auftauchen von Coppelius im Elternhaus, Tod des Vaters bei der gemeinsamen geheimen Arbeit.

Zur emotionalen Reaktion des kleinen Nathanael auf diese Fakten: Die Grauslichkeit des dumpfen Tretens und Polterns (12); grässliches inneres Imaginieren des grausamen Sandmannes, Zittern vor Angst und Schrecken, wenn er tatsächlich kam; Spüren des inneren Entsetzens; körperliche Reaktionen: Zittern, Stottern, Tränen als Ausdruck von Bedrohlichkeit; Qual die ganze Nacht über bei jedem Auftauchen (13). Zum Entsetzen kommen Abscheu, Ekel und Hass hinzu, verankert im Aussehen von Coppelius und seinem kinderfeindlichen Verhalten, aber auch schon ein Gefühl der Verletzlichkeit durch den schrecklichen Mann (15–16). Der Sandmann ist keine imaginierte Schimäre mehr, sondern ein realer und real gefährlicher, bedrohlicher Unhold, der stets Jammer und Verderben bringt (dies „geht grausig und entsetzlich in Nathanaels Seele auf"). Die physische Attacke des Coppelius auf Nathanael und insbesondere sein schrecklicher Versuch, Nathanael nach Art des bösen Sandmanns die Augen zu rauben, verstärkt alle genannten emotionalen Faktoren, vor allem aber das Gefühl der Verletzlichkeit und Bedeutsamkeit, scheint es doch fast um Leben oder Tod zu gehen. Entsprechend heftig ist Nathanaels körperliche Reaktion: Ohnmacht, Fieber, längere Krankheit. In der Reihe dieser Ereignisse und Erlebnisse steigern sich Angst, Bedrohlichkeit, Qual und Verletzlichkeit von Mal zu Mal, bis ein Stadium erreicht ist, in dem Nathanael die Situation im seelischen Normalzustand emotional nicht mehr ertragen kann und in Ohnmacht und Krankheit abtauchen muss.

Doch damit ist Nathanaels Erklärungsversuch noch nicht abgeschlossen. Er beschreibt zunächst den „schrecklichsten Moment“ seiner Jugendjahre, der etwa ein Jahr nach den bisher geschilderten Ereignissen eintrat, als bereits „Genesung“ und „Rettung“ (18) eingetreten zu sein schienen. Coppelius taucht ein letztes Mal auf, mit den – Nathanael nur allzu bekannten – schweren, polternden Schritten, auf die er erneut heftig reagiert: Ihm ist, als sei er „in schweren Stein eingepresst“, sein Atem stockt, „unbeschreibliche innere Angst und Unruhe“ quält ihn, und vergebens versucht er eine Halluzination des verhassten, abscheulichen Coppelius mit funkelnden Augen und hämischem Gelächter los zu werden. Die erneute Ohnmacht („mir schwanden die Sinne“ (18–19)) schließt die Reinszenierung seiner früheren Reaktionen auf Coppelius ab. Das gemeinsame Arbeiten mit dem Vater endet mit einer Explosion, die den Vater tötet. Coppelius ist nun für Nathanael der Mörder seines Vaters – ein schrecklicher realer Mensch, von dem nun einmal faktisch für Nathanael extrem viel faktisches und emotionales Unheil ausgeht.

Abschließend erzählt Nathanael, wie er Jahre später von einem Wetterglashändler namens Coppola besucht wurde, der für Nathanael nach Figur und Gesichtszügen dem Coppelius höchst ähnlich zu sein scheint. Sofort und fast automatisch deutet Nathanael diesen Menschen als „feindlichen“ Unhold, der als „entsetzliche“ Figur einen „tödlichen Eindruck“ hinterlässt und dunkle undurchdringliche Schatten auf Nathanaels Gemüt wirft (20). Hier handelt es sich jedoch insofern um eine Steigerung, als Nathanael bereits auf einen Menschen reagiert, der Coppelius lediglich ähnlich ist (zumindest ist nicht sicher, ob er mit Coppelius identisch ist), und ferner seine Reaktion schnell, automatisch und ohne bewusste Steuerung erfolgt.

Es scheint klar zu sein, dass alle diese Erklärungen rein psychologisch sind und darauf abzielen, uns LeserInnen, aber auch Clara und Lothar die negativen emotionalen Reaktionen Nathanaels *nachvollziehbar und verständlich* zu machen. Insbesondere sollen und können wir es auch als nachvollziehbar empfinden, dass Nathanael in den beiden späteren Episoden so unmittelbar und automatisch seine früheren emotionalen Reaktionen auf Coppelius und ihm ähnliche Gestalten reaktiviert. Es handelt sich insgesamt um *rationale psychologische Erklärungen* dieser emotionalen Reaktionen,[639] in deren Explanans kein eindeutig belegbarer Rückgriff auf *übernatürliche* Dämonen enthalten ist.[640] Es ist daher problematisch, Claras rationalen Erklärungsversuch als den einzigen rationalen Erklärungsversuch der emotionalen Reaktionen Nathanaels zu betrachten, der im *Sandmann* angeboten wird, wie es sowohl die traditionelle psychologische als auch die dämonologiche Auslegung annehmen.

Wenn man von dieser Diagnose aus auf die Auseinandersetzung zwischen Clara und Nathanael blickt, wird ein zweiter bisher vernachlässigter Aspekt des Textes deutlich. *Nathanael ringt um Lothars und Claras Empathie und Verständnis*, er möchte in diesem hermeneutischen Sinn ernst genommen werden. Er möchte seine Erlebnisse so erklären, dass Lothar sie „nachempfinden“ kann, so dass Lothars „regem Sinn alles klar und deutlich in leuchtenden Bildern aufgehen wird“ (11). Nach meiner Schilderung, so sagt Nathanael zu Lothar, „wirst Du überzeugt sein, dass es nicht meiner Augen Blödigkeit ist, wenn mir nun alles farblos erscheint … <und> wirst … es mir nicht verargen <ergänze: sondern im Gegenteil *billigen und verstehen*, WD>, dass ich die feindliche Erscheinung als schweres Unheil bringend deute“ (18, 20). Und dabei betont er, dass die Ahnung eines feindlichen Schicksals ihn mit Macht erfasst hat und wie toll aus ihm herauslacht.

Claras Reaktion (2. Brief) ist von einer oberflächlichen, kurzfristigen Empathie geprägt. Ihre psychologische Erklärung deutet Nathanels Reaktionen und Einschätzung des Coppelius als gefährlichem Unhold als Folge seiner kindlichen, aber auch kindischen Verknüpfung des Sand-

[639] Man könnte leicht die neue Theorie der affektiven Intentionalität der Emotionen heranziehen, um zu zeigen, dass Nathanaels emotionale Reaktionen genau diesem Modell einer affektiven kognitiven Emotion entspricht, vgl. dazu etwa Stephan 2009.

[640] Nathanaels Selbsterklärung muss daher nicht schon hier bereits als dämonologisch gedeutet werden, wie es TRS empfiehlt. Bemerkungen wie „Dunkle Ahnungen eines grässlichen mir drohenden Geschicks“; Unhold, der „zeitliches, ewiges Verderben bringt“; „ein dunkles Verhängnis“; „verruchter Satan“, „teuflischer Unhold“, „sein Bund mit dem teuflischen Coppelius“; „daß jener Wetterglashändler eben der verruchte Coppelius war“ lassen sich hier auch als Ausdruck einer sehr verständlichen extremen Angst vor künftigen Begegnungen mit Coppelius werten. Und bis auf die letzte Episode ist der reale Coppelius mit bedrohlichem Verhalten auch stets aufgetaucht. Man beachte auch, dass Nathanael sich erst später mit dämonologischer Literatur beschäftigt, um seine Empfindungen tiefer erklären zu können.

mann-Märchens mit Coppelius. Der Tod des Vaters war ein schrecklicher alchimistischer Unfall. Coppelius ist daher nicht der satanische Mörder des Vaters. All die schrecklichen Emotionen gehen nur im Inneren Nathanels vor, die wirkliche Außenwelt hat daran wenig Anteil. Clara betont, dass es zwar dunkle seelische Mächte in uns geben kann, doch nur wenn wir diesen Mächten selbst in uns Platz einräumen, ziehen sie uns fort auf einen verderblichen Weg. Dann werden äußere Gestalten in unser Inneres hineingezogen und dort als Geist imaginiert, dieser Geist ist jedoch nur ein Phantom unseres eigenen Ichs. Wenn wir dies erkennen, so sind die dunklen Mächte mit einigem Bemühen kontrollierbar und können zurückgedrängt werden. Wir werden wieder heiter, und das kann auch Nathanael gelingen. Dabei möchte Clara Nathanael helfen und Coppola mit lautem Lachen fortbannen (vgl. 21–23).

In seiner Replik (3. Brief) reagiert Nathanael abweisend auf Claras Erklärungen und Vorschläge. Er weist die „magistermäßig" logische Sichtung seiner Erlebnisse zurück, wehrt sich gegen den Vorwurf düsterer Träumerei („Laß das bleiben") und beklagt Claras „fatal verständigen Brief". Vergleicht man Claras psychologische Erklärung mit Nathanaels psychologischer Selbsterklärung, so wird klar, worin die Defizite der Erklärung Claras bestehen: Sie erklärt die Erlebnisse Nathanael primär auf einer kausalen Ebene, versetzt sich aber nicht in seine Lage (im Sinne des *other-perspective-taking*). Außerdem erkennt sie nicht, dass Nathanaels schreckliche Erlebnisse dazu führen, dass ihn in Situationen, die der frühkindlichen Situation ähnlich sind, emotionale Reaktionen wie eine *unkontrollierbare* Macht von außen überfallen. Insofern fühlt sich Nathanael – aus nachvollziehbaren Gründen – von Clara (und Lothar) *überhaupt nicht* verstanden und ist darüber mehr als enttäuscht.[641]

Dieser hermeneutische Aspekt – das Problem des Verstehens – durchzieht den gesamten Text. So weist der Erzähler in seiner Ansprache an den geneigten Leser nach den drei Briefen deutlich darauf hin, dass es für viele Menschen schwierig und uninteressant sein dürfte, Nathanaels Stimmungen *nachzuvollziehen*. Nach Nathanaels Empfindung fegen die „nüchternen Fragen" der Freunde dagegen „wie eisige Windeshauche" in seine emotionale Glut hinein. Im Verlauf des Besuches von Nathanael bei Clara (28–34) verschärft sich diese hermeneutische Dissonanz. Während

641 Die dämonologische Lesart der TRS interpretiert die Eigenschaften Claras anders: Claras Defizit besteht nicht primär darin, dass sie einer einseitig rationalistischen Psychologie verhaftet ist, welche das Auftreten dunkler unkontrollierbarer Mächte im Geist des Menschen ausblendet, sondern darin, dass ihr der Zugang zur *höheren dämonologischen Dimension* fehlt.

Nathanael in seine düsteren Träumereien geradezu versinkt und sie als Ausdruck einer „schwarzen Faust“ beschreibt, die (gewalttätig und unkontrollierbar) in sein und Claras Leben eingreift, wirkt Claras unveränderte Einstellung, dass all dies nur durch Nathanaels Glauben an böse Mächte zustande komme und er diesen Glauben kontrolliert verbannen könne, nur noch als störrisches Manöver, das – wie nun endgültig klar wird – die Erklärungsrichtung fälschlich umdreht: Nicht der Glaube an unkontrollierbare, dunkle, mentale Mächte macht diese Mächte unkontrollierbar, sondern die mentale Erfahrung unkontrollierbarer dunkler Mächte generiert den Glauben an unkontrollierbare dunkle Mächte. Der Besuch Nathanaels endet in einer empfindlichen Enttäuschung und Entfremdung Nathanels von Clara. Das hermeneutische Problem wird schließlich auch in den Olimpia-Episoden aufgenommen. Denn einer der Gründe, warum Nathanael sich in Olimpia verliebt, besteht darin, dass er „noch nie eine … so herrliche Zuhörerin“ gehabt hat, die ihn offenbar mit Engelsgeduld zu verstehen sucht (43). Umso schockierter ist Nathanael, als er erkennen muss, dass Olimpia tatsächlich nichts weiter als eine leblose Puppe ist. Der Wahnsinn, der ihn dabei erfasst, ist nicht zuletzt darauf zurückzuführen, dass er seine durch Liebesglut evozierte Selbsttäuschung verarbeiten muss, in Olimpia ein seelenvolles Wesen gefunden zu haben, das ihn verstehen kann. Im Verlauf der Erzählung wird klar, dass die wiederholte bittere Erfahrung, von geliebten Menschen nicht verstanden werden, zu der psychischen Destabilisierung Nathanaels erheblich beiträgt.

Dieser hermeneutische Blick auf das Geschehen im *Sandmann* macht den Blick frei für einen dritten Aspekt des Textes, der in einer neuen interpretatorischen Einschätzung der dämonologischen Lesart manifest wird. Wir sehen Nathanael aus hermeneutischer Sicht nämlich selbst damit ringen, die dunklen unkontrollierbaren Mächte in seinem Inneren zu begreifen. Zu Beginn der Erzählung ist Nathanaels Haltung noch gespalten (auf seinen „zerrissenen Geist“ wird deutlich hingewiesen). Zwar haben ihn dunkle Ahnungen eines feindlichen Schicksals mit Macht erfasst, doch andererseits kann er es verstehen, wenn er von Clara und Lothar deswegen ausgelacht wird (1. Brief). Er räumt vernünftiger Weise ein, dass es viele Indizien dafür gibt, dass Coppola nicht identisch mit Coppelius ist, fühlt sich jedoch dennoch „nicht ganz beruhigt“ und rutscht in eine Identifikation von Coppola mit Coppelius hinein. Erst im Laufe seines Besuches bei Clara geht er dazu über, sich seine inneren Erfahrungen begreiflich zu machen, indem er dämonologische Literatur konsultiert und ein neues Überzeugungssystem entwickelt, das seine Erfahrungen tatsächlich erklären kann: Der Mensch ist lediglich ein Spielball dunkler Mächte in Gestalt des Wirkens „von Teufeln und grausen Mächten“, und sein Freiheitsbewusstsein ist zumindest auf emotionaler Ebene eine Illusion. Die Einsicht in diese anthropologische Grundsituation zwingt zu demütiger Unterwerfung unter das vorgesehene Schicksal. Auf dieser Grundlage kann er Coppelius als externes böses Prinzip konzeptualisieren, als schrecklichen Dämon, der Entsetzliches wirken und ihn zerstören kann. Nathanael kann sich sein Erleben jetzt in Begriffen der Dämonologie *erklären* (die abgesehen von einigen alternativen Ansätzen im frühen 19. Jahrhundert immer noch die dominante Erklärungsweise seelischer Störungen war).[642]

Aus dieser Sicht *können die dämonologische und psychologische Lesart konsistent zusammengeführt werden*. Die psychologische Selbsterklärung Nathanaels im ersten Brief bleibt gültig, aber gerade sie führt im Gegensatz zu Claras psychologischer Erklärung sowohl zu der Möglichkeit, Nathanaels emotionale Reaktion nachzuempfinden, als auch zu der Einsicht, dass die Erfahrung innerer dunkler Mächte, die sich nicht mental kontrollieren lassen und wie eine von außen eindringende Gewalt erscheinen, einer zusätzlichen Erklärung bedürfen, die nach der historischen Lage der Dinge in der Dämonologie gesucht werden kann und muss. So ist auch die Textwelt des *Sandmann* aus einer natürlichen und einer übernatürlichen Welt zusammengesetzt. Doch das Besondere und Bemerkenswerte ist, dass diese Annahme dadurch gerechtfertigt wird, dass sie das zu Hoffmanns Zeiten beste explanatorische Potential für die Erfahrung seelischer

[642] Einige Ärzte hatten jedoch nicht-dämonologische Theorien seelischer Störungen vorgeschlagen. Philippe Pinel (1745–1826) sprach sich gegen die These aus, Geisteskranke seien von Dämonen besessen. Jean-Marie Charcot (1825–1893) erklärte die Hysterie durch ein schwaches Nervensystem in Verbindung mit einer traumatischen Erfahrung. Und Johann Christian Reil (1759-1813) führte seelische Störungen auf ein Ungleichgewicht seelischer Vermögen zurück. In seinem Buch *Fieberhafte Nervenkrankheiten* von 1802 sprach er von einem Ungleichgewicht von Bewusstsein, Verstehen, Verstand, Imagination und Anschauung (Begriffe, die er auf kantische Weise erläuterte). Unter dem Einfluss der Philosophie Schellings änderte er seine Auffassung nur ein Jahr später in den *Rhapsodien über die Anwendung der psychischen Curmethode auf Geisteszerrüttungen* dahingehend, dass eine Zerrüttung des Selbstbewusstseins und der eigenen Personalität die wesentliche Ursache der Geisteskrankheiten ist, mit der auch die Willensfreiheit verloren geht. Hoffmann war mit dem Nervenarzt Dr. Marcus bekannt und scheint Schriften von Pinel und Reil gelesen zu haben (vgl. Günzel 1979, 200–204). Man kann leicht erkennen, dass Elemente vor allem der Lehre Reils in der Beschreibung des Nathanael auftauchen. Was Hoffmann im *Sandmann* gegenüber diesen Ansätzen jedoch besonders betont, ist das Erlebnis einer externen unkontrollierten Kraft, das so eindrucksvoll geschildert wird, dass eine dämonologische Erklärung genau dieses Erlebnisses erwägenswert erscheinen muss. Es war später Freuds Lehre vom Unbewussten, die diese Erklärung ersetzte. Was Hoffmann also unter anderem im Gegensatz zu den genannten Ärzten herausstellt, ist die *Erklärungsbedürftigkeit* des Erlebnisses einer fremden externen unkontrollierbaren, undurchschaubaren seelischen Macht.

Störungen aufweist, wie Nathanael sie hat machen müssen. Und daraus lässt sich folgern, dass Hoffmann im *Sandmann* nicht nur für dämonologische Hypothesen plädiert, sondern auch dafür, *die Erfahrungen seelisch gestörter und verwirrter Menschen in ihrer Unkontrollierbarkeit als Explananda ernst zu nehmen und empathisch zu begleiten.*

Wenn man sich die seelische Entwicklung Nathanaels im *Sandmann* im Ganzen vor Augen führt, wird aus geist-theoretischer Sicht schließlich noch ein vierter Aspekt deutlich, der bisher nicht aufgefallen ist. Wie bereits bemerkt, erklärt Nathanael im ersten Brief auf überzeugende und nachvollziehbare (also interpretierbare) Weise, warum er als kleiner Junge im Zusammenhang mit dem Erscheinen des Coppelius emotionale Erfahrungen machen musste, die für ihn als phantasievolles, sensibles Kind *unerträglich sein* und zu Ohnmacht und Krankheit führen mussten. Dieses Geschehen nennt die heutige Psychologie *Traumatisierung*. Im weiteren Verlauf der Erzählung wird beschrieben, dass Nathanael nach Perioden des Wohlbefindens immer wieder in Situationen gerät, die ihn an die traumatische Situation erinnern und erneut zunehmend heftige emotionale Reaktionen auslösen. Diese Reihe beginnt mit dem Auftauchen des leibhaften Coppelius ein Jahr später, das zum Tod des Vaters führt und in Nathanael nahezu dieselben Reaktionen auslöst wie in der traumatisierenden Situation. Die nächste Episode ist die Begegnung mit Coppola. Für Nathanael bleibt unklar, ob es sich in Wahrheit um Coppelius handelt, doch genügt die Ähnlichkeit von Coppola und Coppelius, den Wetterglashändler als feindlichen Unhold zu empfinden. Nathanael spürt ein „Erbeben im Innersten" (34); die assoziative Verbindung von Brillen und Augen führt zu einem „tollen Entsetzen" (35) und dem Ansatz zu einer physischen Attacke auf Coppola. Die dritte Episode ist der Streit zwischen Spalanzani und Coppola, den Spalanzani nun „Coppelius" nennt und als dummen Teufel, teuflische Bestie und Satan bezeichnet. Die Arbeit an einem menschlichen Automaten sowie das Stehlen und Fehlen der Augen binden diese Situation deutlich an das schreckliche Erlebnis seiner Kindheit zurück. Nathanael wird von Wahnsinn gepackt, besingt den in seinem Gedicht imaginierten tödlichen Feuerkreis, brüllt tierisch und will Spalanzani erwürgen. Er wird als Wahnsinniger eingestuft und ins Tollhaus überführt (44–45). Die vierte und letzte Situation ist der Anblick des hochgewachsenen Coppelius am Fuße des Turms, der bei Nathanael zu einer gesteigerten Raserei, einer Mordattacke auf Clara und schließlich zum Suizid führt (47–49). Es sind also stets Erinnerungsauslöser, die mit der Traumatisierung zusammenhängen und zu immer heftigeren Reaktionen bis hin zum Selbstmord führen.

Aus heutiger Sicht weist dieses Geschehen genau die Struktur einer *posttraumatischen Belastungsstörung* auf. Die Erläuterung dieses psychologischen Modells, die zum Beispiel von der psychiatrischen Abteilung der Berliner Charité ins Netz gestellt worden ist, belegt diese Einordnung eindrucksvoll (ich unterteile diese Erläuterung in zwei Abschnitte):

<Abschnitt 1>
Die Posttraumatische Belastungsstörung entsteht als eine verzögerte oder protrahierte Reaktion auf ein belastendes Ereignis oder eine Situation kürzerer oder längerer Dauer, mit außergewöhnlicher Bedrohung oder katastrophenartigem Ausmaß, die bei fast jedem eine tiefe Verzweiflung hervorrufen würde. Charakteristisch für die PTBS ist das ungewollte Wiedererleben von Aspekten des Traumas. Menschen mit einer PTBS haben dieselben sensorischen Reaktionen (z. B. Bilder, Körperempfindungen) wie während des traumatischen Erlebnisses. Situationen oder Personen, die an das Trauma erinnern, werden von den Betroffenen als extrem belastend erlebt und rufen starke körperliche und gefühlsmäßige Reaktionen hervor. Darüber hinaus zeigen die Betroffenen meist mehrere Symptome autonomer Übererregung, z. B. eine erhöhte Reaktionsbereitschaft, starke Schreckreaktionen, Reizbarkeit, Konzentrationsprobleme und Schlafstörungen. Im Vergleich zu Unfällen oder Naturkatastrophen zieht die Erfahrung von menschlicher Gewalt (zum Beispiel durch sexuellen Missbrauch, Gewalterfahrung, Krieg, politische Verfolgung oder Folter) meist tiefgreifendere Folgen nach sich. Grausamkeiten, die von Menschen zugefügt wurden, lassen sich nicht mit dem bisherigen Weltmodell der Betroffenen vereinbaren. Es bleibt häufig ein tiefes Misstrauen anderen Menschen gegenüber, das unvereinbar ist mit dem Glauben an das Vorhandensein von Menschlichkeit ....Eine Posttraumatische Belastungsstörung entsteht weder aufgrund einer erhöhten psychischen Labilität, noch ist sie Ausdruck einer (psychischen) Erkrankung – auch psychisch gesunde und gefestigte Menschen können eine PTBS entwickeln. Sie stellt einen Versuch des Organismus dar, eine mögliche Existenzbedrohung zu überstehen. Bei ... besonders „schweren Fällen" geht die PTBS häufig mit chronischer Suizidalität einher.

<Abschnitt 2>
Erfolgt jedoch keine zeitnahe Verarbeitung oder Behandlung existentiell bedrohlich erlebter Ereignisse, so werden diese nicht (wie normal) im deklarativen, autobiographischen Gedächtnis abgespeichert. Stattdessen bleiben einzelne Erinnerungsfragmente (Bilder, Körpergefühle, Emotionen etc.), die intrusiv und unkontrollierbar ins Bewusstsein dringen. Bei der PTBS ist also das Traumagedächtnis ungenügend in seiner Bedeutung verarbeitet und in den Kontext anderer autobiografischer Erfahrungen integriert. Somit ist der semantische Abrufweg relativ schwach, die Erinnerung ist nicht an einen zeitlichen Kontext gebunden („Hier und Jetzt"-Qualität) und wird leicht durch sogenannte „Trigger" (Auslösereize) hervorgerufen... In der Folge findet keine Modifikation des Traumagedächtnisses statt und es besteht der Eindruck einer weiterbestehenden Bedrohung aufgrund des Traumagedächtnisses.[643]

[643] Vgl. http://psychiatrie.charite.de/patienten/krankheitsbilder/krankheitsbilder/post traumatische_belastungs- stoerungen _ptbs/.

Im ersten Abschnitt wird die Posttraumatische Belastungsstörung anhand von bestimmten Symptomen und Merkmalen *deskriptiv klassifiziert*. Insbesondere wird auch ein bestimmter Typ von unerträglichen Erfahrungen als Traumatisierung beschrieben. Im zweiten Abschnitt werden weitere Symptome hinzugefügt, doch hauptsächlich wird diese Störung *kausal erklärt*, und zwar nicht nur unter Rückgriff auf das traumatische Erlebnis, sondern auch durch ungenügende oder verspätete gezielte Verarbeitung der Traumatisierung. Es dürfte unmittelbar klar sein, dass die Symptome und Kennzeichen der Traumatisierung und der Posttraumatischen Belastungsstörung mit verblüffender Genauigkeit auf das im *Sandmann* dargestellte Geschehen zutreffen. Nathanaels frühkindliche Begegnung mit Coppelius ist zweifellos ein „belastendes Ereignis mit außergewöhnlicher Bedrohung", also ein „Trauma", das bei ihm sogar mehr als Verzweiflung, nämlich Ohnmacht und Krankheit auslöst. Nathanael ist ein lebhaftes und phantasievolles Kind, leidet jedoch nicht unter „erhöhter psychischer Labilität." Vielmehr wird er traumatisiert, weil ihm extreme „Grausamkeiten" und „menschliche Gewalt" zugefügt werden, die sich mit seinem bisherigen kindlichen „Weltmodell nicht vereinbaren lassen." Später empfindet Nathanael „Situationen oder Personen, die an das Trauma erinnern, als extrem belastend". Diese Personen oder Situationen wirken bei ihm als „Trigger (Auslösereize)" und führen zu zunehmender „erhöhter Reaktionsbereitschaft, starken Schreckreaktionen und Reizbarkeit." Seine „Erinnerung" ist in „Erinnerungsfragmente (Bilder, Körpergefühle, Emotionen etc.)" aufgespalten, und vor allem: das „Wiedererleben von Aspekten des Traumas ist ungewollt", und die ausgelösten „Erinnerungsfragmente dringen intrusiv und unkontrollierbar ins Bewusstsein."

Wir können also festhalten, dass Hoffmann im *Sandmann* auf intensive und eindrucksvolle Weise den Fall und die Entwicklung einer seelischen Störung schildert, die mit einer Traumatisierung beginnt und in eine suizidale Posttraumatische Belastungsstörung übergeht.[644]

Kommen wir zum Abschluss zu einer kurzen Reflexion auf die Geschichtlichkeit der skizzierten *Sandmann* – Interpretation. In dieser Interpretation werden moderne geist-theoretische Theorien für die Auslegung herangezogen, die in der historischen Situation, in der die Novelle geschrieben wurde, noch nicht zur Verfügung standen. Diese Prozedur scheint die Gefahr zu involvieren, moderne Theorien gewaltsam auf einen historischen Text zu übertragen. Neue hermeneutische Ansätze unterscheiden daher zum Beispiel zwischen einer Direktinterpretation und ei-

[644] Diese Diagnose bleibt auch dann korrekt, wenn Hoffmann selbst seine Fallgeschichte nicht einmal als einen bestimmten Typ von seelischer Erkrankung betrachtet hat.

ner rationalen Rekonstruktion[645] oder zwischen einer wissenschaftlichen, erklärenden Interpretation und einer projektiv-aneignenden Interpretation.[646] Dabei wird die rationale Rekonstruktion bzw. projektiv-aneignende Interpretation unter den generellen Vorbehalt gestellt, meist historisch unangemessen und kognitiv fehlerhaft, also letztlich unwissenschaftlich zu sein.

Es mag sein, dass viele Interpretationen dieses Typs historisch unangemessen sind und eher an einer aktualisierenden Reformulierung der zu interpretierenden historischen Positionen als an einer sorgfältigen historischen Analyse interessiert sind. Doch gibt es auch zahlreiche Beispiele dafür, dass dieses interpretative Vorgehen zu historischen Entdeckungen geführt hat, die im Rahmen einer historischen „Direktinterpretation" nicht enthüllt worden wären. Eines der Felder, auf denen es viele solcher Beispiele gibt, sind neuere Interpretationen der antiken Philosophie. So kann man etwa – um ein konkretes Beispiel anzuführen – Platons Beschreibung des falschen Satzes im *Sophistes* als Entdeckung der Differenz zwischen Referenz und Bedeutung interpretieren.[647] Ohne Freges Klarstellung dieser Differenz hätte man diese Entdeckung nicht machen können und wurde diese Entdeckung auch nicht gemacht. Und diese Interpretation ist historisch angemessen, weil Platon nachweislich dem, was wahre *und* falsche Sätze sagen, gerade jene Kennzeichen zuspricht, die in der modernen Semantik der Bedeutung (oder dem semantischen Gehalt) im Unterschied zur Referenz zugesprochen werden. Historisch erfolgreiche Interpretationen, die moderne Theorien heranziehen, sind meist genau von diesem Typus.

Der Anspruch der vorgelegten *Sandmann*-Interpretation ist ebenfalls von dieser Art. Es wurde nachgewiesen, dass eine Textinterpretation, die sich dem Text aus einer modernen geist-theoretischen Perspektive nähert, vier Aspekte des Textes herausarbeiten kann, die in bisherigen Interpretationen übersehen worden sind. Es war Donald Davidsons zutreffende Idee zu sagen, dass die Interpretation eines objektsprachlichen Textes eine Übersetzung in die Metasprache ist, in der die Interpretation formuliert wird, und dass eine solche Übersetzung angemessen ist, wenn die übersetzten Ausdrücke und die übersetzenden Ausdrücke auf dieselben Merkmalsbündel verweisen. Darin liegt keinerlei interpretatorische Verzerrung. Die Unterscheidung zwischen Direktinterpretation und rationaler Rekonstruktion oder zwischen erklärender und projektiv-aneig-

[645] Vgl. Bühler 2002.
[646] Vgl. Tepe 2007.
[647] Vgl. Detel 2011, 59 f.

nender Interpretation ist für viele konkrete Fälle historischer Interpretationen nützlich, doch als exklusive Alternative greift sie zu kurz. Sie verstellt den Blick auf jene historischen Interpretationen, die durch Verwendung eines geeigneten Vokabulars, das der Metasprache der Interpretin angehört *und zugleich nachweisbar* auf Strukturen referiert, auf die auch das übersetzte objektsprachliche Vokabular referiert, zu neuen und belegbaren historischen Einsichten führen. In derartigen Interpretationen kann die Geschichtlichkeit der Interpretation in einem wohlbestimmten Sinn historisch fruchtbar sein. Ich hoffe, dass die vorgelegte Sandmann-Interpretation ebenso wie die Interpretation der physikalischen Texte zum Informationsbegriff als Beispiele für diese hermeneutische Ausrichtung betrachtet werden können. Der renommierte, an der Universität Cambridge lehrende Historiker Christopher Clark, dem man wohl kaum eine wissenschaftliche Einstellung absprechen kann, hat in seinem vielbeachteten neuen Werk zum Ausbruch des Ersten Weltkriegs genau diejenige Geschichtlichkeit der Interpretation zum Ausdruck gebracht, die in diesem Abschnitt thematisiert wurde:

> Tatsächlich könnte man sogar behaupten, dass die Julikrise 1914 uns heute weniger fremd – weniger unerklärlich – ist als noch in den achtziger Jahren des vergangenen Jahrhunderts. Seit dem Ende des kalten Krieges ist an die Stelle des Systems globaler, bipolarer Stabilität ein weit komplexeres und unberechenbareres Gefüge von Kräften getreten… – ein Zustand, der zum Vergleich mit der Situation in Europa anno 1914 geradezu einlädt. Dieser Perspektivwechsel veranlasst uns, die Geschichte der Entwicklung zum Krieg neu zu betrachten. Wenn man sich dieser Herausforderung stellt, so heißt das keineswegs, mit aller Gewalt einen banalen Gegenwartsbezug herzustellen, der sich die Vergangenheit so zurechtbastelt, dass sie den Bedürfnissen der Gegenwart entspricht, sondern es geht darum, jene Merkmale der Vergangenheit zu erkennen, auf die wir durch unseren veränderten Standpunkt einen klareren Blick erhalten haben.[648]

Quod erat explicandum.

[648] Clark 2013, 15.

VERZEICHNIS ZITIERTER LITERATUR*

Abel, T. 1953: The Operation Called Verstehen. In: Feigl, H.; Brodbeck, M. Hrg. *Readings in the Philosophy of Science*. New York 1953, 677–687.

Adams, F. 2010: Embodied Cognition. Phenomenology and Cognition 9, 619–628.

Adolphs, R. 2002: Recognizing Emotions From Facial Expressions. Psychological and Neurophysiological Mechanisms 1, 21–61.

Adolphs, R. et al. 2005: A mechanism for impaired fear recognition after amygdala damage. Nature 433(7021), 68–72.

Amodio, D. M.; Frith, C. D. 2006: Meeting of minds: the medial frontal cortex and social cognition. Nature Reviews Neuroscience 7, 268–277.

Anderson, J. 2007[6]: *Kognitive Psychologie*. Berlin / Heidelberg.

Anderson, A. K.; Phelps, E. A. 2000: Expression without recognition: contributions of the human amygdala to emotional communication. Psychological Science 11, 106–11.

Anderson, A. K.; Phelps, E. A. 2002: Is the human amygdala critical for the subjective experience of emotion? Evidence of intact dispositional affect in patients with amygdala lesions. Journal of Cognitive Neuroscience 14, 709–20.

Anscombe, E. 1957: *Intention*. Oxford (dt. *Absicht*. Berlin 2010).

Apperly, I. 2010: *Mindreaders: The Cognitive Basis of "Theory of Mind."* Hove.

Apperly, I.; Butterfill, S. 2009: Do humans have two systems to track beliefs and belief-like states? Psychological Review 116, 953–970.

Apple, W. et al. 1979: Effects of pitch and speech rate on personal attributions. Journal of Personality and Social Psychology 37, 715–727.

Ariely, D. 2008: *Predictably Irrational: The Hidden Forces that Shape Our Decisions.* New York.

Ariely, D. 2010: *The Upside of Irrationality: The Unexspected Benefit of Defying Logic at Work and at Home.* New York.

* In wissenschaftlicher Literatur ist es aus guten Gründen üblich, Literaturangaben zum bearbeiteten Feld anzugeben. Diese Regel hätte in der vorliegenden interdisziplinären Studie zu einem mehr als 100-seitigen Literaturverzeichnis geführt. Daher kann hier nur die zitierte Literatur angegeben werden.

Astington, J.; Harris, P.; Olson, D. Hrg. 1988: *Developing Theories of Mind.* Cambridge.

Audi, R. 2004: Theoretical Rationality. In: Mele, Rawling Hrg. 2004, 17–44.

Aumann, R.; Sorin, S. 1989: Cooperation and bounded recall. Games and Economic Behavior 1, 5–39.

Austin, J. L. 1962: *How to do things with words.* Oxford (dt. *Zur Theorie der Sprechakte.* Stuttgart 1972).

Axelrod, R. 1991: *Die Evolution der Kooperation.* München.

Ayer, A. J. 1967: *Language, Truth and Logic.* London.

Bacharach, M. 2006: *Beyond Individual Choice: Teams and Frames in Game Theory.* Princeton.

Barkow, J. H.; Cosmides, L.; Tooby, J. Hrg. 1992: *The adapted mind: evolutionary psychology and the generation of culture.* New York.

Baron-Cohen, S.; Tager-Flusberg, H.; Cohen, D. Hrg. 2000: *Understanding Other Minds.* Oxford.

Bartelborth, T. 2007: *Erklären.* Berlin, New York.

Bartelborth, T.; Scholz, O. 2002: Understanding Utterances and Other Actions. In: Grewendorf, G.; Meggle, G. Hrg. 2002: *Speech Acts, Mind, and Social Reality.* Dordrecht, 165–186.

Bartels, A.; Stöckler, M. Hrg. 2007: *Wissenschaftstheorie. Ein Studienbuch.* Paderborn.

Baumann, P. 1996: Mephistos Problem. Über den Zusammenhang von Absichten und Handlungserfolgen. In: Hubig, C. et al. Hrg. 1996: *Conditio Humana – Dynamik des Wissens und der Werte*, Leipzig, Bd. 1, 50–57.

Becker, G. 1976: *The Economic Approach to Human Behavior.* Chicago.

Becker, A.; Detel, W. Hrg. 2009: *Natürlicher Geist. Beiträge zu einer undogmatischen Anthropologie.* Berlin.

Bermúdez, J. 2009: Mindreading in the animal kingdom. In: Lurz Hrg. 2009, 145–164.

Biederman, I. 1987: Recognition-by-components: A theory of human image understanding. Psychological Review 94, 115–47.

Bilgrami, A. 1992: *Belief and Meaning.* Oxford.

Bilgrami, A.; Rovane, C. 2005: Mind, Language, and the Limits of Inquiry. In: McGilvray, J. Hrg. 2005: *The Cambridge Companion to Chomsky.* Cambridge, 181–203.

Binmore, K. 1987: Modeling Rational Players I. Economics and Philosophy 3, 179–214.

Binmore, K. 2009: *Rational Decisions.* Princeton.

Binmore, K.; Kirman, A.; Tani, P. Hrg. 1993: *Frontiers of Game Theory.* Cambridge MA.

Bird, C. M. et al. 2004: The impact of extensive medial frontal lobe damage on "theory of mind" and cognition. Brain 127, 914–928.

Block, N. 1995: An Argument for Holism. Proceedings of the Aristotelian Society, New Series, Vol. XCIV, 151–169.

Block, N. 1996: Holism, mental and semantic. In: Craig, E. Hrg.: Routledge Encyclopedia of Philosophy.

Block, N. 2003: Do Causal Powers Drain Away? Philosophy and Phenomenological Research LXVII, 133–150.

Böhm, J. 2006: *Kritische Rationalität und Verstehen. Beiträge zu einer naturalistischen Hermeneutik*. New York, Amsterdam.

Boghossian, P. 1989: The Rule-Following Considerations. Mind 98, 507–549.

Boghossian, P. 2003: The Normativity of Content. Philosophical Issues 13, 31–45.

Brandom, R. 1994: *Making it Explicit*. Cambridge MA (dt. *Expressive Vernunft. Begründen, Repräsentation und diskursive Festlegung*. Frankfurt/Main 2000).

Brandom, R. 2000: *Articulating Reasons*. Cambridge MA (dt. *Begründen und Begreifen: Eine Einführung in den Inferentialismus*. Frankfurt/Main 2004).

Bratman, M. 1986: *Intentions, Plans, and Practical Reason*. Oxford.

Bratman, M. 1999: *Faces of Intention: Selected Essays on Intention and Agency*. Cambridge.

Bratman, M. 2009a: Intention, Belief, and Instrumental Rationality. In: Sobel, D.; Wall, S. Hrg. 2009: *Reasons for Action*. Cambridge, 13–36.

Bratman, M. 2009b: Intention, Belief, Practical, Theoretical. In: Robertson, S. Hrg. 2009: *Spheres of Reason: New Essays in the Philosophy of Normativity*. Oxford, 29–62.

Bratman, M. 2009c: Intention, Practical Rationality, and Self-Governance. Ethics, 119, 411–443.

Braun, D. 1999: *Theorien rationaler Wahl in der Politikwissenschaft*. Opladen.

Broome, J. 1999: Normative Requirements. Ratio 11, 389–419.

Broome, J. 2004: Reasons. In: Wallace, R. J. et al. Hrg. 2004: *Reason and Value: Themes from the Moral Philosophy of Joseph Raz*. Oxford, 28–55.

Broome, J. 2008: Is Rationality Normative? Disputatio 11, 153–171.

Brunet, E. et al. 2000: A PET investigation of the attributions of intentions with a non-verbal task. Neuroimage 11, 157–166.

Buck, R. 1984: *The communication of emotion*. New York.

Buck, R. et al. 1972: Nonverbal communication of affect in humans. Journal of Personality and Social Psychology 23, 362–371.

Buck, R. et al. 1980: The unitization of spontaneous nonverbal behavior in the study of emotional communication. Journal of Personality and Social Psychology 39, 522–529.

Bühler, A. 2002: Nutzen und methodische Eigenheiten rationaler Rekonstruktionen im Rahmen ideengeschichtlicher Untersuchungen. Internationale Zeitschrift für Philosophie 1, 117–126.

Buller, D.J. 1998: Etiological Theories of Function: A Geographical Survey. Biology and Philosophy 13, 505–527.

Bullinger, A.F. et al. 2011: Different Social Motives in the Gestural Communication of Chimpanzees and Human Children. Developmental Science 14, 58–68.

Burgoon, J.K.; Guerrero, L.K.; Floyd, K.1996: *Nonverbal communication*. New York.

Burns, T.; Dietz, T. 1995: Kulturelle Evolution: Institutionen, Selektion und menschliches Handeln. In: Müller, H.-P.; Schmid, M. Hrg. 1995: *Sozialer Wandel*. Frankfurt, 340–383.

Byrne, R.W.; Bates, L.A. 2010: Primate social cognition: Uniquely primate, uniquely social, or just unique? Neuron 65, 815–830.

Cahill, L. et al. 1995: The amygdala and emotional memory. Nature 377 (6547), 295–6.

Call, J. 2008: How apes use gestures: the issue of flexibility. In: Oller, K.; Griebel, U. Hrg. 2008: *The evolution of communicative creativity: From fixed signals to contextual flexibility.* Cambridge, MA, 235–252.

Call, J.; Tomasello, M. 1999: A nonverbal false belief task: the performance of children and great apes. Child Development 70, 381–395.

Call, J.; Tomasello, M. 2007: *The gestural communication of apes and monkeys.* New York.

Call, J.; Tomasello, M. 2008: Does the chimpanzee have a theory of mind? 30 years later. Trends in Cognitive Sciences 12, 187–192.

Call, J. et al. 1998: Chimpanzee gaze following in an object choice task. Animal Cognition 1, 89–100.

Callaway, H.G. 1992: Meaning holism and semantic realism. Dialectica 46, 41–59.

Campbell, K.K. 1984[2]: *Body and Mind.* Notre Dame, IN.

Carnap, R. 1968: *Introduction to Semantics and Formalization of Logic.* Cambridge MA.

Carnap, R. 1972: *Bedeutung und Notwendigkeit. Eine Studie zur Semantik und modalen Logik*. Wien, New York 1972 (Or. Meaning and Necessity. Chicago 1947).

Carpenter, M. 2009: Just how joint is joint action in infancy? Topics in Cognitive Science 1, 380–392.

Carpenter, M. et al. 1998: Fourteen-through 18-month-old infants differentially imitate intentional and accidental actions. Infant Behavior Development 21, 315–330.

Carruthers, P. 1996: Simulation and self-knowledge. In: Carruthers, Smith Hrg. 1996, 22–38.

Carruthers, P. 2006: *The architecture of the mind*. Oxford.

Carruthers, P. 2008. Meta-cognition in animals: A Skeptical Look. Mind and Language 23, 58–89.

Carruthers, P. 2009: How we know our own minds: The relationship between mindreading and metacognition. Behavioral and Brain Sciences 32, 121–138.

Carruthers, P.; Smith, P.K. 1996: *Theories of theories of mind*. Cambridge.

Cataldi Madonna, L. Hrg. 2013: *Naturalistische Hermeneutik. Ein neues Paradigma des Verstehens und Interpetierens*. Würzburg.

Chalmers, A. 2007: *What Is This Thing Called Science?* St. Lucia.

Chalmers, D. 1996: *The Conscious Mind*. Oxford.

Chalmers, D. 2004: Phenomenal Concepts and the Knowledge Argument. In: Ludlow, P.; Nagasawa, Y.; Stoljar, D. Hrg. 2004: *There's Something About Mary*. Cambridge, 269–98.

Cherniak, C. 1981: Minimal Rationality. Mind XC, 161–183.

Chomsky, N. 1977: *Essays on Form and Interpretation*. New York.

Chomsky, N. 2005: *Rules and Representation*. New York

Christensen, S.; Turner, R. Hrg. 1993: *Folk Psychology and the Philosophy of Mind*. Hillsdale N.J.

Ciaramidaro, A. et al. 2007: The intentional network: How the brain reads varieties of intentions. Neuropsychologia 45, 3105–3113.

Clark, A. 2008: *Supersizing the Mind. Embodiment, Action, and Cognitive Extension*. Oxford.

Clark, A.; Chalmers, D. 1998: The extended mind. Analysis 58, 7–19.

Clark, C. 2012: *Sleepwalkers. How Europe went to war in 1914*. London (dt. *Die Schlafwandler. Wie Europa in den Ersten Weltkrieg zog*. München 2013).

Clements, W.A.; Perner, J. 1994: Implicit understanding of belief. Cognitive Development 9, 377–395.

Coan, J.A.; Allen, J.B. Hrg. 2007: *The handbook of emotion elicitation and assessment*. New York, Oxford.

Cohn, J.F.; Kanade, T. 2007: Use of automated facial image analysis for measurement of emotion expression. In: Coan, Allen Hrg. 2007, 222–237.

Coleman, J. 1990: *Foundations of Social Theory*. Cambridge.

Coleman, J. 1992: *Grundlagen der Sozialtheorie. Band 2: Körperschaften und die moderne Gesellschaft*. München.

Collingwood, R.G. 1946: *The Idea of History*, Oxford (überarbeitete Auflage Oxford1993).

Colombetti, G. 2007: Enactive appraisal. Phenomenology and Cognitive Sciences 6, 527–546.

Coplan, A.; Goldie, P. Hrg. 2011: *Empathy. Philosophical and Psychological Perspectives*. Oxford.

Cosmides, L.; Tooby, J. 2000: Consider the Source: The Evolution of Adaptions for Decoupling and Metarepresentations. In: Sperber Hrg. 2000, 53–115.

Csibra, G.; Southgate, V. 2006: Evidence for infants' understanding of false beliefs should not be dismissed. Trends in Cognitive Science 10, 4–5.

Cummins, D.; Colin, A. Hrg. 1998: *The Evolution of Mind*. Oxford.

Currie, G.; Ravenscroft, I. 2002: *Recreative Minds: Imagination in Philosophy and Psychology.* Oxford.

Dahrendorf, R. 1964: *Homo Sociologicus*. Köln, Opladen.

Damasio, A. 2010: *Self comes to mind. Constructing the Conscious Brain*. New York (dt.: *Selbst ist der Mensch: Körper, Geist und die Entstehung des menschlichen Bewusstseins*. München 2011).

Dancy, J. 1988: *Perceptual Knowledge*. Oxford.

Danielson, P. 2004: *Rationality and Evolution*. In: Mele, Rawling Hrg. 2004, 417–438.

Darwin, C.R. 1872: *The expression of the emotions in man and animals*. London.

Davidson, D. 1980: *Essays on Action and Events*. Oxford.

Davidson, D. 1983: A Coherence Theory of Truth and Knowledge. In: Henrich, D. Hrg.1983: *Kant oder Hegel?* Stuttgart, 423–438.

Davidson, D. 1984: *Inquiries into Truth and Interpretation*. Oxford (dt. Wahrheit und Interpretation. Frankfurt/Main 1986).

Davidson, D. 1984a: Radical Interpretation. In: Davidson 1984, 125–140.

Davidson, D. 1984b: The Inscrutability of Reference. In: Davidson 1984, 227–241.

Davidson, D. 1985: Incoherence and Irrationality. Dialectica 39, 345–354.

Davidson, D. 1986: A Nice Derangement of Epitaphs. In: Le Pore Hrg. 1986, 433–440.

Davidson, D. 1991: Epistemology Externalized. Dialectica 45, 191–202. (dt: Externalisierte Erkenntnistheorie. In: Davidson 1993, 65–83).

Davidson, D. 1991a: Locating Literary Language. In: Dasenbrock Hrg. 1993, 295–308.

Davidson, D. 1993: *Der Mythos des Subjektiven*. Stuttgart.
Davidson, D. 2004: Vernünftige Tiere. In: Davidson, D. 2004: *Subjektiv, Intersubjektiv, Objektiv.* Frankfurt/Main, 167–185.
Davidson, D. 2005: *Truth, language and history*. Oxford.
Davies, M.; Stone, T. Hrg. 1995a: *Folk Psychology: The Theory of Mind Debate*. Oxford.
Davies, M.; Stone, T. Hrg. 1995b: *Mental Simulation: Evaluations and Applications.* Oxford.
De Bruin, L.; Newen, A. 2011: The Developmental Paradox of False Belief Understanding: a Dual-System Approach. In: van Eijck, J.; Verbrugge, R. Hrg. 2011: *Proceedings of the Workshop "Reasoning About Other Minds: Logical and Cognitive Perspectives"*. Groningen, 32–49.
De Bruin, L.; de Haan, S. 2012: Enactivism and Social Cognition. In the Search of the Whole Story. Journal of Cognitive Semiotics IV, 225–250.
De Bruin, L.; Kästner, L. 2012: Dynamic Embodied Cognition. Phenomenology and Cognitive Sciences 11, 541–563.
De Vignemont, F. 2009: Drawing the boundary between low-level and high-level mindreading. Philosophical Studies, 13, 457–466.
De Vignemont, F.; Jacob, P. 2012: What is it like to feel another's pain? Philosophy of Science 79, 295–316.
De Vignemont, F.; Fourneret, P. 2004: The sense of agency: a philosophical and empirical review of the Who system. Consciousness and Cognition 13, 1–19.
De Waal, F. et al. 2005: The monkey in the mirror: Hardly a stranger. PNAS 102, 11140–11147.
Decety, J.; Sommerville, J. A. 2003: Shared representations between self and others: A social cognitive neuroscience view. Trends in Cognitive Science 7, 527–533.
Decety, J.; Jackson, P. L. 2004: The functional architecture of human empathy. Behavioral and Cognitive Neuroscience Reviews, 3, 71–100.
Decety, J.; Jackson, P. L. 2006: A Social-Neuroscience Perspective on Empathy. Current Directions in Psychological Science 15, 2.
Demmerling, C. 2002: *Sinn, Bedeutung, Verstehen: Untersuchungen zu Sprachphilosophie und Hermeneutik*. Paderborn.
Dennett, D. 1978: Beliefs about Beliefs. Behavioral and Brain Sciences 1, 568–570.
Dennett, D. 1987: *The intentional stance*. Cambridge MA.
Department of Psychology, Stanford University 2007: *Cognition Textbook*, Ch. 11: *Motor Cognition and Mental Simulation*, http://www-psych.stanford.edu/~ashas/Cognition%20Textbook/chapter11.pdf.

Derrida, J. 1986: *Positionen*. Graz, Wien.
Detel, W. 2001: Teleosemantik. Ein neuer Blick auf den Geist? Deutsche Zeitschrift für Philosophie 49, 465–491.
Detel, W. 2005: Hybrid Theories of Normativity. In: Gill, C. Hrg. 2005: *Norms, Virtues, and Objectivity.* Oxford, 113–144.
Detel, W. 2007: Grundkurs Philosophie Bd.1– 5. Stuttgart.
Detel, W. 2009: Naturalismus und intentionaler Realismus. In: Becker, Detel Hrg. 2009, 13–64.
Detel, W. 2011: *Geist und Verstehen. Historische Grundlagen einer modernen Hermeneutik*. Frankfurt / Main.
Detel, W. 2011a: Sprachliche Fähigkeiten. Zu Michael Tomasello, Die Ursprünge der menschlichen Kommunikation. Deutsche Zeitschrift für Philosophie 59, 147–152.
Detel, W. 2013: Information, representation, and interpretation – some remarks. In: Cataldi Madonna Hrg. 2013, 153–164.
Detel, W. 2013a: Wahrheitsansprüche und literarische Fiktionen. In: Konrad, Petraschka, Daiber. Hrg. 2013, 240–274.
Detel, W. In Vorbereitung: *Hermeneutik der Psychoanalyse, fiktiven Literatur und Musik*. Frankfurt / Main.
DiCarlo, J.; Zoccolan, D.; Rust, N. 2012: How Does the Brain Solve Visual Object Recognition? Neuron 73, 415–434.
Diekmann, A.; Voss, Th. Hrg. 2004: *Rational-Choice-Theorie in den Sozialwissenschaften. Anwendungen und Probleme*. München.
Diekmann, A.; Voss, Th. 2004a: Die Theorie rationalen Handelns. Stand und Perspektiven. In: Diekmann, Voss Hrg. 2004, 13–33.
Diekmann, A. et al. Hrg. 2008: *Rational choice: Theoretische Analysen und empirische Resultate.* Wiesbaden.
Dietrich, R. 2002: *Psycholinguistik*. Stuttgart.
Dimberg, U.; Thunberg, M.; Elmehed, K. 2000: Unconscious facial reactions to emotional facial expressions. Psychological Science 11, 86–89.
Downs, A. 1967: *Inside Bureaucracy*. Boston.
Dray, W. 1957: *Laws and Explanation in History.* London.
Dray, W. 1964: *Philosophy of History.* Englewood Cliffs NJ.
Dray, W. 1974: The historical explanation of actions reconsidered. In: Gardiner, P. Hrg. 1974: *Philosophy of history*. Cary NC, 68–69.
Dreier, J. 2004: Decision Theory and Morality. In: Mele, Rawling Hrg. 2004, 156–181.
Dretske, F. 1982: *Knowledge and the Flow of Information.* Cambridge.
Dretske, F. 1995: *Die Naturalisierung des Geistes*. Paderborn.
Dretske, F. 2000: Norms, History, and the Constitution of the Mental. In: Dretske, F. 2000: *Perception, Knowledge and Belief.* Cambridge, 242–258.

Dretske, F. 2005: Minimale Rationalität. In: Perler, Wild Hrg. 2005, 213–222.

Dreyfus, H. L. 1978: *What computers can't do*. New York.

Dummett, M. 1991: *The Logical Basis of Metaphysics*. Cambridge MA.

Ekman, P. 1972: Universal and cultural differences in facial expression of emotion. In: Cole, J. R. Hrg. 1971: *Nebraska Symposium on Motivation*. Lincoln, NE, Vol. 19, 207–283.

Ekman, P. 1976: Movements with precise meanings. Journal of Communication 26, 14–26.

Ekman, P. 1979: About brows: Emotional and conversational signals. In: von Cranach, M. et al. Hrg. 1979: *Human ethology*. London, 169–249.

Ekman, P.; Friesen, W. V. 1969: The repertoire of nonverbal communication: Categories, origins, usage, and coding. Semiotica 1, 49–98.

Ekman, P.; Friesen, W. V. 1971: Constants across culture in the face and emotion. Journal of Personality and Social Psychology 17, 124–129.

Ekman, P.; Friesen, W. 1972: Hand movements. Journal of Communication 22, 353–374.

Ekman, P.; Sorenson, E. R.; Friesen, W. V. 1969: Pancultural elements in facial displays of emotion. Science 164 (3875), 86–88.

Elfenbein, H. A.; Ambady, N. 2002a: On the universality and cultural specificity of emotion recognition: A meta-analysis. Psychological Bulletin 128, 205–235.

Emery, N. J.; Clayton, N.S. 2009: Comparative social cognition. Annual Review of Psychology 60, 87–113.

Ensslin, K. 2010: Vom klassischen Computer zur Quanteninformation. Vierteljahrsschrift der Naturforschenden Gesellschaft in Zürich 155, 69–74.

Eysenck, M. W.; Keane, M. T. 2000[4]: *Cognitive Psychology: A Student's Handbook*. Philadelphia.

Fadiga, L. et al. 1995: Motor facilitation during action observation: a magnetic stimulation study. Journal of Neurophysiology 73, 2608–2611.

Feng, G. 2008: Theory of Mind. International Encyclopedia of the Social Sciences, 345–349.

Feyereisen, P.; Van de Wiele, M.; Dubois, F. 1988: The meaning of gestures: What can be understood without speech? Cahiers de Psychologie Cognitive 8, 3–25.

Fletcher, P. C. et al. 1995: Other minds in the brain: a functional imaging study of "theory of mind" in story comprehension. Cognition, 57, 109–128.

Fodor, J. 1987: *Psychosemantics*. Cambridge MA.

Fodor, J. 1990: *A Theory of Content.* Cambridge MA.

Fodor, J.; LePore, E. 1996: The Red Herring and the Pet Fish: Why Concepts Still Can't Be Prototypes. Cognition 58, 253–270.

Fodor, J.; LePore, E. 1992: *Holism: A Shoppers' Guide*. Oxford.

Fodor, J.; LePore, E. 2009: Brandom's Burdens. A Review of Robert Brandom *Articulating Reasons.* www.ruccs.rutgers.edu/faculty/lepore/.../Antho-brandom.

Fogassi, L.; Ferrari P. F. 2010: Mirror systems. Wiley Interdisciplinary Reviews: Cognitive Science 2, 22–38.

Foka-Kavalieraki, Y.; Hatzis, A. 2011: Rational After All. Toward an Improved Model of Rationality in Economics. Revue de Philosophie Economique 12, 3–51.

Føllesdal, D. 1981: Understanding and Rationality. In: Parret, H.; Bouveresse, J. Hrg. 1981: *Meaning and Understanding*. Berlin/New York, 154–168.

Føllesdal, D. 1982: The Status of Rationality Assumptions in Interpretation and the Explanation of Action. Dialectica 36, 301–316.

Frege, G. 1892: Über Sinn und Bedeutung. Zeitschrift für Philosophie und philosophische Kritik NF 100, 25–50.

Frey, S. 1999: *Die Macht des Bildes. Der Einfluss der nonverbalen Kommunikation, Kultur und Politik*. Göttingen.

Fridlund, A.J. 1991: *Darwin's anti-Darwinism in The Expression of the Emotions in Man and Animals.* Berkeley.

Frings, A. 2007: Rationales Handeln und historische Erklärung. Journal for General Philosophy of Science 38, 31–56.

Frith, U.; Frith, C.D. 2003: Development and neurophysiology of mentalizing. Philosophical transactions of the Royal Society London. Biological Series B 358, 459–473.

Fuchs, T. 2003: Non-verbale Kommunikation: Phänomenologische, entwicklungspsychologische und therapeutische Aspekte. Zeitschrift für klinische Psychologie 51, 333–345.

Gallagher, S. 2001: The practice of mind: Theory, simulation, or interaction? Journal of Consciousness Studies, 8, 83–107.

Gallagher, S. 2005: *How the body shapes the mind.* Oxford.

Gallagher, S. 2007: Phenomenological and experimental contributions to understanding embodied experience. In: Ziemke et al. Hrg. 2007, 271–295.

Gallagher, S. 2007a: Simulation trouble. Social Neuroscience 2/3, 353–365.

Gallagher, S. 2008: Direct perception in the intersubjective context. Consciousness and Cognition 17, 535–543.

Gallagher, S. 2012: Empathy, simulation and narrative. Science in Context 25, 355–381.

Gallagher, S.; Meltzoff, A. 1996: The Earliest Sense of Self and Others: Merleau-Ponty and Recent Developmental Studies. Philosophical Psychology 9, 213–236.

Gallagher, S. et al. 2000: Reading the mind in cartoons and stories: an fMRI study of 'theory of mind' in verbal and nonverbal tasks. Neuropsychologia 38, 11–21.

Gallagher, S.; Zahavi, D. 2008: *The phenomenological Mind. An Introduction to Philosophy of Mind and Cognitive Science.* London.

Gallese, V. 2003: The roots of empathy: The shared manifold hypothesis and the neural basis of intersubjectivity. Psychopathology 36, 171–180.

Gallese, V. 2009: Mirror neurons, embodied simulation, and the neural basis of social identification. Psychoanalytic Dialogues 19, 519–536.

Gallese, V. et al. 1996: Action recognition in the premotor cortex. Brain 119, 593–609.

Gallese, V.; Goldman, A. 1998: Mirror neurons and the simulation theory of mind-reading. Trends in Cognitive Sciences 2, 493–501.

Gallese, V. et al. 2004: A unifying view of the basis of social cognition. Trends in Cognitive Sciences 8, 396–403.

Gampel, E. 1997: The Normativity of Meaning. Philosophical Studies 86, 221–242.

Gardiner, P. 1952: *The Nature of Historical Explanation*. Oxford.

Gazzaniga, M. et al. 2002: *Cognitive Neuroscience: The Biology of the Mind.* New York.

Geertz, C. 1973: *The Interpretation of Culture*. New York.

Geertz, C. 1987: *Dichte Beschreibung. Beiträge zum Verstehen kultureller Systeme.* Frankfurt/Main.

Gelman, S. 2003: *The Essential Child: Origins of Essentialism in Everyday Thought*. Oxford.

Genette, G. 1972: Strukturalismus und Literaturwissenschaft. In: Blumensath, H. Hrg.1972: *Strukturalismus in der Literaturwissenschaft.* Köln, 71–88.

Gentry, E. et al. 2009: Gestural communication of the gorilla (Gorilla gorilla): repertoire, intentionality and possible origins. Animal Cognition 12, 527–547.

Georgieff, N.; Jeannerod, M. 1998: Beyond consciousness of external reality. A "Who" system for consciousness of action and self-consciousness. Consciousness & Cognition 7, 465–477.

Gergely, G. et al. 2002: Rational imitation in preverbal infants. Nature 415, 755.

Gergely, G. et al. 1995: Taking the Intentional Stance at 12 Months of Age. Cognition 56, 165–193.

Gerrans, P. 2009: Imitation and Theory of Mind. In: In Berntson, G.; Cacioppo, J. T. Hrg. 2009: *Handbook of Neuroscience for the Behavioral Sciences*. Chicago, Vol. 2, 905–922.

Gibbs, R. 2000: Metarepresentations in Staged Communicative Acts. In: Sperber Hrg. 2000, 389–410.

Gibson, J. 1979: *The Ecological Approach to Visual Perception*. Boston.

Gigerenzer, G. 2000: *Adaptive thinking: Rationality in the real world*. Oxford.

Gigerenzer, G. 2007: *Bauchentscheidungen. Die Intelligenz des Unbewussten und die Macht der Intuition*. München.

Gigerenzer, G. 2008: *Rationality for mortals: How people cope with uncertainty*. New York.

Gigerenzer, G.; Brighton, H. J. 2009: Homo heuristicus: Why biased minds make better inferences. Topics in Cognitive Science 1, 107–143.

Gigerenzer, G.; Hertwig, R.; Pachur, T. Hrg. 2011. *Heuristics: The foundations of adaptive behaviour*. New York.

Gigerenzer, G.; Selten, R. Hrg. 2002: *Bounded Rationality.* Cambridge MA.

Gigerenzer, G.; Sturm, T. 2012: How (far) can rationality be naturalized? Synthese 187, 243–268.

Gitt, W. 1998: *Am Anfang war die Information*. Holzgerlingen.

Glüer, K. 1999: *Sprache und Regeln. Zur Normativität der Bedeutung.* Berlin.

Glüer, K. 2000: Bedeutung zwischen Natur und Naturgesetz. Deutsche Zeitschrift für Philosophie 48, 449–468.

Glüer, K.; Wikforss, Å. 2010: The Normativity of Meaning and Content, *The Stanford Encyclopedia of Philosophy* Winter 2010 Edition, Edward N. Zalta Hrg., URL = <http://plato.stanford.edu/archives win2010/entries/meaning-normativity/>.

Goldman, A. 2011: Two Routes to Empathy: Insights from Cognitive Neurosciencs. In: Coplan, Goldie Hrg. 2011, 31–44.

Goldman, A. 1989: Interpretation psychologised. Mind and Language 4, 161–185.

Goldman, A.; de Vignemont, F. 2009: Is social cognition embodied? Trends in Cognitive Sciences 13, 154–159.

Goldman, A.; Mason, K. 2006: Simulation. In: Thagard Hrg. 2006, 267–294.

Goldman, A. 2006: *Simulating minds. The Philosophy, Psychology, and Neuroscience of Mindreading*. Oxford.

Goldman, A. 2009: Mirroring, mindreading and simulation. In: Pineda Hrg. 2009, 311–329.

Goldman, A. 2012: Theory of Mind. In: Margolis, E. et al. Hrg. 2012: *Oxford Handbook of Philosophy and Cognitive Science*. Oxford, 402–424.

Goodale, M. A.; Humphrey, G.K. 1998: The objects of actions and perception. Cognition 67, 181–207.

Gopnik, A.; Wellman H. 1994: The Theory Theory. In: Hirschfield, L.; Gelman, S. Hrg. 1994: *Mapping the Mind: Domain Specificity in Cognition and Culture.* New York, 257–293.

Gopnik, A.; Meltzoff, A. 1997: *Words, Thoughts, and Theories.* Cambridge MA.

Gordon, R.M. 1986: Folk psychology as simulation. Mind and Language 1, 158–171.

Gordon, R. 2004: Intentional Agents Like Myself. In: Hurley, S.; Chater, N. Hrg. 2004: *Perspectives on Imitation: From Neuroscience to Social Science.* Vol. 2, Cambridge MA, 95–106.

Gordon, R.M. 2009: Folk Psychology as Mental Simulation, The Stanford Encyclopedia of Philosophy (Fall 2009 Edition), E.N. Zalta Hrg., URL = http://plato. stanford. edu/ archives/fall2009 /entries /folkpsych-simulation/.

Green, D.; Shapiro, I. 1999: *Rational Choice. Eine Kritik am Beispiel von Anwendungen in der Politikwissenschaft.* München.

Grewendorf, G.; Hamm, F.; Sternefeld, W. 1987: *Sprachliches Wissen. Eine Einführung in moderne Theorien der grammatischen Beschreibung.* Frankfurt/Main.

Grèzes, J.; Frith, C.D.; Passingham, R.E. 2004: Inferring false beliefs from the actions of oneself and others: an fMRI study. Neuroimage 21, 744–750.

Grice, H.P. 1989: *Studies in the Way of Words*. Cambridge MA.

Greenspan, P. 2004: Practical Reasoning and Emotion. In: Mele, Rawling Hrg. 2004, 206–221.

Grofman, B. 2004: Reflections on public choice. Public Choice 118, 31–51.

Günzel, K. 1979: *Hoffmann. Leben und Werk in Briefen, Selbstzeugnissen und Zeitdokumenten*. Berlin.

Gupta, A. 2006: *Empiricism and Experience*. New York.

Guttenplan, S. Hrg. 1994: *A Companion to the Philosophy of Mind.* Malden MA.

Habermas, J. 1999: Von Kant zu Hegel? Zu Robert Brandoms Sprachpragmatik. In: Habermas, J. 1999: *Wahrheit und Rechtfertigung.* Frankfurt/M., 138–185.

Haidt, J. 2011: *Die Glückshypothese*, Kirchzarten bei Freiburg.

Hammer, C. 2008: Explication, Explanation, and History. History and Theory 47, 183–199.

Hanna, J. L. 1987: *To dance is human: A theory of nonverbal communication.* Chicago.

Hanus, D.; Call, J. 2011: Chimpanzee problem-solving: contrasting the use of causal and arbitrary cues. Animal Cognition 14, 1–8.

Hardin, G. 1968: The Tragedy of the Commons. Science 162, 1243–1248.

Hardin, R. 2004: Rational Choice Political Philosophy. In: Morris, Oppenheimer, Soltan 2004, 95–109.

Hare, B. et al. 2006: Chimpanzees deceive a human by hiding. Cognition 101, 495–514.

Harman, G. 2004: Practical Aspects of Theoretical Reasoning. In: Mele, Rawling Hrg. 2004, 45–56.

Harris, P. L. 1989: *Children and Emotion: The Development of Psychological Understanding.* Oxford.

Harrison, R. P. 1989: Human communication as a field of study. In: King, S. Hrg. 1989: *Human Communication as a Field of Study.* Albany, 113–125.

Hart, W. D. 1988: *The Engines of the Soul.* Cambridge.

Hasker, W. 1999: *The Emergent Self.* Ithaca NY.

Hatfield, E.; Rapson, R. L.; Le, Y. L. 2009: Primitive emotional contagion: Recent research. In: Decety, J.; Ickes, W. Hrg. 2009: *The social neuroscience of empathy.* Boston, 19–30.

Hattiangadi, A. 2003: Making it explicit: Brandom on Rule-Following. Philosophy and Phenomological Research 63, 419–431.

Hattiangadi, A. 2006: Is Meaning Normative? Mind and Language 21, 220–240.

Hauser, M. D. 2001: *Wilde Intelligenz. Was Tiere wirklich denken.* München.

Hausman, D. 2013: Philosophy of Economics, *The Stanford Encyclopedia of Philosophy* (Spring 2013 Edition), Edward N. Zalta Hrg., URL = <http://plato. stanford.edu/ archives/ spr2013/ entries/economics/>.

Heil, J.; Mele, A. Hrg. 1993: *Mental Causation.* Oxford.

Hempel, C. G. 1966: Explanation in science and history. In: Dray, W. Hrg. 1966: *Philosophical analysis and history*. New York, 95–127.

Hempel, C. G. 1974. *Philosophie der Naturwissenschaften*. München.

Henderson, D. K. 1993: *Interpretation and Explanation in the Human Sciences.* Albany.

Hespos, S., Keil, F. 1989: *Concepts, Kinds, and Cognitive Development.* Cambridge MA.

Heyes, C. 1998: Theory of mind in nonhuman primates. Behavioural and Brain Sciences 21, 101–148.

Hofbauer, J.; Sigmund, K. 1998: *Evolutionary Games and Population Dynamics.* Cambridge.

Hoffmann, E. T. A. 1985: *Sämtliche Werke in sechs Bänden*, Bd. 3: *Nachtstücke*, Werke 1816–1820, hrg. v. H. Steinicke unter Mitarbeit von G. Allroggen. Frankfurt / Main.

Hogan, P. C. 1996: *On Interpretation. Meaning and Inference in Law, Psychoanalysis, and Literature.* Athens, London.

Hogrefe, G. J.; Wimmer, H.; Perner, J. 1986: Ignorance versus false belief – a developmental lag in attribution of epistemic states. Child Development, 57, 567–582.

Horwich, P. 1994. What it is like to be a deflationary theory of meaning. In Villanueva, E. Hrg. 1994: *Philosophical Issues 5: Truth and Rationality. Ridgeview*, 133–154.

Horwich, P. 1998: *Meaning*. Oxford.

Hurley, S.; Nudds, M. Hrg. 2006: *Rational Animals?* Oxford.

Hutchins, E. 1995: *Cognition in the Wild.* Cambridge MA.

Hutto, D. 2008: *Folk Psychological Narratives: The Sociocultural Basis of Understanding Reasons*. Cambridge MA.

Hutto, D. 2008a: Limited Engagements and narrative extensions. International Journal of Philosophical Studies 16, 419–444.

Hynes, C. A.; Baird, A. A.; Grafton, S. T. 2006: Differential role of the orbital frontal lobe in emotional versus cognitive perspective-taking. Neuropsychologia, 44, 374–383.

Iacoboni, M. 2009: *Mirroring People: The Science of Empathy and How We Connect with Others*. Picador.

Iacoboni, M. 2009a: Imitation, Empathy, and Mirror Neurons. Annual Review of Psychology 60, 653–670.

Iacoboni, M. 2011: Within Each Other: Neural Mechanisms for Empathy in the Primate Brain. In: Coplan, Goldie Hrg. 2011, 45–57.

Iacoboni, M. et al. 2005: Grasping the intentions of others with one's own mirror neuron system. PLoS Biology 3(3): e79.

Ihde, D. 1999: Perceptual Reasoning – Hermeneutics and Perception. In: Fehér, Kiss Hrg. 1999, 13–24.

Izard, C. E. 1971: *The face of emotion.* East Norwalk CT.

Jackman, H. 1999: Moderate holism and the instability thesis. American Philosophical Quarterly 36, 361–69.

Jackson, F. 1982: Epiphenomenal qualia. American Philosophical Quarterly X, 127–36.

Jackson, F. 1986: What Mary Didn't Know. The Journal of Philosophy 83, 291–295.

Jackson, F. 1996: Mental Causation. Mind 105, 377– 413.

Jackson, P. L.; Meltzoff, A.N.; Decety, J. 2005: How do we perceive the pain of others: A window into the neural processes involved in empathy. NeuroImage 24, 771–779.

Jackson, P. L. et al. 2006: Empathy examined through the neural mechanisms involved in imagining how I feel versus how you feel pain: An event-related fMRI study. Neuropsychologia 44, 752–761.

Jacob, P. 2005: Is Meaning Intrinsically Normative? In: Nimtz, C.; Beckermann, A. Hrg. 2005: *Philosophy — Science — Scientific Philosophy. Main Lectures and Colloquia of GAP.5, Fifth International Congress of the Society for Analytical Philosophy, Bielefeld, 2003.* Paderborn, 187–202.

Jacob, P. 2008: What do mirror neurons contribute to human social cognition? Mind and Language 23, 190–223.

Jacob, P. 2011: The direct perception model of empathy: a critique. Review of Philosophy and Psychology 2, 519–540.

Jacob, P.; Jeannerod, M. 2003: *Ways of seeing. The scope and limits of visual cognition.* Oxford.

Jacob, P.; Jeannerod, M. 2005: The motor theory of social cognition: a critique. Trends in Cognitive Sciences 9, 21–25.

Jakobson, R. 1979: *Poetik, Ausgewählte Aufsätze*. Frankfurt/Main.

Jannidis, F. 2004: *Figur und Person. Beitrag zu einer historischen Narratologie*. Berlin, New York.

Jansen, L.; Strobach, N. 2003: The so-called materially valid inferences and the logic of concepts. In: Löwe, B. et al. Hrg. 2003: *Foundations of the Formal Sciences II. Applications of Mathematical Logic in Philosophy and Linguistik*. Neuwied, 113–118.

Johannson, I. 2000: Determinables as Universals. The Monist 1, 101–121.

Johnson-Laird, P. 1988: *The Computer and the Mind: An Introduction to Cognitive Science*. Cambridge MA (dt. Der Computer im Kopf. München 1996).

Kacelnik, A. 2006: Meanings of rationality. In: Hurley, Nudds Hrg. 2006, 87–106.

Kahneman, D.; Tversky, A. 1979: Prospect Theory: An Analysis of Decision under Risk. Econometrica 47, 269–91.

Kahnemann, D.; Tverski, A. 1982: *Judgement under Uncertainty: Heuristics and Biases*. New York.

Kahnemann, D.; Tverski, A. Hrg. 2000: *Choices, Values, and Frames*. New York.

Kaminski, J. et al. 2004: Body orientation and face orientation: two factors controlling apes' begging behavior from humans. Animal Cognition 7, 216–223.

Kanitscheider, B. 1981: *Wissenschaftstheorie der Naturwissenschaft*. Berlin.

Keysers, C.; Gazzola, V. 2009: Unifying social cognition. In: Pineda Hrg. 2009, 22–35.

Kihlstrom, J. 2010: Social Neuroscience: The Footprints of Phineas Gage. Social Cognition 28, 757–783.

Kim, J. 1998: *Mind in a Physical World: An Essay on the Mind-Body-Problem and Mental Causation*. Cambridge MA.

Kim, J. H.; Seifert, U. 2012: Embodiment. In: Bartz, C. et al. Hrg. 2012: *Handbuch der Mediologie*. München, 85–89.

Kleiber, G. 1993: *Prototypensemantik: Eine Einführung*. Tübingen.

Klimecki, O.; Singer, T. 2013: Empathy from the Perspective of Social Neuroscience. In: Armony, J.; Vuilleumier, P. Hrg. 2013: *Handbook of Human Affective Neuroscience*. New York, 533–551.

Kindt, T.; Müller, H.- H. 2003: Wie viel Interpretation enthalten Beschreibungen? Überlegungen zu einer umstrittenen Unterscheidung am Beispiel der Narratologie. In: Jannidis, F. et al. Hrsg. 2003: *Regeln der Bedeutung*. Berlin, 286–305.

Kirchgässner, G. 2000: *Homo Oeconomicus. Das ökonomische Modell individuellen Verhaltens und seine Anwendung in den Wirtschafts- und Sozialwissenschaften*. Tübingen.

Knapp, J. A.; Hall, J. A. 2006: *Nonverbal Communication in Human Interaction*. Belmont CA.

Knell, S. 2004: *Propositionaler Gehalt und diskursive Kontoführung. Eine Untersuchung zur Begründung der Sprachabhängigkeit intentionaler Zustände bei Brandom*. Berlin, New York.

Kolodny, N. 2005: Why Be Rational? Mind 114, 509–563.

Kolodny, N. 2008a: How Does Coherence Matter? Proceedings of the Aristotelian Society 107, 229–263.

Kolodny, N. 2008b: The Myth of Practical Consistency. European Journal of Philosophy 16, 366–402.

Kolodny, N. 2008c: Why Be Disposed to Be Coherent? Ethics 118, 437–463.

Kolodny, N.; Brunero, J. 2013: Instrumental Rationality, *The Stanford Encyclopedia of Philosophy* (Fall 2013 Edition), Edward N. Zalta Hrg., URL = <http://plato.stanford. edu/ archives/fall2013/ entries/ ratio nality-instrumental/>.

Konrad, E.-M.; Petraschka, T.; Daiber, J. Hrg. 2013: *Fiktion, Wahrheit, Interpretation. Philologische und philosophische Perspektiven*. Paderborn.

Kosslyn, St. et al. 1978: Visual Images Preserve Metric Spatial Information: Evidence from Studies of Image Scanning. Journal of Experimental Psychology 4, 47–60.

Kosslyn, S. M. 1994: *Image and Brain. The Resolution of the Imagery Debate*. Cambridge MA.

Kosslyn, St. M.; Thompson, W. L.; Ganis, G. 2009: *The Case for Mental Imagery*. Oxford.

Krach, S. et al. 2009: Are women better mindreaders? Sex differences in neural correlates of mentalizing detected with functional MRI. BMC Neuroscience 10, 9.

Krauss, R. M.; Chen, Y.; Chawla, P. 1996: Nonverbal behavior and nonverbal communication: What do conversational hand gestures tell us? In: Zanna, M. Hrg.1996: Advances in experimental social psychology 18, 389–450.

Kraut, R. E. 1979: Social and emotional messages of smiling: An ethological approach. Journal of Personality and Social Psychology 37, 1539–1553.

Kripke, S. A. 1982: *Wittgenstein on Rules and Private Language*. Oxford (dt. *Wittgenstein über Regeln und Privatsprache*. Frankfurt/Main 1987).

Kunz, V. 2009: Der Handlungsbegriff in der Politikwissenschaft, www.wider streit-sachunterricht.de/ Ausgabe Nr. 12/März 2009.

Kutschera, F. v. 1972: *Wissenschaftstheorie*. München.

Lakoff, G.; Johnson, M. 1980: *Metaphors we live by*. Chicago (dt. *Leben in Metaphern*. Heidelberg 1998).

Lamm, C.; Batson, C. D.; Decety, J. 2007: The neural substrate of human empathy: effects of perspective-taking and cognitive appraisal. Journal of Cognitive Neuroscience 19, 42–58.

Laurence, S.; Margolis, E. 1999: Concepts and Cognitive Science. In: Margolis, Laurence Hrg. 2003, 3–81.

LeDoux, J. 2003: The Emotional Brain, Fear, and the Amygdala. Cellular and Molecular Neurobiology 23, 727–738.

Leekam, S. R. 1991: Jokes and Lies: Children's Understanding of Intentional Falsehood. In: Whiten, A. Hrg. 1991: *Natural Theories of Mind: Evolution, Development, and Simulation of Everyday Mindreading*. Oxford, 159–174.

Lenman, J. 2011: Reasons for Action: Justification vs. Explanation, *The Stanford Encyclopedia of Philosophy* (Winter 2011 Edition), Edward N. Zalta Hrg., URL = <http://plato.stanford. edu/ archives/win2011/ entries/reasons-just-vs-expl/>.

Leslie, A. M. 1987: Pretense and Representation: The origins of 'Theory of Mind'. Psychological Review 94, 412–426.

Leslie, A. M. 1998: Mind, child's theory of. In: Craig, E. Hrg. 1998: *Routledge Encyclopedia of Philosophy*. London.

Leslie, A. M.; Friedman, O.: German, T. P. 2004. Core mechanisms in 'theory of mind'. Trends in Cognitive Sciences 8, 528–533.

Levin, B., Pinker, S. Hrg. 1991: *Lexical and Conceptual Semantics*. Oxford.

Levine, J. 1993: On Leaving Out What It's Like. In: Davies, M.; Humphreys, G. Hrg. 1993: *Consciousness*. Oxford,137–149.

Levine, J. 2001: *Purple Haze: The Puzzle of Consciousness*. Oxford.

Lewens, T. 2013: Cultural Evolution, *The Stanford Encyclopedia of Philosophy* (Spring 2013 Edition), Edward N. Zalta Hrg., URL = <http:// plato.stanford.edu/archives/spr2013/ entries/evolution-cultural/>.

Lhermitte, F. et al. 1986: Human autonomy and the frontal lobes. Part I: Imitation and utilization behaviour: a neurohysiological study of 75 patients. Annalys of Neurology 19, 326–334.

Liebal, K. et al. 2004: To move or not to move: how apes adjust to the attentional state of others. Interaction Studies 5, 199–219.

Liebal, K.; Call, J. 2012: The origins of nonhuman primates' manual gestures. Philosophical Transactions of the Royal Society B, 367(1585), 118–128.

Lillard, A. S. 2002: Pretend Play and Cognitive Development. In: Goswami, U. Hrg. 2002: *Handbook of Cognitive Development*. London, 188–205.

Lim, J.; Toby, J.; Cosmides, L. 2011: Entry *Adaption*. In: Hogan, P.D. Hrg. 2011: *The Cambridge Encyclopedia of the Language Sciences*, Cambridge.

Linke, A.; Nussbaumer, M.; Portmann, P.R. 1996: *Studienbuch Linguistik*. Tübingen.

List, J. 2004: Neoclassical Theory versus Prospect Theory: Evidence from the Marketplace. Ecometria 72, 615–625.

List, J. 2008: Homo Experimentalis Evolves. Science 321, 207 f.

List, J.; Millimet, D. 2008: The Market: Catalyst for Rationality and Filter of Irrationality. B.E. Journal of Economic Analysis and Policy: Frontiers 8/1/47.

Little, D. 2012: Philosophy of History, *The Stanford Encyclopedia of Philosophy* (Winter 2012 Edition, Edward N. Zalta ed., URL = <http:// plato.stanford. edu/archives/ win2012/ entries/history/>.

Lomborg, B. 1996: Nucleus and Shield: The Evolution of Social Structure in the Iterated Prisoner's Dilemma. American Sociological Review 61, 278–307.

Longino, H. 2013: The Social Dimensions of Scientific Knowledge, *The Stanford Encyclopedia of Philosophy* Spring 2013 Edition, Edward N. Zalta ed., URL = <http://plato.stanford. edu/ archives/spr2013/ ent ries/ scientific-knowledge-social/>.

Lorenz, C. 1997: *Konstruktion der Vergangenheit.* Köln.

Ludwig, K. 1993: Is Content Holism Incoherent? In: LePore, E. Hrg. 1993: Holism: a consumer's update. Grazer Philosophische Studien 46, 173–195.

Lupia, A. et al. 2000: Beyond Rationality: Reason and the Study of Politics. In: Lupia, A.; McCubbins, M.; Popkin, S. Hrg. 2000: *Elements of Reason: Cognition, Choice, and the Bounds of Rationality*. Cambridge, 1–23.

Lurz, R. Hrg. 2009: *The Philosophy of Animal Minds*. New York.

Lurz, R. 2011: Belief attribution in animals: On how to move forward conceptually and empirically. Review of Philosophy and Psychology 2, 19–59.

Lyons, D.E.; Santos, L.R. 2010: Ecology, domain specificity, and the origins of the theory of mind: Is competition the catalyst? Philosophy Compass 1, 481–492.

Lyre, H. 2002: *Informationstheorie. Eine naturwissenschaftlich-philosophische Einführung*. München.

MacPhail, E. 1998: *The Evolution of Consciousness*. Oxford.

Maddock, R.J.; Garrett, A.S.; Buonocore, M.H. 2001: Remembering familiar people: the posterior cingulate cortex and autobiographical memory retrieval. Neuroscience 104, 667–676.

Maddock, R.J.; Garrett, A.S.; Buonocore, M.H. 2003: Posterior cingulate cortex activation by emotional words: fMRI evidence from a valence decision task. Human Brain Mapping 18, 30–41.

Malcolm, N. 2005: Gedankenlose Tiere. In: Perler, Wild 2005, 77–94.

Malpas, J. 2013: Donald Davidson, *The Stanford Encyclopedia of Philosophy* (Summer 2013 Edition), Edward N. Zalta Hrg., URL = <http://plato.stanford.edu/ archives/sum2013/ entries/davidson/>.

Mantzavinos. C. 2005: *Naturalistic Hermeneutics*. Cambridge.

Margolis, E. 1998: How to Acquire a Concept. Mind & Language 13, 347–369.

Margolis, E.; Laurence, S. 1999: *Concepts: Core Readings*. Cambridge MA.

Margolis, E.; Laurence, S. 2007: The Ontology of Concepts — Abstract Objects or Mental Representations? Noûs 41, 561–93.

Margolis, E.; Laurence, S. 2010: Concepts and Theoretical Unification. Behavioral and Brain Sciences 33, 219–220.

Margolis, E.; Laurence, S. 2011: Learning Matters: The Role of Learning in Concept Acquisition. Mind & Language 26, 507–539.

Margolis, E.; Laurence, S. 2012: Concepts, *The Stanford Encyclopedia of Philosophy* (Fall 2012 Edition), Edward N. Zalta Hrg., URL = <http://plato.stanford.edu/archives/ fall2012/entries/ concepts/>.

Marr, D. 1982: *Vision*. San Francisco.

Matsumoto, D. 2001: Culture and Emotion. In: Matsumoto, D. Hrg. 2001: *The handbook of culture and psychology*. New York, 171–194.

McDowell, J. 1994: *Mind and World*. Cambridge MA (dt. Geist und Welt. Frankfurt/Main 1998).

McDowell, J. 1997: Brandom on Representation and Inference. Philosophy and Phenomenological Research 57, 157–162.

McDowell, J. 1998: Knowledge and the Internal. In: McDowell, J. 1998: *Meaning, Knowledge, and Reality*. Cambridge MA, 395–413.

McGinn, C. 1982: The Structure of Content. In: Woodfield, A. Hrg. 1982: *Thought and Object*. Oxford, 207–258.

McGinn, C. 2001: How Not to Solve the Mind-Body Problem. In: Gillett, C.; Loewer, B. Hrg. 2001: *Physicalism and Its Discontents*. New York.

McLaughlin, B.; Beckerman, A. Hrg. 2009: *The Oxford Handbook of Philosophy of Mind.* Oxford.

Mele, A. R.; Rawling, P. Hrg. 2004: *The Oxford Handbook of Rationality*. Oxford.

Melis, A. P. et al. 2006: Chimpanzees conceal visual and auditory information from others. Journal of Comparative Psychology 120, 154–162.

Meltzoff A. N. 1995: Understanding the intentions of others: re-enactment of intended acts by 18-month-old children. Developmental Psychology 31, 1–16.

Meltzoff, A. N.; Decety, J. 2003: What imitation tells us about social cognition: a rapprochement between developmental psychology

and cognitive neuroscience. Philosophical transactions of the Royal Society London Series B 358, 491–500.
Metzinger, Th. Hrg. 2001: *Bewusstsein*. Paderborn.
Millar, A. 2004: *Understanding People: Normativity and Rationalizing Explanation*. Oxford.
Miller, G.A.; Johnson-Laird, P. 1976: *Language and Perception*. Cambridge MA.
Millikan, R. 1984: *Language, Thought and Other Biological Categories.* Cambridge MA.
Millikan, R. 1993: *White Queen Psychology and Other Essays for Alice.* Cambridge MA.
Millikan, R. 1995: Pushmi-Pullyu-Repräsentations. Philosophical Perspectives 9, 185–200.
Millikan, R. 2000: *On Clear and Confused Ideas: An Essay about Substance Concepts.* Cambridge.
Millikan, R. 2005: Verschiedene Arten von zweckgerichtetem Verhalten. In: Perler, Wild 2005, 201–212.
Millikan, R. 2009: Biosemantics. In: McLaughlin, Beckerman Hrg. 2009, 281–297.
Mitchell, J.P. 2005: The false dichotomy between simulation and theory-theory: the argument's error. Trends in Cognitive Sciences 9, 363–364.
Moll, H.; Tomasello, M. 2006: Level 1 perspective-taking at 24 months of age. British Journal of Developmental Psychololology 24, 603–613.
Monroe, K.R. 2001: Paradigm Shift: From Rational Choice to Perspective. International Political Science Review 22, 151–172.
Morris, I.L.; Oppenheimer, J.; Soltan, K. Hrg. 2004: *Politics from Anarchy to Democracy. Rational Choice in Political Science*. Stanford.
Mulligan, K. 1998: From Appropriate Emotions to Values. The Monist 81, 161–188.
Myowa-Yamakoshi, M.; Matsuzawa, T. 2000: Imitation of intentional manipulatory actions in chimpanzees (Pan troglodytes). Journal of Comparative Psychology 114, 381–391.

Newen, A.; Vogeley, K. 2003: Self-Representation: The Neural Signature of Self-Consciousness. Consciousness & Cognition 12, 529–543.
Newen, A.; Vosgerau, G. 2007: A representational theory of self-knowledge. Erkenntnis 67, 337–353.
Newen, A.; Schlicht, T. 2009: Understanding Other Minds: A Criticism of Goldman's Simulation Theory and an Outline of the Person Model Theory. Grazer Philosophische Studien 79, 209–242.
Newton-Smith, W.H. Hrg. 2001: *A Companion to the Philosophy of Science.* Malden MA.

Nichols, S., Stich, S. 2003: *Mindreading. An integrated account of pretence, self-awareness and understanding other minds.* Oxford.

Niskanen, W. 1971: *Bureaucracy and Representative Government.* Chicago.

Oberman, L.; Ramachandran, V. 2009: Reflections on the mirror neuron system: Their evolutionary functions beyond motor representations. In: Pineda Hrg. 2009, 1–21.

Okasha, S.; Binmore, K. Hrg. 2012: *Evolution and Rationality. Decisions, Co-operation and Strategic Behaviour.* Cambridge.

O'Neill, O. 2004: Kant: Rationality as Practical Reason. In: Mele, Rawling Hrg. 2004, 93–109.

Opp, K.-D. 1988: Spontaneous Order and TIT FOR TAT: Some Hypotheses and an Empirical Test. Journal of Institutional and Theoretical Economcis 144, 374–385.

Opp, K.-D. 1992: Wie erklärt man die Revolution in der DDR? Forschungsjournal 5 (Neue Soziale Bewegungen. Von der DDR zu den FNL. Soziale Bewegungen vor und nach der Wende), 16–24.

Opp, K.-D. 1993: Politischer Protest als rationales Handeln. In: Ramb, B.-T.; Tietzel, M. Hrsg. 1993: *Ökonomische Verhaltenstheorie.* München, 207–246.

Opp, K.-D. 2005: *Methodologie der Sozialwissenschaften. Einführung in Probleme ihrer Theorienbildung und praktischen Anwendung.* Opladen.

Opp, K.-D. 2009: Das individualistische Erklärungsprogramm in der Soziologie. Entwicklung, Stand und Probleme. Zeitschrift für Soziologie 38, 26–47.

Over, H.; Carpenter, M. 2009: Eighteen-month-old infants show increased helping following priming with affiliation. Psychological Science 20, 1189–1193.

Paivio, A. 1986. *Mental Representations: A Dual Coding Approach.* New York.

Papineau, D. 1993: *Philosophical Naturalism.* Oxford.

Papineau, D. 2003: *The Roots of Reason. Philosophical Essays on Rationality, Evolution, and Probability.* Oxford.

Papineau, D. 2003a: The Evolution of Knowledge. In: Papineau 2003, Kap. 2.

Papineau, D. 2003b: The Evolution of Means-End Reasoning. In: Papineau 2003, Kap. 3.

Papineau, D. 2005: Die Evolution des Zweck-Mittel-Denkens. In: Perler, Wild Hrg. 2005, 244–291.

Parfit, D. 2001: Rationality and Reasons. In: Egonsson, D. et al. Hrg. 2001: *Exploring Practical Philosophy*. Aldershot, 17–39.

Parr, L. A.; Waller, B. M.; Vick, S. J. 2007: New Developments in Understanding Emotional Facial Signals in Chimpanzees. Current Directions in Psychological Science 16, 117–122.

Payne, J. P.; Bettman, J. R. 2002: Preferential Choice and Adaptive Strategy Use. In: Gigerenzer, Selten 2002, 123–146.

Peacocke, C. 1983: *Sense and Content: Experience, Thought and their Relations*. Oxford.

Peacocke, C. 1992: *A Study of Concepts*. Cambridge MA.

Peacocke, C. 2004: Explaining Perceptual Entitlement. In: Schantz, R. Hrg. 2004: *The 'Challenge' of Externalism*. Berlin, 441–481.

Peacocke, C. 2004a: *The Realm of Reason.* Oxford.

Peacocke, C. 2009: Perception, Content, and Rationality. Philosophy and Phenomenological Research 79, 475–481.

Pearce, J. M. 2008: *Animal Learning & Cognition*. Hove, New York.

Penn, D. C. et al. 2008: Darwin's Mistake: Explaining the Discontinuity between human and nonhuman minds. Behavioral and Brain Sciences 31, 109–178.

Penn, D. C.; Povinelli, D. J. 2007: On the lack of evidence that non-human animals possess anything remotely resembling a "theory of mind". Philosophical Transactions of the Royal Society B, 362, 731–744.

Perler, D.; Wild, M. Hrg. 2005: *Der Geist der Tiere*. Frankfurt/Main.

Perner J.; Kuhlberger, A. 2005: Mental simulation: Royal road to other minds? In: Malle, B. F.; Hodges, S. D. Hrg. 2005: *Other Minds*. New York, 166–181.

Perner, J. 1991: *Understanding the representational mind.* Cambridge MA.

Perner, J. et al. 2006: Thinking of mental and other representations: the roles of left and right temporoparietal junction. Social Neuroscience 1, 245–258.

Perner, J.; Aichhorn, M. 2008: Theory of Mind, language, and the temporo-parietal junction mystery. Trends in Cognitive Sciences 12, 123–126.

Pessoa, L. 2008: On the relationship between emotion and cognition. Nature Reviews Neuroscience 9, 148–158.

Pfister, J. 2007: *The Metaphysics and the Epistemology of Meaning*. Heusenstamm.

Pika, S.; Mitani, J. C. 2006: Referential gesturing in wild chimpanzees (Pan troglodytes). Current Biology 16, 191–192.

Pika, S.; Liebal, K.; Call, J. 2005: Gestural communication of apes. Gesture 5, 41–56.

Pineda, J. Hrg. 2009: *Mirror Neuron Systems: The Role of Mirroring Processes in Social Cognition*. Totowa NJ.

Pinker, S. 1994. *The Language Instinct: The New Science of Language and Mind.* London (dt. *Der Sprachinstinkt. Wie der Geist die Sprache bildet*. München 1996).

Pinker, S. 2011: *Gewalt – Eine neue Geschichte der Menschheit*. Frankfurt / Main.

Pohl, M.; Rosenhagen, R.; Weber, A.M. 2013: Realist and Idealist Interpretations of Brandom's Account of Objectivity. In: Prien, B.; Schweikard, D.P. Hrg. 2013: Robert Brandom. Boston, Berlin, 89–100.

Pollick, A.S.; de Waal, F. 2007: Ape gestures and language evolution. Proceedings of the National Academy of Sciences of the United States 104, 8184–8189.

Povincelli, D.J. et al. 1994: Absence of knowledge attrubution and self-recognition in young chimpanzees (Pan troglodytes). Journal of Comparative Psychology 108, 74–80.

Povinelli, D.J.; Vonk, J. 2003: Chimpanzee minds: suspiciously human? Trends in Cognitive Sciences 7, 157–160.

Povinelli, D.J.; Vonk, J. 2004: We Don't Need a Microscope to Explore the Chimpanzee's Mind. Mind and Language 19, 1–28.

Premack, D. 2007: Human and animal cognition: Continuity and discontinuity. Proceedings of the National Academy of Sciences of the USA 104, 13861–13867.

Premack, D.; Woodruff, G. 1978: Does the Chimpanzee Have a Theory of Mind? Behavioral and Brain Sciences 1, 515–526.

Prior. H.; Pollok, B.; Güntürkün, O. 2000: Sich selbst vis-à-vis: Was Elstern wahrnehmen. RUBIN Das Wissenschaftsmagazin der Ruhr-Universität Bochum Ausgabe 2/2000.

Prinz, J. 2002: *Furnishing the Mind: Concepts and Their Perceptual Basis.* Cambridge MA.

Putnam, H. 1967: The 'Innateness Hypothesis' and Explanatory Models in Linguistics. Synthese 17, 12–22.

Putnam, H. 1993: Die Natur mentaler Zustände. In: Bieri, P. Hrg. 1993: *Analytische Philosophie des Geistes*. Bodenheim, 123–135.

Pylyshyn, Z. 1986: *Computation and Cognition.* Cambridge MA.

Quillian, M.R. 1968: Semantic memory. In: Minsky, M. Hrg.1968: *Semantic Information Processing*. Cambridge MA, 216–270.

Quine, W. 1951: Two Dogmas of Empiricism. The Philosophical Review 60, 20–43.

Quine, W. 1969: Ontological Relativity. In: Quine, W. 1969: *Ontological Relativity and Other Essays*. New York, 26–68.

Rakoczy, H. 2008: Taking fiction seriously: Young children understand the normative structure of joint pretence games. Developmental Psychology 44, 1195–1201.

Rakoczy, H.; Warneken, F.; Tomasello, M. 2008: The sources of normativity: Young children's awareness of the normative structure of games. Developmental Psychology 44, 875–881.

Ravenscroft, I. 2010: Folk Psychology as a Theory. In: *The Stanford Encyclopedia of Philosophy* (Fall 2010 Edition), Edward N. Zalta (ed.), URL = <http://plato.stanford. edu/ archives/fall2010/entries/folkpsych-theory/>.

Rawls, J. 1971: *A Theory of Justice.* Cambridge MA. (dt. *Eine Theorie der Gerechtigkeit*. Frankfurt/Main 1993).

Raz, J. 1999: *Engaging Reasons.* Oxford.

Raz, J. 2005: The Myth of Instrumental Rationality. Journal of Ethics and Social Philosophy 1, 1–28.

Reddy, V. 2008: *How infants know minds.* Cambridge MA.

Reimer, U. 1991: *Einführung in die Wissensrepräsentation. Netzartige und schema-basierte Repräsentationsformate*. Stuttgart.

Remland, M. S. 2000: *Nonverbal communication in everyday life*. Boston.

Reuter, G. 2006: *Bedeutungen und soziale Praktiken. Probleme des Sozialexternalismus und Perspektiven einer individualistischen Theorie.* Paderborn.

Reznikova, Z. 2007: *Animal Intelligence*. Cambridge.

Rips, L.J. 1994: *The psychology of proof: Deductive reasoning in human thinking.* Cambridge MA.

Rizzolatti, G.; Fadiga, L.; Gallese, V.; Fogassi, L. 1996: Premotor cortex and the recognition of motor actions. Cognitive Brain Research 3, 131–141.

Rizzolatti, G.; Craighero, L. 2004: The mirror neuron system. Annual Revue of Neuroscience 27: 169–192.

Rizzolatti, G.; Sinigaglia, C.; Anderson, F. 2007: *Mirrors in the Brain. How Our Minds Share Actions, Emotions, and Experience*. Oxford.

Roberts, C. 1996: *The logic of historical explanation*. University Park PA.

Robinson, H. 2003: 'Dualism'. In: Stich, S.; Warfield, T. Hrg. 2003: *The Blackwell Guide to Philosophy of Mind.* Oxford, 85–101.

Rosch, E. 1975: Natural Categories. Cognitive Psychology 7, 573–605.

Rosch, E. 1975a: Cognitive Representations of Semantic Categories. Journal of Experimental Psychology 104, 192–233.

Rosch, E. 1978: Principles of Categorization. In: Rosch, Lloyd Hrg. 1978, 27–48.

Rosch, E.; Mervis, C. 1975: Family Resemblances: Studies in the Internal Structure of Categories. Cognitive Psychology 7, 573–605.

Rosch, E.; Lloyd, B. Hrg. 1978: *Cognition and Categorization.* Hillsdale NJ.

Ross, D. 2008: Classical game theory, socialization and the rationalization of conventions. Topoi 27, 57–72.

Ruby, P., Decety, J. 2003: What you believe versus what you think they believe: a neuroimaging study of conceptual perspective-taking. European Journal of Neuroscience 17, 2475–2480.

Ruby, P.; Decety, J. 2004: How would you feel versus how do you think she would feel? A neuroimaging study of perspective taking with social emotions. Journal of Cognitive Neuroscience, 19, 988–999.

Ruffman, T.; Perner, J. 2005: Do infants really understand false belief? Trends in Cognitive Sciences 9, 462–463.

Ruiz-Minazo, K.; Moreno, A. 2004: Basic autonomy as a fundamental stepp in the synthesis of life. Artificial Life 10, 235–259.

Rumelhart, D.E. 1980: Schemata: The building blocks of cognition. In: Spiro, R.; Bruce, B.; Brewer, W. Hrg. 1980: *Theoretical issues in reading comprehension.* Hillsdale N.Y., 33–58.

Rupert, R., 2009a: Innateness and the Situated Mind. In: Robbins, P.; Aydede, M. Hrg. 2009: *The Cambridge Handbook of Situated Cognition.* Cambridge, 96–116.

Rupert, R. 2009b: *Cognitive Systems and the Extended Mind.* Oxford.

Russell, B. 1956: On Denoting. Mind 14, 479–93 (dt. Über das Kennzeichnen. In: Russell, B. 1971: Philosophische und politische Aufsätze. Stuttgart).

Samson, D. et al. 2004: The left temporo-parietal junction is necessary for representing someone else's belief. Nature Neuroscience, 7, 449–500.

Samuels, R.; Stich, S. 2004: Rationality and Psychology. In: Mele, Rawling Hrg. 2004, 279–300.

Sanford, D. 2013: Determinates vs. Determinables, *The Stanford Encyclopedia of Philosophy* (Spring 2013 Edition), Edward N. Zalta ed., URL = <http://plato.stanford.edu/archives/spr2013/entries/determinate-determinables/>.

Sargent, T. 1993: *Bounded Rationality in Macroeconomics.* Oxford.

Sauter, D. et al. 2011: Categorical perception of emotional facial expressions does not require lexical categories. Emotion 17. Advance online publication. doi: 10.1037/a0025336.

Saxe, R. 2006: Uniquely human social cognition. Current Opinion in Neurobiology 2006, 235–239.

Saxe, R. 2009: The neural evidence for simulation is weaker than I think you think it is. Philosophical Studies 144, 447–456.

Saxe, R.; Kanwisher, N. 2003: People thinking about people: The role of the temporoparietal junction in 'theory of mind'. NeuroImage 19, 1835–1842.

Saxe, R.; Carey, S.; Kanwisher, N. 2004: Understanding other minds: linking developmental psychology and functional neuroimaging. Annual Revue of Psychology 55, 87–124.

Saxe, R.; Wexler, A. 2005: Making sense of another mind: The role of the right temporo-parietal junction. Neuropsychologia, 43, 1391–1399.

Scanlon, T. M. 1998: *What We Owe Each Other*. Cambridge M.A.

Scanlon, T. M. 2007: Structural Irrationality. In: Brennen, G. et al. Hrg. 2007: *Common Minds: Themes from the Philosophy of Philip Pettit*. Oxford, 84 –103.

Schank, R. C.; Abelson, R. P. 1977: *Scripts, plans, goals, and understanding*. Hillsdale N. Y.

Scherer, K. R.; Koivumaki, J.; Rosenthal, R. 1972: Minimal cues in the vocal communication of affect: Judging emotion from content-masked speech. Journal of Psycholinguistic Research 1, 269–285.

Schneider, T. 2011: Embodied Cognition. In: Craig, E. Hrg. *Stanford Encyclopedia of philosophy*.

Schnepf, R. 2011: *Geschichte erklären. Grundprobleme und Grundbegriffe.* Göttingen.

Scholz J. et al. 2009: Distinct Regions of Right Temporo-Parietal Junction Are Selective for Theory of Mind and Exogenous Attention. PLoS ONE 4(3): e4869.

Scholz, O. 1999: *Verstehen und Rationalität. Untersuchungen zu den Grundlagen von Hermeneutik und Sprachphilosophie.* Frankfurt / Main.

Schönherr, B. 1997: *Syntax, Prosodie, nonverbale Kommunikation*. Tübingen.

Schroeder, M. 2007: *Slaves of the Passions*. Oxford.

Schroeder, M. 2012: „Value Theory", *The Stanford Encyclopedia of Philosophy*, Edward N. Zalta (ed.), URL=http://plato.stanford.edu/archives/sum2012/entries/value-theory/.

Schroeder, T. 2003: Donald Davidson's Theory of Mind is Non-Normative. Philosophers' Imprint 3, 2–14.

Schultz, R. T. et al. 2004: Activation of the human superior temporal gyrus during observation of goal attribution to intentional objects. Journal of Cognitive Neuroscience 16, 1695–1705.

Schumacher, R. 2001: Rationalität und Intentionalität: Lassen sich Rationalitätsstandards a priori als allgemein verbindlich ausweisen? In: Beckermann, A.; Nimtz, C. Hrg. 2001: *Argument und Analyse. Akten des 4. Kongresses der Gesellschaft für Analytische Philosophie*. Paderborn, 407–418.

Schurz, G. 1988: Was ist wissenschaftliches Verstehen? Eine Theorie verstehensbewirkender Erklärungsepisoden. In: Schurz, G. Hrg. 1988: *Erklären und Verstehen in der Wissenschaft*. München, 235–298.

Schurz, G. 2007: Wissenschaftliche Erklärung. In: Bartels, Stöckler, Hrg. 2007, Kap. 3.

Schurz, G.; Lambert, K. 1994: Outline of a Theory of Scientific Understanding. Synthese 101, 65–120.

Schütze, O. 2009: Naturalismus und Normativität. In: Becker, Detel Hrg. 2009, 165–188.

Searle, J. 1967: Determinables and Determinates. In: Edwards, P. Hrg.: *The Encyclopedia of Philosophy*. New York, Vol. II, 357–359.

Searle, J. R. 1969: *Speech Acts*. Cambridge MA.

Searle, J. 1992: *The Rediscovery of the Mind*. Cambridge MA. (dt. *Die Wiederentdeckung des Geistes*. Frankfurt/Main 1996).

Searle, J. 1995: *The Construction of Social Reality*. New York (dt. *Die Konstruktion der gesellschaftlichen Wirklichkeit*. Reinbek 1997).

Sebeok, Th. A. 1999: *Signs. An Introduction to Semiotics*. Toronto.

Seed, A. M.; Tomasello, M. 2010: Primate cognition. Topics in Cognitive Science 2, 407–419.

Seed, A.; Hanus, D.; Call, J. 2011: Causal Knowledge In Corvids, Primates and Children: More Than Meets The Eye? In: McCormack, T.; Hoerl, C.; Butterfill, S. Hrg. 2011: *Tool Use and Causal Cognition*. Oxford, 89–110.

Seibel, D.; Nygren, G. T. H. 1972: Pfadanalyse: Ein statistisches Verfahren zur Untersuchung linearer Kausalmodelle. Zeitschrift für Sozialpsychologie, Sonderdruck Bd. 3.

Sellars, W. 1971: Science, Sense-Impressions, and Sensa: A Reply to Cornman. Review of Metaphysics 25, 391-447.

Sellars, W. 1953: Inference and Meaning. Mind, New Series 62, 313–338.

Selten, R. 2002: What Is Bounded rationality? In: Gigerenzer, Selten Hrg. 2002, 13–36.

Seyfarth, R. M.; Cheney D. L.; Marler, P. 1980: Vervet monkey alarm calls: Semantic communication in a free-ranging primate. Animal Behavior 28, 1070–1094.

Shannon, C.; Weaver, W. 1949: *The Mathematical Theory of Information*. Urbana (dt. *Mathematische Grundlagen der Informationstheorie.* München 1976).

Shapiro, L. 2010: Embodied Cognition. In: Margolis, E.; Samuels, R.; Stich, S. Hrg. 2010: *Oxford Handbook of Philosophy and Cognitive Science*. Oxford, 118–147.

Shapiro, L. 2011: *Embodied Cognition*. New York.

Shettlewood, S. J. 2010: *Cognition, evaluation, and behaviour.* New York.

Shettlewood, S. J. 2010a: Clever animals and killjoy explanations in comparative psychology. Trends in Cognitive Sciences 14, 477–481.

Simon, H. 1972: Theories of Bounded Rationality. In: McGuire, C.; Radner, R. Hrg. 1972: *Decision and Organization*. Amsterdam, Kap. 8.

Simon, H. 1977: *Models of Discovery and other topics in the methods of science*. Dordrecht.

Simon, H. 1979: *Models of Thought, Vols. 1 and 2*. New Haven.

Simon, H. 1982: *Models of Bounded Rationality, Vols. 1 and 2.* Cambridge MA.

Simon, H. 1983: *Reason in Human Affairs*. Berkeley (dt. *Homo rationalis. Die Vernunft im menschlichen Leben.* Frankfurt, New York 1993).

Simon, H. 1997: *Models of Bounded Rationality, Vol. 3*. Cambridge MA.

Singer, T.; Tusche, A. 2013: Understanding Others: Brain Mechanisms of Theory of Mind and Empathy. In: Glimcher, P. W.; Fehr, E. Hrg. 2013: *Neuroeconomics: Decision making and the brain.* London, 513–532.

Singer, T.; Fehr, E. 2005: The Neuroeconomics of Mind Reading and Empathy. American Economic Review 95, 340–345.

Skinner, B. F. 1957: *Verbal Behaviour*. New York.

Skyrms, B. 2000: Game Theory, Rationality, and Evolution of the Social Contract. In: Katz, L.D. Hrg. 2000: *Evolutionary Origins of Morality.* Thorverton, 269–284.

Slaby, J.; Stephan, A.; Walter, H.; Walter, S. Hrg. 2011: *Affektive Intentionalität. Beiträge zur welterschließenden Funktion der menschlichen Gefühle*. Paderborn.

Smith, E.; Medin, D. 1981: *Categories and Concepts*. Cambridge MA.

Smith, M. 1999: Internal Reasons. Philosophy and Phenomenological Research 55, 109–131.

Smith, M. 2004: Humean Rationality. In: Mele, Rawling Hrg. 2004, 75–93.

Smith, V. 2000: *Bargaining and Market Behavior, Essays in Experimental Economics (Collected works)*. New York.

Smith, V. 2007: *Rationality in Economics: Constructivist and Ecological Forms*. New York.

Sober, E. 1998: Three Differences between Deliberation and Evolution. In: Danielson, P. Hrg. 1998: *Modeling Rationality, Morality, and Evolution*. New York, 157–180.

Sodian, B. et al. 1991: Early Deception and the Child's Theory of Mind: False Traits and Genuine Markers. Child Development 62, 468–483.

Sodian, B.; Thoermer, C. 2004: Infants' Understanding of Looking, Pointing, and Reaching as Cues to Goal-Directed Action. Journal of Cognition and Development 5, 289–316.

Sommer, M. et al. 2007: Neural correlates of true and false belief reasoning. Neuroimage, 35, 1378–1384.

Southwood, N. 2008: Vindicating the Normativity of Rationality. Ethics 119, 9–30.

Spaulding, S. 2010: Embodied Cognition and Mindreading. Mind & Language 25, 119–140.

Spaulding, S. 2011: A Critique of Embodied Simulation. Review of Philosophy and Psychology 2, 579–599.

Spaulding, S. 2012a: Mirror Neurons Are Not Evidence for the Simulation Theory. Synthese 189, 515–534.

Spaulding, S. 2012b: Introduction to Debates on Embodied Social Cognition. Phenomenology and the Cognitive Sciences 11, 431–448.

Spaulding, S. 2013a: Embodied Social Cognition. Philosophical Topics 39, 141–162.

Spaulding, S. 2013b: Mirror Neurons and Social Cognition. Mind & Language 28, 233–257.

Spelke, E. 2004: Conceptual Precursors to Language. Nature 430, 453–456.

Sperber, D. 2000a: Metarepresentation in a evolutionary perspective. In: Sperber Hrg. 2000, 117–138.

Sperber, D. Hrg. 2000: *Metarepresentations – A Multidisciplinary Perspective*. Oxford.

Sperber, D.; Wilson, D. 1986: *Relevance: Communication and Cognition*. Cambridge MA.

Stanford University, USA 2010: *Motor Cognition and Mental Simulation*, http://www.psych.stanford.Edu/~ashas/Cognition%20Textbook/chapter11.pdf.

Stanovich, K. E. et al. 2008: The development of rational thought: a taxonomy of heuristics and biasas. Advances of Child Development and Behavior 36, 251–285.

Stegmüller, W. 1969 ff.: *Probleme und Resultate der Wissenschaftstheorie und Analytischen Philosophie.* Berlin, Heidelberg, New York.

Steinfath, H. 2002: Handlungen, Gründe und Emotionen. In: Döring, S.; Mayer, V. Hrg. 2002: *Die Moralität der Gefühle.* Berlin, 105–124.

Stemmer, P. 2008: *Normativität. Eine ontologische Untersuchung.* Berlin, New York.

Stephan, A.; Walter, S.; Slaby, J. 2009: Einleitung zu Slaby u. a. Hrg. 2009.

Stephan, A. 2009: Zur Adäqutheit von Emotionen und existenziellen Gefühlen. In: Veröffentlichungen des Kongresses der Deutschen Gesellschaft für Philosophie *Welt der Gründe*, Kolloquium 8: *Psychoanalyse in der Welt der Gründe*, 417–428.

Stich, St. 2005: Haben Tiere Überzeugungen? In: Perler, Wild Hrg. 2005, 95–116.

Stich, S.; Nichols, S. 1995: Second Thoughts on Simulation. In: Davies, Stone Hrg. 1995b, 87–108.

Stich, S.; Nichols, S. 2003: Folk Psychology. In: Stich, S.; Warfield, T. A. Hrg. 2003: *The Blackwell Guide to Philosophy of Mind.* Oxford, 235–255.

Stich, S.; Ravenscroft, I. 1994: What is folk psychology? Cognition 50, 447–468.

Stöckler, M. 2007: Philosophische Probleme der Quantenmechanik. In: Bartels, Stöckler Hrg. 2007, 245–264.

Stonier, T. 1991: *Information und die innere Struktur des Universums.* Berlin, New York.

Strack, F.; Frizlen, R. 2012: Der Nutzen der bildgebenden Hirnforschung für die Psychologie. In: Cataldi Madonna, L. Hrg. 2013: *Naturalistische Hermeneutik.* Würzburg, 247–252.

Strawson, G. 1994: *Mental Reality.* Cambridge MA.

Suppe, F. 1974: *The Structure of Scientific Theories.* Urbana.

Surian, L. et al. 2007: Attribution of beliefs by 13-month-old infants. Psychological Science 18, 580–586.

Svensson, H. et al. 2007: Making sense of embodied cognition: Simulation theories of shared neural mechanisms for sensorimotor and cognitive processes. In: Ziemke et al. Hrg. 2007, 241–269.

Tappolet, C. 2011: The Normativity of Evaluative Concepts. In: Reboul, A. Hrg. 2011: *Philosophical papers dedicated to Kevin Mulligan.* Genève.

Taylor, C. 1964: *The Explanation of Behavior.* New York.

Tepe, P. 2007: *Kognitive Hermeneutik.* Würzburg

Tepe, P.; Rauter, J.; Semlow, T. 2009: *Interpretationskonflikte am Beispiel von E. T. A. Hoffmanns* Der Sandmann. Würzburg.

Thagard, P. 1999: *Kognitionswissenschaft. Ein Lehrbuch*. Stuttgart.

Thagard, P. 2005. *Mind: Introduction to Cognitive Science*. Cambrige MA.

Thagard, P. Hrg. 2006: *Philosophy of Psychology and Cognitive Science*. Philadelphia.

Thagard, P. 2012: Cognitive Science, *The Stanford Encyclopedia of Philosophy* (Fall 2012 Edition), E.N.Zalta Hrg., URL= <http:// plato.stanford.edu/archives/ fall2012/entries/ cognitive - science/ >.

Thier, P. 2003: Die funktionelle Architektur des präfrontalen Kortex. In: Karnath, H. O.; Thier, P. Hrsg.: *Neuropsychologie*. Berlin, 495–503.

Thomas, N. 2013: Mental Imagery, *The Stanford Encyclopedia of Philosophy* (Spring 2013 Edition), Edward N. Zalta Hrg., URL = <http://plato.stanford. edu/archives/ spr2013/ entries/ mental-imagery/>.

Thompson, E. 2007: *Mind in Life: from autopoiesis to neurophenomenology*. Cambridge MA.

Todd, P. 2002: Fast and Frugal Heuristics for Environmentally Bounded Minds. In: Gigerenzer, Selten 2002, 51–70.

Tomasello, M. 2002: *Die kulturelle Entwicklung des menschlichen Denkens.* Frankfurt/Main.

Tomasello, M. 2009: *Die Ursprünge der menschlichen Kommunikation.* Frankfurt/Main.

Tomasello, M. et al. 1994: The learning and use of gestural signals by young chimpanzees: a trans-generational study. Primates 35, 137–154.

Tomasello, M. and Call, J. 1997: *Primate Cognition.* Oxford.

Tomasello, M.; Carpenter, M. 2005: The Emergence of Social Cognition in Three Young Chimpanzees. Monographs of the Society for Research in Child development 70, 1–131.

Tomasello, M. et al. 2005: Understanding and sharing intentions: The origins of cultural cognition. Behavioral and Brain Sciences 28, 675–691.

Tomasello, M., Carpenter, M. 2007: Shared intentionality. Special issue of Developmental Science 10, 121–125.

Tomietto, M. A. et al. 2007: Fast recognition of social emotions takes the whole brain: Interhemispheric cooperation in the absence of cerebral asymmetry. Neuropsychologia 45, 836–842.

Tomkins, S. S.; McCarter, R. 1964: What and where are the primary affects? Some evidence for a theory. Perceptual and Motor Skills 18, 119–158.

Tranel, D. et al. 2006: Altered experience of emotion following bilateral amygdala damage. Cognitive Neuropsychiatry 11, 219–32.

Tuomela, R. 1995: *The Importance of Us*. Stanford.

Tuomela, R. 2000: *Cooperation. A Philosophical Study*. Cambridge.
Tuomela, R. 2003: *The Philosophy of Social Practices*. Cambridge.
Turing, A. 1950: Computing machinery and intelligence. Mind 49, 433–460.

Uller, C. 2004: Disposition to Recognize Goals in Infant Chimpanzees. Animal Cognition, 7: 154–161.

Van Bouwel, J.; Weber, E. 2008: A Pragmatist Defense of Non-Relativistic Explanatory Pluralism in History and Social Science. History and Theory 47, 168–182.
Van der Vaart, E.; Hemelrijk, C. 2012: Theory of Mind in animals: ways to make progress. Synthese 189, 1–20.
Van Fraassen, B. C. 1980: *The Scientific Image.* Oxford.
Van Gulick, R. 2014: Consciousness, *The Stanford Encyclopedia of Philosophy* (Spring 2014 Edition), Edward N. Zalta (ed.), forthcoming URL = <http://plato.stanford.edu/ archives/ spr2014/ entries/conscious ness/>.
Varela, F.; Thompson, E.; Rosch, E. 1991: *The Embodied Mind: Cognitive Science and Human Experience*. Cambridge MA.
Vater, H. 2002: *Einführung in die Sprachwissenschaft*. München.
Vellemann, D. 2000: *The Possibility of Practical Reason*. Princeton.
Vellemann, D. 2007: What Good is a Will? In: Leist, A.; Baumann, H. Hrg. 2007: *Action in Context*. Berlin, 193–215.
Vogel, M. 2001: *Medien der Vernunft. Eine Theorie des Geistes und der Rationalität auf Grundlage einer Theorie der Medien.* Frankfurt / Main.
Vogeley, K. et al. 2001: Mind reading: Neural mechanisms of theory of mind and self-perspective. Neuroimage 14, 170–181.
Vogeley K.; Newen A. 2002: Mirror Neurons and the Self Construct. In: Stamenov, M.; Gallese, V. Hrg. 2002: *Mirror Neurons and the evolution of brain and language*. Amsterdam, Philadelphia, 135–150.

Wallace,R.J.2009:PracticalReason,*TheStanfordEncyclopediaofPhilosophy* (Summer2009Edition),EdwardN.Zalta Hrg.,URL=<http://plato.stan ford. edu/archives /sum2009/ entries/practical-reason/>.
Walter, H. et al. 2004: Understanding intentions in social interaction: the role of the anterior paracingulate cortex. Journal of Cognitive Neuroscience 16, 1854–1863.
Warneken, F.; Tomasello, M. 2009: Varieties of altruism in children and chimpanzees. Trends in Cognitive Science,13, 397–402.

Warneken, F.; Chen, F.; Tomasello, M. 2006: Cooperative Activities in Young Children and Chimpanzees. Child Development 77, 640–663.

Warneken, F.; Tomasello, M. 2006: Altruistic Helping in Human Infants and Young Chimpanzees. Science 311, 1301–1303.

Warneken, F.; Tomasello, M. 2007: Helping and cooperation at 14 months of age. Infancy 11, 271– 294.

Warneken, F. et al. 2007: Spontaneous Altruism by Chimpanzees and Young Children. Public Library of Science Biology 5, 1–7.

Way, J. 2009: Two Accounts of the Normartivity of Rationality. Journal of Ethics and Social Philosophy 4, 1–8.

Weibull, J. 1995: *Evolutionary Game Theory*. Cambridge MA.

Weizssäcker. C. F. v. 1974: *Die Einheit der Natur.* München.

Weizsäcker, C. F. v. 1985: *Aufbau der Physik*. München.

Wellman, H. M. 1990: *The Child's Theory of Mind*. Cambridge MA.

Wellman, H. M.; Cross, D.; Watson, J. 2001: Meta-analysis of theory-of-mind development: The truth about false belief. Child Development 72, 655–684.

Wellman, H. M.; Liu, D. 2004: Scaling of Theory-of-Mind Tasks. Child Development 75, 523–541.

Wertheimer, M. 1912: Experimentelle Studien über das Sehen von Bewegung. Zeitschrift für Psychologie 61, 161–265.

Wexler, M.; Kosslyn, S.; Berthoz, A. 1998: Motor processes in mental rotation. Cognition 68, 77–94.

Wikforss, A. 1999: Semantic Normativity. Philosophical Studies 102, 203–226.

Wild, M. 2010: *Biosemantik. Repräsentationalität, Intentionalität, Norm.* Mss. Habilitationsschrift Berlin.

Willaschek, M. 2003: *Der mentale Zugang zur Welt*. Frankfurt /Main.

Wilson, D.; Sperber, D. 2004: Relevance. In: Horn, L.; Ward, G. Hrg. 2004: *The Handbook of pragmatics*. Oxford, 607–632.

Wilson, M. 2002: Six Views of Embodied Cognition. Psychonomic Bulletin & Review 4, 625–636.

Wilson, R. A., Foglia, L. 2011: Embodied Cognition, *The Stanford Encyclopedia of Philosophy* (Fall 2011 Edition), Edward N. Zalta Hrg., URL = <http://plato.stanford.edu/ archives/ fall2011/ entries/embodied-cognition/>.

Wilutzki, W.; Walter, S.; Stephan, A. 2011: Situierte Affektivität. In: Slaby et al. Hrg. 2011, 283–320.

Wimmer, H.; Perner, J. 1983: Beliefs about beliefs: representation and constraining function of wrong beliefs in young children's understanding of deception. Cognition, 13, 103–128.

Winch, P. 1958: *The Idea of a Social Science and Its Relation to Philosophy.* London (dt. *Die Idee der Sozialwissenschaft und ihr Verhältnis zur Philosophie*. Frankfurt/Main 1966).

Wright, G.H. v. 1971: *Explanation and Understanding*. Ithaca. (dt. *Erklären und Verstehen.* Frankfurt/Main 1974).

Wyman, E.; Rakoczy, H.; Tomasello, M. 2009: Normativity and context in young children's pretend play. Cognitive Development 24, 146–155.

Wyman, E.; Tomasello, M. 2007: The ontogenetic origins of human cooperation. In: Dunbar, R. Hrg. 2007: *Oxford Handbook of Evolutionary Psychology.* Oxford.

Wynne, C.D.L. 2004: *Do Animals Think?* Princeton.

Yablo, St. 1992: Mental Causation. Philosophical Review 101, 245–280.

Young, L. et al. 2007: The neural basis of the interaction between theory of mind and moral judgment. PNAS 104, 8235–8240.

Zaitchik, D. 1990: When representations conflict with reality: the preschooler's problem with false beliefs and false photographs. Cognition 35, 41–68.

Zajonc, R.B. 1985: Emotion and facial efference: A theory reclaim. Science 228, 15–21.

Ziemke, T. et al. Hrg. 2007: *Body, Language, and Mind.* Vol.I: *Embodiment*, Berlin, New York.

Zuberbühler, K. 2000: Referential Labeling in Diana Monkeys. Animal Behavior 59, 917–927.

Zuberbühler, K. 2001: Predator-Specific Alarm Calls in Campbell's Guenons. Behavioral Ecology and Sociobiology 50, 414–422.

Zuberbühler, K.; Noe R.; Seyfarth R.M. 1997: Diana monkeys long distance calls: Messages for conspecifics and predators. Animal Behavior 53, 589–604.

PERSONENINDEX

SACHINDEX

WOLFGANG DETEL

Geist und Verstehen

Historische Grundlagen einer modernen Hermeneutik

2011. 592 Seiten, Fadenheftung, Klappenbroschur
ISBN 978-3-465-03711-8
Philosophische Abhandlungen Band 104

Dieses Buch geht davon aus, dass eine moderne Hermeneutik als Theorie des Verstehens im begrifflichen Rahmen der gegenwärtigen Theorie des Geistes und der Semantik rekonstruiert werden sollte. Vor diesem theoretischen Hintergrund, der in einem eigenen Kapitel näher umrissen wird, soll die Geschichte der Hermeneutik neu gelesen werden. Dabei wird deutlich, dass diese Lesart vielfach neue historische Interpretationen zu entwickeln und die wichtigsten Stationen der Geschichte der Hermeneutik theoretisch auf neue Weise zu integrieren vermag. Über die hermeneutischen Positionen hinaus, die in den bisherigen Gesamtdarstellungen auftauchen, werden auch Entwürfe diskutiert, die besonders unter geist-theoretischen Aspekten interessant sind, zum Beispiel die antike Hermeneutik, die Hermeneutik Max Webers, die Hermeneutik der logischen Empiristen und die naturalistische Hermeneutik. Vor allem aber wird belegt, dass die Geschichte der Hermeneutik teilweise zu großen Einsichten gelangt ist, an die eine moderne Hermeneutik anknüpfen kann. Das Buch wendet sich damit nicht nur an Spezialisten der Hermeneutik-Geschichte, sondern an alle Interessierten, denen das Schicksal der verstehenden Wissenschaften am Herzen liegt.